国家高端智库武汉大学国际法研究所

国　际　法　文　库

INTERNATIONAL LAW LIBRARY

黄　进　总主编

肖永平　执行主编

专著系列

黄志雄　主编

中国国家权益维护的国际法问题研究

International Law and the Protection of China's National Rights and Interests

杨泽伟 主编

法律出版社
LAW PRESS · CHINA

2017年度教育部人文社会科学重点研究基地重大项目
“维护中国国家权益的国际法问题研究”（项目编号17JJD820006）、
2018年度国家社科基金重大研究专项项目“一带一路”建设（项目批准号18VDL002）资助

总序一

当今之世界，随着全球投资贸易不断增长，科学技术特别是信息技术飞速进步，通信和交通日益便捷，人文交流蓬勃发展，经济全球化、政治多极化、文化多元化、社会网络化、法律趋同化已成为天下大势。在这种背景下，作为国际社会最为重要的行为规范，国际法在全球治理中发挥着不可替代的作用。

今日之中国，秉持“创新、协调、绿色、开放、共享”五大发展理念，正在全面建设小康社会、全面深化改革、全面推进依法治国、全面从严治党、全面参与全球治理。在这个过程中，国家始终坚持统筹国内国际两个大局，于内，追求实现“两个一百年”奋斗目标，追求实现中华民族伟大复兴的中国梦。于外，坚定不移对外开放，参与全球治理；坚持和平发展、合作共赢；积极构建中国特色大国外交，完善对外战略布局，既“请进来”，又“走出去”，加快推进“一带一路”建设；坚决维护国家主权、安全、发展利益，争取良好国际环境，维护世界和平稳定，促进各国共同发展，打造“人类命运共同体”。毫无疑问，坚持统筹国内国际两个大局，不仅要全面推进依法治国，加强国内法治，而且要在全球治理中高度重视和善于发挥国际法的作用，加强国际法治，推进国内法治与国际法治良性互动，特别是要完善中国自己的涉外法律法规体系，积极参与国际规则的制定，增强中国在国际法律事务中的话语权和影响力，运用法治思维和法治方式依法处理涉外事务，强化涉外法律服务，加强国际法治合作。

当下之中国国际法学界，经过改革开放30多年的建设和发展，可以肯定地说，国际法学科体系不断健全，学术队伍不断壮大，国际学术交流与合作不断拓展，学术水平和创新能力不断提高，培养了一大批国际法专门人才。而且，广大国际法专家学者解放思想、实事求是、求真务实、与时俱进，深入研究和回答中国改革开放面临的国际法理论和实践问题，产出了一大批有分量的学术成果，为国际法学的繁荣发展和国家改革开放及现代化建设做出了重要贡献。但应该指出的是，中国国际法学领域还存在一些亟待解决的问题。比如，国家缺乏整体的国际法学科发展战略规划，国际法学科建设放任自流，各国际法机构各自为阵；国际法人才队伍学术原创能力和解决实际问题的能力不强，活跃在世界国际法舞台的人才不多，总体素质亟待提高；国际法人才培养体系不健全，德行教育与知识传授相分离、理论培养与实践训练相脱离、国内培训与国际培训相隔离；国际法学术研究缺少精品力作，还没有产出具有广泛国际影响的创造性思想成果和理论成果，在国际规则制定和国际法律事务中的话语权和影响力不大。可以这样说，中国国际法学界目前在学术命题、学术思想、学术观点、学术标准、学术评价、学术话语上的能力和水平同中国综合国力和国际地位还不太相称。

综上所述，国际法在国际社会中的重要地位日益凸显，中国全面推进依法治国、对外开放、参与全球治理，亟须掌握和运用国际法，中国国际法学界仍处于有数量缺质量、有专家缺大师以及作用没有充分发挥出来的状态。我们所处的时代表明，这是一个需要国际法的时代，这是一个需要国际法理论创新而且一定能够产生国际法新理论的时代，这是一个需要国际法思想而且一定能够产生国际法新思想的时代。所有这些，正是我们编辑出版《国际法文库》以推动国际法学繁荣发展的初衷。

《国际法文库》将坚持兼容并包、思想自由。主张立足中国、借鉴国外，挖掘历史、把握当代，关怀人类、面向未来，着力推进构建既具有中特色、中国风格、中国气派，又能进入世界学术话语体系的国际法学。

《国际法文库》将坚持问题导向。面对中国改革开放的新常态、国际局势的新变化，世界范围内各种思想文化交流交融交锋的新形势，只有聆听时代的声音，回应时代的呼唤，认真研究国家深化对外开放、全面参与全球治理的重大而紧迫的问题，才能真正把握历史脉络，找到发展规律，推进国际法理论创新和全球治理实现良法善治。

《国际法文库》将坚持跨学科研究。国际法律问题涉及国际社会生活的方方面面,具有跨学科性,需要从多学科视角,运用学科交叉融合的方法,进行跨学科研究。也就是说,对于国际法律问题,不仅要从国际公法、国际私法、国际经济法等国际法学视角进行研究,而且还要从宪法、行政法、民商法、刑法、诉讼法等国内法学视角进行研究;不仅要从法学视角进行研究,而且还要从国际政治、世界历史、全球经济、人类社会变迁、多元文化交融、地球生态文明等视角进行研究。跨学科研究在于坚持用联系的发展的眼光看待问题,增强研究的整体性、系统性、协调性、战略性,促进问题合情、合理、合法的解决。

《国际法文库》将坚持创造创新。创新是一个民族进步的灵魂,也是引领理论发展的动力。创新,就是有所发现、有所发明、有所创造。国际法理论的生命力在于创新 ,只有不断进行探索,才能推进国际法思想创新、知识创新、理论创新、制度创新、方法创新。国际法理论创新要从问题开始,发现问题、筛选问题、分析问题、研究问题、解决问题的过程就是创新的过程。国际法理论创新不必贪大求全,发现新事实、新材料、新现象是创新,阐明一个新原理、提出一种新学说、揭示一条新规律是创新,发明一项新技能、找到一条新路径、创造一种新方法也是创新。

《国际法文库》设专著系列、译著系列、实务系列、文集系列,是法律出版社与武汉大学国际法研究所共同打造的学术品牌。法律出版社在中国出版界特别是法学法律出版领域的龙头地位自不待言。这里有必要对武大国际法所多说几句。武大国际法所是我国著名法学家、教育家、国际私法一代宗师韩德培先生于 1980 年创办的,是我国高校设立的第一个国际法研究所。该所自创立以来,自强不息,追求卓越,先后培养了一大批已在学术和实务方面崭露头角的国际法专门人才,先后产出了一大批具有较高水平的国际法学术成果,先后两次被评为国家级重点学科,2000 年被确定为教育部人文社会科学重点研究基地,2015 年入选首批国家高端智库。可以肯定地说,武大国际法所是当今中国国际法领域的学术重镇,不断推进中国国际法人才培养、科学研究和新型智库建设,不仅是它义不容辞的责任,更是它崇高而神圣的使命。正是基于这种情怀,武大国际法所与法律出版社携手合作,设立了这个《国际法文库》。这是为中国国际法学界开辟一块新的学术园地,建造一个新的学术舞台。《国际法文库》是自由、开放、包容、多元的,海内外的国际法同仁都可以在这块园地里辛勤耕耘,春播夏种、秋收冬藏;也都可以在这座舞台上翩翩起舞,崭露头角、一展锋芒。我真诚希望,所有以国际法为志业、立志为中国国际法事业做出贡献的海内外同仁，都能把《国际法文库》视为我们共同的国际法事业的一部分，关心之、支持之、帮助之、鞭策之，勿忘初心、久久为功，去迎接我们共同期待的中国国际法学界百花齐放、百鸟争鸣的春天。

是为序。

[*]

2016 年 12 月 1 日于北京

---

* 黄进，中国政法大学校长，法学教授，中国法学会副会长，中国国际私法研究会会长。

总序二

随着中国日益接近世界舞台的中央,我国迫切需要加强国际法律共同体建设,利用国际法维护世界和平和人类命运共同体以及可持续发展,保障中国的正当利益。因此,不管是国际法制度构建,还是国际法理论创新,抑或是国际法实践引领,中国都需要从“被动适应者”向“主动引领者”转变。

由我国著名法学家、教育家、社会活动家、国际私法一代宗师韩德培先生创办的武汉大学国际法研究所是1980年由原国家教委批准成立的中国高校第一个国际法研究机构;1981年设立博士点;1995年建立博士后流动站;1996年列为“211”工程重点建设单位;2000年被教育部批准为普通高等学校人文社会科学重点研究基地;2004年被批准为“985”工程哲学社会科学创新基地;2015年被中宣部确定为首批国家高端智库试点建设单位。她一贯秉持国际公法、国际私法、国际经济法的全面和综合研究,积极拓展联合国法、欧洲联盟法、国际能源法、电子商务法、国际发展法、国际网络法、国际投资法、国际金融法、国际体育法、世贸组织法、海洋法和海商法等前沿学术领域,形成了学科研究方向齐全、学科发展水平一流、咨政服务能力突出、教学科研成果领先的鲜明特色。

但是,不管是作为教育部的人文社会科学重点研究基地,还是作为国家高端智库,仅仅依靠一个研究所的力量难以实现中国国际法理论的创新，难以实现中国从国际法的"被动适应者"向"主动引领者"的转变。当下，中国面临的问题在全球化进程中愈发凸显其复杂性，许多问题往往需要从不同学科、不同视角、不同谱系进行合理的理论解释、作出正确的政策选择；而不同学者、学术机构、智库在不同领域具有相对优势，或者因所在区域不同而存在区域政策问题的竞争优势。因此，团结、组织中国国际法学者共同攻关、协同创新是获得国际竞争优势、创新中国国际法理论，进而实现中国从国际法的"被动适应者"向"主动引领者"转变的必由之路。正是出于这种考虑，我们与法律出版社合作出版《国际法文库》，希望集中展示中国学者的国际法著述和学术见解，及时传播国外国际法学界的最新研究成果，协同研究中国面临的重大国际法实践问题，不断增强中国国际法理论的国际话语权，不断提升中国国际法制度的国际吸引力，不断提高中国国际法实践的国际影响力。

因此，《国际法文库》将面向中国国际法理论界和实务界广泛征集选题，通过自荐与他荐相结合的方式，由丛书编辑委员会根据其学术性、思想性和创新性决定出版选题。本文库分为专著系列、译著系列、实务系列和文集系列。

专著系列旨在集中呈现中国学者在国际法领域的理论研究成果，引导中国国际法学界关注国际学术动态、设置前沿学术议题、营造良好学术风气，推动中国国际法理论创新。以学术性和创新性为选题标准，主要出版中国学者关于国际法领域具体问题的创新性研究成果。

译著系列旨在全面推介国际社会国际法理论的经典著作和最新成果，促进中外国际法理论的交流与交锋，促使中外国际法实践的互动与创新。以思想性与新颖性为选题标准，主要出版国际社会在 20 世纪 90 年代以后创作或再版的国际法著作的译作。

实务系列旨在中国国际法理论研究和实践运用之间架起桥梁，促使中国国际法研究更加贴近国家和社会的现实需要，在国际法理论的支撑下运用国际法规则分析和解决实践中出现的问题。以对策性与实用性为选题标准，主要出版针对实践中的国际法问题，特别是与中国密切相关的国际法问题的著作，强调贴合国家对外交往实际需要，关注操作层面的问题选择、分析和解决方案。

文集系列旨在及时反映中国国际法学界举办的学术会议成果，提高学术交流的质量，加强学术交流的深度，扩大学术交流的影响。以新颖性与可行性为选题标准，主要出版能够设置学术议题、引领理论前沿的论文集。

我们相信,在中国国际法学界同仁的关心、支持与积极参与下,《国际法文库》一定能够实现上述目的,为中国国际法的理论创新、制度变革和实践引领贡献她应有的智慧、发挥她应有的作用。

[*]

2017 年元旦于武汉

---

* 肖永平,武汉大学国际法研究所所长,长江学者,法学教授,中国国际私法研究会常务副会长。

Contents

目录

第一章　国际法律新秩序下中国海权战略的选择

21 世纪是海洋世纪，全球海洋意识的觉醒，使传统海洋强国的海权战略进一步强化，新兴国家和地区也逐渐发展出新的海权模式。随着时代的发展，海权理论的内涵和外延发生了一系列变化。国家在海权模式指引下，在海上军事力量建设、海洋法制完善、海洋经济开发与合作等方面均有了不同程度的发展。以争夺海洋资源、控制海洋空间、抢占海洋科技制高点为主要特征的新态势海洋权益争夺战有愈演愈烈的趋势。随着经济和安全需求的发展和变化，在稳步推进 21 世纪海上丝绸之路倡议过程中，中国的海权发展模式也需要实现创新与超越。我国作为海洋大国，应当构建符合国家现实需要和未来发展的海权发展模式，以建设“海洋强国”战略和推进“一带一路”倡议为目标，完善中国海洋法律体制建设，保障和促进中国海权模式的实现和跨越。

一、现代海权战略的基本内涵

海权论是国际关系现实主义理论的重要分支，海权观念是一个国家内部对海权战略目标和战略原则所形成的共识。现代海权是在传统海权基本要素基础上，结合时代发展需要所构建的国家海洋发展战略。

（一）海权概念的演进

“海权”一词最早为修昔底德首创，美国海军战略家阿尔弗雷德·赛耶·马汉(Alfred Thayer Mahan)最早将其推广和理论化。马汉所称的海权,包括了战时的海洋上的军事实力以及和平时期的贸易与航运。①马汉阐释了"海权六要素",即地理位置、自然结构、领土范围、人口数量、民族性格、政府特征。② 马汉认为,海权是海军运用的结果,是海军战略的产物,国家的强大、繁荣和商业贸易与国家制海权息息相关。同时期,以英国的朱利安·斯泰福德·科贝特(Sir Julian Stafford Corbet)为代表的"英国学派"则从另一种角度定义制海权,他们强调海上与陆上行动之间存在不可分割的联系,以及制海权是相对的而非绝对的,制海权通常处于一种敌我争夺状态。③ 随着世界政治军事形势的变化,传统海权理论的内涵更为丰富,海权实现了从国家的海军战略以及制海权向更加广泛和包容的海洋战略的演进。如苏联海军将领戈尔什科夫提出的"国家海权"概念,认为海权包括为国家研究开发海洋和利用海洋财富的可能性,商运和捕鱼船队满足国家需要的能力,以及适应国家利益的海军存在。④ 进入21世纪,随着非传统安全挑战日益凸显,海权的外延进一步扩展,它包括国家与海洋关系的所有因素。美国海岸警卫队司令托马斯·科林斯(Thomas H. Collins)曾指出,21世纪海权是国家安全、可靠、全面、高效利用海洋以实现国家目标的能力。国家需要超越纯粹用于作战的军事能力,其包括利用海洋——维护海洋资源、确保货物和人员在海上安全运转通过、保护海上边界、支持海上主权、救助海上受困人员、防止滥用海洋。⑤ 杰弗里·蒂尔(Geoffrey Till)纠正了只有海洋强国才有海权的错误看法,他指出,海权是一个相对概念,几乎所有国家都拥有海权,但彼此存在差异,一些国家的海权比另一些国家多一些。冷战后,技术革命为海权带来了新的复杂因素,技术革命提升了人类利用与开发海洋的能力,海洋能源开发、资源提取及其他商业活动明显

① 参见刘中民:《海权与海洋权益辨识》,载《中国海洋报》(理论实践版)2006年4月18日。

② 参见[美]阿尔弗雷德·赛耶·马汉:《海权论》,欧阳瑾译,中国言实出版社2015年版,第23页。

③ 师小芹在《论海权与中美关系》一书中将这种典型的英式海权观念总结为如下要点:国家海上战略是为陆地事务服务的;海上有限战争是英国权势的根源;制海权在绝大多数时间内处于争夺之中;保护海上交通线的畅通是拥有制海权的最终衡量标准;兵力集中和舰队对决不一定具有决定性意义。

④ 参见刘中民:《海权与海洋权益辨识》,载《中国海洋报》(理论实践版)2006年4月18日。

⑤ See Admiral Thomas H. Collins, Commandant, US Coast Guard, "Maritime Power for the 21st Centaury", International Seapower Symposium, Naval War College Newpot, RI, October 27, 2003. 转引自解晓东、赵青海:《美国对海权的再认识及其政策影响》,载《国际问题研究》2017年第3期。

增多,"进入"海洋和对资源开采的竞争加剧。技术革命同样带来了海权变革,未来的海权对传统水面舰队不再有利,海上拒止(sea denial)比海洋控制(sea control)更为容易。① 简言之,21 世纪以来国家对海洋需求的变革不仅对海上军事力量的建设提出了新要求,而且对国家利用海洋的方式和范围提出了新要求。

随着 1982 年《联合国海洋法公约》的生效,海权(sea power)不可避免地与国家的海洋权益(maritime interest/right)发生了重合与交叉,学者也通过对二者概念的辨析,进一步阐释了现代海权的基本内涵。② 从 15 世纪到 20 世纪中叶,国家的海权还体现为海上军事力量的强大,体现为对殖民地的争夺和全球市场的控制。而当下,海权更多地作用于一个相互合作、互利共赢的全球海洋法律体系。国家的海权战略不仅代表一国的海上主权,还体现为一国的海洋权益,以及一国在实现海洋权益时的义务和责任,具体包括国内法律制完善、海洋管控、海洋生态环境等。③ 毋庸置疑的是,国家海洋权益作为国际法概念,为海权这一传统的国际政治概念带来了新的变化和发展。国际法律新秩序下的海权作为国家整体的海洋战略不仅具有军事和战略层面上控制和利用海洋的意义,而且更加强调加强海洋经济效益,实现国家间以及区域间对海洋合作和公平利用的整体目标。

(二)国际法律秩序的新发展对海权的影响

任何形式的正义,唯有在某种秩序的背景之中才能成为现实。④ 两次世界大战之后,国际社会建立了以联合国为中心的国际法律新秩序,和平与发展成为世界的主题;同时《联合国海洋法公约》建立了国际海洋法律制度,促进了国家海洋意识的觉醒,国际层面法律秩序的发展以及具体层面新发展因素的出现,给国家海权战略的选择和内容带来了新的影响和变化。

---

① 参见解晓东、赵青海:《美国对海权的再认识及其政策影响》,载《国际问题研究》2017 年第 3 期。

② 参见张文木:《论中国海权》,载《世界经济与政治》2003 年第 10 期;刘中民:《中国海权发展战略问题的若干思考》,载《外交学院学报》2005 年第 1 期;江河:《国际法框架下的现代海权与中国的海洋维权》,载《法学评论》2014 年第 1 期;娄成武、王刚:《海权、海洋权利与海洋权益概念辨析》,载《中国海洋大学学报》(社会科学版)2012 年第 5 期。

③ See Zhiguo Kong, *The Making of a Maritime Power: China's Challenges and Policy Responses*, Springer Singapore, 2017, pp. 69 – 90.

④ 参见[英]赫德利·布尔:《无政府社会:世界政治秩序》(第 2 版),张小明译,世界知识出版社 2003 年版,第 68 页。

首先，新的国际海洋法律制度对国家海权发展的新机遇和挑战。《联合国海洋法公约》作为“海洋宪章”建立了新的国际海洋法律制度，带来了以下几方面的变化：第一，如何和平和公正地开发利用海洋成为新的主题；第二，随着领海、专属经济区、大陆架制度的建立，全世界范围内国家依据相关条款最大限度地扩展国家的海洋主张，以实现国家海洋权益的最大化；第三，国家管辖范围之外海域的利用和资源分享也成为一个重要议题；第四，《联合国海洋法公约》作为“一揽子”协议，其规定具有框架性和一般性，无论是国家海洋重叠海域划界、海洋争端解决方法都缺乏确定的规则指向。① 国际海洋法律制度的不完善给国家带来了海洋权利维护和管辖真空，加之全球范围内传统和非传统安全威胁因素的出现，以及对海洋战略和经济价值的进一步开发，要求国家在充分尊重国际海洋法律秩序的基础上积极参与全球海洋秩序的建设。因此，这些新要素的出现，对国家海权发展战略的构建提出了新要求，应当建立更加积极、全面、前瞻性的海权发展模式。在国家主权层面上而言，海权发展模式不仅要保证国家自卫权，更要保证国家在主张海域的管辖权，以及在海洋开发和利用，管辖海域之外海域的发展权，积极参与全球的海洋法律制度建设。

其次，国际法的发展对国家海权发展方式的要求。经济全球化和技术革新的发展带来了国际社会更紧密的融合和更飞速的发展，国际社会也实现了权力政治向权利政治的转型，同时国家对外依存度的提升，海外利益及海洋贸易运输的发展，决定了海权的建设不能仅仅着眼于周边海域以及短期内的海洋权益，而且要积极参与国际社会海洋法制建设，保证海洋的和平、安全和发展。国家应当树立更加开放的海权观以面对不断出现的新问题；树立海陆统筹的海权观，在维护海洋权益的同时，实现海权与陆权的有效统一；提高海洋立法的决策能力和执行能力，建立大国海权战略并提高国家海洋软实力；在海权手段和目的上，做到对抗斗争和合作协调相统一，国际礼仪和国际责任相统一。

现代海权已经不再仅仅是国家的海军战略以及对海洋的控制和利用单层面的问题，更重要的是为维护国家领土主权和海洋权益，实现对海洋的综合利用和开发，并参与全球海洋治理的进程。因此，在国际法律秩序影响之下，现代海权一定是更为包容，内涵更为广泛的战略构建。

---

① 1982 年《联合国海洋法公约》第 74 条、第 83 条规定，海岸相向或相邻国家间专属经济区和大陆架的界限，应在《国际法院规约》第 38 条所指国际法基础上协议规定，以便得到公平解决。《联合国海洋法公约》只确立了公平划界的标准，而未明确划界的具体原则。

二、国际法律新秩序下中国海权战略的选择

从国家战略竞争的宏观史来看，大陆国家和海洋国家在竞争、冲突的过程中，海权国家一般占据优势地位，国际体系的支配者（霸权国家）主要是海权国家。发展海权、维护国家安全并获得与发达国家在全球范围内平等的发展权，对发展中国家而言具有合法性和紧迫性。[①] 在国际社会联系日益紧密、国际法律秩序日趋完善的今天，国家的海权制度早已超越了海上力量建设的本意，更加注重对海洋的综合利用和开发，以促进国家海上军事力量、海洋经济开发、海洋安全与管控、海洋科学技术、海洋外全球海洋法律秩序与善治全面发展的新目标。无论大国、小国早已从国家战略层面加强海权建设，同时又在国际政治和国际法的互动中，加强国家在国际海洋立法和实施中的话语权和影响力。

（一）中国海权战略的影响因素

中国海权战略的选择应当服务于中国海洋维权的目标，这个目标包括对内和对外两个方面：对内而言，国家海权战略应当服务于国家整体海洋战略需要，实现对国家海洋权益的维护和国家海域的有效管控；对外而言，中国海权战略要宣誓中国海洋立场和主张，参与区域性以及全球海洋秩序建设的进程，实现与他国海权的互动与合作。具体而言，中国海权战略的影响因素包括以下几个方面：

第一，中国海洋立场和周边海洋环境。中国作为一个传统的陆权国家，直到第二次世界大战以后才开始加强对海洋的利用。《联合国海洋法公约》生效所建立的国际海洋秩序为中国对海洋权益主张带来了新的契机，中国依据《联合国海洋法公约》先后颁布了《领海及毗连区法》《专属经济区和大陆架法》，确定了中国对领海、专属经济区和大陆架的主张，明确了中国对周边海域享有主权权利和管辖权，但中国在南海“U”形线历史性权利的主张同样也引发了与邻国的争议。中国在东海、南海与邻国都存在领土主权争端和海洋权益争端的现实，决定了中国面临的海洋环境并不安宁，因此维护国家海洋权益仍然是中国在海权战略的设计中不可忽视的目标之一。同时，中国作为一个海陆复合国家，在地缘政治上存在一定的制约。目前，海洋方向的安全态势表明现有的海权力量难以应对所面临的现实的和潜在的危机与压力，因此中国应当在继续经

---

① 参见刘新华：《海权优先：当代中国的地缘战略选择》，载《社会科学》2008 年第 7 期。

营陆缘战略的同时，对海上战略加以平衡甚至进行一定的倾斜。[①] 同时，第二次世界大战后确立了以《联合国宪章》为主导的国际法律秩序，中国一贯坚持和平发展的立场，决定了中国在海权战略中虽然会加强对海域控制、海洋维权、海上军事力量等的建设，但是中国的海权战略不会是追求海洋霸权，仍是在有限发展基础上，在维护国家主权和海洋权益基础上的和平海权观。

第二，周边国家以及海洋大国海权模式对中国海权战略的影响。从我国周边海洋情势来说，东海和南海海域岛屿主权与海洋划界争端的存在，以及争议海域内海洋战略地位和资源争夺的紧张态势，决定了周边邻国的海权战略不可避免地会影响中国海权战略的目标。就南海周边邻国而言，其海洋意识觉醒于战后，并在20世纪70年代开始发展，这表现为东南亚国家开始海上利益的争夺。东南亚国家的海权观在不断地构建和变化，从最初的通过“海上力量”来保护“海上安全”，到“为海上利益”而追求“海上权利”，最终将海权观深化为“塑造地区海洋权力”。东南亚国家意识到“海洋”对于国家来说不仅是“天然屏障”，而且是“海洋利益”。[②] 东南亚国家通过弱化外部力量控制外部南海的能力，以及提高东南亚国家非传统海上安全合作的能力，实现了东南亚海权观两方面的变化：一是基于国家抗御力的“海洋权利”转向了基于地区抗御力的“海洋权力”；二是东南亚国家开始尝试通过东盟组织来塑造“地区海权观”。[③] 这种海权观的变化，一方面，建立在东南亚基于国家力量、军事和经济实力薄弱的基础上，欲通过区域性组织实现联合，以及与域外国家之间的合作和平衡；另一方面，由于区域性组织自身的发展为成员国之间带来了更大程度的融合，使其在区域政策、经济上愿意进行更深层次的合作。这种地区海权观对中国应对南海问题的策略也提出了新的要求，即不应当局限于国家间的双边合作，应当加强与东盟等区域组织之间的合作。同时，我们也应当抓住东南亚国家在夹缝中求生存的开放海权观，加强与其在非传统安全领域等敏感程度较低领域的合作，建立合作与包容性的海权观，并通过“海上丝绸之路”倡议的契机，加强中国与南海邻国之间的合作和互信。

在同样存在争端的东海海域，邻国海权观则又呈现出另一种不同的特

---

① 参见刘中民：《中国海权发展战略问题的若干思考》，载《外交学院学报》2005年第1期。

② 参见曹云华、张彦：《东南亚国家“海权观”的建构和变化分析》，载《东南亚研究》2014年第3期。

③ 同上。

点。中俄合作的加强,美日同盟的强化,带来了东北亚陆海两大力量的对抗。随着冷战后海权国家的海上扩张与安全结盟,陆权国家的海权实践与海上合作,东北亚海权格局呈现出新的特点:陆权国家海上力量渐次生成,对海辐射能力增强,与海权国家摩擦加剧。[①] 与东南亚海域距离中国大陆较远、海区深阔开放、周边国家国小力弱不同,东北亚海域海区封闭狭窄、东西宽度不过数百公里但战略价值极高。[②] 因此,中国在海权战略构建上同样要注重这种差异性,在海军建设这一基础因素上应当加强战略上的防御能力,提高控制重要海区的能力,构建更为积极的海权合作模式,注重海权与陆权的统筹与平衡。

第三,海洋需求的变化对中国海权战略的影响。21 世纪是海洋世纪,海洋已经成为世界各国提高综合国力和争夺长远战略优势的重要领域。国家既要利用其海洋资源,又要利用外部的机会或者机遇,建立有利于国家发展的海洋竞争优势。[③] 一国的综合海洋实力不仅包括海上军事力量,还包括海洋通道安全维护、海洋经济开发能力、海洋环境保护、海洋科学开发能力等多方面,以实现国家对海洋的综合利用、开发与保护。随着技术的进步,对海洋的开发和利用也不再限于近海资源的开发,海底资源的开发、南北极资源和通航制度等国家管辖海域之外对海洋的利用,以及海盗、恐怖主义活动对航道安全威胁促成了国家间在非传统安全问题上的合作,都对中国海权战略的选择提出了新的要求,即中国海权战略的目标应当建立在有效维护领土主权和海域的有效管辖权基础上,建立开放与合作的海权战略,并积极参与全球海洋治理的进程与海洋法律秩序的建设。

(二)中国海权战略的内涵

传统海权发展模式为现代海权的发展奠定了基础,现代海权在内涵和外延上也进行了扩展。肯·布斯结合现代国际形势,并在结合马汉海权理论的基础上,提出了"海权三角模式",认为海权的发展应以"海洋的利用和控制"为中心,发挥其军事功能、外交功能和警察功能。[④] 俄罗斯、法国、英国、印度对海洋政策进行了调整,传统陆权大国如俄罗斯制定了重返大洋的战略,成立了政府

---

① 参见李家成、王帅:《东北亚海权格局的演变与重塑》,载《太平洋学报》2014 年第 8 期。

② 同上。

③ 参见刘新华:《海权优先:当代中国的地缘战略选择》,载《社会科学》2008 年第 7 期。

④ 参见文天尧:《争洋霸海——制海权与国家命运》,凤凰出版社 2009 年版,第 254 页。

海洋委员会；法国也建立了建设海洋强国的目标；海洋大国如英国调整了海军建设方针；印度也积极参与新国际海洋法制定活动，但是国家安全仍然是海洋政策优先领域，国家海洋管理和环境保护也成为部分国家政策的核心。[①] 这种海权思想与大国海权战略的转变对中国海权建立具有一定的借鉴价值。

第一，中国海权发展模式中，国家实现对本国海洋权利的有效保护仍是最基本的权利，这体现为国家通过海军建设有效实现国家制海权等权利。自卫权是对国家具有非同寻常意义的权利，是国家保护其安全和重大权利，尤其是其领土完整与政治独立的合法手段。[②] 如果说海上权利是"国家主权"概念的自然延伸，那么"海上力量"就只是一个作为维护海上权利即海权的手段。[③] 国家的命运摆脱不了海权的制衡，制海权与国家命运依然是一个亘古不变的因果博弈。制海权作为海权最初的原始内涵之一，对于中国维护国家领土主权和海洋权益的价值从未折损。维护国家海洋权益不受侵犯需要通过海上力量即军事功能建设来保障，而海军作战能力以及战略防卫能力的建设是最基本的保障。海上军事力量的建设不仅包括海军战略的提升、国家海上军事威慑力、军事力量对国家管辖海域的防卫能力，而且包括军事外交等军事软实力的建设。中国建设海洋强国战略目标的提出以及海军力量的快速发展，标志着中国将海洋作为地缘政治发展的重点方向。[④] 但同时军事力量的发展也并非追求海上霸权，中国海权是有限海权，其特点是它不超出主权和国际海洋法确定的中国海洋权利范围，海军发展不超出自卫范围。[⑤]

第二，中国海权发展模式中，国家对海域的有效管控也是一个重要层面。随着海上经济和贸易的发展，海盗、恐怖主义活动等非传统安全对海上交通通道的威胁，以及保护国家海外利益的需要，对我国提升海上经贸通道以及交通运输通道安全提出了更高的要求。具体而言，这种管控权包括以下几个层面：

---

① 参见[美]安德鲁·埃里克森、莱尔·J. 戈尔茨坦、李楠主编：《中国、美国与21世纪海权》，海洋出版社2014年版。该书第二章中对俄罗斯、法国、英国、印度的海洋政策进行了具体分析，并突出获取财富是海洋政策的核心，国家安全仍是海洋政策的优先领域，海洋管理与环境保护成为部分国家的政策核心。

② 参见余民才：《国际法上自卫权实施机制》，中国人民大学出版社2014年版，第47页。

③ 参见张文木：《论中国海权》，载《世界经济与政治》2003年第10期。

④ 参见杨震、周云亨、郑海琦：《从美国海权合作战略的演进看美国海权战略调整》，载《太平洋学报》2017年第3期。

⑤ 参见张文木：《论中国海权》，载《世界经济与政治》2003年第10期。

国家领土主权和海洋利益的维护、国家在管辖海域执法机制的有效实施、国家对贸易和航道安全的有效保护、国家对海洋环境污染的管理和规制、国家在海域搜救与救灾的有效机制等。国家通过对海洋有效管控和安全法律规范的实施,以及国家警察功能的实施,以保证海域安全、稳定和发展。

第三,中国海权发展模式中,积极参与全球海洋治理进程也是中国实现与他国海权斗争与合作的重要手段。美国的海上霸权、中国与领海周边国家的海洋权益争端以及海上非传统安全威胁,共同制约着中国的海洋强国建设。[①] 美国于2007年和2015年颁布了《21世纪海权合作战略》,这两个文件标志着美国海权思想的一大转变,即仅通过竞争的方式获取海权向竞争与合作并重的方向转变。[②] 这种海权战略的调整对我国同样具有借鉴意义:一方面,我们要加强在争议海域的军事存在以维护国家领土主权和海洋权益;另一方面,也要加强与他国的海权合作,消除其他国家和区域对中国欲争夺地区霸权的误解。[③] 中国提出建设"21世纪海上丝绸之路",通过构建该倡议,中国可利用既有双边、多边和区域、次区域合作机制,促进沿线国家对共建海上丝绸之路与现代海权的内涵、目标、任务等方面的进一步理解与认同。同时,随着中国综合国力和国际影响力的提升,国家利益也不再局限于国家主权范围之内,国家利益与世界利益边界的模糊性,国家海外利益的保护也为中国提出了新的问题。因此,中国也要积极参与全球海洋治理的新问题,增强中国在全球海洋建设中的话语权。

三、中国海权战略与海洋法制的互动关系

海权是国际关系发展到一定历史阶段的产物。国际关系和国际法的必然联系及其历史发展使海权的内涵和外延发生了质的变化,这些变化带来的不仅是国际关系层面的变化,而且在国际法律秩序建立过程中反作用于海洋法律制

---

① 参见杨震、方晓志:《海洋安全视域下的中国海权战略选择与海军建设》,载《国际展望》2015年第4期。

② 参见杨震、周云亨、郑海琦:《从美国海权合作战略的演进看美国海权战略调整》,载《太平洋学报》2017年第3期。

③ 澳大利亚于2017年11月23日发布的《外交政策白皮书》中指出,澳大利亚愿意加强与美国的战略联盟,以抗衡中国影响力的上升。该白皮书警告称,在亚洲地区政治平衡发生变化的大背景下,澳大利亚所面临的风险已不能再高。倘若美国不能以更强劲的方式参与到地区事务中,其安全和稳定都将面临威胁,载 http://world.huanqiu.com/exclusive/2017-11/11396037.html?t=1511611737673,最后访问日期:2019年3月1日。

度建设。

(一)海权双重属性与法律制度的互动关系

国家是国际法和国际关系的基本主体,而主权是国家的本质属性。国家主权原则构成了一般国际法的支柱,海权是国家主权的重要自变量,主权和海权的同质性和互动性使两者同时具有权力和权利属性。[①] 早期国际社会的无政府状态决定了海权的权力属性,但随着国家主权平等原则以及禁止以武力相威胁或使用武力成为现代国际法的基本原则,国际社会的形成使国际法获得了存在的价值和适用基础,建立国际法律秩序成为世界各国进行交往的一种内在需要。[②] 国际法律新秩序带来的国际关系法制化以及现代国际海洋法律秩序的确立,带来了国际社会从权力政治向权利政治的转变,国家海权战略相应也具备了权力和权利双重属性。

早期海权的权力属性决定了国家大力进行海上军事力量建设,扩展海外殖民地进行资本输出。当今形势下,国家构建海权战略已经不再仅仅注重国家海军力量强弱以及制海权问题,它涵盖了海洋经济、科技、文化、环境以及海洋政治、军事、外交等多维度、立体化和综合性内容。国家的海权战略也不再仅仅局限于周边或管辖海域的管控,而且积极参与全球海洋治理之中,如深海资源开发制度、南北极制度、外大陆架制度、海洋安全与和平利用等国家域外利益的维护。这些不仅需要国家在构建自身海权战略时,明确国家利益的范围和外延,而且需要通过积极参与国际法律制度的构建以确保国家利益在新秩序下不受到侵蚀。因此,海权的权力属性要求国家应当在国际政治和国际法的互动中加强在国际海洋立法和实施中的话语权和影响力,以达到维护国家海洋权益的根本目的。

现代海权的权利属性要求国家尊重已经建立的国际法律秩序,通过国家法律制度的完善实现海洋法治。国家主权平等原则、和平解决国际争端原则已成为国际法的基本原则。军事力量作为海权战略中最基本的因素,也应当在国际法规则下合理使用。和平和发展作为时代主题,决定了海上军事力量应当在《联合国宪章》授权下行使,不追求海洋霸权。随着科学技术的进步,网络战也成为一种新的使用武力或武力相威胁方式,它更能够突破时间和地域的限制对他国信息安全主权造成侵害。针对这一新趋势,国际法领域也积极进行探讨寻

---

① 参见江河:《国家主权的双重属性和大国海权的强化》,载《政法论坛》2017 年第 1 期。

② 参见梁西主编:《国际法》(第 3 版),武汉大学出版社 2015 年版,第 5~6 页。

求法律规制的新路径。随着人类海上活动日益频繁、密度日益增加，航行自由与安全不断受到各种侵扰、海洋资源屡遭掠夺性开采，海洋环境与气候灾害问题等日益严重。如何保护海洋资源、监管海上活动、维护海洋自由与安全，如何进一步建立公正、合理的海洋秩序，使之符合国际社会的整体利益与福祉，让作为“全球公域”(global common)的海洋不再是少数海洋大国或地理优越国的专利，同时又能避免“共有地悲剧”(the tragedy of the commons)，这是整个人类社会必须面临的重大挑战之一。[①] 现代海权双重属性与法律制度的互动，揭示了外交战略和法律战术的结合是海洋维权和海洋法律秩序完善最有效的途径。

(二)海洋法制完善对海权的保障作用

从现代海权的内涵和外延而言，国家海权的实现需要外交、政治、军事手段的综合作用，海洋法制的完善是保障国家海权战略最重要的手段之一。国家的海权战略是国家整体的海洋价值取向，而国家的海洋法制不仅具有实现该价值取向的工具性作用，而且有法律规则自身对利益的保护、秩序的维护等目的性价值。第一，从国内层面上看，一国的海权战略应当满足经济和安全的需要。国家的海洋法制是有效行使管辖权、促进海洋经济开发、实现海域安全管控的有效法律保障。国家海洋法律的完善不仅可以保障海上军事力量的建设，而且可保证国家在相关海域立法和执法的有效实施，实现国家的安全主权。同样，也可通过完善国家经贸法律制度实现国家的经济主权。第二，从国际层面上看，国际社会开展了广泛的合作和研究，希望建立符合人类和平与发展的国际法律新秩序。国家海洋法制的完善应当符合国际法既有规范，同时通过国家间在国际海洋秩序构建中的互动，增强国家认同，推动习惯国际法规则和即时国际法规则的发展。这样可以保证国内法律制度对国家权利加以确认和细化，在国际法规则发展对国家海洋权益造成侵蚀时，国家也可及时做出回应，以实现国家海权战略与其他国家、区域海权战略间的合作。第三，国际海洋法的发展对各国海洋权益的界限，以及在海洋资源开发中应履行的义务进行了规制。但国际法所确定的边界并没有制约各国海洋战略的制定和海洋维权活动的开展，国家利益间的界限也并未完全清晰化。只有国家完善海洋法制才能以更加积极的姿态参与全球治理。国家把海洋善治和法治的理念引入海洋开发和管理之中，通过构建自身海洋立法模式，完善海洋法律制度，以达到维护国家海洋权

① 参见郑志华:《中国崛起与海洋秩序的建构——包容性海洋秩序论纲》，载《上海行政学院学报》2015 年第 3 期。

益的根本目的。

完善海洋法制不仅要从整体上保证国家海洋政策和目标的具化,而且要在具体法律规范上对不同层面的海洋权利加以保障,以实现对海洋的科学规范治理,更好地保障海洋权益。要探究从何种路径完善海洋法制,首先要以海权的科学内涵出发,以保护国家海洋权益的目标为指向,以国家海权观的构成为分支,以国家海洋法律体系和法律规范的完善和整合为手段。中国作为一个海洋大国,周边的海洋局势以及实现地缘战略中心由陆地向海洋转移的需要,都需要中国在国家海权战略的指引下完善海洋法律制度建设。尤其是中菲“南海仲裁案”之后,如何应对国际争端司法化的趋势也对中国提出了新的挑战;中国周边的领土争端和海洋权益争端的现状、海上犯罪活动的增加,要求中国建立统一的海权维权协调机制,建立更加具体的海域管辖和执法规范;对周边海域和深海资源的开发和保护、海洋环境保护、海上丝绸之路的建设带来的贸易和投资相关法律问题的出现,对国家海洋资源开发与保护相关法律规范的完善提出了更高的要求。总之,国家要实现利用海洋、保护海洋、经略海洋、海陆统筹的海权战略,完善的海洋法制的保障作用是不可或缺的。

第二章　海洋强国建设中的外交创新及话语权问题

党的十九大报告指出，我国“要坚持陆海统筹，加快建设海洋强国；要以‘一带一路’建设为重点，坚持引进来和走出去并重，遵循共商共建共享原则，加强创新能力开放合作，形成陆海内外联动、东西双向互济的开放格局”。[①] 即其提出了加快建设海洋强国的目标，并突出了推进过程中应坚持的原则、重点以及方向。这不仅是我国适应新时代的任务，而且深化和提升了自党的十八大报告首次完整提出建设海洋强国战略目标的具体要求和方向，完全符合海洋在新时代中国特色社会主义伟大工程中的意蕴，即加快建设海洋强国是新时代中国特色社会主义的应有之义。

一、中国海洋强国战略目标的提出及发展

（一）中国海洋强国战略目标的提出及深化

党的十八大报告指出，我国应“提高海洋资源开发能力，发展海洋经济，保护生态环境，坚决维护国家海洋

---

① 习近平：《决胜全面建成小康社会，夺取新时代中国特色社会主义伟大胜利——在中国共产党第十九次全国代表大会上的报告》（2017年10月18日），人民出版社2017年版，第33~35页。

权益,建设海洋强国”。① 这些内容构成了建设海洋强国的基本内涵。同时,习近平总书记在主持中共中央政治局就建设海洋强国研究进行第八次集体学习时(2013 年 7 月 30 日)强调了建设海洋强国的基本要求,即“四个转变”。具体为:要提高资源开发能力,着力推动海洋经济向质量效益型转变;要保护海洋生态环境,着力推动海洋开发方式向循环利用型转变;要发展海洋科学技术,着力推动海洋科技向创新引领型转变;要维护国家海洋权益,着力推动海洋权益向统筹兼顾型转变。② 这些要求合理反映了海洋的本质特性及基本功能,在我国建设海洋强国的过程中具有主导的地位和作用,意义重大。

此外,建设海洋强国战略的目标是党和政府应对海洋问题尤其是 21 世纪以来对海洋政策特别是海洋经济发展政策的深化和提升,并在后续的一系列重要会议及其文件中得到巩固,它们具有连续性和一贯性的特点,并成为国家层面的战略共识及指导方针。例如,在党的十六大报告、2004 年《政府工作报告》、《国民经济和社会发展第十一个五年规划纲要》、2009 年《政府工作报告》、《国民经济和社会发展第十二个五年规划的建议》和《国民经济和社会发展第十二个五年规划纲要》、2014 年《政府工作报告》、《国民经济和社会发展第十三个五年规划的建议》和《国民经济和社会发展第十三个五年规划纲要》,以及 2015 年和 2016 年的《政府工作报告》中均确认了上述内容。③

(二)中国建设海洋强国的指导方针及重点路径

在我国建设海洋强国的过程中,应确保海洋政治和安全环境,尤其应解决我国面临的重大海洋争议问题,而党的十八大以来提出的一系列外交新理念、新政策、新倡议,是指导我国建设海洋强国和解决海洋争议问题的方针,具有重要的理论和实践意义。

例如,在外交政策理念上,我国提出了人类命运共同体。在构筑人类命运共同体的过程中,政治上,要运用新型国际关系,坚持持续发展国家间的伙伴关系;安全上,要运用新安全观,建设共建共享的安全格局;经济上,要运用新发展观,坚持合作共赢并繁荣世界的原则;文化上,应坚持包容和交流互鉴的做法;

---

① 胡锦涛:《坚定不移沿着中国特色社会主义道路前进,为全面建成小康社会而奋斗——在中国共产党第十八次全国代表大会上的报告》(2012 年 11 月 8 日),人民出版社 2012 年版,第 39 ~40 页。

② 载 http://www.gov.cn/1dhd/2013 -07/31/content_2459009.htm,最后访问日期:2018 年 8 月 1 日。

③ 关于中国海洋强国战略体系内容,参见金永明:《论中国海洋强国战略的内涵与法律制度》,载《南洋问题研究》2014 年第 1 期。

生态上,应坚持绿色低碳的理念。① 同时,在处理各种国际问题包括海洋争议问题时,应坚持正确的义理观和亲诚惠容的理念,以稳固和发展国家间关系并处理相关争议问题。这些外交方针和原则充分体现了中国对外政策的稳定性和连续性,不仅顺应时代潮流,而且经过实践检验,是中国外交必须长期坚持的基本方针。② 当然,这些外交方针和原则也是指导海洋和处理海洋事务的基本方针。

正如党的十九大报告指出的那样,在加快建设海洋强国的过程中,应以"一带一路"为重点,这是我国推进海洋强国建设的重要途径。"一带一路"倡议自2013年9月提出以来,至2017年1月已有100多个国家和国际组织积极响应和支持,40多个国家和国际组织同我国签署了合作协议。③ 可见,"一带一路"倡议深受国际社会的好评和期待,具有强大的生命力,体现了其价值和意义。"一带一路"倡议得到如此好的后续效果,主要得益于我国对"一带一路"倡议内涵的不断深化和保障措施的完善及具体项目的落实,符合时代发展潮流。例如,2015年3月28日由国家发展改革委、外交部和商务部联合发布的《推动共建丝绸之路经济带和21世纪海上丝绸之路的愿景与行动》,④中国推进"一带一路"建设工作领导小组办公室于2017年5月10日发布的《共建"一带一路":理念、实践和中国的贡献》,⑤国家发展改革委、国家海洋局于2017年6月20日联合发布的《"一带一路"建设海上合作设想》,⑥以及我国主导下设立的亚洲基础设施投资银行和丝路基金等。

---

① 关于构建人类命运共同体的内容,参见习近平:《共同构建人类命运共同体——在联合国日内瓦总部的演讲》(2017年1月18日),载 http://www.fmprc.gov.cn/web/ziliao_674904/zt_674979/dnzt_674981/xzxzt/xjpdrsjxgsfw_688636/zxxx_688638/t1431760.shtml,最后访问日期:2018年1月21日。

② 参见杨洁篪:《深入学习贯彻党的十九大精神,奋力开拓新时代中国特色大国外交新局面》,载《求是》2017年第23期。

③ 参见习近平:《共担时代责任,共促全球发展——在世界经济论坛2017年年会开幕式上的主旨演讲》(2017年1月17日),载 http://www.fmprc.gov.cn/web/ziliao_674904/zt_674979/dnzt_674981/xzxzt/xjpdrsjxgsfw_688636/zxxxx_688638/t1431319.shtml,最后访问日期:2018年1月21日。

④ 载 http://www.gov.cn/xinwen/2015-03/28/content_2839723.htm,最后访问日期:2018年3月28日。

⑤ 载 http://www.china.com.cn/news/2017-05/11/content_40789833.htm,最后访问日期:2018年5月11日。

⑥ 载 http://www.soa.gov.cn/xw/hyyw_90/201706/t20170620_56591.html,最后访问日期:2018年6月21日。

(三)中国完善海洋强国战略体制机制之要义

我国已经提出了建设海洋强国的战略目标并正在加快推进,为适应和实现新时代中国特色社会主义建设进程及目标,我国的海洋强国建设进程应分阶段有步骤地实施,具体分为三个阶段,即区域性海洋强国、世界性海洋大国和世界性海洋强国。而从国际实践看,国家推进海洋强国战略的路线图为:制定海洋战略,确立海洋政策,制定保障战略和政策实施的法律,在法律中明确海洋机构的职权和海洋具体领域的发展规划。

对于我国来说,海洋强国战略的目标是在政治上不称霸及和平发展,坚决维护国家主权、领土完整;我国的海洋政策是尊重历史和事实,依据国际法包括《联合国海洋法公约》的原则和制度,优先利用政治或外交的方法解决海洋重大争议,并坚持"主权属我、搁置争议、共同开发"的方针,维护海洋安全;在法制上,我国的当务之急是制定和实施海洋基本法,以综合协调海洋事务,并进一步明确各海洋管理机构的职权和任务,明确应不断完善的海洋部门法内容,确定重点发展的海洋领域,并制定海洋领域的具体规划。换言之,我国海洋强国战略的实施需要海洋体制机制的有力保障,而这些制度的落实需要由海洋基本法和海洋领域规划予以完善,以实现依法治海目标,提升国家在海洋上的治理和处置能力,为我国实现现代化目标并振兴中华民族做出海洋的贡献。①

二、党的十八大以来中国外交政策的新发展与新探索

中国进入新时代,尤其是党的十八大以来,以习近平总书记为核心的党中央,密切关注国际大势,把握时代脉搏,统筹国际国内两个大局,积极运用国际国内两种资源,深刻阐述国际和时代格局的变化及趋势,为世界和平与发展,实现合作共赢,保障我国发展环境,提出了系统化、具体化的系列外交新理念、新政策和新倡议。不仅丰富和发展了中国特色的大国外交理论体系,构成中国特色外交重大战略思想,也为全球治理提供了重要思想和行动指南,更指出了具体的方案、平台和路径,做出了中国外交的创新性贡献,体现了中国的担当和责

---

① 依据《国家海洋局2016年法治海洋建设情况报告》(2017年6月19日),在海洋管理制度体系建设、海洋行政权力规范运行、海洋行政权力运行监督、海洋组织机构领导机制完善等方面取得了新进展、新成就,并明确了法治海洋建设的努力方向,这无疑为加快建设海洋强国提供了重要保障。载 http://www.soa.gov.cn/xw/hyyw_90/201706/t20170620_56572.html,最后访问日期:2018年6月21日。

任,具有划时代的意义。

如何合理统筹地运用这些外交新理念、新政策和新倡议所蕴含的理论基础和具体实践(外交行为),对于丰富和完善全球治理包括海洋治理,维系海洋秩序,合理解决海洋争议,进一步消弭南海仲裁案带来的不利法理影响,改变中国“不守法”形象,总结南海仲裁案的经验和教训,坚决维护海洋权益,实现“依法治海”(软实力)目标,建设海洋强国、推进“一带一路”建设,提升国家治理体系和治理能力现代化等有重要的价值和指导意义。① 这不仅体现了中国的担当、责任和作为,而且弘扬了中国的文化精髓,值得坚持和遵循,更有学术研究和深化的必要与价值。

党的十八大以来,中国外交的新政策主要体现在以下方面:

1. 在外交政策目标方面。

第一,人类命运共同体。其核心为责任共同体和利益共同体。基本内容为:世界命运由各国共同掌控,国际规则由各国共同制定,全球事务由各国共同管理,发展成果由各国共同分享。② 这样才能真正地推进和实现人类命运共同体,即构筑人类命运共同体的关键在于综合性和行动力。

第二,新安全观。中国积极倡导共同、综合、合作、可持续的亚洲安全观,通过搭建地区安全和合作新架构,努力走出一条共建、共享、共赢的亚洲安全之路,确保共同持续的安全环境。

2. 在外交理念及模式方面。

第一,新型国际关系。即要坚持合作共赢,推动建立以合作共赢为核心的新型国际关系包括新型大国关系,坚持互利共赢的开放战略,把合作共赢理念体现到政治、经济、安全和文化、生态等领域。换言之,合作是稳定国家间关系和实现世界和平与发展的唯一可行的方法,而各作原则具有深厚的国际法基础,得到国际法的确认和规范,例如,《联合国宪章》第1~2条、第11条和第49条。对于我国来说,中美加强高层及各级别交往,拓展双边、地区和全球层面各领域合作,妥善处理和管控敏感问题,尤其应依中美新型大国关系的原则和精

---

① 对于南海仲裁案的内容及影响,参见金永明:《论南海仲裁案对海洋法的冲击》,载《政治与法律》2017年第7期。

② 参见习近平:《共同构建人类命运共同体——在联合国日内瓦总部的演讲》(2017年1月18日),载 http://www.fmprc.gov.cn/web/ziliao_674904/zt_674904/zt_674979/dnzt_674981/xzxzt/xjpdrsjxgsfw_688636/zxxx_688638/t1431760.shtml,最后访问日期:2018年1月21日。

神(不冲突不对抗、相互尊重、合作共赢)发展两国关系就特别重要。

第二,正确义利观。在国际合作中,其基本内涵为:要注意利,更要注重义;只有义利兼顾,才能义利兼得;只有义利平衡,才能义利共赢。

第三,亲诚惠容理念。中国周边外交的基本方针,就是坚持与邻为善、以邻为伴,坚持睦邻、安邻、富邻,突出亲、诚、惠、容的理念。

3. 在外交作为及路径方面。

第一,"一带一路"倡议。"一带一路"建设秉持共商、共建和共享原则,其不是要替代现有地区合作机制和倡议,而是要在已有机制基础上,推动沿线国家实现发展战略的相互对接、优势互补。对于"一路",即21世纪海上丝绸之路,中国愿同东盟国家加强海上合作,使用好中国政府设立的中国—东盟海上合作基金,发展好海洋合作伙伴关系,共同建设21世纪海上丝绸之路。这些原则和路径深受国际社会的好评和期待,具有强大的生命力,体现了其的价值和意义,完全符合世界发展趋势和潮流。

第二,加快互联互通。包括政策沟通、设施联通、贸易畅通、资金融通、民心相通五大领域,创设亚洲基础设施投资银行,目的是实现基础设施、制度规章和人员交流三位一体,实现联动和共同、有序发展目标。

第三,建设海洋强国。坚持陆海统筹,坚持走依海富国、以海强国、人海和谐、合作共赢的发展道路,通过和平、发展、合作、共赢方式,包括运用21世纪海上丝绸之路倡议所设立的公共平台和机制,加快合作领域步伐,扎实推进海洋强国建设进程,以共享海洋空间及资源,实现人与海的和谐统一。

不可否认,这些外交新政策所蕴含的理念和价值正在推进落实,并被国际社会所接受和吸纳,同时,这些外交新政策特别体现了中国文化的价值和作用,体现了中国的智慧、方案、担当及责任。当然,这些外交新政策是中国长期以来在外交理论和实践上的提炼和升华,具有一贯性和连续性的特质,必须毫不动摇地持续坚持和推进落实。

三、中国外交新政策在依法治海中的作用及具体实践

(一)中国外交新政策在依法治海中的地位与作用

党的十八大报告指出,中国将继续高举和平、发展、合作、共赢的旗帜,坚定不移致力于维护世界和平、促进共同发展。即针对和平与发展两大议题,通过合作、共赢,增强命运共同体意识,即在追求本国利益时兼顾他国合理关切,在

谋求本国发展中促进各国共同发展，建立更加平等均衡的新型全球伙伴关系，同舟共济，权责共担，增进人类共同利益。①

党的十九大报告指出，中国将高举和平、发展、合作、共赢的旗帜，恪守维护世界和平、促进共同发展的外交政策宗旨，坚定不移在和平共处五项原则基础上发展同各国的友好合作，推动建设相互尊重、公平正义、合作共赢的新型国际关系；中国将与各国人民同心协力，构建人类命运共同体，建设持久和平、普遍安全、共同繁荣、开放包容、清洁美丽的世界；同时，坚持以对话解决争端，以协商化解分歧，统筹应对传统和非传统安全威胁，反对一切形式的恐怖主义；中国决不会以牺牲别国利益为代价发展自己，也决不放弃自己的正当权益，任何人不要幻想让中国吞下损害自身利益的苦果。② 中国针对独立自主的上述外交政策和实践，不仅是一贯的，而且是连续的，今后也不会改变。

不可否认，要实现上述目标，必须增强国家治理体系和治理能力现代化水平，其基础和保障为实施“依法治国”战略。为贯彻落实党的十八大报告作出的战略部署，加快建设社会主义法治国家，中国共产党第十八届中央委员会第四次全体会议通过了《中共中央关于全面推进依法治国若干重大问题的决定》（2014 年 10 月 23 日）。

在上述决定中，全面推进依法治国的总目标是，建设中国特色社会主义法治体系，建设社会主义法治国家。具体内容为：在中国共产党的领导下，坚持中国特色社会主义制度，贯彻中国特色社会主义法治理论，形成完备的法律规范体系、高效的法治实施体系、严密的法治监督体系、有力的法治保障体系，坚持依法治国、依法执政、依法行政共同推进，坚持法治国家、法治政府、法治社会一体建设，实现科学立法、严格执法、公正司法、全民守法，促进国家治理体系和治理能力现代化。③

同时，《中共中央关于全面推进依法治国若干重大问题的决定》指出，我国应积极参与国际规则制定，推动依法处理涉外经济、社会事务，增强我国在国际

---

① 参见胡锦涛：《坚定不移沿着中国特色社会主义道路前进，为全面建成小康社会而奋斗——在中国共产党第十八次全国代表大会上的报告》，人民出版社 2012 年版，第 47 页。

② 参见习近平：《决胜全面建成小康社会，夺取新时代中国特色社会主义伟大斗争——在中国共产党第十九次全国代表大会上的报告》，人民出版社 2017 年版，第 58 ~ 59 页。

③ 参见《中共中央关于全面推进依法治国若干重大问题的决定》，人民出版社 2014 年版，第 4 页。

法律事务中的话语权和影响力,运用法律手段维护我国主权、安全、发展利益。① 这为我国积极利用外交渠道宣介中国的海洋政策及增强国际话语权等提供了重要方向和有力保障。

作为海洋事务主管单位国家海洋局为贯彻落实《中共中央关于全面推进依法治国若干重大问题的决定》,结合海洋工作实际,就海洋系统全面推进依法行政,加快建设法治海洋作出了决定(《中共国家海洋局党组关于全面推进依法行政加快建设法治海洋的决定》,2015 年 7 月 20 日),以在维护海洋权益、促进海洋经济发展中树立法治权威,在维护人民利益中彰显法治理念,在海洋管理中体现法治思维,在海洋领域改革中坚持法治底线。即通过加快法治海洋建设,健全完善海洋法律法规和标准体系,依法履行海洋管理职能,严格规范海洋管理权力运行,到 2020 年建成法制完备、职能科学、权责统一的海洋管理体系;建设廉洁勤政、权威高效、执法严明的海洋管理队伍;构建法治统筹、公正文明、守法诚信的海洋管理秩序;以实现综合规范管理海洋的目标,为建设海洋强国提供充实的基础和制度保障。② 这些内容构成中国建设海洋强国的前提及制度性框架和保障。

可见,党的十八大以来的中国外交新政策蕴含的目标和理念,完全符合"依法治海"的目标和理念。换言之,中国外交新政策完全可以运用到海洋治理中,并指导海洋外交行为,构筑和平、合作、共赢的海洋新秩序,实现"依法治海"目标。总之,中国外交新政策在海洋治理和依法治海中具有重要的地位和指导作用。

(二)中国外交在维护海洋秩序上的新尝试及具体实践

众所周知,为构建和谐世界,中国提出了和谐海洋的理念,以指导和管理海洋事务,维护海洋和谐秩序。上述中国外交新政策的目标和理念,以及路径和措施,完全符合世界和平与发展的潮流和海洋发展态势,尤其是《联合国海洋法公约》的特质(和平性、有效性、合理性、平衡性),体现了中国文化的本质——"以和邦国""和而不同""以和为贵"的思想。具体体现为:包容性、多样性、共存性和合作性的文化价值,这是包括中国在内的其他国家应该努力的方向和最

① 参见《中共中央关于全面推进依法治国若干重大问题的决定》,人民出版社 2014 年版,第 39 页。

② 参见《中共国家海洋局党组关于全面推进依法行政加快建设法治海洋的决定》内容(2015 年 7 月 20 日通过,2015 年 8 月 7 日公布),载 http://www.soa.gov.cn/zwgk/gsgg/201508/t20150807_39403.html,最后访问日期:2018 年 8 月 19 日。

终目标。①

正如我国国务院新闻办公室于2017年1月11日发布的《中国的亚太安全合作政策》白皮书所指出的那样，亚太地区的发展日益引人注目，成为全球最具发展活力和潜力的地区，地区国家进一步加大对亚太地区的重视和投入；而随着国际关系格局的深刻调整，亚太地区格局也在发生重要深刻变化。② 为此，我国可以首先在亚太地区发挥主导作用，以维护和稳定亚太区域的和平与发展秩序，使中国成为亚太和平与发展的建设者和贡献者。换言之，中国成为世界强国的第一步是为亚太地区的和平与发展做出贡献，然后再将在亚太的外交政策和具体作为运用到其他地区，使中国成为世界性的强国，即我国的世界性强国发展进程应以分步走和阶段性的政策和目标取向为准则和路径。

中国在亚太地区发挥作用的主要政策主张和具体作为，完全符合党的十八大以来坚持和倡导的外交政策的理念和目标。经分析，中国维护亚太地区和平与发展的政策主张包括以下方面：第一，在经济上，促进共同发展，夯实亚太和平稳定的经济基础。第二，在政治上，推进伙伴关系建设，筑牢亚太和平稳定的政治根基。第三，在合作机制上，完善现有地区的多边机制，巩固亚太和平稳定的框架支撑。第四，在制度建设上，推动规则建设，完善亚太和平稳定的制度保障。第五，在军事交流上，密切军事交流合作，增强亚太和平稳定的保障力量。第六，在环境建设上，妥善处理分歧矛盾，维护亚太和平与稳定的良好环境。这样的政策主张不仅是一贯的，而且是可行的，完全符合我国长期以来的具体实践和国家总体战略要求和部署。

我国维护亚太和平与稳定的理念和路径主要包括遵循亚洲新安全观（共同、综合、合作和可持续的安全观）、构筑亚太地区多维安全架构（包括多样性，共同性，共识性和同步性），以及发展多组双边关系和积极处置地区热点和非传统安全问题，以体现睦邻、安邻、富邻和亲、诚、惠、容的周边外交政策和理念，发挥中国的作用。

不可否认，为维护亚太地区的和平与发展，海洋争议是一个重要且不可忽视的问题。对其的稳妥处理直接影响亚太地区的政治和经济及外交关系。对

① 中国海洋政策的特点及性质内容，参见金永明：《中国海洋政策的文化之维》，载《亚太安全与海洋研究》2016年第5期，第1～8页。

② 《中国的亚太安全合作政策》白皮书（2017年1月）内容，载 http://www.scio.gov.cn/zxbd/wz/Document/1539488.htm，最后访问日期：2018年1月11日。

此，中国针对海洋争议尤其是领土和海洋权益争议的政策主张为，应在尊重历史事实的基础上，根据公认的国际法和现代海洋法包括《联合国海洋法公约》所确定的基本原则和法律制度，通过直接相关的主权国家间的对话谈判寻求和平解决；在有关问题解决前，各方应开展对话，寻求合作，管控危机，防止矛盾激化升级，共同维护地区和平与稳定。换言之，中国针对海洋争议的政策立场为：优先通过双边协商谈判和平解决争议；在无法解决争议前，依据制定规则和管控危机等手段，以维持和平与稳定；最后力争解决海洋争议，以共享海洋空间及资源利益。这些原则和政策特别体现在新时代的中国对南海问题和东海问题的处理和应对上。

对于日本政府所谓“国有化”钓鱼岛三岛问题，中国政府及时发表声明和意见，包括：2012 年 9 月 10 日中国政府就钓鱼岛等岛屿的领海基线发表声明；2012 年 9 月 12 日国家海洋局公布了领海基点保护范围选划及保护办法；2012 年 9 月 13 日中国常驻联合国代表李保东大使向联合国秘书长提交中国钓鱼岛等岛屿领海基点基线坐标表和海域的文件；国家海洋局、民政部受权于 2012 年 9 月 21 日公布我国钓鱼岛海域部分地理实体标准名称；国务院新闻办公室于 2012 年 9 月 25 日发布《钓鱼岛是中国的固有领土》白皮书；2012 年 12 月 14 日中国政府向联合国秘书长提交“东海部分大陆架外部界限划界案”；中国国防部依据国际惯例和国内法于 2013 年 11 月 23 日宣布《中国关于划设东海防空识别区的声明》以及《中国东海防空识别区航空器识别规则公告》，以进一步管控东海空域秩序和航行安全；针对日本外务省网站于 2015 年 7 月 22 日发布中国东海油气平台的位置、图片等信息、鼓吹“中国海洋威胁论”，中国外交部于 7 月 24 日表明了“中国东海油气开发活动正当合法”的政策性立场文件等。上述措施以坚定捍卫我国在东海的海洋权益，并取得了较好的效果。同时，中国加强与日本的持续沟通和协调，包括于 2006 年 6 月 18 日两国外交部门公布《中日关于东海问题的原则共识》，于 2014 年 11 月 7 日两国政府代表达成《中日处理和改善两国关系四点原则共识》，并积极展开东海问题磋商进程，包括自 2012 年 1 月启动中日海洋事务高级别磋商机制以来至 2017 年 12 月已举行 8 轮磋商会议，就海洋领域的具体合作达成多项共识。① 可见，中国政府对待东海问题的立场和态度，坚守了以通过对话协商，和平解决和合理管控重大海上争议问题

① 针对东海问题的有关内容，参见金永明：《中国维护东海权益的国际法分析》，载《上海大学学报》（社会科学版）2016 年第 4 期，第 1 ~ 20 页。

的意愿和立场,这对于稳定和处理东海问题尤其是其海空安全具有重要的作用。

对于越南针对我国"981"钻井平台作业的干扰行为,菲律宾于2013年1月22日单方面提起的南海仲裁案,中国政府在各种不同的场合和时间节点就南海问题的政策阐释了严正的立场和态度。其中,包括中国政府于2014年6月8日发布的《"981"钻井平台作业:越南的挑衅和中国的立场》;[①]2014年12月7日中国外交部受权发表的《中国政府关于菲律宾所提南海仲裁案管辖权问题的立场文件》;[②]《中国外交部关于应菲律宾共和国请求建立的南海仲裁案仲裁庭关于管辖权和可受理性问题裁决的声明》(2015年10月29日);[③]《中国外交部关于坚持通过双边谈判解决中国和菲律宾在南海有关争议的声明》(2016年6月8日);[④]中国国务院新闻办公室发布的《中国坚持通过谈判解决中国与菲律宾在南海的有关争议》白皮书(2016年7月);[⑤]《中国政府关于应菲律宾请求建立的南海仲裁案仲裁庭所作裁决的声明》(2016年7月12日)等。[⑥] 中国政府在上述文件中的政策和立场不仅得到了众多学术团体(如中国法学会、中国国际法学会、中国海洋法学会)的支持,而且在双边文件和多边文件中得到支持和肯定。[⑦]

---

① See http://www.fmprc.gov.cn/mfa_chn/zyxw_602251/t1163255.shtml,最后访问日期:2018年6月9日。

② See http://www.gov.cn/xinwen/2014-12/07/content_2787671.htm,最后访问日期:2018年12月8日。

③ See http://www.fmprc.gov.cn/web/zyxw/t1310470.shtml,最后访问日期:2018年10月30日。

④ See http://www.fmprc.gov.cn/web/zyxw/t1370477.shtml,最后访问日期:2018年6月8日。

⑤ 中国国务院新闻办公室:《中国坚持通过谈判解决中国与菲律宾在南海的有关争议》白皮书(2016年7月),人民出版社、外文出版社2016年版,第1~49页。

⑥ 载http://world.people.com.cn/n1/2016/0712/c1002-28548370.html,最后访问日期:2016年7月12日。

⑦ 《中国法学会关于菲律宾共和国单方面提起的南海仲裁案的声明》(2016年5月25日)内容,载http://news.xinhuanet.com/legal/2016-05/25/c_1118932058.htm,最后访问日期:2018年5月26日;中国国际法学会:《菲律宾所提南海仲裁案仲裁庭的裁决没有法律效力》(2016年6月10日)内容,载《中国国际法学会年刊南海仲裁案管辖权问题专刊》,法律出版社2016年版,第1~29页;《中国海洋法学会关于菲律宾共和国单方面提起的南海仲裁案的声明》(2016年5月30日)内容,载http://news.xinhuanet.com/2016-05/30/c_1118957545.htm,最后访问日期:2016年5月30日。《中国和东盟外交部长关于全面落实〈南海各方行为宣言〉的联合声明》(2016年7月25日),载http://www.fmprc.gov.cn/web/zyxw/t1384157.shtml,最后访问日期:2018年7月25日;《中华人民共和国和俄罗斯联邦关于促进国际法的声明》(2016年6月26日),载http://www.fmprc.gov.cn/web/zyxw/t1375313.shtml,最后访问日期:2016年6月26日。

对于美日等国所声称的海洋航行自由和飞越自由问题，不仅包括南海尤其在南沙周边海域的航行和飞越自由不受任何影响，而且包括在世界其他海域的航行自由与安全的维护和确保，这也是中国的核心利益。所以，中美应就海洋航行自由与安全问题展开平等磋商和谈判，在两国尤其在安全方面已达成共识的基础上，通过谈判形成新的共识以及活用国际社会已存的制度作为指导海洋活动包括航行和飞越自由活动的行为准则，并为进一步丰富和发展相关国际法尤其是海洋法制度提供参考和借鉴。这是双方应该努力的方向，也是中美两国应该做出贡献的重要合作领域，必须坚持。①

在此应该指出的是，针对重大海洋争议问题，中国始终坚持通过谈判协商和平解决争议，坚持通过制定规则和建立机制管控争议，坚持通过互利合作实现共赢，坚持维护南海和平稳定及南海航行和飞越自由；对于侵犯中国领土主权和海洋权益、蓄意挑起事端破坏南海和平稳定的挑衅行动，中国将不得不作出必要反应；任何将南海问题国际化、司法化的做法都无助于争议的解决，相反只会增加解决问题的难度，危害地区和平稳定。② 这种政策立场已被南海仲裁案所肯定，中国对此的立场今后也不会改变，因为这是我国的一贯立场和基本态度。

四、中国维护国家海洋权益的话语权问题

如何能使中国针对海洋问题的政策主张及具体做法让国际社会进一步知晓并理解，在此，中国外交的行为模式和方法就显得特别重要。换言之，中国外交在宣传和传播中国的海洋政策和主张方面，具有自身独特的有利条件和不可推卸的责任。这对于加快建设海洋强国，有效实施“一带一路”倡议，分阶段和有步骤地解决海洋争议问题，包括消除南海仲裁案的不利法理影响、理解中国的目的和意图等，具有重要的作用和意义。为此，中国外交在维护和确保国家海洋权益方面的行为模式和方法及作用，主要体现在以下方面：

第一，活用多个外交场合，积极宣传和解释我国的海洋政策立场和主张。尽管我国已设立了多个海洋组织机构，如中央海权工作领导小组及其办公室、

---

① 中美关于航行自由与安全的对立和分歧内容，参见金永明：《中国海洋法理论研究》（增订版），上海社会科学院出版社2016年版，第3～16页、第31～49页、第259～269页。

② 中国政府针对海上问题包括东海问题和南海问题的立场及态度，参见中国国务院新闻办：《中国的亚太安全合作政策》白皮书（2017年1月），载 http://www.scio.gov.cn/zxbd/wz/Document/1539488/1539488.htm，最后访问日期：2018年1月11日。

国家海洋委员会及其办公室，重组了国家海洋局，设立了中国海警局，但由于其组织体系在法律或法规上不够明确、职权不清，部门利益难以调和等原因，国家海洋机构改革进程艰难，所以依然存在需要理顺海洋组织机构及体制机制的任务，如制定和实施海洋法、中国海警局组织法等，以进一步明确各海洋机构的法律职权和权限，切实贯彻实施《国务院机构改革和职能转变方案》（2013 年 3 月 14 日）规范的内容和要求。在这些组织机构体制并未明确规范的情形下，对外宣传海洋政策和立场的任务无疑落到了外交部的身上，为此，外交部应协调组织国内机构及人员，开展对海洋的基础理论、动态及对策的系统性研究，包括推进委托项目研究计划和进程，以此研究成果为基础在多个外交场合主动对外宣介和发布有关海洋政策性立场文件就显得特别重要。

第二，通过培训海洋知识，提升外交人员的知识水平。由于多种原因，外交部录用的人员多以外语专长为主，缺乏相应的专业知识，这种情况很难在外交场合发挥专业性的解释作用。鉴于海洋问题的专业性、敏感性和复杂性，没有一定的专业知识是无法对外作出有力的宣传和解释的，所以一个比较有效的方法是强化对外交人员的海洋知识培训。对于培训的师资力量，可以让各级学会（如中国法学会、中国国际法学会等）以及在高校和研究机构设立的专业性组织及人员担任。对于培训教材问题，可以在原有教材基础上进行重写重编，以增加时效性和针对性的内容，并突出理论性和合理性。当然，对于海洋专题研究，也可以组织出版一些专业性较强的优秀学术著作，以供培训之用，也可为研究者及其他人员进一步学习和加深研究相关内容提供参考和借鉴，这样既可避免研究宣传无合适素材的困境，也能对提升我国海洋研究水平多有助益。

第三，有组织地选派国际法学者，赴多个外交领事机构锻炼和研究。对于南海仲裁案来说，尽管我国多个驻外的外交和领事机构代表在所在地已发表了有关宣传和阐释中国南海政策的文章和论文，对于当地政府和人民对其的了解有一定的帮助，但无法系统地解释他们存在的疑惑，也不具有连续性，并影响后续效果及作用。为此，可以选派高校和研究机构的国际法专家学者赴我国驻外的外交和领事机构锻炼和研究，以向当地政府和人民系统地阐释我国的海洋政策及立场，并加强与他国学者之间的交流，增进理解和认识。同时，为能使更多的人员加盟国际法研究，应提升国际法在高校和研究机构中的地位和作用，为我国外交提供更多的国际法优质人才，以适应中国大国外交的现实需要。为此，也可有计划地公派一些国际法青年学者赴国际著名的大学、研究机构和国际司法机构进修及访问和留学，为服务我国外交提供人才储备并做出学术贡献。在此,我国应尽快组织制定和落实国际法优秀人才的选派评价及运用机制,以公正合理地处理这些事项,并提供制度性保障。

第四,采取开放的态度,加强与他国专家学者之间的互动交流和研究步伐。针对海洋战略性问题包括重大海洋争议问题,在国家之间很难作出妥协让步的情形下,加强多国及两国学者之间的交流和对话,对于阐释海洋政策,理解对方的关切,稳控海洋争议的爆发并促进双边及区域关系等有重要的正面作用。为此,外交部应采取更开放的态度,鼓励各国学者间展开实质性的对话交流,并在条件成熟时开展共同的专题研究,也可鼓励和资助其他国家的专家学者研究海洋战略性问题,在此,设立诸如国际交流合作机制、国际交流基金等就特别紧要。当然,为宣介我国的海洋政策与立场,在其他国家发表英文论著也很重要,以弥补在外交上阐释海洋政策与立场的不足和缺陷,所以,在外交部的主导及安排下,也可以选择在国外的重要期刊及报纸有组织地刊发学者们的海洋研究系列论文,重点结合历史与国际法展开论述,以消弭包括南海仲裁案在内的不利法理后续影响,增加中国在海洋问题上的话语权和影响力,为进一步完善海洋法制度做出贡献。

第五,提交完善海洋规则的方案或建议,为修正海洋秩序做出贡献。在南海仲裁案中,外界对中国的误解是中国不是一个"守法"的国家,为避免这种印象造成的损害以及这种情况再次出现,我们应该以法理为重点就我国的海洋政策与立场尤其是南海问题争议进行系列性的阐述,以正视听。其实,我国并不是一个不守法及违法的国家,仅是对《联合国海洋法公约》中的某些制度性缺陷和认识存在不同的理解和实践,而这些不同的主张和实践正是《联合国海洋法公约》体系中先天性地存在争议的重要内容,也是今后需要不断完善的重要方面,为此,我国应就《联合国海洋法公约》中的某些内容,如岛屿制度的法律要件、历史性权利与《联合国海洋法公约》之间的关系、群岛水域制度适用于大陆国家远洋群岛的可能性,以及国家对于强制性仲裁程序作出的排除性声明事项的内容及效力、仲裁庭的管辖权范围及对案件的事实认定和法律适用的救济程序和措施等提出我国的方案,为进一步修正、完善海洋秩序,提升海洋法治水平,完善海洋法制做出贡献。同时,我国不仅要在国内加快包括海洋法的立法进程,还应就海洋科学研究的范围、专属经济区内的军事活动问题和领海内军舰的无害通过制度等法规内容进行修改,即扩大适用范围、减少沿海国批准或事先通知的限制,强化海洋综合管理,为我国军民走向大洋、发展蓝水海军及海运大国等提供法制基础保障。

五、结语

最后应该指出的是,中国基于党的十八大以来外交新政策所蕴含的理念和目标、路径及措施,在海洋秩序、依法治海中的作用和贡献如何,应对外交行为的效果和作用予以评估,以便对我国外交的多种行为作出适度的模式和方法调整,以更好地适应海洋情势发展需要,为树立中国外交强国地位,发挥外交在完善海洋秩序和依法治海的作用以及确保其在维护我国海洋权益上的实质性贡献服务。这无疑是我们所期待和希望的愿景,也是作为大国的中国的应有责任。换言之,中国的外交行为应多维、多向并积极作为,丰富和发展海洋秩序和海洋法治。这不仅是维护亚太安全秩序的需要,也是维护世界和平与发展的需要,更是国际社会对中国的期待,是中国的应有职责。

第三章　国家主权的双重属性和大国海权的强化

在和平崛起之后,中国的外交政策和国际法实践逐渐成为国外学者所关注的现实问题,而近来所谓的“中菲仲裁案”则使国际海洋法的发展和南海争端国之间的外交关系面临严重挑战,于是中国学者百思不得其解:为何中国综合国力的提高与和平共处的外交政策并没有促使它与周边国家的争端得以有效解决,反而此类争端不断地复杂化和尖锐化?因为按照传统国际法的逻辑,国家实力的强大更有利于维护其国际权益。在这种情形下,如何应对美国的霸权性亚太战略和维护中国的海洋权益成为困扰中国政府和学术界的难题。海权强化和大国崛起的必然联系以及国家主权和现代海权的内在互动,都有助于在外交实践中制定应对此类困境的路线图,从而使大国权力有效地维护其在国际法上的基本权益。以史为鉴,海权的发展决定了西方大国的兴衰史。昔日的“海上马车夫”荷兰、“日不落帝国”英国和当今“世界霸主”美国的崛起都奠基于强大的海权,国际法之父格劳秀斯的“海洋自由论”和马汉的“海权论”也都说明了海权理论和外交实践的互动关系。国际法的社会基础决定了大国政治与国际法的辩证关系。在经济全球化的时代潮流中,外交博弈和国际法实践的比较研究有助于中国和平解决其国际争端。国家主权的历史演变和西方大国的更替规律表明,国际社会中的软实力在不断地解构和建构国家主权的双重属性，传统海权的基本内涵和外延发生了质的变化。全球化进程中的相互依赖和国家的软实力，深刻影响了现代海权的强化路径，进而预示了中国在所谓的“中菲仲裁案”背景下的海权强化战略。

一、国家主权的双重属性与现代海权的概念重构

国家是国际法和国际关系的基本主体，而主权是国家的本质属性。主权国家是威斯特伐利亚体系的基石，国家主权原则构成了一般国际法的支柱，因此国际关系的法制化和国际法的演进在某种程度上是国家主权的发展史。海权是国家主权的重要自变量，主权和海权的同质性和互动性使两者同时具有权力和权利属性，而国家主权的权利转向则为现代海权的概念重构及其权利化确立了理论框架。现代国际法的发展日益凸显了国家主权的权利转向及其特性的嬗变，国家主权的双重属性有利于认识经济全球化背景下传统海权的局限性和现代海权重构的必要性。

（一）国家主权及其双重属性

国家主权理论是民族国家的历史产物。法国政治思想家让·博丹最早对国家主权理论进行了系统的阐释。他认为，“国家只是在公民服从一个共同主权者的统治的情况下才存在”。以其对内属性为基础，博丹将国家主权界定为“不受法律约束的、对公民和臣民进行统治的最高权力”，[①]并阐释了它的基本特征，即主权是最高的、绝对的、永久的、不可分割的。[②] 格劳秀斯则从国际关系的角度重点研究了主权的对外属性，他在代表作《战争与和平法》中认为：“所谓主权，就是说它的行为不受另外一个权力的限制，所以它的行为不是其他任何人类意志可以任意视为无效的。”[③]国家主权在实践上源于《威斯特伐利亚和约》，它不仅在国际关系中确认了国家无论大小都一律平等，而且使罗马教会不再享有任意干涉世俗国家内部事务的权利，国际法脱离了神权的束缚。[④] 威斯特伐利亚和会为近代国际法的形成和发展奠定了社会基础，随后的国际体系也就被称为威斯特伐利亚体系。因此，从理论形成和实践发展来看，国家主权自

① ［美］乔治·霍兰·萨拜因：《政治学说史》（下册），商务印书馆1986年版，第462页。

② 参见初育国：《试论民族国家的演进及现状》，载《北京大学学报》（哲学社会科学版）2003年第4期。

③ 叶立煊：《西方政治思想史》，福建人民出版社1992年版，第173页。

④ 参见王绳祖：《国际关系史》（上册），武汉大学出版社1983年版，第6～8页。

始就享有对内与对外的特性。

在国内社会中,主权代表至高无上的政治权力,即在其领土范围内对国民而言是最高权力。在国际社会中,理论上,独立者之间是平等的,平等者之间无管辖权;实践上,国家是国际法最基本的主体,主权国家享有国际法上的完全的权利能力和行为能力。① 国家是天生的国际法主体,国际组织是派生的国际法主体。② 格劳秀斯学派认为国家和个人在本质上是一致的。③ 著名的国际法学家沃尔夫则认为,个人和国家之间都存在自然法支配下的自然状态,他还在自然状态的前提下论证了国家的天赋权利。④ 所以,主权国家是国际法律秩序中的“天赋”主体,它类似于社会契约论中的自然人,主权因此而具有天赋权利的属性。国家主权的双重属性具有时代特性,其历史演进决定了国家在国内社会和国际社会中的法律地位;相应地,国际法的历史在某种程度上是国家主权双重属性的演变过程,其中传统意义上的国家主权因权利转向而不断地相对化。

在威斯特法利亚体系确立之后,国际法的发展使国家主权逐渐从对内的权力属性转向对外的权利属性。基于平等者之间无管辖权,主权的权利属性是社会契约论中“天赋人权”理论在国家无政府状态中的延伸,同时也体现自然法的逻辑前提。事实上,世界历史并非渊源于平等者之间的无政府状态,而是展现出一种由国际霸权到大国政治然后到各国事实上平等的总体发展趋势。政治和法律的互动使人类法(包括国内法和国际法)从“恶法亦法”向法治下的良法逐步演进。国家作为国际社会的基本行为主体,其所拥有的基本权利在法理上为其国际权力的产生提供了历史前提与合法性。国家主权的相对化和权利转向都揭示了国际法和大国政治辩证互动的基本路径和内在逻辑。

(二)国家主权的权利转向

在经济全球化时代,国家主权的绝对性或权力属性遭到削弱,全球经济规则和基本人权等人类普遍价值都促成了国家主权的权利转向。⑤ 生产力所决定的社会关系和特定社会共同体的法治化是推动国家主权双重属性此消彼长的

---

① 参见李浩培:《国际法的概念和渊源》,贵州人民出版社 1994 年版,第 7 页。

② 参见[德]英戈·冯·门希:《国际法教程》,林荣远、莫晓慧译,世界知识出版社 1997 年版,第 8 页。

③ 参见杨泽伟:《国际法史论》(第 2 版),高等教育出版社 2011 年版,第 107 页。

④ 同上书,第 108 页。

⑤ 参见高鸿钧:《法律移植:隐喻、范式与全球化时代的新趋向》,载《中国社会科学》2007 年第 4 期。

两大因素。无论民主和法治的存在与否以及实现状态如何,国家都是人类生产力发展的历史产物。在民族国家组成的近代社会,主权的历史发展主要体现在其双重属性的理性化和合法化。在国内社会,主权的权力属性在实践上沿着宪政或人民当家作主的逻辑而不断合法化,在理论上国家权力的合法性也基于对天赋权利的保护。继让·博丹之后对国家主权理论进一步深化的法国政治思想家阿尔色修斯从社会契约论和自然法理论出发,认为主权必须来自作为法人团体的人民,进而成为最早关于人民主权的明确阐述,①随后卢梭等政治思想家则釜底抽薪地提出了人民主权论,从而彻底限制了国家的公共权力。因此,以民主和法治为基石的宪政主义无疑代表着这种公民权利限制国家权力的发展路径。

国家及其法律的诞生是为了避免"一切人对一切人的战争",国际法的产生在很大程度上是为了避免一切国家对一切国家的战争。因为具有权利属性,国家主权也不是绝对的,在平等的法律主体之间,一国的权利意味着他国的义务,没有无义务相对应的权利。绝对的国家主权必然导致国家间的"自然状态",现代科技发展所导致的"自然状态"的恐惧性则推动了国家主权的相对化。人的社会性决定了人是政治和法律的动物,进而决定了公共权力规制的必要性。②作为国际社会的基本行为主体,国家的社会化导致了国际规制权力的形成。国家之间的相互依赖性越高,其社会性程度也就越高。相应地,某种规制权力之存在的可能性也就越大,这种权力依赖于特定的国际制度。③ 自然人是所有法律秩序的最终主体,各国民众在国际交往中所形成的国际公共领域和国际公民社会也决定了国家主权的公共属性。在经济全球化时代,国家发动战争的天赋权利已基本上为现代国际法所禁止,在复合性相互依赖中形成的经济理性使国

---

① 参见[美]乔治·霍兰·萨拜因:《政治学说史》(下册),商务印书馆1986年版,第475页。

② 塞缪尔·冯·普芬道夫认为,自然法起源于人在本性上是理性的、社会性的存在以及基于这种本性的权利和义务,他列出以下内容作为自然法的一项基本原则:一切为实现社会性所必需的应被认为是法律所要求的,而一切妨碍或阻挠社会性的应被视为法律所禁止的。See Samuel von Pufendorf, *De Jure Naturae et Gentium*, Oxford Clarendon Press, 1934, pp. 201 – 207.

③ 塞缪尔·冯·普芬道夫认为,自然法与国际法拥有共同的"道德存在"。只要人通过自己的精神力量,而非在动物本能的支配之下来指挥与规范自己的生活和行为,这些存在既属于人自己,也属于在一个共同的道德目标的向心力作用下联合起来的人类社会。参见[德]塞缪尔·冯·普芬道夫:《自然法与国际法》,罗国强、刘瑛译,北京大学出版社2012年版,第3页。

家对其主权进行积极的限制。① 随着全球气候变化等国际问题的出现,制度理性将代替经济理性成为限制国家主权的主导因素。② 国家主权的双重属性及其演变规律根源于对无政府状态的规制,在动机上是为了避免国家间的"自然状态"或现代风险社会所造成的全球性安全困境,而国际人权法的晚近发展也体现了国家主权的权利转向趋势。在以民族国家为基本主体的国际法律体系中,第三代人权通过国家主权表达了有关民族安全和生态安全的法律诉求。和平权是国际背景下集体生命权对于战争权力的超越,发展权是在不平等国际经济秩序中追求实质上的平等,而环境权则必然削弱主权国家征服自然的行为能力。因此,在实证的国际"自然状态"和全球性的公地悲剧中,国家主权必然通过权利转向来寻求其合法性渊源。

在国家主权得以确立的近代社会,国家是国际法的唯一主体,国家主权具有天赋权利的自然法特性。国家主权的权力属性和权利属性使国家主权原则陷入了权力和权利以及自然法和实证法双重对立的悖论。就国际争端解决而言,主权原则意味着各国在司法机制中一律平等,这代表着小国所追求的绝对平等的自然法理念,但是主权原则在双边和多边谈判中又意味着大国具有绝对的优势,因此国家主权原则既具有自然权利的色彩,同时也具有实证权力的特性。国内社会民主和法治的发展进程表明,精英政治或贵族政治是寡头政治向公民政治过渡的必然发展阶段,国际关系中的大国政治将在一定的历史时期具有其实证法上的合法性。自威斯特伐利亚体系建立以来,国家主权与海权都与国家的实力相联系,小国往往沦为殖民地而完全或事实上失去国家主权,强大的海权则意味着国家主权和国家利益得到有效的维护。就其权力的属性而言,海权是国家主权的下位概念,或者说,它是国家权力的重要自变量。国家主权平等在某种意义上为各国在国际社会中确立了天赋权利,而传统海权及其局限

---

① 相互依赖理论的代表人物罗伯特·基欧汉和约瑟夫·奈认为,世界政治中的相互依赖,指的是以国家之间或不同国家的行为体之间相互影响为特征的情形。他们对"权力政治"和"相互依赖"进行综合研究的基础上首次提出了"复合相互依赖"(complex interdependence)的概念。按照基欧汉和约瑟夫·奈的观点,复合相互依赖具有以下3个特征:各社会之间存在多渠道联系,行为体多种多样,并不限于国家;国家间关系的议题包括许多没有明确或固定等级之分的问题;当国家之间普遍存在复合相互依赖时,它们之间就无须动用武力。参见[美]罗伯特·基欧汉、约瑟夫·奈:《权力与相互依赖》,门洪华译,北京大学出版社2012年版,第9页、第23~24页。

② 理性可以分为经济理性和制度理性,前者为理性的初步发展阶段,后者为高级发展阶段。在经济全球化的背景下,当市场的盲目性和公地悲剧日益严重时,制度理性便开始超越经济理性。

性也逐渐体现了海权演变过程中的权利转向，于是现代国际关系中的海权也具有某种权利属性。无论就概念的逻辑关系还是就国际社会的实践而言，国家主权的双重属性展示了海权的权利属性，这种属性有助于克服传统海权的局限性，也有效地论证了全球化背景下国家软实力对于海权权利的重要建构功能。

（三）传统海权的局限性与现代海权的重构

海洋对于人类的生存和经济发展至关重要，对海洋的控制、利用和开发成为各国的重要外交目标，海权也因此成为国家主权的构成要素。从传统的海洋自由原则到1982年《联合国海洋法公约》，不同海域的法律制度不断地得以确立和完善，各国的海上活动也逐渐为国际海洋法所规范。在这种历史和社会背景下，传统的海权概念面临着新的挑战，其内涵和外延都发生了实质变化，这种变化趋势与国家主权双重属性的互动呈现出相同的历史发展轨迹。

1. 传统海权的理论界定和实践发展。人类对海洋的控制、利用和开发与经济发展水平相适应，海权的初步实践是资本主义发展及其海外殖民扩张的结果。从早期的地中海贸易到近代的大西洋海上贸易中心的确立，都说明了海权、贸易与综合国力之间的关联性。传统的国家主权和海权都具有较强的权力属性。海权概念的正式提出源于美国海军历史学家马汉创立的“海权论”，他将“海权”表述为“sea power”，由此可以看出海权具有内在的权力属性。马汉认为海权主要有两种含义：一种是狭义的海权，是指通过各种优势力量来实现对海洋的控制；另一种是广义的海权，它既包括那些以武力方式统治海洋的海上军事力量，也包括那些与维持国家的经济繁荣密切相关的其他海洋要素。① 作为“20世纪的马汉”，苏联海军元帅戈尔什科夫认为，“国家的海上威力就是合理地结合起来的，保障对世界大洋进行科学、经济开发和保卫国家利益的各种物质手段的总和。海权决定了各国为本国利用海洋的军事和经济潜力的能力”。② 可见，传统意义的海权是指国家控制、利用和开发海洋的能力，或者是通过海洋确保国家经济与安全利益的各种力量的总和。

任何学科的发展都是基本范畴在内涵和外延上的确立和完善的过程。有些基本范畴的确立依赖于关联性学科的分化与融合，权力、主权和海权便是此类重要范畴。政治和法律的历史联系和现实互动使许多政治概念沿着宪治逻

---

① 参见［美］A. T. 马汉：《海权对历史的影响》，安常容、成忠勤译，中国解放军出版社2006年版，第1页、第55页。

② ［苏］谢·格·戈尔什科夫：《国家海上威力》，房方译，海洋出版社1985年版，第2页。

辑演进为法律概念,在此过程中,权利对于权力的不断制约是主导性原则。海权最初表述为国家的一种对外的武断权力,如果说当时存在法律对于政治权力之规范,海权则可界定为各国依传统的海洋自由原则所享有的控制、利用和开发海洋的军事实力等硬实力的总和。传统的海权概念以资本主义的兴起为社会基础,而资本主义在全球的进一步扩张在实践中推动了海权内涵和外延的发展。近代以来世界霸权国崛起范式的历史演变便体现了这种趋势。在西方国家的历史兴衰中,海军实力和殖民扩张是其崛起范式的构成要素。后起的挑战国都必须具备时代性的超越要素,这些要素先后表现为荷兰的“暴利的商业贸易”、英国的“工业革命”以及美国的“技术创新”和“软实力”。同时,在这些国家的历史更替中,崛起范式的传统要素的内涵也发生了重大变化。① 从各国崛起范式的比较分析中可知,海权是共同的外在手段,具有时代性的经济要素则是内在动力。也就是说,一个国家要挑战现存的霸权国,它必须以强大的海权为前提,同时应具有与其所处时代的生产力特性相适应的超越性要素。这些要素先后体现为军事实力、经济实力以及“软实力”。由此可见,体现和平价值的要素在不断超越以武力为基础的崛起要素。与这些崛起范式及其构成要素的演变相适应,海权的内涵和构成在历史实践中也发生了相应的变化,海权的权利要素开始萌芽,而传统海权内在的权力属性逐渐体现出其历史局限性。

2. 传统海权的局限性。公共权力的历史发展与法律的社会实践相联系。因为其开放性和国际性,海权日益为国际法所规范。无论就航行自由还是就海洋资源开发而言,传统海权的存在和发展都以无政府状态为社会基础。一方面,海上航线和海洋资源对各国来说都是应有尽有;另一方面,国际社会对海洋霸权的争夺并没有任何法律上的限制。然而,自《1856 年巴黎海战宣言》以来,②战争法和人道法的发展不断规范了海战行为,很多规则已经发展成为现代国际法的强制性法律规范。③ 根据以《联合国宪章》为基础的现代国际法,国家

① 世界主要海权国家的崛起模式依次为:西班牙 = 海权(海军 + 海洋法律) + 殖民扩张;荷兰 = 海权(海军 + 海洋法律) + 殖民扩张 + 暴利的商业贸易;英国 = 海权(海军 + 海洋法律) + 殖民扩张 + 暴利的商业贸易 + 工业革命;美国 = 海权(海军 + 海洋法 + 海洋秩序) + 殖民扩张 + 暴利的商业贸易 + 工业革命 + 技术革新 + 软实力。参见辛向阳:《霸权国家与挑战国家范式分析》,载《当代世界与社会主义》2004 年第 4 期。

② 《1856 年巴黎海战宣言》是第一项国际海上武装冲突法条约,它的生效不仅标志着国际海上武装冲突法的诞生,而且标志着国际武装冲突法的诞生。

③ 参见杨咏亮:《试论国际性武装冲突中战争罪的国家责任》,载《法学评论》2010 年第 3 期。

在海上诉诸武力被视为违反国际法的基本原则。同时,陆地资源的匮乏和“蓝色圈地运动”的兴起使海洋资源的争夺日趋激烈。因此,国际海洋法的发展对各国的主权权力及其海洋开发和利用进行了规制。但是,国际法对海权的规范化,并没有制约各国的海洋强国战略和海洋维权活动。海权国家的历史交替规律揭示了海权的和平化与权利化趋势,并证明了海权与国家经济实力之间的互动关系。①

在早期的海权兴国史中,海军实力和海洋法构成了海权的共同基础,而且当时的海洋法多渊源于国内法规范,如英国的捕获法。因此,这种以国家军事实力为核心的传统海权通常被理解为一种权力。尽管海洋法具有权力规范的作用,但是海权的国际性和海洋的流动性使这种与海权相对应的法律对外表现为一种立法、执法和司法意义上的管辖权力,它是对外霸权的一种体现。1493年的教皇子午线也说明当时西班牙和葡萄牙的海权依赖于“神权”的仲裁。②以属人管辖为依据,早期西欧国家的海洋法成了海权扩展的重要维度,而资本主义的殖民扩张使其海洋法具有域外效力。随着现代国际法的发展,国际人道法使海权的权力向度受到了限制。在海洋法领域,国际法规则日益体系化,并对国内法中的海洋法规则发挥着越来越重要的规范作用。这样,各国在国际海洋法中所享有的权利便成为海权的重要参数。新法律规则的制定意味着国际社会中权利和权力的重新分配。当国际海洋法开始规制国家的海上军事活动与海洋开发和利用时,海权的内涵和外延必将发生转变。如何使国际社会为自身创设更多的海洋权利,或者使这些权利更有效地得到保护,就成了国家海权的新要素。当然,这也对应着对竞争国海洋权利的贬损能力。简言之,国家在国际海洋法中应享有和能享有的权利逐渐成为海权的新外延。事实表明,传统海权的最大局限性在于它忽略了全球化背景下现代海权的权利属性,而这种权利的合法性主要来自国际法。

就大部分国家而言,海权是国家主权的重要构成要素,两者之间存在同质的和良性的互动。国家主权的最终主体或者准确地说其受益者是全体公民。主权国家在国际关系中追求的是民族利益,“国家利益至上”(raison d'état)观

① 参见江河:《国际法框架下的现代海权与中国的海洋维权》,载《法学评论》2014年第1期。

② 教皇子午线(Inter Caetera)是1493年5月在罗马教皇亚历山大六世仲裁下西班牙和葡萄牙瓜分殖民地的分界线,它规定以亚速尔群岛和佛德角群岛以西100里格的子午线为分界线,并把该线以西的一切海域都划归西班牙,以东的一切海域划归葡萄牙。

念的实践导致了国家主权的世俗化和实证法的兴起。[①] 国家主权的内在目的决定了国家主权的外在向度。在不同的历史时期,国家的强大对外取决于不同的要素。在早期的奴隶社会和封建社会,自然经济决定了争夺奴隶和土地成为国家对外政策的主要目标,陆上的军事实力成为国家崛起和强大的决定性因素。当资本主义的扩展促进了世界一体化进程后,强大的海军和先进的航海技术成为争夺殖民地和商品市场的先决条件,同时,海洋成为各国对外贸易的便利通道。世界霸权国的更替史说明,海权的强大意味着国家的强大,这必然也强化了国家主权的外在向度。在21世纪,新的社会背景使海权超越原有的外延和重要性。首先,陆上资源的日益枯竭使得海洋资源成为未来国家经济得以发展的前提条件;其次,经济全球化使气候变化等"公地悲剧"成为各国共同关注的国际问题;[②]最后,国际恐怖主义也使海上贸易航道的传统安全面临威胁。因此,在国家主权的未来发展中,海权将发挥越来越重要的作用,而这种作用则从传统的内部军事安全发展到外部的经济利益保护,这种经济利益可以分为直接地从海洋获取自然资源和间接地为国际贸易和投资提供便利和可预见性。同时,国民的人身安全和私有财产保护也由境内的集体保护发展到外交上的个案保护。

3. 现代海权的构成要素及其强化路径。国家主权的双重属性赋予海权以新的内涵和构成,它们为现代海权的强化展示了双重路径,同时也预示了未来海权的发展趋势。国家主权双重属性的演变与互动主要体现在积极的一体化进程之中,或者是国际法对国家主权的消极的强制性规范之中,前者是宪治逻

---

① 参见周保巍:《"国家理由"还是"国家理性"——思想史脉络中的"reason of State"》,载《学海》2010年第5期。

② "公地悲剧"理论源于美国著名学者哈丁(Garrett Hardin)的《公地悲剧》(The Tragedy of Commons)文章。哈丁以牧民对草场的过度放牧来阐述该"悲剧"的产生过程:在这里,草地是天然的,因而是公有的,而牛羊则是牧民的私有财产。每一个牧民都力求通过对草地的利用来尽可能增加自己的牛羊数量,随着牛羊数量无节制地增加,牧场最终成为不毛之地。公地悲剧是一种由微观的趋利行为导致的宏观的不经济后果。

辑下的法律内在化,后者则与法律的外在化观点相对应。[①] 国家主权规制的内在化与外在化路径揭示了现代海权内在构成要素发生演变的过程。在国家主权的绝对化时代,国内的政治专制和国际社会中的无政府状态使海权完全依赖于内部的绝对权力和对外的海军实力,而且海权的强大与否并不取决于民主立法和海洋经济活动。与积极的国家主权的权利转向相对应,宪治的实践在某种意义上也能强化一国的海权,它是海权强化的重要内在条件。民族凝聚力和创造力构成了国家综合实力的重要构成要素,海权的强化也是以民族凝聚力和创造力为重要条件的。按照马汉的海权理论,影响海权能力的六大要素分别为:地理位置、自然构造、领土范围、人口数量、民族特点和政府特性。[②] 后三项为主观的人为要素,它们构成了海权强化的主体要素。对内,国民对海洋立法的参与以及执法主体的海洋意识,都会促使更多的人从事海洋职业,或者使海洋立法更为科学、执法更为有效,无法体现民意的立法或者执法者缺乏海洋意识,都将影响海洋法的实效和海洋政策的执行力,这必然会削弱国家的海权。对外,国际海洋关系在宪治逻辑下的权利转向也展示了海权的强化路径。

严格来说,法律的内在化和外在化的路径是以国内的宪治社会为前提的。国际法的宪治化程度或者存在与否,将视不同的领域而有所差别,如 WTO 的宪治化研究较为普遍,[③]而海洋法的宪治化则值得商榷。所以,正如大多数国际法领域一样,积极的民主的权利强化与消极的实证的权力强化,使海洋法的权利

① 哈特认为,人们对法律的看法有两种,即"内在的观点"和"外在的观点"。持外在观点的人是指那些本人并不接受法律规则的观察者,而持内在观点的人则是接受这些规则并以此作为指导的一个群体。前者通过观察发现了偏离规则将遭受敌视反应、谴责或惩罚的规律性,对他们来说,服从法律是为了避免违反规则所带来的不愉快的或惩罚性后果;后者则视自己为行为规则所调整的社会群体的一员,他们对法律的服从态度并不是来自作为外在的观察者俯视社会全貌而得出的结论,而是视其为游戏的参与者,认为自己应当遵守社会的游戏规则。参见[英]哈特(H. L. A. Hart):《法律的概念》,张文显等译,中国大百科全书出版社 1996 年版,第 90 ~ 92 页。整体而言,法律的内在化与天赋权利的特性相对应,而法律的外在化则与外在权力的特性相对应。

② See Alfred T. Mahan, *The Influence of Sea Power upon History*, 1660 – 1783, Boston Little Brown, 1890, pp. 29 – 89.

③ 专门研究 WTO 宪治的著作有:Deborah Z. Cass, *The Constitutionalization of the World Trade Organization*, Oxford University Press, 2005;王玉婷:《WTO 宪政理论研究》,法律出版社 2010 年版。也有许多国际法著作的部分章节涉及 WTO 的宪治研究,如刘文静:《WTO 规则国内实施的行政法问题》,北京大学出版社 2004 年版。相关的学术论文有:蔡从燕:《国际法语境中的宪政问题研究:WTO 宪政之意蕴》,载《法商研究》2006 年第 2 期;左海聪、范笑迎:《WTO 宪政化:从"司法宪法论"到"贸易民主论"》,载《当代法学》2013 年第 6 期。

内在化和权力外在化都错综复杂地支配着现代海权的发展，而这一切都根源于国际社会某种程度的无政府状态。在国家主权发生权利转向时，大国政治所强化的国际法和国际机制事实上限制了国家的海权。大国政治和国际法的辩证关系使实证法主导国际法律秩序及其实效性。一方面，国际法规则和事实上的复合性相互依赖制约了国家主权，并使国家的海权受到了外在法律规范的调整；另一方面，为了避免国际社会的自然状态并保障基本人权，沿着宪治意义下的权利转向路径，国际人道法、战争法和国际环境法使传统海权之下的战争行为面临合法性的考量，国家在其管辖权之外的各种海洋权益和行动自由将由国际海洋法进行创设。因此，国际海洋法将积极或消极地影响国家的行为能力，并在国际海洋关系中为其创设各种权利，这也预示着现代海权将沿着两种路径得以强化：一是加强国家在各种海域的行动能力和对各种国际海洋关系的控制力和影响力；二是国际海洋法将为其创设更多的权利，而且这些权利在现有的国际争端解决机制中得到有效的保护。海权强化的权利与权力路径之并存，根源于平等主权和大国政治在国际法中的支配作用，这也使大国海权的强化深刻地影响了国际海洋法的发展。

二、大国主权的嬗变与大国海权的强化

主权是国家作为国际社会成员所享有的天赋资格和实际权能，这与主权的双重属性相对应，而海权的实际享有在一定程度上具有地理上和政治上的依赖性，其现实主体多为沿海国和大国。因此，大国海权的强化对于国际法以及海洋法的发展具有普遍的现实意义。大国政治对国际法的影响使大国主权发生嬗变，它使小国的主权权利转化为大国在实证国际法上所享有的权力，沿着这种演变路径，大国的软实力使其海权沿着权力和权利的双重路径得以强化。

（一）双重属性维度下的大国主权嬗变

在理论上，没有无限制的绝对权利；在实践中，近代国际社会实际上处于一种无政府的自然状态。因此，格劳秀斯认为，国际社会也应有法律来对国家主权进行规范。[①] 人类社会发展至今，国家之上并不存在以暴力强制为基础的规范权力。尽管如此，国际社会在不同的历史时期都或多或少地存在某种支配力量与行为规范。在全球化时代，国际权力与国际法奠基于主权国家之间的意志

---

① 参见［爱尔兰］凯利：《西方法律思想简史》，王笑红译，法律出版社2010年版，第193页、第208页。

协调和现实依赖关系。近代国际法学者一般认为主权国家在国际法中都是天赋权利的享有者,但事实上,少数大国在国际社会中享有支配性的权力,这些国家主导着国际法实证规则的制定,并通过大国政治影响了国际法的实效。以《肖蒙条约》和维也纳体系的建立为例,1815 年拿破仑帝国崩溃后,俄、英、普、奥重建欧洲秩序的《肖蒙条约》规定:“倡导一个在和平时期中大国集团来保持在欧洲体制的均势。”[①]随后的维也纳会议确立了 4 国联合称霸的均势结构——维也纳体系。维也纳体系的确立以牺牲小国的部分权益为代价,以保持大国的势力均势,并在一个世纪内整体上维护了欧洲的和平与安全。在不同的历史阶段,特定的社会基础使特定的要素促成部分国家将其主权的权利属性嬗变为国际政治中的现实权力,事实上的不平等使小国的主权权利对应地转化为大国的国际权力。

在近代社会,军事实力是国家主权对外嬗变为国际权力的决定要素,因为战争权在当时被视为国家的天赋权利。[②] 当这种军事权利能力超越大多数国家时,它就转化为国际社会的支配性权力,这时就不存在自然法意义下绝对平等的国家主权。即使在现代国际社会,某些违背经济全球化趋势的军事依赖关系也依附着特定的国际控制权力。例如,美国通过北约、亚太军事同盟及其话语霸权为他国虚构了“潜在的”军事威胁,这种军事依赖关系使美国在欧洲和亚太获取了国际性的支配力。随着经济全球化的迅速发展,国家之间的复合性相互依赖日益加强,军事力量在国家主权的权力化过程中的作用相对削弱,经济实力的作用日益增强。但是完全复合的、绝对的相互依赖在现实中并不存在,大国主权在不对称的经济依赖中演变为国际社会的公共权力。随着国家间复合性相互依赖的不断加强和国际市民社会的逐步形成,软实力在国家主权嬗变中的作用越来越重要,它使国家在外交上具有道德权威

① 载 http://www.napoleon-series.org/research/government/diplomatic/c_chaumont.html,最后访问日期:2018 年 7 月 2 日。

② See Shirley V. Scott, *International Law, US Power: The United States' Quest for Legal Security*. Cambridge University Press, 2012, pp. 94 – 95.

和合法化优势。① 军事与经济实力固然重要，但由于国际秩序生态的变化，主权国家离自然状态相对于近代已经越来越远。因此，仅仅有军事与经济实力难以获得国际权力，发展软实力成为大国追求国际权力的必然路径。

从军事实力到经济实力再到软实力，大国将主权权利嬗变为国际权力的决定性因素随着社会基础的发展而发生变化。与国内法相比，国际法更像一幅狮身人面像，大国政治深刻地影响了国际法的运行机制，这种作用体现于国际法的双重法理以及国家主权双重属性的嬗变。② 大国政治是国际法运行机制中的一个核心范畴，它是现代国际法的实证性超越自然性的内因。"恶法亦法"的现象不但困扰着国际法的实践，而且是国内法难以避免的现象，从"恶法亦法"逐渐演进到法治意义上的善法是人类任何法律体系必然要经历的过程。在无政府状态的国际社会，大国政治是国际法机制得以存在和有效运行的前提，至少就国际法的首要价值而言，国际和平与安全的维护不得不依赖于大国政治。大国拥有更强的行动能力，享有世界大部分的财富和资源，赋予大国特权并加以合理的限制，有利于大国在一致的国际体制内行动，并促使其承担维护和平与安全的责任。以联合国的实践为例，《联合国宪章》为其规定了维护国际和平与安全的首要宗旨，同时授予安理会五大国"否决权"，以促使安理会有效地维护国际和平与安全。《国际联盟盟约》和《联合国宪章》在维护国际和平与安全方面的决策制度及其比较研究表明，大国一致原则已经被历史证明比协商一致原则更能有效地制止战争。决策权力和决议实施职责的一致性以及对战争者制裁的外部成本分析，都证明安理会的大国政治比国际联盟主张的国家绝对平等

---

① 意识形态和政治价值观的吸引力以及塑造国际规则和决定政治议题的能力都是软实力的重要组成部分。软实力使大国可以通过说服他国服从自己而达到其目标。这种能力较之武力使用花费的成本低，而且可以巧妙地掩盖大国的野心和非法手段，为大国的外交干涉披上合法化的外衣。例如，在 20 世纪 70 年代美国反对联合国针对跨国公司而设计的严格规则，而且不断支持经济合作与发展组织（OECD）提出的自由准则。美国还为争取服务领域如银行业、保险业、运输业、广告业和咨询业的贸易自由而施压。1985 年美国施压促使 OECD 成员国实行跨国数据流动的自由化。参见[美]约瑟夫·S. 奈：《美国注定领导世界：美国权力性质的变迁》，刘华译，中国人民大学出版社 2012 年版，第 160 ~ 161 页。

② 国际法既奠基于国内自然法意义下的法理，也奠基于国际政治，特别是大国政治。这种双重法理的此消彼长决定了国内法与国际法的本质区别，然而国际关系的法制化使大国政治不断地受到了自然国际法的规范。国家主权的存在是近代国际法产生的前提，国际法的双重法理与国家主权的双重属性紧密相连。参见江河：《国际法的基本范畴与中国的实践传统》，中国政法大学出版社 2014 年版，第 296 ~ 300 页。

更能有效地实现国际法的秩序价值。[①] 在国内法的发展进程中，从寡头的专制政治到贵族政治（精英政治）再到公民政治，也是与权力政治到权利政治、实证法迈向自然法的历程相一致。在国际法的演进史中，国际社会的霸权政治必然被大国政治所代替，近代以来的大国政治在某种程度上促进了国际法的发展，而自然法意义上的国家主权平等的实现则依赖于国际法的宪治化，但是目前的经济全球化无法为其提供社会基础。

（二）大国海权的强化战略

经济全球化是自然国际法和大国政治相互影响以及国家主权双重属性相互转化的时代。就当今的世界大国而言，现代海权也在这种政治与法律以及权力与权利的博弈中得以发展。同理，海权大国决定了国际海洋法的实效，当它们通过条约执行的形式修改了 1982 年《联合国海洋法公约》第十一部分时，海权之权力和权利的辩证互动就充分体现出来了，这种执行性协定达到了实质性修改公约的目的。[②] 当国际和平与安全的维护还依赖于世界大国时，当国际法的实效还是与大国政治的实践密切关联时，现代海权的权力和权利博弈及其相互转化就会支配着大国海权的强化。在一般情况下，海权的权力向度包括传统的海军实力和经济实力以及软实力，而海权的权利向度则包括国家在现存海洋法秩序中所享有的权利及其实力将创设和维护的权利。从海军实力、经济实力再到软实力，大国不断地将海权的权力转化为权利，并在国际关系的实践中通过大国政治有效地实现这些权利。相应地，小国因海权所含权力之虚弱，其应有的权利也随之遭到大国政治的侵蚀。就像国家主权的嬗变规律一样，小国海权之权利的蚕食意味着大国海权之权力的强化。

---

① See Russell S. Sobel, "The League of Nations Covenant and the United Nations Charter: An Analysis of Two International Constitutions", *Constitutional Political Economy*, Vol. 5, No. 2, 1994.

② 基于人类共同继承遗产和会员国一律平等的原则，1982 年《联合国海洋法公约》第十一部分规定了国际海底区域的“平行开发制度”，但是后来发展中国家向海洋大国妥协所达成的执行性协定对公约的平行开发制度进行了实质性修改，其中包括取消强制技术转让和具体的财政条款等规定。参见张海文主编：《〈联合国海洋法公约〉释义集》，海洋出版社 2006 年版，第 363 ~ 391 页。

大国海权的权力强化主要体现在海军实力、经济实力和软实力三个维度，[①]而权力强化则直接依赖于软实力。就海军实力而言，只要国际社会还存在某种程度上的无政府状态，大国就会发展海军，但是海军实力的内涵发生了变化，其主要目的在于战略上的威慑作用，而不在于在战术上应对大规模战争。在全球化时代，经济实力决定了国家的综合实力，从而也强化了国家主权和海权所包含的国际权力。在全球市场中，国家的对外贸易成为国家经济发展的核心要素。现代海权的主要目的在于促进国家经济战略的实现，特别是为其海外贸易和投资以及日益重要的海洋开发和利用提供安全保障，美国重返亚太的目的就在于通过军事同盟来实现对未来最重要的世界贸易航路的控制。大国政治对国际法的影响除了依赖于传统的军事战略威慑以外，还主要取决于国家的软实力，而且随着国际人权法的发展以及跨国民间活动的频繁化，软实力在大国海权的强化中发挥着越来越重要的作用。软实力决定了大国创设海洋权利和维护海洋权益的能力，而国家的软实力主要表现在民族文化的内聚力和吸引力、国际话语权以及国际制度和规则的塑造能力。[②]

民族文化和国际话语权在内的软实力与大国海权的权利转向及其强化存在某种因果关系。海洋文化较之于大陆文化更能使国民关注海洋问题，使国家制定有效的海洋战略和海洋立法，使更多的国民去实践和研究海洋问题，这必然会增强其在国际关系中的话语权，使其在国际海洋法领域塑造更为有利的制度与规则。因此，大国要想强化其海权，首先，应大力发展海洋文化，培养公民的海洋意识；其次，大国应在国际海洋事务中增强其话语权，通过国际话语权的控制，将体现其文化特性和政治观念的事件和问题设置为国际社会共同关注的问题，它也可以使其政治观念和法律价值嵌入国际海洋法的大量软法之中；最后，国家的软实力对于国际海洋法规则的形成及其实施产生了重要影响，因为

---

① 美国哈佛大学教授约瑟夫·奈（Joseph Nye）最早明确地提出“软实力”（soft power）的概念，使之开始流行起来，并成为冷战后使用频率极高的一个专用名词。在约瑟夫·奈看来，一个国家的文化普适性和它决定国际行为规范、规则和制度的能力是这个国家权力的核心资源，而一国无形的“软实力”的强弱程度，是可以通过该国的内聚力、文化在全球范围内的普适度以及在创设国际制度过程中的作用来评定。参见［美］约瑟夫·奈：《美国注定领导世界？——美国权力性质的变迁》，刘华译，中国人民大学出版社2012年版，第27～28页。

② 参见张小明：《约瑟夫·奈的“软权力”思想分析》，载《美国研究》2005年第1期。

国际法是一个较为原始的法律体系,其规则可以分为硬法和软法两大部分,[①]而国际软实力通过大国政治和国际法的互动影响了国际硬法的实效和国际软法向硬法的转化。相对于国内法而言,国际法是一种"弱法",从法律的有效到实效,软实力发挥着决定性作用。在国际海洋法领域,国际议题的设置、条约的谈判能力以及利用国际争端解决机制来维护海洋权益都依赖于国家的软实力,特别是公民的海洋意识、海洋领域的执业者和研究者的人数,因为这将深刻影响国家在海洋法上应享有的权利和实际享有的权利。

三、中国的海权强化战略:以中菲仲裁案为例

中国的和平崛起已成为国际社会公认的事实,但是在南海争端日益复杂的背景下,这种"和平"能否为中国提供安全的国际环境?或者说这种"崛起"能否依赖于一种持续性外交战略的有效支持?现实说明,要寻求这两个问题的答案,在于如何构建中国的海权强化战略。在这种情形下,只有制定宏观的海权强化战略,才能有效地维护中国在南海的合法权益。根据现代海权的强化路径,中国必须在海洋立法、执法和争端解决 3 个环节通过硬实力与软实力来实现在南海应享有的合法权益。在中国经济实力迅速增强的背景下,以国际话语权、国际机制控制权为中心的国际软实力和以海洋法为主导的海洋协同创新研究能力对于中国海权的强化尤为重要,而中菲仲裁案的外交困境及其有效应对也体现了这一点。

(一)国际软实力与海洋权利的重构和强化

中国的经济崛起并没有依赖于武力征服之下的剥削性殖民体系,然而其实力的强大与和平共处的外交政策却无助于有效地解决与领海周边国家之间的海洋争端。这种状况在很大程度上是因为中国没有积极通过国际软实力来强化其海权。在经济全球化背景下,国家的行动自由和权益维护并不在于它是否成为特定国际条约的当事国,而在于能否通过国际软实力来建构符合其利益的国际法律制度。在中国南海维权陷入僵局时,退出《联合国海洋法公约》难以成为有效的应对策略。对于《维也纳外交关系公约》《维也纳条约法公约》等国际

---

① 在国际法的语境中,硬法是指具有法律约束力的国际条约和国际习惯法,而软法是指不具有法律约束力但被广泛遵守的行为规则,它包括非条约义务和国际组织决议等。例如,《巴塞尔协议》虽不具有国际法律约束力,但它是目前关于跨国银行管制的最重要文件。参见王海峰:《论国际软法与国家"软实力"》,载《政治与法律》2007 年第 4 期。

公约而言,其所载的习惯法规则对非缔约方仍然有效,而且其约束力更具普遍性。在国际关系中,美国外交的例外论使它长期游离于某些重要的国际公约之外,但是它强大的软实力和外交策略又使其从这些公约中获益。[①] 作为负责任的大国,中国不会在外交中推行霸权主义和例外论,但是中国可以通过国际软实力来重构国际海洋法律秩序,从而有力地设置那些无法被历史和地理事实否认的合法权利。南海争端的激化与《联合国海洋法公约》的内在缺陷密不可分。当该公约无法有效地维护南海权益时,中国应以经济全球化为背景,以一般国际法为基础,通过海洋法公约缔约国大会或立法大会来发展和完善公约的相关规则。就中菲南海仲裁案所涉及的核心问题即南沙群岛及其周围海域的法律地位而言,国际软实力有利于中国在法律上创设和论证其外交诉求。首先,在类比《联合国海洋法公约》第 47 条群岛法律制度的基础上,通过"海洋地物的连锁效应"来界定南沙群岛在法律上的特殊性,进而在国际习惯法的路径下编纂性地揭示出远洋群岛的基线法律制度。其次,中国应摆脱"U"形线海域定性问题所带来的复杂因素,以充分的历史与地理事实来加强对该水域的定向研究,从而在海洋法上确立一种新的特殊性海域制度,就像当年印度尼西亚和菲律宾等国家提出建立群岛水域制度一样。

为了有效地推动海洋法律制度的重构,中国必须扩大在海洋领域的国际话语权,增强在国际社会的海洋议题设置能力和对国际组织或国际机制的控制能力,只有这样才能提高海洋权利的创设能力。无论是常规的外交谈判,还是专门的缔约大会,条约的谈判和协商能力在很大程度上取决于政府智库和学术界的研究实力。国际海洋法具有较强的学科交叉性,地理、物理和法律等学科的协同创新研究对于海权强化至关重要,例如,证明太平岛上的淡水资源就需要交叉学科的协同调研。以南海维权为目的,促进大国政治和国际法的协同创新研究,将有利于为中国政府从公约实施和解释的角度来论证其诉求,并为南海争端的和平解决提供切实可行的路线图。《联合国海洋法公约》相关条款(如第 121 条的岛礁条款)的概括性和抽象性,使一般国际法的理论研究在这些条款

---

① 尽管美国并未最终批准这些条约,但是它却通过话语霸权、议题设置以及国际程序霸权(包括国际组织的控制)设定了这些条约的许多规则,如《维也纳条约法公约》《联合国气候变化框架公约》《国际刑事法院罗马规约》以及一系列重要的国际人权公约。通过这种策略,美国间接地为他国设定了许多行为规则,而自身却不受这些规范约束,从而实现了政治上的霸权主义和法律上的例外主义。See Shirley V. Scott, *International Law, US Power: The United States' Quest for Legal Security*, Cambridge University Press, 2012, pp. 174 - 177.

的定向解释中尤为重要。通过不同学科的协同创新对时际法、禁止反言原则、领土的取得方法、岛屿的划界效力、地图的证据效力等基础问题进行专门研究，可以应对公约的不确定性而造成的法律困境。在国际海洋法领域，对岛礁条款中的“人类居住”和“经济生活”标准展开广泛的社会调研，从而得出能论证其合法权益的主要评定参数。同时，在南海诉求的法律论证方面，必须将国际话语权的控制与类似海洋法案例的实证研究相结合，有关历史记载、历史证据、法庭证据的界定及其有效性的对比研究，对于海洋法公约的解释和外交诉求的法律论证也至关重要。

（二）海洋执法能力与南海的有效控制

政府行政部门的海洋执法能力从两个层面强化了中国的现代海权：一是政府的执法能力是国家实力的一种体现，强大的国家实力意味着国内法和国际法层面的海洋权益都能得到海洋执法部门的有效维护；二是就海洋争端而言，政府强有力的海洋执法行为对外构成了对争议岛礁的有效控制，从而在国际法上更有力地论证了其领土主权。在和平与发展的国际背景下，国家的海洋执法能力为国民的海洋活动提供了安全保障，长期持续的海洋利用与开发行为也强化了国家对争议岛礁和海域的有效控制。当然，政府的执法行为也直接保护了海洋产业的经济利益。

在国际社会，为了有效地控制相关岛礁，扭转南海各国蚕食南沙诸岛的不利局面，中国在南海进行了填海扩岛。尽管南海争端国也曾在非法侵占的中国岛礁上进行大肆扩岛，但它们只对中国在自己岛礁上的类似举动表示了抗议，再加上美国霸权的推波助澜，中国的扩岛及其所谓的“军事化”引起了国际社会的广泛关注。中国是国际上的负责任大国，而且南海情势的复杂化也不利于中国“一带一路”倡议的实践，因此中国应通过非传统安全领域的国际合作来加强民事与海洋执法领域的有效控制。在永暑礁和美济礁等岛礁上大力建造用于避免海上自然灾害、保障海上航行安全、养护海洋生态环境以及预防恐怖主义相关的民用设施。非传统安全和传统军事安全没有绝对的行动界限，民用设施在合法自卫的情况下可以转化为军用设施，这样非传统安全领域的执法行为和民用设施的建设及其利用可以实现有效控制的目的，同时也可以避免外界“军事化”的责难。

（三）海洋军事实力与海权的权力强化

中国对于南海地区的军事存在，不仅有效地论证了国际法上的“有效控制”，更为重要的是，南海的变迁史与亚洲的区域一体化程度表明，强大的海军实力是中国维护南海权益的重要条件。尽管在特定的历史和地理条件下,有些偏远岛礁的主权并不一定取决于有效的占领或控制,但是当中国因陷入内战或其他原因而无力在南沙群岛驻军时,越南、菲律宾等国家则趁机非法占领了南沙诸岛。20世纪是国际社会日益组织化的时代,然而亚洲是目前区域一体化和组织化程度最低的地区,这便决定了硬实力成为海权强化的必要条件之一。因此,中国应以三海联动为基础大力加强海军建设。在国际舆论较为有利的情形下,当中美关系中处于主导地位时,中国可以根据国际法所赋予的基本权利,在自己拥有主权的岛礁上积极开展国防建设,布置战略性防御军事设施,以保障国家自卫权的有效实现。在长远的海军发展规划上,建立3个不同层次的倒三角形军事防卫战略,①只有这样才能突破美国及其军事同盟国的岛链封锁,从而有效地强化中国的海权。

就维护国际和平与安全的宗旨而言,大国政治与国际法在实践中是相辅相成的,联合国的首要宗旨、安理会的职责及其大国一致决策机制说明,大国应更多地承担责任去实现国际法所追求的基本价值。中国不主张国际社会用武力等强制措施来解决国际争端,但是对于其他涉及军事行动的国际法实施行为,中国应承担起大国责任,特别是在非传统安全领域,中国应加强在南海地区的军事存在,以有力地预防和打击国际恐怖主义,保障海上航路安全。为了避免域外大国干涉南海问题,中国应在非传统安全领域与南海国家积极地进行合作,同时,通过"一带一路"倡议来增加南海争端国之间的复合性相互依赖,从而削弱美国软实力所构建的军事同盟依赖关系。为此,中国应适当地坚持最低限度的国际主义,在"双轨思路"的基础上加强东盟在南海争端解决中的重要作用,只有这样才能避免域外大国的肆意干涉,因为遭遇大国政治时,小国的战略选择必然是国际机制或大国平衡策略。随着亚洲一体化的进一步深化,中国—东盟主导下的非传统安全合作机制必然会超越美国主导下的传统军事同盟关系。

四、结语

作为负责任的世界大国,中国海权强化的关键在于提高国际软实力。在国

① 首先,在南沙群岛范围内以具有战略地位的三个岛礁为中心,大力加强军事存在及其相互之间的军事支援能力;其次,以西沙群岛中的永兴岛、中沙群岛中的黄岩岛以及南沙群岛中的永暑岛为中心组成三点一面的军事战略区;最后,大陆、东海和南海之间可以构成最大的相互支援的外围军事战略区。

际关系中,大国海权权利属性的权力化意味着小国海权权利的相对化。国际法对国际政治的渐进式超越将使大国海权的权力化和小国海权的权利化日益依赖于相关的国际机制和法律制度。就中国而言,我国应在继续追求经济强大的基础上,提升与政治和经济大国相适应的军事战略地位。同时,借助全球化深入发展的国际大环境,积极发展中国传统文化中人与自然(包括海洋)的和谐价值,对其核心价值进行现代性创新,通过已有的国际机制积极参与全球海洋事务并扩展文化软实力。作为追求世界和平与实质正义的负责任大国,中国的外交政策既应坚持国家海权的权利属性以反对国际霸权,也应通过经济上的和平崛起和文化上的现代性转向来促进中国海权的权力嬗变,从而为中国建构和平之海与和谐世界提供现实的权力基础。

第四章　对美国维护“基于法理的海洋体系”的批判研究

随着地理大发现,包括西班牙、葡萄牙、英国和荷兰等若干海洋大国先后出现或成长起来。这些大国争霸于海洋,并通过对海洋的分割实施强权实现对国际社会控制,世界海洋秩序和全球性国际秩序也从此形成。从那时起,有关海洋体系的规则之争就一刻也未停止。

一、“基于法理的海洋体系”的基本认识

所谓“基于法理的海洋体系”,本质是海洋秩序与海洋法两者的关系问题。相较而言,海洋法具有较为明确的概念共识,是指有关海域①的法律地位和调整各国在各种海域从事航行、资源开发和利用、科学研究以及海洋环境保护的原则、规则和规章制度的总称。② 换句话说,海洋法体现维护海洋秩序的行为规范,这种行为规范在当代最显著的体现就是1982年诞生的《联合国海洋法公约》。

“海洋秩序”,可以理解为人类历史上不同利益集团(15世纪以后主要是各民族国家)为争夺海权或维护

---

① 如领海、毗连区、专属经济区、大陆架、海峡、群岛、公海、国际海底等。

② 参见梁西主编:《国际法》(第2版),武汉大学出版社2003年版,第127页。

自身海洋权益而形成的相互间的政治、经济和法律关系，它既体现了依据海洋实力分割海洋利益的过程，又表现为合理处理海洋争端、开展合作以求共同发展的一种有序状态。[①]

海洋秩序是一个动态演进的过程，大致包含3个方面的内涵：第一，它是海上霸权的衍生品，是一种相对稳定的海洋权势分布状态。对全球性海洋帝国（后期则演化为全球海洋领导者）来说，海上霸权是其持之以恒的追求，由此也产生了全球海洋秩序——一种基于全球领导地位的海上权势安排。[②] 第二，它意味着一种相对稳定的海洋利益关系态势。作为确保海洋利益关系和态势的海洋法律，如海上国际惯例与实践、海洋法、海洋制度以及保证相关法律和海洋制度有效运作的运行机制，得到国际社会普遍接受或认可。第三，它既是国际体系的有机组成部分，又是国际体系在海洋权益领域和变迁过程中的映射。

从历史长周期视域观察，海洋法在海洋秩序的形成、维持和改变中所起的作用，可以看作海洋秩序的制度化进程。

17世纪以前，海洋秩序制度化处于萌芽期。海洋秩序的制度化是比较原始的，属于低层次的制度化，与现代意义上的海洋秩序制度化存在一定的差距。此时海洋的开发与利用、贸易与航海尚处于非常不发达的状态，"各种海域的概念尚未形成"，在这样的背景下出现的海事法律还"不是完全的严格意义上的海洋法"，"海洋法处于一种萌芽状态"。[③] 同时，有关海洋争端的解决机制也没有被广泛接受，不具备普遍的权威性。因此，海洋制度化还没有完全进入现代意义上的海洋机制化时期，尚处于萌芽阶段。

从17世纪到第二次世界大战时期，海洋秩序制度化处于发展期。西欧资本主义生产关系发展推动了远洋商业和航海事业的发展，有关国家对海洋的争夺也更趋激烈，出现了海洋垄断与反垄断的斗争。国际海洋秩序也从西班牙、葡萄牙并立的海洋霸权秩序逐渐过渡到多个海洋强国的崛起所带来的海上霸权的更替。在经历两次世界大战后，世界海洋政治版图迎来美国这样一个全球

---

① 参见李亚敏：《海洋秩序在国际秩序变迁中的地位与作用》，中共中央党校2007年博士论文，第6页。

② 参见宋德星、程芬：《世界领导者与海洋秩序——基于长周期理论的分析》，载《世界经济与政治论坛》2007年第5期，第104～105页。

③ 周忠海：《国际海洋法》，中国政法大学出版社1987年版，第5页。

性海上霸权。在海洋争夺过程中,诸如“领海主权”原则、“公海自由”原则等海域概念和海洋法律秩序逐渐形成,出现通过会议协商和制定多边条约等方式解决海洋争端的机制,海洋制度化进入一个新阶段。

第二次世界大战后海洋体系制度处于不断完善期。联合国是第二次世界大战后国际秩序机制化最突出的成就。以联合国为舞台,发展中国家为争取海洋权进行了不懈努力,打破国际海洋旧秩序,努力建立国际新海洋新秩序斗争是这一阶段的突出特点。也正是在不同国家集团的斗争中,海洋法律体系和政治机制不断得到完善。

在海洋秩序斗争过程中,发展中国家要求充分考虑他们的海洋利益,重新安排国际海洋机制。3次海洋法会议的召开,表明海洋议程越来越受到国际会议的影响。大陆架、专属经济区和国际海底等制度逐渐建立起来。《联合国海洋法公约》与其他文件,构成了海洋秩序的法律政策基础。在《联合国海洋法公约》的基础上,不仅成立了专门的处理海洋争端与合作的组织机构,而且在不断健全相应的保障机制。海洋秩序的制度化建设逐渐走向成熟。①

目前看来,海洋秩序的制度化安排呈现出一种强化的趋势,换句话说,自世界政治从强权时代逐渐演化至全球化的今天,海洋法在海洋秩序中所起的规范性作用在加强。海上霸权力量虽然在背后对海洋秩序产生着深刻影响,但已决然不能成为主宰一切的决定性因素。随着海洋意识和海洋开发探索的进一步发展,海洋秩序还会根据有关各方的利益和要求做出更完善、更合理的调整。

作为现代海洋治理体系的核心,《联合国海洋法公约》是迄今为止达成的最长、最复杂的国际协议,为政府间的合作提供了新的、更高的合作标准。② 作为“第一部涉及利用世界海洋及其资源的较为全面的”文本,《联合国海洋法公约》“体现了在修改及推动国际法发展方面最为雄心勃勃的努力”,③推动着国际海洋秩序“从海洋霸权政治向海洋权利政治”④的转型。《联合国海洋法公

---

① 一项更加细致的研究请参见李亚敏:《海洋秩序在国际秩序变迁中的地位与作用》,中共中央党校2007年博士学位论文,第132~171页。

② See Andrew T. H. Tan, ed. , *The Politics of Maritime Power: A Survey* , Routledge, 2007, p. 117.

③ 时任第三届海洋法大会主席许通美的发言,参见[新加坡]许通美:《探究世界秩序:一位务实的理想主义者的观点》,门洪华等译,中央编译出版社1999年版,第149~150页。

④ 参见刘中民:《中国国际问题研究视域中的国际海洋政治研究述评》,载《太平洋学报》2009年第6期。

约》于1994年11月16日正式生效，至今已得到166个国家的批准。[①]

美国虽然积极推动《联合国海洋法公约》的诞生，其本身却一直徘徊于《联合国海洋法公约》门外，以惯例法而非缔约国身份享受《联合国海洋法公约》所赋予的海洋权利。这一奇特现象具有深厚的历史因素，是美国百余年来海权思想的当代反映，同时也证明在当今世界即便拥有最为强大的海上力量也无法完全左右海洋法发展这一基本规律。

二、第二次世界大战之前

从地理大发现到联合国成立之前，世界海洋秩序处于“战国”时代，在不同的历史发展阶段，海洋秩序变迁方式是不同的。[②] 从1648年威斯特伐利亚体系的建立到1945年，决定海洋秩序乃至国际秩序变迁的方式主要是以武力战争为主要内容的军事—政治方式。这个时期，海上贸易能力有赖于技术条件，军事对抗亦是如此。基于海上力量基础上的经济问题，是引发战争的主要原因，而战争，尤其是全球性的海战在海洋秩序变革中扮演着决定性角色。[③] 这一时期也是美国从弱小的殖民地逐渐成长为世界海洋霸权的过程。美国在此过程中逐渐形成海洋秩序观，其中“海洋自由”原则是美国海洋秩序观的重要组成部分。需要强调的是，随着领海原则的逐渐出现与成熟，美国在自身国力尚弱之时，对沿海地带依然非常强调“闭海政策”，这与“海上马车夫”荷兰全盛时期的英国颇为相似。随着美国国力的不断强大，美国的“海洋自由”逐渐演变为领海以外绝对自由的观念。

诚如本书开篇所讲到的，在强权政治时代，海洋秩序首先是海洋霸权的副产品。第二次世界大战以前的海洋秩序可以看作以英国为首要的海上强国塑造海洋的一个动态过程，在这一个过程中，美国努力推动自己的海洋主张被国际社会接受。事实上，在面对全球海域空间有关海洋秩序的大原则上，作为典

---

① “Chronological lists of ratifications of, accessions and successions to the Convention and the related Agreements as at 29 October 2013”, Division for Ocean Affairs and the Law of the Sea, United Nations, http://www.un.org/Depts/los/reference_files/chronological_lists_of_ratifications.htm#The United Nations Convention on the Law of the Sea，最后访问日期：2018年6月27日。

② 虽然军事—政治的方式、军事—经济的方式和军事—法律的方式并非单独起作用的，但是在不同的时期不同的模式分别占有不同的地位。

③ 参见李亚敏：《海洋秩序在国际秩序变迁中的地位与作用》，中共中央党校2007年博士学位论文，第160页。

型海洋国家,英美两国并不存在本质分歧,海洋自由是其共同主张。但是在具体实践中,由于国力的差距,特别是海上力量运用的差距,英国习惯随心所欲地运用自己所坚持的海洋自由原则。而美国更强调将海洋自由原则固定化,其隐含的一个重要目的就是借助国际规则体系来抵制英国这样的海洋大国(以及其他力量)对自己权利的侵犯。特别是在早期美国国力不济时,在北美沿岸地区的斗争,明显体现出全球性海洋强国和沿海国对于海洋秩序的不同要求。

三、第二次世界大战至今

第二次世界大战之后,世界进入了一个主权国家数量爆发的时代,地球空间被压缩得越来越小。集体瓜分海洋的世纪来临了,海洋秩序博弈进入了国际立法时代。① 全球性战争的减少以及运用非武力的手段发展经济来实现和拓展国家利益成为可能。全球化的发展和相互依赖的加强,使国际机制的作用更加突出,在关涉海洋利益的领域运用经济—法律手段调节争端成为一种常见的方式。对海洋秩序影响最大的是多边性的海洋法会议,其所涉及的法律关系包括国际交通、海洋资源的利用、海洋生物资源的养护及研究、海洋环境的保护和保全等。② 第二次世界大战前海洋国家凭借海上实力主张海上权利、塑造海洋秩序的努力一方面受到了海洋法会议这种立法机制的制约,另一方面通过影响全球性的立法过程而继续发挥作用。③ 美国在这一过程中,一方面从参与者演变为领导者,另一方面自身又游离于相关法律、制度的制约之外。

(一)通过国内立法对国际规则产生示范效应

由于美国国内政治的原因,在诸多国际条约体系中,美国不是领导者(1eader)就是落后者(1aggard)。这一特点在海洋问题上比较突出。④ 自 20 世纪中叶以来,美国在海洋领域的举措往往对世界海洋秩序产生重大影响。

由于科技的发展,人们对海洋的开发从渔业资源扩展到矿产资源、化学资

---

① Edward Miles, *Global Ocean Politiics: The Decision Process at the Third United Nations Conference on the Law of the Sea* 1973 - 1982, Hague: Martinus Nifhoff Publishers, 1997, pp. 13 - 15.

② 1982 年《联合国海洋法公约》"序言"第二段的宗旨表明为"海洋建立一种法律秩序",它涵盖了这些法律问题。

③ 参见牟文富:《海洋元叙事:海权对海洋法律秩序的塑造》,载《世界经济与政治》2014 年第 7 期。

④ See Antonia Chayes, "How American Treaty Behavior Threatens National Security", *International Security*, Summer 2008, pp. 45 - 46.

源和其他能源。对海洋的利用空间也从海洋表面扩展到海床和洋底。早在1937年,罗斯福就提出3海里领海之外海洋资源和海洋空间的管辖和权限设想。[①] 1945年9月28日美国总统杜鲁门发布和签署了2项公告和2项行政命令,宣称“在邻接美国海岸的公海海域建立渔业保护区,保护区内的捕鱼活动受美国监管和控制”“邻接美国海岸的公海下大陆架底土和海床的自然资源属于且受美国管辖和控制”,史称《杜鲁门公告》(Truman Proclamations)。[②] 这是海洋政治的一个里程碑。无论是大陆架、专属经济区还是国际海底权益争端,都是以《杜鲁门公告》为开端的。它不仅表明不断发展的技术已开始使海底矿物资源适于经济开发,而且它是国际上第一个对大陆架提出权利要求的文件,改变了世界海洋政治地理格局。[③] 该公告发布后,引起一场世界范围的“蓝色圈地运动”。许多沿海国,特别是拉美国家纷纷主张将领海延伸到12海里或更多,1947年智利和秘鲁宣布200海里的海洋权;1967年马耳他驻联合国代表帕多提出国际海底及其资源是人类共同继承的财产。于是,人类对海洋的划分已经从公海和领海两部分,发展到领海、公海以及第三领域——专属经济区和大陆架,同时广阔的海底区域也成为海洋法律制度规范的对象。[④]

1977年美国《渔业养护与管理法》的实施,是国际社会效仿美国国内法进而促进国际规则演变的另一个典型案例。20世纪60年代,由于受到苏联拖网渔船等因素的影响,美国渔业捕捞量从世界第二位下降到第六位。美国直接通过国内立法,将美国的渔业范围从12海里扩展到200海里,禁止外国渔船在美国专属经济区作业。正是在美国《渔业养护与管理法》及一些相关法规的影响下,各国纷纷效仿,最终使联合国海洋会议承认这一现实,将其放进《联合国海

① John M. Armstrong, Peter C. Ryner, *Ocean Management: Seeking a New Perspective*, Washington, D. C.: U. S. Dept. of Commerce, Office of Policy, Office of Ocean, Resource, and Scientific Policy Coordination, 1980, p. 17.

② “Executive Order 9633—Reserving and Placing Certain Resources of the Continental Shelf under the Control and Jurisdiction of the Secretary of the Interior; Executive Order 9634—Providing for the Establishment of Fishery Conservation Zones”, Executive Orders of Harry. Truman, September 28, 1945, http://www. presidency. ucsb. edu/ws/index. php? pid = 60676 # axzz1WAH7CUIL; http://www. presidency. ucsb. edu/ws/index. php? pid = 59294 # axzz1sthSnZPW. 转引自吴少杰、董大亮:《1945年美国〈杜鲁门公告〉探析》,载《太平洋学报》2015年第9期。

③ 参见梁西主编:《国际法》(第2版),武汉大学出版社2003年版,第140页。

④ 参见李亚敏:《海洋秩序在国际秩序变迁中的地位与作用》,中共中央党校2007年博士学位论文,第142页。

洋法公约》中。①

(二)积极推动并试图主导国际海洋法会议

美国在第二次世界大战后对3次海洋法会议的推动反映了依据利益考量的理性原则。为了解决领海宽度和海底资源分配问题,联合国分别于1958年、1960年和1973年召开海洋法会议并在第三次海洋法会议上形成《联合国海洋法公约》。虽然美国最终没有加入《联合国海洋法公约》,但是美国依然非常积极地推动3次海洋法会议的召开,努力引导国际海洋秩序向符合自己要求的方向发展。

20世纪下半叶,由于科技的发展,各国对海洋资源的利用和开采力度加大,加之1945年《杜鲁门公告》带来世界海洋秩序认识的混乱,国际上迫切需要召开国际海洋法会议,以确定各种不同海域并调整各国在利用和开发海洋方面的权利和义务。联合国决定于1958年2月在日内瓦召开第一次联合国海洋法会议。② 在会议中,美国始终秉着"维护海洋自由"这一原则,在继承传统上支持和主张3海里领海的基础上,基于维护本国安全利益和渔业利益等方面的国家利益,极力反对任何多于3海里的领海提案,在意识形态斗争的氛围中,尤其反对苏联的12海里领海提案。③ 美国为促进大会通过3海里领海的提案做了诸多努力,但是,第一次联合国海洋法会议仍没有能在领海宽度和毗连区这两个最重要的问题上达成协议。

为专门解决领海宽度问题及其他一些未在日内瓦会议解决的问题,主要是沿海国家的渔业权问题,④1960年3月17日至4月26日举行了第二次联合国海洋法会议。由于时代的发展,狭窄的"3海里"领海宽度已经在国际上站不稳脚跟,美国不得已转而支持6海里领海宽度的提案,期望通过6海里而非12海里领海宽度的国际法使美国海洋利益达到最大化。在会议上,美国联合加拿大提出了"6+6"提案,即6海里领海附加6海里毗连渔区;外国渔船可以在那里

---

① 参见夏立平、苏平:《美国海洋管理制度研究——兼析奥巴马政府的海洋政策》,载《美国研究》2011年第4期。

② 艾森豪威尔总统在海洋法会议前的国情咨文中指出此次会议的总原则,即美国"必须维护海洋自由"(maintain the freedom of the seas)。Doc. 329, Memorandum from the Deputy Under Secretary of State for Political Affairs to All Assistant Secretaries of state, *Foreign Relations of The United States* 1958-60, Vol. Ⅱ, p. 641.

③ 参见林志霞:《联合国海洋法会议与美国对领海宽度问题的政策(1958~1963)》,东北师范大学2006年硕士学位论文,第10~17页。

④ Doc. 373, Memorandum from the Special Assistant for Law of the Sea Matters to the Under Secretary of State, *FRUS* 1958-60, Vol. Ⅱ, p. 709.

继续捕捞10年。美国和加拿大“6+6”模式得到了当时包括英国、德国、巴基斯坦和以色列等在内的多个不同性质国家和地区代表团的支持。然而，在大会进行最后投票时，美国和加拿大“6+6”模式提案却因1票之差没有达到2/3多数，最终流产。而以解决领海宽度问题和毗连渔区问题为目的的第二次联合国海洋法会议无果而终。1958年和1960年两次联合国海洋法会议的失败，使美国、英国和加拿大各自的海洋利益都没有实现，更没有改变第二次世界大战后世界海洋秩序的紊乱状态。

适应从20世纪60年代以来国际环境的深刻变化，在广大第三世界国家的要求和支持下，从1973年到1982年，旨在“处理所有有关海洋法的事项与问题”的联合国第三次海洋法会议在纽约、加拉加斯和日内瓦等地举行了12期，167个国家参加。经过长期、激烈的辩论和斗争，终于在1982年12月10日以130票赞成，4票反对，17票弃权，通过《联合国海洋法公约》。美国一直把《联合国海洋法公约》的诞生视为其外交的重大胜利，并鼓励其他国家加入《联合国海洋法公约》。美国不只在《联合国海洋法公约》的制定过程中实质上处于主导地位，更重要的是，《联合国海洋法公约》涉及的一系列条文均充分满足了美国的关切。① 然而美国却拒绝加入《联合国海洋法公约》，这反映了一系列复杂的利弊权衡，也对全球海洋秩序造成了复杂的影响。从1973年开始，在长达10年的第三次海洋法会议期间，美国与绝大多数国家之间无法就国际海底归属及其区域管理制度问题上的巨大分歧达成妥协。② 1981年海洋法会议谈判已经入最后阶段，新上台的美国里根政府要求推翻《联合国海洋法公约(草案)》第十一部分关于国际海底区域的全部内容，在要求未得到满足的情况下，于1982年

---

① 以军事活动为例，以第三世界为主体的沿海国家还提出“和平利用海洋”的主张，向美苏海洋霸权提出挑战，试图通过立法的形式限制海洋大国的海洋军事活动。然而，美苏海洋霸权既已成为事实，它们自然不准备在联合国海洋法会议框架内，就海洋军事活动事宜展开公开磋商和辩论，更不想把自己的既得利益交由法律条文制约和沿海国家操控。所以，美苏之间尽管存在着海洋霸权之争，却在此事上达成了战略共识。它们联手向沿海国家施压，动用外交手腕，以保证沿海国家200海里内资源的封闭利益，换取了后者对它们在领海之外无限制权利的默许，包括可以采取任何在两大国看来符合它们国家安全利益的军事活动的权利。这样，联合国海洋法会议在海洋军事活动问题上就达成了妥协。在此基础上，军事问题在谈判中被“忽略”，或确切地说“刻意回避了”(consciously avoided)。See R. R. Churchill and A. V. Lowe, *The Law of the Sea*, Manchester: Manchester University Press, 1988, p. 307.

② 参见王金强：《国际海底资源分配制度演变与美国海底政策的转向》，载《美国研究》2012年第3期。

12 月 10 日《联合国海洋法公约》开放签署之际明确予以拒绝。但是,为了保持美国行动的法理主义色彩,同时不给国际社会造成公然对抗世界海洋秩序发展潮流的姿态,美国政府于 1983 年宣布接受除第十一部分之外的《联合国海洋法公约》为“国际习惯法”。

(三)以海上力量为基础构建对己有利的海洋体系

美国想要塑造对自己有利的海洋秩序,没有强大的海上力量作保障是无法成功的。第二次世界大战后,海上列强争雄的时代已经不复存在,美国海军实力急剧膨胀。第二次世界大战结束时,美国海军拥有 200 万名以上的现役官兵,10 个作战舰队,1 万余艘舰艇,4 万多架飞机,牢牢掌握了世界海洋的控制权。① 美国成为名副其实的海洋霸主,身份角色的转变,也使美国的海上行为更加强硬,也更加自我。美国拒绝批准《联合国海洋法公约》,并通过扩大和平时期海洋自由的权利边界和内容来保障其军事力量的全球机动,通过弱化战时海洋自由巩固美国在战时实施海上封锁及军事打击的权力,共同保障美国的海洋霸主地位。由此,第二次世界大战后海洋自由逐渐偏离了原来发展的轨道,沦为美国维护海洋霸权的工具。②

进入 21 世纪后,美国更加注重将维护海洋自由与倡议全球海上合作进行高调结合,通过“全球海上伙伴关系倡议”和先后两版《21 世纪海上力量合作战略》以及《亚太海上安全战略》等文件报告不断强调与盟国及伙伴国的合作,借此获取其他国家的支持,扩大自己对海上秩序的影响力,强化自己的海上霸权地位。在 2007 年美国海军和美国海岸警卫队联合发布的《21 世纪海上力量合作战略》的报告中明确指出:“美国武装力量无与匹敌的实力,具有在任何时候可以向世界上任何地方投送兵力的能力,维护着世界上最为重要战略要地的和平。”③美国不仅拥有目前世界上最为庞大的海军舰只,而且武器装备也是世界一流,这使美国的海上力量保持了较之其他国家的压倒性的优势。④ 2015 年 3

---

① 参见冯梁主编:《亚太主要国家海洋安全战略研究》,世界知识出版社 2012 年版,第 17 页。

② 参见曹文振、李文斌:《海洋自由制度的完善:内涵、主体与动力——基于对海洋政治历史的研究》,载《亚太安全与海洋研究》2016 年第 1 期。

③ U. S. Navy and U. S. Marine Corps and U. S. Coast Guard, A Cooperative Strategy for 21st Century Seapower, October 2007.

④ 参见孙凯、冯梁:《美国海洋发展的经验与启示》,载《世界经济与政治论坛》2013 年第 1 期。

月美军方发布新版《21 世纪海上合作战略》，[①]该战略重申“前沿存在”和“加强合作”的基础性作用，强调“印亚太”地区对美国经济发展和海上安全的重要意义，提出“全域介入”和“全球海军网”等新的作战概念。同年 8 月美国防部首次发布《亚太海上安全战略》，报告提出了美军在亚太地区追求的三大战略目标——保护海上航行自由、慑止冲突和胁迫、敦促遵守国际法和国际准则。其着力方向主要包括四方面：第一，增加在亚太海域的军事存在以确保有效遏制冲突和威胁，并及时对突发事态作出反应；第二，强化从东北亚到印度洋的盟友和伙伴关系，共同应对在该地区的潜在挑战；第三，通过军事外交，增大透明度，减少误判或冲突的风险，推动共享的海上航行规则；第四，共同加强地区安全机制，鼓励建立发展一个开放、高效的地区安全架构。[②] 可以认为，无论是过去还是未来，美国海洋战略的制定与实施都是美国维护有利于自身的“基于法理的海洋体系”的重要支撑。

（四）实施“航行自由”计划应对海洋挑战

航行自由计划（freedom of navigation，FON）的出台是美国外交史上源远流长的“海洋自由”原则和政策，与第二次世界大战后美国应对国际海洋法观念变迁、自身海洋霸权受到挑战相结合的产物，同时，也是美国以海上力量为基础应对海洋挑战的重要表现。

1979 年（卡特政府的最后一年），联合国海洋法公约谈判正处于最后阶段，海洋秩序的制度化有望实现突破性进展。美国精英阶层普遍认为公约不足以保证美国的海洋利益，尤其是美国军事利用海洋空间的利益，因此，采取政策措施行使公约确立的权利，抵制已经发生且预期中越来越多的沿海国家的“过度海洋主张”，是必要且正当的。[③]

为此，美国在 1979 年通过“航行自由计划”，该计划是美国在不准备加入《联合国海洋法公约》的情况下制订、实施的一项维护其海洋强国地位及国家利益的计划，“旨在全面挑战该地区部分沿岸国家过分的海洋主张，确保所有国家

---

① U. S. Navy, U. S. Marine Corps, U. S. Coast Guard, “A Cooperative Strategy for 21st Century Seapower”, March 23, 2015, http://www.defense.gov/Blog_files/MaritimeStrategy.pdf.

② Department of Defense, Asia-Pacific Maritime Security Strategy, August 21, 2015, http://www.defense.gov/Portals/1/Documents/pubs/NDAA%20A-P_Maritime_Security_Strategy-08142015-1300-FINALFORMAT.PDF.

③ 参见曲升：《美国“航行自由计划”初探》，载《美国研究》2013 年第 1 期。

在国际法的范围内对海洋和天空的权利、自由和合法使用”。[①] 虽然打着维护所有国家合法权利的旗号，实际上还是从美国利益出发，时任总统卡特明确宣称，“鉴于美国在世界事务中的显著地位，它不得不采取主动去保卫其权利免受沿海国家的非法侵蚀”。这一“显著地位”实质上就是美国海上力量的全球优势地位，是“保持美国军事力量全球机动的畅通无阻”。[②] 经过里根政府、布什政府的强化，“航行自由”计划后来成为指导美国海军和平时期行动的重要指导原则。该计划在3个层面上展开：第一，由武装力量通过行动来宣示其主张，即美国的海军、空军在相关海域行使“航行自由”“飞越自由”方面的权利。第二，如果前述行为受到其他国家的限制，则由美国国务院对外国的“过度主张”提出外交抗议（前面所说的美国对习惯法的主张大多是在其外交照会中向有关国家表述出来的）。[③] 第三，美国国务院或国防部同其他国家进行磋商以促进稳定并同海洋法规定保持一致。“航行自由计划”的核心主要是前两项。将航行自由作为习惯国际法加以主张和强化，实质是美国通过强大的海、空军力量，以实际行动去强化美国的海洋主张。

自1979年以来，美国武装部队在所有大洋上对多个国家实施过“航行自由”计划，几乎每年都要挑战这些国家所谓“过分的海洋权利要求”。每年有30~40起这样的质疑冲突。[④] 虽然中间执行的强度略有下降，但是近几年美国在重振该计划，2013年美国对全球19项所谓“过分”的海洋主张进行了挑战。2014年这一数字达到35项——增长了84%，其中19项位于美国太平洋司令部的责任区域内，在美国看来，“这一强大的航行自由计划将会持续下去，因为航

---

① U. S. Department of Defense, *Asia-Pacific Maritime Security Strategy*, August 2015, http://www.defense.gov/Portals/1/Documents/pubs/NDAA%20A-P_Maritime_Security_Strategy-08142015-1300-FINALFORMAT.PDF.

② 《“航行自由”外衣下的霸权本质》，载 http://news.xinhuanet.com/world/2016-01/31/c_128687944.htm，最后访问日期：2019年3月1日。

③ 这方面的情况可参见J.阿什利·罗奇、罗伯特·W.斯密斯所编辑的《美国对过度海洋主张的回应》，该书收集了1994年以前美国行使自己权利、抗议其他国家的情况。See J. Ashley Roach and Robert W. Smith, *United States Responses to Excessive National Maritime Claims*, Washington D. C.: U. S. Department of State, Office of Ocean Affairs, 1994.

④ Office of the Legal Adviser of US State Department, *Digest of United States Practice in International Law*, Washington D. C.: International Law Institute, 2002, pp. 740-742.

行自由行动的重要性如何高估都不会过分”。①

美国宣示自己立场的对象既包括自己的军事盟国，也包括在军事上属于与之竞争的国家，还包括美国力图要发展为战略伙伴的国家。这说明美国的首要目标是倡导、维护有利于自己的海洋秩序，并非根据其他国家与之关系的友好程度而有所变通。

（五）介入东亚海洋争端，对地区强国的崛起施加国际法理压力

正如 2012 年兰德公司研究报告所指出的那样，“美国在西太平洋地区的权力，过去、现在乃至将来很大程度上都是由海权界定的”。② 当前美国维护有利于自身的海洋秩序的重点关注地区就是西太地区。2010 年前后，随着中国经济的快速赶超，东亚安全结构发生了重大变化。深感“权力转移”之忧的美国试图以“重返亚太”及“亚太再平衡”战略来缓阻中国崛起的势头。③ 从奥巴马政府成立以来，在狭义的战略意义上，即首先与军事有关的意义上，美国对华基本战略方向已经历史性地落定，那就是钳制和“锁闭”一个综合性海上力量极有可能强势崛起的中国。④ 同时，美国政府十分主动地运用其“巧实力”在整个亚太地区展开与中国的影响竞争，既包括双边领域，也包括多边框架内。当前美国的国家战略，一个很重要的考虑就是如何维持自己在西太平洋的霸权位置。

在美国眼里“中国快速崛起为大国的进程，引发了史无前例的对自由主义国际秩序的关注。自由主义国际秩序已经维持了 70 年的大国和平、民主的扩张和全球大规模的繁荣增长。尽管北京迄今为止避免采取进攻性的军事活动，同时克制自己不进行排他性的经济安排，但美国政策制定者仍然公开表达对中国挑战现行秩序基础的担忧。他们希望北京能够拥抱现存全球秩序的支柱，甚至能够支持他们；他们害怕中国最终是一个修正主义国家，寻求破坏基于规则的秩序而青睐排除美国的非自由主义方式”。⑤ 所以，美国“亚太再平衡”战略

---

① U. S. Department of Defense, *Asia-Pacific Maritime Security Strategy*, August 2015, http://www.defense.gov/Portals/1/Documents/pubs/NDAA%20A-P_Maritime_Security_Strategy-08142015-1300-FINALFORMAT.PDF.

② David C. Gompert, Sea Power and American Interests in the Western Pacific, Rand Corporation, 2013, http://www.rand.org/content/dam/rand/pubs/research_reports/RR100/RR151/RAND_RR151.pdf, xi.

③ 参见林宏宇、张帅：《超越困境：2010 年以来中美安全博弈及其影响》，载《国际安全研究》2015 年第 2 期。

④ 参见时殷弘：《对外政策与历史教益：研判和透视》，世界知识出版社 2014 年版，第 37 页。

⑤ Richard Fontaine, Mira Rapp-Hooper, *How China Sees World Order*, May-June 2016, http://nationalinterest.org/feature/how-china-sees-world-order-15846? page=show.

的重要目的就是在无法阻挡中国崛起的情况下,尽可能将中国纳入美国主导的世界经济政治体系中。规制中国的行为是美国的一个重要手段,所以美国在多个场合不断宣示且强调遵守国际规则是美国的重大关切。美国国务卿克里 2014 年在东西立方研究中心的讲话中明确指出实现"基于规则的地区秩序"在奥巴马政府对东亚前途的展望中处于中心地位。①

介入东亚海洋争端特别是南海争端,建立符合美国利益的区域海上规则并按照规则行事,是美国建立有利于自己的海洋秩序的主线,同时与奥巴马政府的"亚太再平衡"战略密切联系在一起。一系列证据显示,从奥巴马政府第一任始,美国就视东南亚地区是一个推动规则建立的重点地区。希拉里 2009 年 2 月到访东盟秘书处,同年美国加入东南亚友好合作条约,这也是按照东盟制定的"规则"参与地区机制,为其能够参与到东亚峰会解决前提条件问题。②

此外,美国建立符合自己需要的秩序的一个着力点,就是鼓吹合作外交解决争端:美国声称"无论是中国倾向的双边谈判还是东盟部分声索国倾向的多边谈判,短期内都看不到实质性进展,因此美国更关注各方避免单方面改变现状。另外,中国和东盟声索国在 2002 年南海各方行为宣言中表示,行为准则将会进一步推动地区的和平和稳定,美国支持早日达成这一准则,这是管控摩擦的关键途径"。③ 实际上,中国与东盟正在就这一问题进行切实有效的合作。

四、对美国维护基于法理的海洋体系的行为评析

当代全球海洋体系的法理基础集中体现在 1982 年《联合国海洋法公约》对海洋的和平利用所作的制度安排,但这一制度安排不包括美国。没有加入《联合国海洋法公约》并不意味着美国没有通过对法理的强调来塑造有利于它的海

① Secretary of State John Kerry, "Remarks at the East West Center on the U. S. Vision for the Asia-Pacific", Honolulu, Hawaii, August 14, 2014, http://iipdigital. usembassy. gov/st/english/texttrans/2014/0820140814305641. html#ixzz3B3fyWzwJ.

② See Jeffery A. Bader, *Obama and China's Rise: An Insider's Account of America's Asia Strategy*, Washington, D. C. :Brookings Institution Press, 2012, pp. 9 – 17. 曾担任奥巴马政府第一任期内国家安全委员会东亚事务高级主管的贝德写道:"奥巴马政府一上台就在寻找方法以证明自己准备将重心放在与亚洲的关系上,这一地区此前被忽视了。"

③ Jeffrey A. Bader, Kenneth G. Lieberthal and Michael McDevitt, "Keeping the South China Sea in Perspective", Brookings Foreign Policy Brief, Brooking Institution, 2014, http://www. brookings. edu/ ~ /media/research/files/papers/2014/08/south-china-sea-perspective-bader-lieberthal-mcdevitt/south-china-sea-perspective-bader-lieberthal-mcdevitt. pdf, pp. 6 – 7.

洋秩序。

(一)美国追求海洋秩序的行为存在双重矛盾

通过前面的分析可以看出,在对加入《联合国海洋法公约》充满疑虑的情况下,美国维护基于法理的海洋体系的主要行为,首先是全力在《联合国海洋法公约》之外倡导自己的海洋元叙事,①并以此为基础去倡导和维护一种有利于自身国家利益的海洋秩序;其次是尽力将《联合国海洋法公约》向对自身有利的方向进行阐述,并通过强制或舆论压力要求各国接受这一解释,这就导致了美国追求海洋秩序的行为不可避免地内含着双重矛盾:

1. 强调各国尊重国际法与自身尚未加入《联合国海洋法公约》的矛盾。美国与《联合国海洋法公约》的分歧主要有两点:一是本质精神抵牾。《联合国海洋法公约》的根本出发点是海底“区域”②内的所有资源归全人类共有。③ 美国却对深海资源开发秉持原始竞争的原则,这明显与《联合国海洋法公约》所遵循的“全人类共同继承财产”的理念互不相容。二是管理机制冲突。《联合国海洋法公约》设置了国际海底管理局管理“区域”内的海底作业,以公平分享为原则分配深海资源。美国却主张设立一个仅负责开发注册的松散机构,坚决反对国际海底管理局对资源开发勘探的集体管理及实施相关细则。这一主张本质上是要建立以资源开发实力为标准的海底区域制度,借此以美国的科技和资金优势来垄断未来待探明的深海资源,自然受到处于劣势地位的广大发展中国家的批评和反对。从根本上说,还是美国不愿接受《联合国海洋法公约》所体现的海洋政治力量向发展中国家倾斜的现实,④不愿意向联合国让渡相关主权。⑤

不过,国际海洋政治也是博弈和妥协的过程,从 1990 年开始,先后任联合

① 所谓“元叙事”是指“具有合法化功能的叙事”,在这种意义上,有学者认为海洋国家所构造的关于海洋的权力和权利关系也是一种元叙事。参见牟文富:《海洋元叙事:海权对海洋法律秩序的塑造》,载《世界经济与政治》2014 年第 7 期。

② “区域”是《联合国海洋法公约》新建立的一种海洋制度,它将国家管辖范围以外的海洋底土及其资源规定为“人类的共同继承财产”。

③ 1967 年马耳他常驻联合国大使阿维德·帕多(Arvid Pardo)的提案和 1970 年联大第 2749 号决议共同奠定了这一根本出发点。

④ 另外,从技术层面来说,美国在《联合国海洋法公约》生效前,已与一些发达国家另外搞出了一套国际海底制度,能够有效规避《联合国海洋法公约》海底开发制度的约束,详细分析见沈雅梅:《美国与〈联合国海洋法公约〉的较量》,载《美国问题研究》2014 年第 1 期。

⑤ See Andrew T. H. Tan., ed., *The Politics of Maritime Power: A Survey*, Routledge, 2007, p. 124.

国秘书长的德奎利亚尔(Javier Perez de Cuellar)和加利(Boutros Boutros-Ghali)召集了两轮共15次会议就美国和其他一些工业国家提出的问题进行磋商,1994年7月包括美国在内的各方签署了《关于执行1982年12月10日〈联合国海洋法公约〉第十一部分的协定》。"本着使《联合国海洋法公约》得到普遍参加并促使相关机构具有适当代表性的愿望",①协定对海底资源开发的有关条文进行了重大修改。例如,删除原文对生产限额的规定及向最不发达国家转让技术的要求,为美国在国际海底管理局分配常任席位,并赋予对预算和财务等议题的否决权。到1996年,该协议的签约方,包括英国、德国和法国等主要发达国家都已经加入了《联合国海洋法公约》,然而美国依然没有加入,而且迄今也未批准1994年协定。美国不批准《联合国海洋法公约》充分表现了其选择性多边主义政策,对它有利的就引以为据,对它不利的就反对或不执行。②

从2004年开始,尽管受到了政府要员、高级军官、研究学者和环保主义者的支持,美国加入《联合国海洋法公约》的决定在参议院依然多次受阻。③ 奥巴马上台后,美国国内呼吁加入《联合国海洋法公约》的声音开始高涨,亚太地区海上安全格局的变化对于美国重新审视《联合国海洋法公约》的意义起到了重要的推动作用。为了应对中国海上力量快速崛起所带来的对美国海权的冲击,美国一手推动"亚太再平衡"战略,另一手积极促进加入《联合国海洋法公约》,两者互相配合,显示出美国对主导亚太海上秩序、约束中国海上活动的意图。美国认为,"假如依旧徘徊在《联合国海洋法公约》门外,美国的利益损失将会越来越大"。④ 美国认为加入《联合国海洋法公约》至少有三大好处:第一,有助于美国更加理直气壮地要求中国履行《联合国海洋法公约》,避免两国近年来在南海的频繁摩擦恶化成海上冲突。第二,中国迄今已经获得了国际海底管理局核

---

① 联合国大会1994年7月28日第101次全体会议决议:《关于执行1982年12月10日〈联合国海洋法公约〉第十一部分的协定》,载 https://documents-dds-ny.un.org/doc/UNDOC/GEN/N94/332/97/IMG/N9433297.pdf。

② 参见夏立平、苏平:《美国海洋管理制度研究——兼析奥巴马政府的海洋政策》,载《美国研究》2011年第4期。

③ 这里面既有一些身居要位的保守派参议员的阻力,如2004年时任参议院多数党领袖的威廉·弗里斯特(William Frist);也有其他政治议程对国会注意力的分散,如小布什任内的伊拉克战争及2008年总统大选等。See Daisy R. Khalifa, United States is Odd Man Out in Law of the Sea Treaty, Sea Power, April 2009.

④ Borgerson S. G., The National Interest and the Law of the Sea, *Council Special Report*, No. 46, May 2009, p. 9.

准的 3 块专属勘探区,在深海资源开发中走在了前面,美国发觉如果不能够尽快批约,中国有可能借《联合国海洋法公约》来挤压美国在深海开发上的利益空间。第三,从亚太秩序方面来讲,美国作为一个惯于利用制度霸权的国家,虽然一度过于强调单边手法,但“再平衡”战略实施以来,美国逐渐倾向于采取多边措施,意图通过批约来提高自己在亚太海上纠纷中的法理和道义地位,充分运用自己的制度霸权,推动建立有利于自身的亚太海上安全架构。

从时间上看,正是在 2012 年中菲黄岩岛对峙事件的背景下,5 月至 6 月间,参议院外交关系委员会举行了声势浩大的听证会,美国军政要员、大部分议员、海洋产业界、研究界及环保主义者等均强烈支持批约。他们认为,无论美国是否加入,《联合国海洋法公约》都构成了世界海洋秩序事实上的基础,为全球海洋活动的展开制定了全面的法律规范。随着海洋日益成为人类所依赖的空间,《联合国海洋法公约》的内涵日渐丰富,对于保持和促进美国全方位的利益越来越重要,善加利用能够成为美国维持并强化全球海洋领导地位的有效工具。同时,支持者也认为,加入《联合国海洋法公约》对于配合美国“重返亚太”意义重大,有助于美国确保在亚太海域的航行自由,还能够向美国的盟友及伙伴国展示出尊重国际法的姿态,并能为按照美国的政策解决南海争端奠定更坚实的法律基础。在此背景下,2012 年 6 月前共和党政府的 5 位国务卿——亨利·基辛格、乔治·舒尔茨、詹姆斯·贝克、科林·鲍威尔、康多莉扎·赖斯,联名在《华尔街日报》撰文支持美国加入《联合国海洋法公约》。①

同时也必须注意到,尽管支持批约的声势浩大,但是“反公约”力量也不甘示弱。由原国防部部长拉姆斯菲尔德(Donald Henry Rumsfeld)、原驻联合国代表约翰·博尔顿(John Robert Bolton)及保守派智库传统基金会等组成的“反公约”势力虽然人数不多,但政治能量颇为强大,这一派认为《联合国海洋法公约》有关深海资源分配和出资义务的条款过于向发展中国家倾斜,遂以“国家安全”为理由反对批约。虽然 2012 年年中批约的可能性看起来不断增长,然而奥巴马第二任期即将结束,依然不见国会就加入《联合国海洋法公约》一事进行表决。近年来,美国两党政治分歧加剧,在 2014 年中期选举中,民主党更是全面失去参众两院多数席位,在国会推动批约已经变得十分困难,再加上目前美国全球战略考量和国内政治角力有更多的其他优先事项,因此,奥巴马任内批约

① See Henry Kissinger, George Shultz, James Baker, Colin Powell and Condoleezza Rice, "America and the Law of the Sea Treaty", *The Wall Street Journal Europe*, June 1, 2012, p. 18.

成功几无可能。事实上自那时至今也确实没有关于批约的更多重要声音出现。[①] 未来,美国在批约问题上是否会采取实质性行动,可以作为外界观察美国亚太海上安全战略走向,判断美国是否将激化与中国在海上的博弈烈度的一个"风向标"。

中国是《联合国海洋法公约》的缔约方,而美国仍然拒绝批准《联合国海洋法公约》,这也确实弱化了美国批评中国不尊重国际法时的力度和可信度。例如,2016 年年初,美国助理国务卿拉塞尔表示,菲律宾提出的南海仲裁案是很好的范例,显示南海声索方或任何国家都可利用现有国际法机制解决难题。美将为维护基于规则的南海秩序做出努力。中国外交部发言人就此问题做出了从容回应:"有意思的是,美方言必称仲裁案和《联合国海洋法公约》。美方如果真心维护南海秩序和稳定,为何还不加入《联合国海洋法公约》呢?"[②]当然,美国在中长期内加入《联合国海洋法公约》的可能性依然存在,中国对此需要有所准备。

2. 在国际法解读上与沿海国家存在矛盾。美国在其外交照会中动辄引用《联合国海洋法公约》,暗示将《联合国海洋法公约》作为其享有权利的基础,这说明美国确实对《联合国海洋法公约》内容有一定程度的接受。美国主张《联合国海洋法公约》的许多规定属于习惯国际法,即使美国不是《联合国海洋法公约》当事方,这些习惯规则也约束美国,同时美国根据这些规则也享有相关权利。但是,美国在享有《联合国海洋法公约》权利并充分运用《联合国海洋法公约》维护其海洋利益时,对《联合国海洋法公约》的解读与世界其他国家,特别是沿海国家存在争议,其解读和运用多包含进攻性,其支持全球海洋法理秩序的态度令人怀疑。当前最典型的例子就是体现在南海中国专属经济区内美国军事测量等活动的合法性问题。

中美两国的主要分歧为:《联合国海洋法公约》和国际习惯法所定性的航行自由究竟是否包括一国在他国专属经济区内进行军事测量等活动。《联合国海

---

① 有关美国与《联合国海洋法公约》关系的学术研究,最新情况也基本上是到 2012 年听证会。参见沈雅梅:《美国与〈联合国海洋法公约〉的较量》,载《美国问题研究》2014 年第 1 期;吴慧:《美国批准加入〈联合国海洋法公约〉的影响》,载《世界经济与政治论坛》2012 年第 5 期;余楠:《美国是否加入〈联合国海洋法公约〉论辩之解析》,载《大连海事大学学报》(社会科学版)2013 年第 2 期;Daisy R. Khalifa, "Law of the Sea Goes Public Government, Business Leaders Push for U. S. Accession", *Sea Power*, June 2012。

② 《2016 年 3 月 22 日外交部发言人华春莹主持例行记者会》,载 http://www.fmprc.gov.cn/web/wjdt_674879/fyrbt_674889/t1349667.shtml,最后访问日期:2019 年 3 月 1 日。

洋法公约》行文的模糊性引发了两点歧义:第一,《联合国海洋法公约》未能清晰言明包括军事测量在内的各类军事活动是否属于航行和飞越自由的范畴。换句话说,就是在沿海国专属经济区内进行军事活动是否违反《联合国海洋法公约》有关“航行自由”的规定。第二,针对专属经济区内的科学研究活动,《联合国海洋法公约》一方面授权沿海国可予以管辖,另一方面却未能明确科学研究是否包括军事测量等活动。《联合国海洋法公约》的模糊表述为不同国家进行不同的解读提供了可能。

美国认为,沿海国的正当管辖是“对军舰行使领海无害通过权以及在专属经济区内开展军事活动的自由进行不适当的限制”。①

第一,美国认为“领海之外即公海”,美国当然“有权”在“公海”进行军事活动,而“不受沿海国管辖”。

第二,美国坚持认为,《联合国海洋法公约》的“和平利用”条款并未排除包括军事测量和侦察等在内的军事活动,也就是说《联合国海洋法公约》并没有明言禁止此类行为,根据“法无禁止即可为”的原则,各国海空军事力量当然享有不受限制的航行和飞越自由;②同时,美国认为,《联合国宪章》赋予了国家自卫权,各国有权在专属经济区从事非侵略性军事活动(non-aggressive military activities)。③

第三,虽然《联合国海洋法公约》规定他国在专属经济区的活动“应适当顾及沿海国的权利和义务”,并遵守沿海国相关法律和规章,美国援引此条规定,辩称这并不是要求必须向沿海国政府事先进行通报并获得批准后才能展开军事活动。

第四,《联合国海洋法公约》中唯一对专属经济区军事力量使用进行限制的是第 58 条第 1 款,美国坚持“任务部队的机动、飞行行动、军事演习、监视、情势

---

① U. S. Department of Defense, *Asia-Pacific Maritime Security Strategy*, August 2015, http://www.defense.gov/Portals/1/Documents/pubs/NDAA%20A-P_Maritime_Security_Strategy – 08142015 – 1300 – FINALFORMAT. PDF.

② George Galdorisi, “The UnitedStates Freedom of Navigation Program: A Bridge for International Compliance with the 1982 United Nations Conventionon the Law of the Sea?”, *Ocean Development & International Law*, 1996, p. 27; Sam Bateman, “UNCLOS and its Limitations as the Foundation for a Regional Maritime Security Regime”, *Institute of Defense and Strategic Studies*, Singapore, April, 2006.

③ See Raul(Pete)Pedrozo, “A Response to Cartner's and Gold's Commentary on ‘Is it Time for the United Stated to Join the Law of the Sea Convention?’”, *Journal of Maritime Law and Commerce*, Vol. 42, Issue 4, 2011, pp. 487 – 510.

收集活动和军火试射”属于该条款所规定的“其他国际合法用途”,所以可以享用航行和飞越自由。①

第五,为了防止因语义不清混淆“测量”与“研究”的含义,《联合国海洋法公约》从措辞上对以上两个概念进行了区分,然而美国辩称其海空力量所进行的勘测和调查活动是以军事目的为服务对象的,所以“不属于”《联合国海洋法公约》第56条所规定的一般意义上的海洋科学研究,因此沿海国无管辖权。②上述美国对《联合国海洋法公约》的完全利己式的解释,充分证明“专属经济区军事活动”问题的关键不在于水域法律地位本身,而在于在国际法意义上,是否对“军事活动”这一概念的内涵形成共识,显然,美国将根据自身的需要,弹性界定自己的活动标准。③

在中国看来,美国将上述主张作为其对中国近海展开抵近侦察的“法理依据”是有问题的。中国认为,虽然《联合国海洋法公约》没有对军事活动加以规定,也至少应该遵守“和平目的”和“顾及沿海国的权利和义务”两项原则。因此,中国对其专属经济区内他国海空军事力量进行的各类情报收集工作行使管辖权,是完全合理合法的。

中国认为,《联合国海洋法公约》第58条第1款明确规定:“在专属经济区内,所有国家,不论为沿海国或内陆国,在本公约有关规定的限制下,享有第八十七条所指的航行和飞越的自由,铺设海底电缆和管道的自由,以及与这些自由有关的海洋其他国际合法用途,诸如同船舶和飞机的操作及海底电缆和管道的使用有关的并符合本公约其他规定的那些用途。”但《联合国海洋法公约》又赋予了沿海国在其专属经济区内一定的管辖权,第56条就规定了沿海国在专属经济区内对海洋科学研究、海洋环境的保护和保全享有管辖权。此外,第58条第3款也明确规定:“各国在专属经济区内根据本公约行使其权利和履行其义务时,应适当顾及沿海国的权利和义务,并应遵守沿海国按照本公约的规定和其他国际法规则所制定的与本部分不相抵触的法律和规章。”所以,沿海国“管辖权”的赋予连同他国“适当照顾”原则的建立完全可以作为充分的国际法

① U. S. Department of the Navy, *The Commander's Handbook on the Law of Naval Operations*, NWP 1 - 14M, 2 - 6, 1995, http://www.lawofwar.org/nanal_warfare_publication_N - 114M.htm.

② See Raul (Pete) Pedozo, "Preserving Navigational Rights and Freedoms: The Right to Conduct Military Activities inChina's Exclusive Economic Zone", *Chinese Journal of International Law*, No. 9, 2010, pp. 15 - 16.

③ 参见沈雅梅:《美国与〈联合国海洋法公约〉的较量》,载《美国问题研究》2014年第1期。

依据来支撑中国有关南海航行自由的主张。

同样地,中国并不认同美国所辩称的“测量”与“研究”之分以及“军事测量”与“科学研究”的目的不同。[①] 当今时代,海洋科学日新月异,大量应用的先进仪器设备,早已使军事测量等活动与海洋科学研究的边界非常模糊,在这种情况下,将军事测量等情报搜集工作归入具有更丰富内涵的海洋科学研究是符合时代发展的,所以将前者置于沿海国的管辖之下是符合《联合国海洋法公约》规定的。我国 1998 年颁布的《专属经济区和大陆架法》就明确规定:“任何国际组织、外国的组织和个人在中华人民共和国的专属经济区和大陆架界进行海洋科学研究,必须经过中华人民共和国主管机关批准,并遵守中华人民共和国的法律、法规。”

通过分析可以发现,主权原则与不加限制的航海自由原则之间的对抗,构成了中美海上秩序之间的根本分歧。这一问题所反映出来的法学意义就是在专属经济区这样一个法理意义上的过渡地带,适用主权原则还是海上航海自由原则。[②] 而向历史深处溯源,则是自荷兰海上霸权兴起开始,沿海国,特别是中小沿海国,与海上霸权国之间关于“开放的海洋”和“封闭的海洋”之间的冲突。[③] 这也始终是左右海上秩序发展的主旋律,而最终起到决定性作用的仍然是国际海上实力的对比。

(二)美国对全球海洋秩序所造成的影响弊大于利

长久以来,美国一直视自己为一个海洋国家,认为“如果不能明智地利用占地球表面 70% 以上的海洋,美国安全和繁荣的前景将会变得黯淡无光。世界上很少有国家像美国这样在过去紧密地与海洋联系在一起、在将来还将紧紧依靠海洋”。[④] 美国的行为支撑了其全球战略地位,维护了其海洋利益,扩大了美国对于国际规则制定权的影响,在一定程度上塑造了对自己有利的海洋秩序。当前美国维护对其有利的海洋秩序是与其主导国际经济秩序、安全秩序的战略布局高度统一的。鉴于全球化对国家和国家行为的影响,它已经成为 21 世纪初战略环境的核心要素。而全球化有赖于畅通无阻的海洋航运。因此,它本质上

---

① 参见杨光海、严浙:《南海航行自由问题的理性思考》,载《新东方》2014 年第 5 期。

② 参见师小芹:《论海权与中美关系》,军事科学出版社 2012 年版,第 227 页、第 229 页。

③ See Charles E. Pirtle, “Military Uses of Ocean Space and the Law of the Sea in the New Millennium”, *Ocean Development&International Law*, Vol. 31, Issue, 1 – 2, 2000, pp. 7 – 45.

④ Gerard J. Mangone, “Marine Policy for America: The United States at Sea”, *Lexington: D. C Heath and Company*, 1977, p. 1.

是海洋性的，这使它与海军有了特别的关系。① 美国充分利用海权力量与塑造海洋秩序相辅相成，强化了自己的海上霸权地位，即便是其固执地实施航行自由计划，也并没有引发与其他国家的明显的冲突。

同时，美国的行为事实上对全球海洋秩序的稳定，特别是东亚地区海上秩序的稳定，造成了破坏。尽管进入21世纪以来，特别是“9·11”事件发生以后，美国逐渐倾向于通过全球海上合作来共同维护海洋秩序，②但是其不加入《联合国海洋法公约》以及执意推行航行自由计划，对全球海洋秩序的稳定及其法理基础造成了事实上的破坏。

以东亚近海为例，自从奥巴马政府逐步实施“亚太再平衡”战略以来，东亚近海特别是南海地区紧张情势严峻。恶化南海地区局势，刺激南海地区乃至亚太地区安全秩序向不稳定的方向发展。在没有明显的外部干扰因素的情况下，南海有关国家的相互调适和相互塑造，已经产生了积极的效果。美国高调宣布“重返亚洲”，名义上是为了“威慑”中国的崛起对亚洲既有秩序可能产生的“威胁”，从而维持亚洲秩序，但结果却适得其反。美国宣布“重返亚洲”不久，亚洲秩序就发生了急剧的变化，但不是变得更稳定了，而是呈现出失序的趋势。③ 在很大程度上，南海问题是因为美国“重返亚洲”所引发的。

正如前文所述，南海周边国家的相关海洋活动在近期出现了明显的升级，无论是扩大使用非军事力量压制其他国家，还是海上和空中相遇事件的持续增加，抑或是海上军事力量的不断强化等。这些行为的一大背景，就是美国南海政策的走强，在美国及其或明或暗支持下的南海其他声索方和域外大国活动的强度上升的情况下，中国不得不相应提升海洋活动的力度，有效维护自己的主权权益。这一互动行为的结果就是南海地区局势在近年来不断引起国际社会的担忧，美国总是自以为是地认为自己是维护地区秩序稳定的关键存在，而选择性忽视其重返亚洲对于南海地区秩序恶化所应承担的责任。

五、关于中国构建海洋秩序的初步思考

中国是一个拥有近300万平方公里海洋国土的大国，如何通过海洋秩序的

---

① 参见[英]杰弗里·蒂尔：《21世纪海权指南》（第2版），师小芹译，上海人民出版社2013年版，第1～4页。

② 参见冯梁主编：《亚太主要国家海洋安全战略研究》，世界知识出版社2012年版，第34页。

③ 参见郑永年：《美国“重返亚洲”与亚洲秩序的巨变》，载新华网：http://news.xinhuanet.com/world/2012-09/24/c_123750842.htm，最后访问日期：2019年3月1日。

构建来维护自己的海洋权益是一个不可忽视的课题。2014 年 6 月李克强总理在参加中希海洋论坛时，阐释了中国的“海洋观”，强调中国“愿同世界各国一道，通过发展海洋事业带动经济发展、深化国际合作、促进世界和平，努力建设一个和平、合作、和谐的海洋”。① 其中，“和平”是首位，也是中国解决海洋争端的途径；“合作”利用海洋、“合作”开发海洋是中国走向海洋的方式，“和谐”则是中国利用海洋的观念和最高价值追求。

同时，作为一个负责任的大国，中国积极构建海洋秩序也是积极参与全球治理的需要。2016 年 9 月 27 日习近平总书记在中共中央政治局就 20 国集团领导人峰会和全球治理体系变革进行的第三十五次集体学习中指出，“随着国际力量对比消长变化和全球性挑战日益增多，加强全球治理、推动全球治理体系变革是大势所趋”。“要积极参与制定海洋、极地、网络、外空、核安全、反腐败、气候变化等新兴领域治理规则，推动改革全球治理体系中不公正不合理的安排。”②

概言之，中国需要倡导建构一个包容性海洋秩序，这一秩序应该具有坚实的道义与规范基础，既可以凝聚国际社会的共识，同时又能够充分反映中华民族伟大复兴的利益诉求。新的海洋秩序应当“平衡包容性与排他性制度安排、平衡海洋自由与海洋安全、平衡国际主义和民族主义、平衡人类正义与国家间的正义，保障最低海洋秩序，努力追求海洋利用的最佳秩序”。③

---

① 《李克强在中希海洋合作论坛上的演讲（全文）》，载新华网：http://news.xinhuanet.com/world/2014-06/21/c_126651068.htm，最后访问日期：2019 年 3 月 1 日。

② 《中国如何推进全球治理，习近平这样说》，载中国日报网：http://www.chinadaily.com.cn/interface/yidian/1138561/2016-09-29/cd_26939720.html，最后访问日期：2019 年 3 月 1 日。

③ 郑志华：《2014：探索中国特色海洋新秩序之路》，载《法制日报》2015 年 2 月 17 日，第 10 版。

第五章　国际海底区域"开采法典"的制定与中国应有立场

国际海底区域(International Sea-bed Area,以下简称"区域")是指国家管辖范围以外的海床、洋底及其底土,即各国领海、专属经济区和大陆架以外海域的海床洋底及其底土。这一部分约占海洋面积的65%,蕴藏着极其丰富的矿物资源。① 当前,国际海底活动的重心已进入一个历史性转折期,即从勘探阶段向勘探与开发准备期过渡。② 国际海底大规模商业开发已初现端倪,③当务

① See Becky Oskin, "Vast Bed of Metal Balls Found in Deep Sea", *Live Science*, February 17, 2015;参见杨泽伟:《国际法》(第3版),高等教出版社2017年版,第177页。

② See Aline Jaeckel, "An Environmental Management Strategy for the International Seabed Authority?", *The Legal Basis, the International Journal of Marine and Coastal Law*, Vol. 27, 2012, pp. 94－95, 119.

③ See Aline Jaeckel, "Deep Seabed Mining and Adaptive Management: The Procedural Challenges for the International Seabed Authority", *Marine Policy*, Vol. 70, 2016, p. 205. 此外,2018年Nautilus Minerals Niugini Limited和巴布亚新几内亚联合企业将首次进行深海海底矿产的商业开采。See Luz Danielle O. Bolong, "Into The Abyss: Rationalizing Commercial Deep Seabed Mining Through Pragmatism and International Law", *Tulane Journal of International & Comparative Law*, Vol. 25, 2016, pp. 128－129. 另外,英国首相也曾表示,国际海底资源开发将在"未来30年内给英国经济带来400亿英镑的增值"。See K. Michael, UK Government Backs Seabed Mining Sector, Pro-Quest, 2013; Rupert Neate, Seabed Mining Could Earn Cook Islands "Tens of Billions of Dollars", Guardian, August 5, 2013.

之急是制定“开采法典”(the Exploitation Code),以便就未来的矿区开发问题搭建制度框架。可以预见,制定科学合理、公平公正的国际海底区域资源“开采法典”是国际海底管理局今后几年面临的一项重要任务。① 中国作为国际海底管理局理事会的成员和勘探合同方,不但一向重视国际海底管理局的工作,而且把“扩大海洋开发领域”、②实施“区域”采矿作为实现中国海洋强国战略和保障中国资源安全的重要途径之一。因此,研究国际海底区域“开采法典”的制定与中国的应有立场问题,无疑具有重要的理论价值和现实意义。

一、国际海底区域“开采法典”制定的背景

(一)国际海底区域开发制度的现状

1982 年《联合国海洋法公约》第十一部分专门规定了支配国际海底区域的原则、国际海底区域内资源的开发制度等。1994 年 7 月由美国、英国、法国、德国等发达国家共同参与,联合国大会制定、通过了《关于执行 1982 年 12 月 10 日〈联合国海洋法公约〉第 11 部分的协定》(Agreement Relating to the Implementation of Part XI of the UN Convention on the Law of the Sea of 10 December 1982,以下简称《执行协定》),对《联合国海洋法公约》第十一部分的内容作了根本性的修改。此外,国际海底管理局分别于 2000 年、2010 年通过了《“区域”内多金属结核探矿和勘探规章》(Regulations for Prospecting and Exploration of Polymetallic Nodules in the Area,2013 年 7 月 22 日国际海底管理局理事会通过了该规章的修正案)③和《“区域”内多金属硫化物探矿和勘探规章》(Regulations for Prospecting and Exploration of Polymetallic Sulphides in the Area)。④ 这两项规章的通过,为各方在“区域”内的相关探矿和勘探工作铺平了道路。这两项规章,从用语和范围、探矿、勘探计划申请、勘探合同、保护和保全海洋环境、机密性等

① See Luz Danielle O. Bolong,“Into The Abyss:Rationalizing Commercial Deep Seabed Mining Through Pragmatism and International Law”, *Tulane Journal of International & Comparative Law*, Vol. 25, 2016, p. 129.

② 习近平:《扩大海洋开发领域、让海洋经济成新增长》(2013 年 7 月 31 日),载中国网:http://news.china.com.cn/txt/2013-07/31/content_29587608.htm,最后访问日期:2019 年 3 月 1 日。

③ 《“区域”内多金属结核探矿和勘探规章》,载 https://www.isa.org.jm/sites/default/files/files/documents/isba-19c-17_1.pd,最后访问日期:2019 年 3 月 1 日。

④ 《“区域”内多金属硫化物探矿和勘探规章》,载 http://www.isa.org.jm/files/documents/CH/Regs/Ch-PMS.pdf,最后访问日期:2019 年 3 月 1 日。

方面都作了较为详细的规定,从而进一步完善了《联合国海洋法公约》和1994年《执行协定》的相关内容。2012年7月27日,国际海底管理局大会又正式通过了《"区域"内富钴铁锰结壳探矿和勘探规章》(Regulations on Prospecting and Exploration for Cobalt-Rich Crusts in the Area)。①

由上可见,目前国际海底区域内资源的开发制度主要包括1982年《联合国海洋法公约》、1994年《执行协定》以及《"区域"内多金属结核探矿和勘探规章》、《"区域"内多金属硫化物探矿和勘探规章》和《"区域"内富钴铁锰结壳探矿和勘探规章》。此外,国际海底管理局还通过了许多"建议"(recommendations),②如勘探活动中的环境影响评估等。③

(二)国际海底区域"开采法典"制定的新进展

按照《"区域"内多金属结核探矿和勘探规章》的规定,核准的勘探工作计划的期限应为15年,勘探工作计划期满时,承包者应申请开发计划工作。自2001年至今,国际海底管理局共批准或审核了27个国际海底矿区。国际海底管理局与承包商首批签订的7个多金属结核勘探合同在2016年3月至2017年3月期间到期。因此,2011年国际海底管理局第17届会议已经决定启动制定"开采法典"的准备工作。④ 2012年国际海底管理局在18届会议上提出了《关于拟订"区域"内多金属结核开发规章的工作计划》(Work Plan for the Formulation of Regulations for the Exploitation of Polymetallic Nodules in the Area),并"将此类规章制定工作作为管理局工作方案的优先事项"。⑤

2015年2月法律与技术委员会(the Legal and Technical Commission,以下简称法技委)推出了《构建"区域"内矿产开发的规章框架》(Developing a Regulatory Framework for Mineral Exploitation in the Area),以征求国际海底管理局成员国和相关利益攸关方的意见。⑥ 2016年7月国际海底管理局公布了

---

① 《"区域"内富钴铁锰结壳探矿和勘探规章》,载 https://www.isa.org.jm/sites/default/files/files/documents/isba-18a-11_1.pdf,最后访问日期:2019年3月1日。

② See Aline Jaeckel,"Deep Seabed Mining and Adaptive Management:The Procedural Challenges for the International Seabed Authority",*Marine Policy*,Vol.70,2016,p.206.

③ See ISA,ISBA/19/LTC/8,March 1,2013.

④ See International Seabed Authority,Press Release,Seventeenth Session Kingston,Jamaica 11-22 July 2011,available at https://www.isa.org.jm/sites/default/files/files/documents/sb-17-15.pdf.

⑤ International Seabed Authority, Work Plan for the Formulation of Regulations for the Exploitation of Polymetallic Nodules in the Area,ISBA/18/C/4,2012,pp.1-10.

⑥ https://www.isa.org.jm/files/documents/EN/Survey/Report-2015.pdf.

《“区域”内矿产资源开发和标准合同条款规章工作草案》(Working Draft Regulations and Standard Contract Terms on Exploitation for Mineral Resources in the Area,以下简称“开采规章”)。① 对于该工作草案,迄今国际海底管理局共收到43份评论意见,其中有37份为公开意见、6份为不公开意见,中国大洋协会(China Ocean Mineral Resources Research and Development Association, COMRA)、中国五矿集团公司(China MinMetals Corporation,CMC)的意见为不公开意见。② 此外,2017年1月国际海底管理局又公布了“环境规章”草案(the Development and Drafting of Regulations on Exploitation for Mineral Resources in the Area,Environmental Matters,以下简称“环境规章”),但相关的评论意见尚未公布。③ 2018年7月,国际海底管理局公布了《修订的“区域”内矿产资源开发规章草案》(Revised Draft Regulations on Exploitation of Mineral Resources in the Area)。④ 另外,“国际海底管理局规章”的草案尚在讨论中。

二、国际海底区域“开采法典”的主要内容及其特点

国际海底区域“开采法典”的制定,采用“各个击破”“由分到总”的方式,⑤ 即先分别制定“开采规章”“环境规章”“国际海底管理局规章”,然后再考虑是否将3个分规章合并起来,形成一个统一的“开采法典”。

(一)“开采规章”

“开采规章”包括11部分,共59条,另外还有9项附件。其中,第一部分是“导论”,主要是“用语”和“范围”的界定;第二部分是“核准以合同形式的申请开采计划”,内容涵盖了申请形式、申请费用、申请程序、法技委核准申请的考虑因素以及理事会核准申请的考虑因素等;第三部分是“开采合同”,主要有开采合同条文、权利义务的转让等;第四部分是“开采工作计划的评估和修改”,包括承包商开采计划的修改和对按计划进行的开采活动的评估;第五部分是“合同

---

① https://www.isa.org.jm/files/documents/EN/Regs/DraftExpl/Draft_ExplReg_SCT.pdf.

② See“Contributions to the working draft exploitation regulations”, available at https://www.isa.org.jm/files/documents/EN/Regs/DraftExpl/Comments/Comments_Listing.pdf.

③ https://www.isa.org.jm/files/documents/EN/Regs/DraftExpl/DP-EnvRegsDraft25117.pdf.

④ https://www.isa.org.jm/files/documents/EN/Regs/DraftExpl/ISBA 23-LTC.CRP.

⑤ 法技委认为,“分单元”是制定全面监管框架的最佳路径,但应“一揽子”商定全部内容,而不应分别商定监管框架中的单项内容或部分组合内容。参见 http://china-isa.jm.china-embassy.org/chn/hdxx/t1395674.htm。

财政条款”，主要有年费、支付矿区使用费的义务、利润、退款、财务检查和审计、未按期支付矿区使用费的利息计算及其惩罚措施、因未支付矿区使用费而导致的合同暂停实施或终止、有关矿区使用费的计算和支付的争议等；第六部分是“信息的收集和处理”，如信息的可靠性、有关开采合同信息的报送等；第七部分是“一般规定”，包括通知和一般程序、承包商指南的建议、合作与信息交换的义务、沿海国的权利等；第八部分是“检查”，如检查员的职责等；第九部分是“实施和惩罚”，如采取法律救济行动的权力等；第十部分是“争端解决”，如规定了行政审议机制等；第十一部分是“管理局规章的审议”。

从“开采规章”的内容来看，“开采规章”主要有以下特点：

1. 规定了一些新的制度。与《“区域”内多金属结核探矿和勘探规章》《“区域”内多金属硫化物探矿和勘探规章》《“区域”内富钴铁锰结壳探矿和勘探规章》相比较，“开采规章”规定了独立专家的审查制度、开采合同抵押、开采合同权利和义务的转移等，特别是开采合同的交税条款、监督(审计)、处罚制度属于完全新增的内容。例如，按照“开采规章”第40条的规定，如果承包商未能按照规定提交税额返还时，应自秘书长送达违约通知之日起，缴纳数额为不超过(10000 + 1000 × ×美元，×为送达之日起计算的天数)的罚金。① 又如，“开采规章”第41条规定，如果承包商按“开采规章”的有关要求制作或提交的账本、记录和信息，存在根本性错误，那么该承包商就会被处以不超过10000美元的罚金。②

2. 国际海底管理局明显处于一种优势地位。例如，关于收费标准，由管理局来决定、承包商只能被动接受；另外，在缴费内容方面，承包商需要缴纳年度合同管理以及年度固定费用等。③ 又如，承包商的申请书及开采计划需要由管理局进行严格审查，而承包商所属矿区内特定矿产资源的专属权及优先开采权并未在“开采规章”中得到很好的体现。④

3. 相关利益攸关方对一些条款争议较大。例如，一些承包商指出应降低对早期开采活动的收费、延迟开采合同年限；⑤而部分科研机构及非政府组织认

① See Draft Regulation 40 of“the Draft Exploitation Regulations”.

② See Draft Regulation 41 of“the Draft Exploitation Regulations”.

③ See Draft Regulation 21 and Draft Regulation 22 of“the Draft Exploitation Regulations”.

④ See Draft Regulation 19 of“the Draft Exploitation Regulations”.

⑤ See Views and comments to the“1 st Working Draft”of Deep Ocean Resources Development Co., Ltd. (DORD), available at https://www.isa.org.jm/files/documents/EN/Regs/DraftExpl/Comments/DORD.pdf.

为，应进一步提高和细化环境保护标准。[①] 又如，一些承包商认为审查年限低于五年，会增加商业风险、阻碍开发活动的进行；而一些科研机构及非政府组织认为相关规定太过模糊，不能完全反映“适应性管理”制度的要求。此外，有承包商希望“开采规章”尽快生效、面世；[②]而一些非政府组织认为不必急于生效，反而希望提高环境保护标准，以推动适应性管理制度的适用。[③]

然而，“开采规章”仍然存在不少缺陷，如承包商义务过重，不利于尽早实现“区域”内资源的商业化开采；一些制度设计过于理想化，难以付诸实施；个别专业术语仍须进一步作出准确的界定。

（二）“环境规章”

众所周知，《联合国海洋法公约》对海洋环境保护问题特别重视。为此，该公约第十二部分专门规定了“海洋环境的保护和保全”、第十一部分第 145 条还是“海洋环境的保护”专门条款。此外，《“区域”内多金属结核探矿和勘探规章》《“区域”内多金属硫化物探矿和勘探规章》《“区域”内富钴铁锰结壳探矿和勘探规章》都有海洋环境保护的内容。同样，正在拟定的“开采法典”也有专门的“环境规章”。

“环境规章”包括 16 部分、共 81 条，还有 6 项附件。[④] 其中，第一部分是“导论”，主要是“用语”和“范围”的界定；第二部分是“一般事项”，主要包括在“区域”内管理局的环境义务和目标、指导原则以及限制和禁止性规定；第三部分是“环境评估”，内容涵盖了环境基线、环境范围报告、环境风险评估和评价以及替代方案、减缓措施和管理措施等；第四部分是“环境规划的准备”，主要有环境影

① See Comments on Working Draft of International Seabed Authority's "Developing a Regulatory Framework for Mineral Exploitation in the Area" Submission by Earthworks November 25, 2016, available at https://www.isa.org.jm/files/documents/EN/Regs/DraftExpl/Comments/Earthworks.pdf

② See UK Seabed Resources Submission in Response to the International Seabed Authority's Report on Developing a Regulatory Framework for Mineral Exploitation in the Area, Working Draft-Exploitation Regulations (ISBA/Cons/2016/1), available at https://www.isa.org.jm/files/documents/EN/Regs/DraftExpl/Comments/UKSR.pdf.

③ See WWF-International comments on the initial working draft regulations and standard contract terms on exploitation for mineral resources in the Area November 25, 2016, available at https://www.isa.org.jm/files/documents/EN/Regs/DraftExpl/Comments/WWF.pdf.

④ See "The Development and Drafting of Regulations on Exploitation for Mineral Resources in the Area (Environmental Matters)", available at https://www.isa.org.jm/files/documents/EN/Regs/DraftExpl/DP-EnvRegsDraft25117.pdf.

响声明、环境管理系统、环境管理和监督计划以及开采活动的关停计划等；第五部分是"管理局对环境规划的初步审议"，如已核准的开采活动的审议申请等；第六部分是"公布和咨商"，包括通告申请核准的开采活动计划、公布环境规划、相关利益攸关方对环境规划的审议、申请者对相关利益攸关方提出的意见的回应、管理局对咨商意见的审议和呈送法技委的报告等；第七部分是"法技委对环境规划的审议"，主要有法技委对环境规划评估的过程及建议程序、开采活动计划中有关环境事项的修正和修改、环保行动保证金、法技委向理事会提供的有关环境规划评估的建议等；第八部分是"环境规划的修改和定期审议"；第九部分是"环境管理和监督"，包括适应性管理方法、保护海洋环境免遭破坏性活动、环境事故等；第十部分是"社会和文化管理"；第十一部分是"关停计划以及关停后的监督"；第十二部分是"补偿措施"，如环境责任信托基金的建立等；第十三部分是"数据和信息管理"，主要规定了管理局和承包商各自的义务；第十四部分是"遵守、监督和实施"，如紧急命令、采取救济行动的权利以及惩罚措施等；第十五部分是"年度报告义务"，主要是承包商的年度报告；第十六部分是"其他的行政事项"，如公开登记制度、本规章的审议和修订等。

从"环境规章"的内容来看，"环境规章"主要有以下特点：

1."环境规章"的临时性(tentative)。诚如"环境规章"草案文本所指出的，它仅仅是"环境规章"的讨论稿，旨在为制定"环境规章"提供一些初步的想法和背景材料。① 因此，我们不能完全排除今后"环境规章"的正式文本对现有草案文本的一些变动和修改。

2.较为详细地规定了"区域"环境保护的内容。如上所述，"环境规章"不但规定了"区域"环境保护的一般指导原则，而且对"区域"环境影响评估、环境保护规划、环境规划审议以及补救和惩罚措施等内容作了较为详细的制度设计和安排。

3.对承包商施加了较多的"区域"环境保护义务。"区域"内资源的开发是一项高风险、高投入的活动，它不但对技术水平有较高的要求，而且需要较大的资金投入。然而，"环境规章"对"区域"内资源开发活动设置了较为严格的环

① See "The Development and Drafting of Regulations on Exploitation for Mineral Resources in the Area (Environmental Matters)", available at https://www.isa.org.jm/files/documents/EN/Regs/DraftExpl/DP-EnvRegsDraft25117.pdf.

境保护要求,如“关停计划”的规定、“环境责任信托基金”的设立等。① 这不但意味着承包商需要履行更多的环境保护义务,而且将导致承包商在“区域”内进行资源开采活动的经济负担进一步加重。

目前,虽然“环境规章”属于一种“暂时性的工作草案”(tentative working draft),管理局成员国和相关利益攸关方还没有发表公开的评论,但是“环境规章”的一些缺陷也较为明显,如制度设计的重复性、审查时效过长,②以及部分制度对承包商施加了过多的义务而容易易招致承包商的反对等。事实上,在“区域”资源开发活动对环境影响方面存在两种截然不同的观点:一种是“开发派”,认为现代科技能够保证“区域”资源开发活动对环境的影响是可控的,甚至是无破坏的,③因而主张国际海底管理局不应建立太严格的标准以避免影响承包商进入“区域”进行资源开发活动的积极性;④另一种是“环保派”,认为“区域”资源开发活动将不可避免地会对“区域”环境造成很大的破坏,⑤因而主张对“区域”资源开采活动规定严厉的环保要求。⑥ 因此,不难预见国际海底管理局成员

---

① See article 31 - 32, article 67 - 69 of the development and drafting of Regulations on Exploitation for Mineral Resources in the Area(Environmental Matters), available at https://www.isa.org.jm/files/documents/EN/Regs/DraftExpl/DP-EnvRegsDraft25117.pdf.

② See article 81 of the development and drafting of Regulations on Exploitation for Mineral Resources in the Area(Environmental Matters), available at https://www.isa.org.jm/files/documents/EN/Regs/DraftExpl/DP-EnvRegsDraft25117.pdf.

③ See Michael Cruickshank, Marine Mining: An Area o Critical National Need, Mining Engineering, May 2011, pp. 89 - 93.

④ See“Comments on‘Developing a Regulatory Framework for Mineral Exploitation in the Area’ by the Government of Japan (November 1, 2016)”, available at https://www.isa.org.jm/files/documents/EN/Regs/DraftExpl/Comments/Japan.pdf,“Comments by JOGMEC for the Working Draft Regulations and Standard Contract Terms on Exploitation for Mineral Resources in the Area” (November 1, 2016), available at https://www.isa.org.jm/files/documents/EN/Regs/DraftExpl/Comments/JOGMEC.pdf.

⑤ See Alicia Craw, Deep Seabed Mining: An Urgent Wake-up Call to Protect Our Oceans, Greenpeace International, 2013, p. 6.

⑥ See“DSCC Submission on the Working Draft Regulations and Standard Contract Terms on Exploitation for Mineral Resources in the Area” (November 24, 2016), available at https://www.isa.org.jm/files/documents/EN/Regs/DraftExpl/Comments/DSCC.pdf; Greenpeace, Deep Seabed Mining: An Urgent Wake-Up Call to Protect Our Oceans, 17 July 2013, available at http://www.greenpeace.org/international/Global/international/publications/oceans/2013/Deep-Seabed-Mining.pdf; Luz Danielle O. Bolong, Into The Abyss: Rationalizing Commercial Deep Seabed Mining Through Pragmatism and International Law, Tulane Journal of International & Comparative Law, Vol. 25, 2016, pp. 141 - 147.

国和相关利益攸关方在将来会对“环境规章”中的一些条款产生较大争议。

三、中国对国际海底区域“开采法典”的应有立场

（一）中国在国际海底区域“开采法典”制定过程中的角色定位

1. 中国实体作为先驱投资者，已经获得了在国际海底区域 4 块专属勘探矿区、3 种资源的勘探权。中国大洋协会是国际海底多金属结核资源的“先驱投资者”。2001 年中国大洋协会与国际海底管理局签订了勘探合同，成为勘探开发国际海底区域多金属结核资源的承包商之一，在东北太平洋海底获得了一块 7.5 万平方公里的多金属结核矿区的专属勘探权和优先开采权。2011 年 7 月国际海底管理局理事会核准了中国大洋协会申请的位于西南印度洋的国际海底区域内 1 万平方公里的多金属硫化物勘探矿区。2013 年 7 月国际海底管理局理事会核准了中国大洋协会提出的国际海底富钴结壳资源勘探矿区申请，该矿区位于西太平洋，面积为 3000 平方公里。2015 年 7 月国际海底管理局理事会通过决议核准了中国五矿集团公司提出的东太平洋海底多金属结核资源勘探矿区申请；该矿区位于东太平洋克拉克恩—克利珀顿断裂带，面积近 7.3 万平方公里。可见，中国实体在国际海底区域获得了 4 块专属勘探矿区。

此外，2017 年 5 月中国大洋协会与国际海底管理局签署了《国际海底多金属结核矿区勘探合同延期协议》。① 按照中国大洋协会与国际海底管理局签订的延期协议要求，5 年延期勘探工作是在中国大洋协会已经完成的 15 年勘探工作基础上的补充和完善，中国大洋协会将在东北太平洋、面积为 7.5 万平方公里“区域”内继续开展和完善合同区的勘探工作，其中重点补充合同区的环境基线数据、积极参与环境管理计划，优化深海采矿系统功能、研发多金属结核新一代冶炼技术；同时，继续跟踪分析多金属结核相关金属国际市场，研判多金属结核资源的商业开发时机。

2. 中国在国际海底区域“开采法典”制定过程中应发挥“引领国”的作用。所谓“引领国”是指中国应以发展中国家的共同利益为基础，在提升自身的国际海底资源开发技术的同时，引领并带动更多的发展中国家进行国际海底资源的勘探、开发，推动发展中国家之间的开放合作，以共同维护国际海底资源作为全

---

① 参见国家海洋局：《中国大洋协会与国际海底管理局签署国际海底多金属结核矿区勘探合同延期协议》（2017 年 5 月 11 日），载 http://www.soa.gov.cn/xw/hyyw_90/201705/t20170511_56006.html，最后访问日期：2019 年 3 月 1 日。

人类共同继承财产的国际法属性。[①] 此外,在国际海底区域法律制度的构建中,中国应继续坚持全人类共同继承财产原则,协调管理局成员国和相关利益攸关方的利益,推动有关规则的制定,进一步提升中国在“区域”资源开采活动中的国际话语权。[②]

其实,中国在国际海底区域“开采法典”制定过程中发挥“引领国”的作用,既是当今中国综合国力的必然要求,也是符合国际社会的期待的。如上所述,中国实体已经在“区域”获得了4块专属勘探矿区、3种资源的勘探权。同时,中国的国际地位在近几年得到了较大提升。例如,在经济方面中国是世界第二大经济体,目前中国的经济占全球经济总量约16.5%、对全球经济增长贡献率达33%,中国现在是124个国家的头号贸易伙伴,是美国(52个国家)的2倍多;在政治上中国是联合国安理会五大常任理事国之一,还是最大的发展中国家,在国际舞台上具有很大的政治影响力。此外,中国还是当今世界上最大的温室气体排放国、第一大石油进口国。有外国媒体指出,中国或成全球化进程中的“首席小提琴手”。[③] 可见,国际社会也期盼中国能发挥更大的作用。

(二)中国对国际海底区域“开采法典”的完善建议

虽然中国大洋协会和中国五矿集团公司分别于2016年11月2日和11月25日提交了对“开采规章”的评论意见,但是该评论意见并没有对外公开。[④] 不过,中国政府在其他场合也发表过相关意见。例如,在2016年7月国际海底管理局第22届会议上,中国代表针对“开采规章”制定问题明确表示:第一,“开采规章”制定应体现可持续利用国际海底资源以造福全人类的精神,坚持以促进

---

① 2017年5月11日,中国国家海洋局局长王宏明确表示:中国政府“将一如既往地支持和参与国际海底管理局的工作,切实承担起国际海底管理局成员国的责任,共同推进国际海底活动规范化,同时持续支持发展中国家提升海底勘探能力建设,提升发展中国家的海洋科技水平”。参见国家海洋局:《中国大洋协会与国际海底管理局签署国际海底多金属结核矿区勘探合同延期协议》(2017年5月11日),载 http://www.soa.gov.cn/xw/hyyw_90/201705/t20170511_56006.html,最后访问日期:2019年3月1日。

② 参见李志文:《我国国际海底资源开发法律制度中的地位探索》,载《社会科学辑刊》2016年第6期;Michael W. Lodge, “The Common Heritage of Mankind”, *the International Journal of Marine and Coastal Law*, Vol. 27, 2012, pp. 738 – 740。

③ 参见[德]克里斯蒂安·盖尼茨:《中国的后院》,载德国《法兰克福汇报》网站,2013年10月11日。转引自参考消息网2013年10月14日报道,载 http://column.cankaoxiaoxi.com/2013/1014/285901.shtml,最后访问日期:2019年3月1日。

④ See “Contributions to the Working Draft Exploitation Regulations”, available at https://www.isa.org.jm/files/documents/EN/Regs/DraftExpl/Comments/Comments_Listing.pdf.

海底矿产资源勘探开发为导向，同时兼顾海洋环保；第二，“开采规章”制定应符合包括《联合国海洋法公约》在内的国际法，应从国际社会和大多数国家最迫切的需要出发，有关标准应与产业和技术发展相适应，其制度安排要有充分的科学和事实依据；第三，“开采规章”制定涉及采矿、财务、环保、法律等领域，是艰巨复杂的系统工程，不能急于求成，应充分考虑国际社会整体利益及大多数国家特别是发展中国家利益，循序渐进、稳步推进；第四，注意到法技委散发的工作草案是过程文件，不代表法技委最终观点，中方将认真研究，以建设性态度参与相关工作。①

又如，2016 年 7 月中国出席国际海底管理局第 22 届会议，代表团副团长高风在“‘区域’内矿产资源开采规章草案”议题下的发言中也指出：“‘开采规章’制定涉及采矿、财务、环保、法律等多个领域，是一项艰巨复杂的系统工程，其制定不能急于求成，而应充分考虑国际社会整体利益以及大多数国家特别是发展中国家的利益，循序渐进、稳步推进。”②此外，2017 年 8 月中国代表团在国际海底管理局第 23 届会议理事会“开采规章草案”议题下的发言中进一步指出：“开采规章应以鼓励和促进资源开发为导向，同时依法确保海洋环境不受重大损害”；“开采规章应与现阶段人类在‘区域’的活动及认识水平相适应”；“开采规章应妥善处理好有关各方的权利义务关系”；“开采规章应统筹考虑缴费机制和收益分享机制，目前开发规章草案中关于缴费机制部分已经提出了一些初步框架与构想，各方对缴费是采取权益金的方式，还是采取权益金与利润分成相结合的方式，还存在很大分歧。同时，收益分享机制仍在研究探讨之中。各方在讨论确定开发规章有关缴费机制和收益分享机制时，应严格遵循《联合国海洋法公约》和《执行协定》的基本原则，在协商一致的基础上加以确定”。③ 上述中国代表的发言，在某种程度上反映了中国政府对制定“开采规章”的基本立场与态度。

---

① 参见中华人民共和国常驻国际海底管理局代表处：国际海底管理局第 22 届会议，载 http://china-isa. jm. china-embassy. org/chn/hdxx/t1395674. htm，最后访问日期：2019 年 3 月 1 日。

② 参见中华人民共和国常驻国际海底管理局代表处：中国出席国际海底管理局第 22 届会议代表团副团长高风在“‘区域’内矿产资源开采规章草案”议题下的发言，载 http://china-isa. jm. china-embassy. org/chn/hdxx/t1388582. htm，最后访问日期：2019 年 3 月 1 日。

③ 参见中华人民共和国常驻国际海底管理局代表处：《中国代表团在国际海底管理局第23 届会议理事会“开采规章草案”议题下的发言》（2017 年 8 月 24 日），载 http://china-isa. jm. china-embassy. org/chn/hdxx/t1487167. htm，最后访问日期：2019 年 3 月 1 日。

1. 对“开采规章”完善建议。笔者认为，中国大洋协会和中国五矿集团公司未就“开采规章”发表公开的具体意见，不但错失了一次展示中国应有立场的机会，而且不利于中国在国际海底区域“开采法典”制定过程中发挥“引领国”的作用。因此，中国大洋协会和中国五矿集团公司不但应当公开其对“开采规章”的评论意见，而且要积极推动确立承包商在“开采规章”中的优势地位，从而有利于“区域”内矿产资源的商业化开采。

此外，中国政府还可以对“开采规章”的草案文本提出以下修改、完善建议：(1)第 1 条第 4 款，把“本规章不应以任何方式影响根据《联合国海洋法公约》第 87 条赋予的科学研究的自由，或者根据《联合国海洋法公约》第 143 条和第 256 条在‘区域’进行海洋科学研究的权利”修改为“海洋科学研究，不能干扰采矿活动”；(2)第 13 条，明确规定承包商的专属权和优先权；(3)第 14 条第 1 款，修改规定开采合同年限应超过 20 年；(4)第 18 条，增加“承包商在特定情况下，有对工作计划进行临时调整的权利”的规定；(5)第 23 条，规定“前期开采活动，应进行税费减免”；(6)第 53 条，删除“其他申请费用”的规定；(7)第 54 条，明确监督费用由管理局承担，等等。

2. 对“环境规章”完善建议。第一，中国大洋协会和中国五矿集团公司应站在维护承包商权益的立场上，就“环境规章”草案发表公开意见；第二，要求进一步明确“环境管理和监督计划”同其他的战略管理计划、区域管理计划的关系；第三，删除“环境保证金”的规定，将“财政保证金”“执行保证金”“环境保证金”合并为一项基金；第四，缩短各项研究、报告和计划的审查、反馈、公示期限；第五，对管理局要求信息开示的权力增加必要的限制；第六，去除环境研究、报告、计划中开具“适格专家证明”(identify the appropriately qualified experts)的规定；第七，设置“适应性管理制度”(adaptive management approach)时，应充分考虑该项制度实施之后对承包商权益的救济方案，如为承包商设立保险基金、实施前组织适格专家对救济方案进行论证等。

3. 国际海底区域“开采法典”的制定与《中国深海法》的修改

中国政府高度重视规范国际海底区域资源勘探开发工作，并于 2016 年颁布实施了《深海海底区域资源勘探开发法》(以下简称《中国深海法》)。目前，中国政府正在研究制定一系列的配套规章制度，如《深海海底区域资源勘探开发许可管理办法》、[1]《深海海底区域资源勘探开发资料管理办法》、《深海海底区域资源勘探开发样品管理办法》、《深海海底区域资源环境调查与评价管理办法》以及《中国深海法》配套制度总体设计规划等，以进一步推动《中国深海法》的有效实施。

随着国际海底区域“开采法典”的制定和“开采法典”相关内容的出台，《中国深海法》在以下方面还需进一步修改、完善。第一，该法典第6条“国家鼓励和支持在深海海底区域资源勘探、开发和相关环境保护、资源调查、科学技术研究和教育培训等方面，开展国际合作”，补充增加“并适当给予其他较为落后的或地理条件不利的发展中国家以一定的便利”。第二，该法典第7条第4项“勘探、开发工作计划，包括勘探、开发活动可能对海洋环境造成影响的相关资料，海洋环境严重损害等的应急预案”，增加“应提交‘关闭计划’”。第三，该法典第8条“国务院海洋主管部门应当对申请者提交的材料进行审查，对于符合国家利益并具备资金、技术、装备等能力条件的，应当在六十个工作日内予以许可，并出具相关文件。获得许可的申请者在与国际海底管理局签订勘探、开发合同成为承包者后，方可从事勘探、开发活动。承包者应当自勘探、开发合同签订之日起三十日内，将合同副本报国务院海洋主管部门备案。国务院海洋主管部门应当将承包者及其勘探、开发的区域位置、面积等信息通报有关机关”，建议缩短审查的时限。第四，该法典第12条“承包者应当在合理、可行的范围内，利用可获得的先进技术，采取必要措施，防止、减少、控制勘探、开发区域内的活动对海洋环境造成的污染和其他危害”，修改增加“最佳可用科学证据”“基于生态系统的方式”“预防性措施”“最佳环境惯例”等指导原则。第五，该法典第13条“承包者应当按照勘探、开发合同的约定和要求、国务院海洋主管部门规定，调查研究勘探、开发区域的海洋状况，确定环境基线，评估勘探、开发活动可能对海洋环境的影响；制定和执行环境监测方案，监测勘探、开发活动对勘探、开发区域海洋环境的影响，并保证监测设备正常运行，保存原始监测记录”，修改增加“制定‘关闭计划’”“制定‘减缓措施和替代方案’”“组建‘环境管理系统’”“所有的环境信息一般情况下应在承包者网站进行公示、遵守管理局的‘信息开示命令’”等。第六，第19条“国务院海洋主管部门应当对承包者勘探、

---

① 2017年4月27日，《中华人民共和国深海海底资源勘探开发许可管理办法》以国家海洋局规范性文件形式印发，为中国公民、法人和其他组织向国际海底管理局申请矿区提供了进一步的制度保障。

开发活动进行监督检查”，修改为“国务院海洋主管部门和国际海底管理局可以进行监督”。第七，该法典第20条“承包者应当定期向国务院海洋主管部门报告下列履行勘探、开发合同的事项：(一)勘探、开发活动情况；(二)环境监测情况；(三)年度投资情况；(四)国务院海洋主管部门要求的其他事项”，修改增加“减缓措施的成效”“关闭计划的履行状况”“环境事件报告”。第八，该法典第22条“承包者应当对国务院海洋主管部门的监督检查予以协助、配合”，修改为“承包者应当对国务院海洋主管部门和国际海底管理局的监督检查予以协助、配合”。第九，该法典第28条“深海海底区域资源开发活动涉税事项，依照中华人民共和国税收法律、行政法规的规定执行”，修改增加“依照‘开采规章’，按时向国际海底管理局缴纳税费”。第十，增加兜底条款：“承包者应当遵守国际海底管理局制定的深海‘开采法典’、指导纲领、做出的决定和发布的命令等”，这一规定有利于树立中国在国际海底区域法律制度构建中的“引领国”地位。

四、结论

制定“开采法典”要解决的核心问题是，如何处理承包商、国际海底管理局和国际社会三者之间的利益分配关系，①以从根本上具体落实人类共同继承财产原则。② 总的来说，制定“开采法典”不能一蹴而就、急于求成；“开采法典”应符合国际法，应与《“区域”内多金属结核探矿和勘探规章》、《“区域”内多金属硫化物探矿和勘探规章》和《“区域”内富钴铁锰结壳探矿和勘探规章》进行良好衔接；应充分顾及国际社会整体利益和绝大多数国家特别是发展中国家利益；相关标准必须有事实和科学依据，且平衡处理资源开发和环保问题。③ 目前，大多数国家支持继续将制定“开采法典”作为国际海底管理局的优先事项。其中，国际海底管理局的意愿较强，特别是法技委在2016年的报告中建议，勘探工作计划的申请者应在5年合同延长期结束之前进行开发；英国、荷兰、喀麦隆、斐济等国强调，制定“开采法典”是当前的首要任务，并呼吁为“开采法典”

---

① See Luz Danielle O. Bolong, “Into The Abyss: Rationalizing Commercial Deep Seabed Mining Through Pragmatism and International Law”, *Tulane Journal of International & Comparative Law*, Vol. 25, 2016, pp. 175, 181.

② 参见杨泽伟：《国际法》(第3版)，高等教出版社2017年版，第177页。

③ 参见中华人民共和国常驻国际海底管理局代表处：国际海底管理局第22届会议，载http://china-isa.jm.china-embassy.org/chn/hdxx/t1395674.htm，最后访问日期：2019年3月1日。

的出台设定时间表或时限;[1]加拿大、澳大利亚、新西兰等国则表示,“开采法典”须以商业原则为基础,促进投资并纳入保护海洋环境是最佳做法;日本、法国等国强调应考虑商业可行性;新加坡表示应兼顾商业和环保考虑;以阿根廷为代表的拉美集团表示,将努力确保“开采法典”以协商一致方式通过。[2] 可见,相关利益攸关方对“开采法典”还存在较大的利益分歧,特别是在收费、环保、保密信息这3项核心议题上尚未形成统一的意见。因此,“开采法典”的最终完成,尚需时日。

中国政府应结合本国的实际情况,有必要对全人类共同遗产原则进行重新解读。[3] 中国政府在密切注意“开采法典”将对《中国深海法》产生较大影响的同时,应发挥“引领国”的作用,积极参与“开采规章”和“环境规章”草案文本的讨论,力求保障承包商的权利,并在继续保有已有矿区的基础上,积极寻求增加勘探矿区的机会,从而进一步保障中国的资源安全。

---

① 例如,英国海底资源有限公司(UK Seabed Resources Ltd.)于2016年11月2日在其递交的评论意见中指出,希望“开采规章”最终版本可以在2018年面世。See UK Seabed Resources Submission in Response to the International Seabed Authority's Report on Developing a Regulatory Framework for Mineral Exploitation in the Area, Working Draft-Exploitation Regulations (ISBA/Cons/2016/1), available at https://www.isa.org.jm/files/documents/EN/Regs/DraftExpl/Comments/UKSR.pdf.

② 参见中华人民共和国常驻国际海底管理局代表处:国际海底管理局第22届会议,载http://china-isa.jm.china-embassy.org/chn/hdxx/t1395674.htm,最后访问日期:2019年3月1日。

③ See Aline Jaeckel, Kristina M. Gjerde and Jeff A. Ardron, "Conserving the Common Heritage of Humankind—Options for the Deep Seabed Mining Regime", *Marine Policy*, Vol. 78, 2017, p. 156; Michael W. Lodge, "the Common Heritage of Mankind", *the International Journal of Marine and Coastal Law*, Vol. 27, 2012, pp. 741 – 742.

第六章　国际海洋划界三阶段理论的司法实践及对中国海洋权益的影响

一、引言

2018年2月2日国际法院对哥斯达黎加与尼加拉瓜之间加勒比海和大西洋海洋划界及波蒂略岛(Isla Portillos)北部划界案作出实质性判决。在该案中,为了采用单一分界线划界,国际法院"遵循旧例",①对上述两国间大陆架和专属经济区采用三阶段划界理论进行划界。国际法院不仅在该案中对哥斯达黎加与尼加拉瓜之间的领海划界采取了分阶段划界,②在大陆架与专属经济区划界时对三阶段划界相关理论的表述也有了新的变化,使分阶段划界理论在海洋划界司法实践中出现了新的发展。

国际司法机构对三阶段划界相关理论的运用最早

---

① Case Concerning Maritime Delimitation in the Caribbean Sea and the Pacific Ocean(Costa Rica v. Nicaragua) and Land Boundary in the Northern Part of Island Portillos(Costa Rica v. Nicaragua), Judgment of 2 February, 2018, para. 168, available at: http://www. icj-cij. org/files/case-related/157/157 - 20180202 - JUD - 01 - 00 - EN. pdf.

② Case Concerning Maritime Delimitation in the Caribbean Sea and the Pacific Ocean(Costa Rica v. Nicaragua) and Land Boundary in the Northern Part of Island Portillos(Costa Rica v. Nicaragua), Judgment of 2 February, 2018, para. 98, available at: http://www. icj-cij. org/files/case-related/157/157 - 20180202 - JUD - 01 - 00 - EN. pdf.

可追溯至1969年的北海大陆架案。自该案后，国际法院、国际海洋法法庭等司法机构和国际仲裁机构在海洋划界司法实践中逐渐形成了部分零散性的实体性和程序性规则。有学者认为，这种司法实践和国家实践经历了一个从“结果公平”向“程序正义与结果公平并重”，由追求划界结果的公平到划界规则与划界结果并重的过程。[①] 在此过程中，海洋划界逐步由最初粗放式地主张追求划界的公平结果逐渐演进为对整个划界过程予以“程式化”，而程式化的最直接表现是，国际法院与国际仲裁机构在其海洋划界司法实践中多次阐述与运用的三阶段划界(the three-stage approach)理论。这种理论在晚近海洋划界司法实践中显得越发明显。

二、晚近海洋划界司法实践之回顾：趋向形成实体性与程序性规则

在部分司法或准司法实践强调“公平结果”的同时，国际法院和国际仲裁机构也表现出对实体性或程序性规则形成与运用的重视。从1977年英法大陆架仲裁案开始，国际法院和国际仲裁机构似乎开始淡化“结果公平”并转而青睐“程序公平”，开始在审理或裁决过程中对适用原则与规则进行甄别并逐渐予以程式化。在1977年英法大陆架审理之初，仲裁庭即确认该案应适用等距离线划界，对此，仲裁庭引用了1958年《大陆架公约》第6条规定，指出等距离线规则与特殊情况规则的结合，意味着在没有特殊情况下适用等距离线的义务。[②] 仲裁庭认为，“(划界)不仅不能违反大陆架的相关法律规定，同时也要与寻求通过对等距离方法做出调整或修改的国家间海洋划界实践保持一致，而不是求助于一个与之完全不同的划界标准”。[③] 不难看出，仲裁庭在该案中并不像英法大陆架案那样强调划界结果的公平性，而开始重视对某一特定规则，即等距离线或经调整修改后的等距离线在划界过程中的重要作用。

然而，仲裁庭在英法大陆架仲裁案对某一特定规则的重视的司法实践却只

---

① See Yoshifumi Tanaka, *Predictability and Flexibility in the Law of Maritime Delimitation*, Hart Publishing, 2006, pp. 4 - 6.

② See Arbitration on the Delimitation of the Continental Shelf (between the United Kingdom of Great Britain and Northern Ireland and the French Republic), Decisions of the Court of Arbitration dated 30 June, 1977 and 14 March, 1978, reprinted in 18 ILM, 1979, para. 70.

③ Arbitration on the Delimitation of the Continental Shelf (between the United Kingdom of Great Britain and Northern Ireland and the French Republic), Decisions of the Court of Arbitration dated 30 June, 1977 and 14 March, 1978, reprinted in 18 ILM, 1979, para. 249.

是昙花一现。类似的司法实践在20世纪整个80年代均未得到国际法院或其他司法机构的效仿,无论是1982年突尼斯/利比亚案、1984年缅因湾案和1985年利比亚/马耳他案(尽管该案一度提到"分阶段"划界的概念),还是1985年几内亚/几内亚比绍仲裁案,甚至1992年圣皮埃尔和密克隆群岛仲裁案,国际司法机构均强调公平结果在海洋划界判决或裁决中的重要性。但是,1993年丹麦/挪威格陵兰与扬马延划界案却再次引用了1977年英法大陆架仲裁案的相关论述,成为国际法院在审理海洋划界案件中适用某一具体规则,即等距离线规则的重要转折点。在该案中,国际法院不仅引用了1977年英法大陆架仲裁案裁决的相关内容,而且将《大陆架公约》第6条(等距离规则)与习惯法相提并论。特别是,国际法院在该案中还借鉴吸收了1977年英法大陆架案中以等距离线作为临时界线的做法。国际法院指出,"在本案中,不论大陆架抑或渔区,划界之初临时划出一条中间线是合适的"。① 此后,国际仲裁机构在1999年厄立特里亚/也门仲裁案(第二阶段)、②国际法院在2001年卡塔尔/巴林案③以及2002年喀麦隆/尼日利亚案④中继续沿用以等距离线/中间线作为临时界线的做法。

在2006年巴巴多斯/特立尼达和多巴哥仲裁案中,仲裁庭认为,"要想避免主观性的划界,划界需要以具有确定性的方法开始,而等距离线能有效保证这种确定性的实现,只是在必要时对等距离线进行后期调整"。⑤ 在2007年尼加拉瓜/洪都拉斯案中,虽然由于与划界有关的区域地理状况过于特殊,国际法院根据《联合国海洋法公约》第15条的规定放弃将等距离线作为临时界线,但法院仍然强调,"等距离线仍不失为划界的一般通则"。⑥ 随后,国际仲裁机构在

---

① Case Concerning Maritime Delimitation in the Area between Greenland and Jan Mayen (Demark v. Norway), Judgment of 14 June 1993, I. C. J. Reports 1993, para. 53.

② Eritrea/Yemen Case, Phase Ⅱ Maritime Delimitation, Award, 1999, para. 131.

③ Case Concerning Maritime Delimitation and Territorial Question between Qatar and Bahrain, Judgment of 16 March, 2001, I. C. J. Reports, reprinted in 40 ILM (2001), para. 220.

④ Land and Maritime Boundary between Cameroon and Nigeria (Cameroon v. Nigeria: Equatorial Guinea intervening), Judgment of 10 October, 2002, I. C. J. Reports 2002, para. 290.

⑤ Permanent Court of Arbitration: in the Matter of an Arbitration between Barbados and the Republic of Trinidad and Tobago, April 11, 2006, reprinted in 45 ILM 800, 2006, para. 306.

⑥ Territorial and Maritime Dispute between Nicaragua and Honduras in the Caribbean Sea, Judgment, I. C. J. Reports, 2007, para. 281.

2007 年圭亚那/苏里南案[①]中再次恢复将等距离线作为临时界线的做法。在2012 年尼加拉瓜/哥伦比亚案中，国际法院更是将等距离线方法称为“通常方法”（usual methodology）。[②] 2018 年国际法院在哥斯达黎加与尼加拉瓜之间加勒比海和大西洋海洋划界及波蒂略岛（Isla Portillos）北部划界案中将依分阶段划界理论进行划界称为“因循旧例”。

可见，与国际司法机构早期对“结果公平”的重视不同，国际法院及国际仲裁机构晚近在其划界司法实践中转而重视对海洋划界具体规则的运用，甚至在不少个案中“点名道姓”地强调以等距离线/中间线作为临时界线。在以“等距离线或中间线”作为临时分界线的基础上，国际法院及国际仲裁机构继而在此后的划界司法实践中继续推进海洋划界程序的“程式化”，即三阶段海洋划界论。

三、三阶段海洋划界理论的确定及其司法实践

（一）三阶段海洋划界理论的确定

从宏观角度来看，三阶段海洋划界理论滥觞于 1977 年英法大陆架仲裁案，1985 年国际法院在利比亚/马耳他案中首次提到“分阶段”划界的概念。国际法院在该案中指出，“在适用公平原则时，基于相关情况的考虑，法院意欲采取分阶段划界的程序”。[③] 此后，国际法院在 1993 年丹麦/挪威格陵兰与扬马延划界案中再次提到分阶段划界，认为“对于本案的大陆架边界，即便不适用 1958 年《大陆架公约》第 6 条而是遵循本案以前判例所形成的大陆架习惯法规则，与先前判例保持一致的做法亦应该是，最初画出一条中间线作为临时分界线，然后分析是否存在需要对中间线作出调整或修改的‘特殊情况’”。[④] 在 2001 年巴林/卡塔尔划界案中，国际法院首先分析指出，“最富逻辑并得到广泛实践的方法是，首先临时性画出一条中间线，然后考虑是否存在需要调整临时等距离

① Arbitration between Guyana and Suriname, decision of 17 September, 2007, para. 335.

② Reports of Judgments of Territorial and Maritime Dispute (Nicaragua/Colombia), Judgment of 19 November, 2012, para. 198.

③ Case Concerning the Continental Shelf (Libya Arab Jamahiriya/Malta), Judgment of June 3, 1985, reprinted in 24 ILM (1985), para. 60.

④ Case Concerning Maritime Delimitation in the Area between Greenland and Jan Mayen (Demark v. Norway), Judgment of 14 June 1993, I. C. J. Reports 1993, para. 51.

线的特殊情况”,[①]法院最后认为,“对于12海里以外海洋的划界,首先临时画出一条等距离线,然后考虑是否存在需要对等距离线调整的情况”。[②] 时隔数年,常设仲裁法院于2007年在圭亚那/苏里南案中首次提出两阶段划界论,认为“划界程序分为两个阶段,首先,法院或法庭确定一条临时等距离线,然后对该等距离线调整,以反映特殊或相关情况”。[③]

两阶段划界论的正式提出,为三阶段划界理论提供了理论准备与实践基础,三阶段划界论蓄势待发。2009年国际法院在罗马尼亚/乌克兰案中正式提出并开始运用以等距离线作为临时分界线的三阶段划界理论。[④] 在该案中,国际法院第一次较为清晰地提出三阶段理论,其指出,“如果对大陆架划界或对专属经济区划界,或者以单一分界线对两者划界,法院通常分阶段进行”。[⑤] 此后,三阶段划界理论被国际海洋法法庭(ITLOS)在2012年孟加拉/缅甸案中继续沿用。在该案中,国际海洋法法庭认为,“长期以来,由于用于划界的固定规则的缺失,因而需要提升划界过程的客观性和可预见性……一个能予以通用的划界规则应该是将抑制主观性和讲究必要的灵活性结合起来,以适用任何个案的特殊情况”。[⑥] 法庭指出,“考虑到国际法院及(国际海洋法)法庭在这方面的审理程序,法庭将遵循有关最新案例适用三阶段划界方法”。[⑦] 在2012年尼加拉瓜/哥伦比亚案中,国际法院进一步指出,“很多场合已经清楚表明,在对重叠大陆架或专属经济区划界时,通常采取三阶段程序”。[⑧] 国际法院在该案中甚至认为,“本案应该依照‘三阶段’的标准方法(standard method),以临时等距离线开

---

① Case Concerning Maritime Delimitation and Territorial Question between Qatar and Bahrain, Judgment of 16 March,2001,I. C. J. Reports,reprinted in 40 ILM(2001),para. 176.

② Ibid. ,para. 230.

③ Arbitration between Guyana and Suriname,Decision of 17 September,2007,para. 335.

④ Maritime Delimitation in the Black Sea(Romania/Ukraine),Judgment,I. C. J. Reports 2009, para. 78.

⑤ Ibid. ,para. 115.

⑥ Judgment of Dispute Concerning Delimitation of the Maritime Boundary between Bangladesh and Myanmar in the Bay of Bengal,International Tribunal for the Law of the Sea,2012, para. 228.

⑦ Ibid. ,para. 240.

⑧ Reports of Judgments of Territorial and Maritime Dispute(Nicaragua/Colombia),Judgment of 19 November,2012,para. 190.

始划界”。[①] 在该案中,国际法院对“三阶段”划界方法形成了较为完整的理论,并且第一次将“三阶段”划界方法提升到“标准方法”的地位。

(二)三阶段海洋划界理论的具体内容与司法实践

以国际法院在尼加拉瓜/哥伦比亚案中提出的相关理论为基础,结合国际法院及国际仲裁机构在其他案件中对分阶段划界理论的相关论述。三阶段海洋划界理论的主要内容可分述为以下几个方面:

首先,在第一阶段中,国际法院或国际仲裁机构在当事国领海(包括岛屿领海)之间画出一条临时分界线,该分界线采取几何学方法并综合考虑相关海岸的地形地貌画出。除非有充分理由表明临时分界线不合理,临时分界线一般是在海岸相邻国家间画出的一条等距离线或在海岸相向国家间画出的一条中间线。

在2009年罗马尼亚/乌克兰案中,国际法院指出,“为了与以往划界判例保持一致,法院第一步将画出一条临时等距离线”。[②] 在2012年孟加拉/缅甸案中,国际海洋法法庭也指出,“在第一阶段,基于双方海岸线的地形特征,通过数据计算画出一条临时的等距离线”。[③] 在哥斯达黎加/尼加拉瓜案中,国际法院同样认为,第一阶段应该在双方相关海岸找出最合适的基点,在双方的基点之间临时性画出一条等距离线。[④]

可见,国际法院或国际仲裁机构在第一阶段中的一般做法是,先画出一条临时等距离线或中间线,临时等距离线或中间线主要依据当事国之间的海岸地形和相关数据计算,不考虑其他因素的影响。

其次,为了实现划界的公平性,国际法院或其他国际司法机构在第二阶段考虑是否存在需要对第一阶段画出的临时等距离线或中间线进行调整的相关情况。如果存在,国际法院或其他司法机构通常将考虑上述情况对临时等距离

---

① Reports of Judgments of Territorial and Maritime Dispute(Nicaragua/Colombia), Judgment of 19 November, 2012, para. 199.

② Maritime Delimitation in the Black Sea(Romania/Ukraine), Judgment, I. C. J. Reports 2009, para. 118.

③ Judgment of Dispute Concerning Delimitation of the Maritime Boundary between Bangladesh and Myanmar in the Bay of Bengal, International Tribunal for the Law of the Sea, 2012, para. 240.

④ Case Concerning Maritime Delimitation in the Caribbean Sea and the Pacific Ocean(Costa Rica v. Nicaragua) and Land Boundary in the Northern Part of Island Portillos(Costa Rica v. Nicaragua), Judgment of 2 February, 2018, para. 135. Available at: http://www. icj-cij. org/files/case-related/157/157 – 20180202 – JUD – 01 – 00 – EN. pdf.

线或中间线进行调整或画出一条与临时等距离线或中间线不同的界线。同时，根据实际情况，对于位于分界线另一侧（wrong side）的岛屿，采用其他技术手段划界以实现公平划界的结果。譬如，仅赋予位于分界线另一侧的岛屿12海里的领海。

设置第二阶段的目的在于修正第一阶段的临时等距离线或中间线。在1985年利比亚/马耳他案中，国际法院认为，“通过（第一阶段）画出的中间线只是临时的，如果法院将其视为最终界线，势必会赋予中间线这样一种地位：它是海岸相向国家划界有义务适用的唯一方法，这是现存国际法无法解释的”。[①] 2001年在巴林/卡塔尔划界案中，国际法院在划定临时等距离线后，即将目光转向对临时等距离线的调整，“法院现在回到另一个问题，即是否存在特殊情况有必要对临时画出的等距离线进行调整，以通过单一界线获得公平的划界结果”。[②] 在2012年孟加拉/缅甸案中，仲裁庭指出，“一俟临时等距离线划定，即进入第二阶段，即考虑是否存在任何需要对临时等距离线进行调整的相关情况”。[③] 在2012年尼加拉瓜/哥伦比亚案中，国际法院亦指出，“在第二阶段中，法院将考虑是否存在任何需要对临时等距离线或中间线进行调整或修改的相关情况，以达到公平划界结果”。[④]

最后，到第三阶段后，国际法院或其他国际司法机构对分界线所划分的区域与相应的海岸线进行比例检测。检测经调整或修改后的分界线是否会导致当事方所得海域与其各自的海岸线明显不成比例。

应该说，国际法院及其他国际司法机构在司法实践中形成的三阶段划界理论是在二阶段论的基础上增加第三阶段的比例检测而来的，其目的是使划界结果更趋公平，即通过比例原则来检验前两个阶段的划界结果的公平性。然而，晚近相关司法实践表明，第三阶段的比例检测似乎“形同虚设”。

在2009年罗马尼亚/乌克兰案中，国际法院在第二阶段划界结束后认为，

---

① Case Concerning the Continental Shelf (Libya Arab Jamahiriya/Malta), Judgment of June 3, 1985, reprinted in 24 ILM (1985), para. 63.

② Case Concerning Maritime Delimitation and Territorial Question between Qatar and Bahrain, Judgment of 16 March, 2001, I. C. J. Reports, reprinted in 40 ILM (2001), para. 217.

③ Judgment of Dispute Concerning Delimitation of the Maritime Boundary between Bangladesh and Myanmar in the Bay of Bengal, International Tribunal for the Law of the Sea, 2012, para. 240.

④ Reports of Judgments of Territorial and Maritime Dispute (Nicaragua/Colombia), Judgment of 19 November, 2012, para. 192.

“最后,即第三阶段,法院将检测该线(基于相关情况的考虑调整或未调整的临时等距离线)是否会导致不公平的划界结果,使当事方根据界线获得的海域面积与各自的海岸线长度之间严重不成比例”。① 在2012年孟加拉/缅甸案中,仲裁庭指出,“在第三阶段即最后阶段,法庭将考察经第二阶段调整的界线,是否会在两国的海岸线之比与两国相应的海域之比会造成严重不成比例”。② 在2012年尼加拉瓜/哥伦比亚案中,国际法院也指出,“现在,法院转向划界第三阶段,即,检测经过前述分界线获得的结果,基于所有的相关情况来判断是否存在严重不成比例的情况以致需要对分界线做进一步调整”。③

纵观晚近关于第三阶段的比例检验的司法实践,国际法院及其他国际司法机构似乎只是将比例检测作为一个“形式上”的程序,至今尚未出现在第三阶段通过比例检测对前两个阶段确定的分界线再次调整的情况。从某个角度来说,比例检测在三阶段划界理论中似乎只是被赋予“安全阀”的功能,正如仲裁庭在2006年巴巴多斯/特立尼达和多巴哥案中指出的那样,“法庭同样注意到,在适用比例原则时,国际法院的判决远不是将相关国家的海岸长度做纯数字化计算,而只是将比例原则用作最后的检测工具,检测前述分界线的公平性,以确保划界结果不被严重比例失调所玷污”。④

四、三阶段海洋划界理论存在的问题

从早期酝酿到最终定型,三阶段海洋划界理论在国际法院及其他国际司法机构的论述与适用不到40年,而其真正的“成熟”期尚不足10年。回顾晚近国际法院及其他国际司法机构对“三阶段”划界理论的论述与适用,诸多问题有待分析与检视。

---

① Maritime Delimitation in the Black Sea (Romania/Ukraine), Judgment, I. C. J. Reports 2009, para. 122.

② Judgment of Dispute Concerning Delimitation of the Maritime Boundary between Bangladesh and Myanmar in the Bay of Bengal, International Tribunal for the Law of the Sea, 2012, para. 240.

③ Reports of Judgments of Territorial and Maritime Dispute (Nicaragua/Colombia), Judgment of 19 November, 2012, para. 239.

④ Arbitration between Barbados and the Republic of Trinidad and Tobago, relation to the delimitation of the exclusive economic zone and the continental shelf between them, decision of 11 April, 2006, reprinted in 45 ILM 800 (2006), para. 238.

(一)不考虑其他特殊情况而在第一阶段一律以等距离线或中间线作为临时分界线的做法有失公允

诚然,在国际法院或其他国际司法机构适用三阶段划界的第一阶段中,均重申要"基于当事国海岸线的地理情况和数据计算"来确定临时分界线。但实际上,在海洋划界的司法实践中,国际法院或其他国际司法机构并未缜密考虑当事国海岸线的地理情况及相关数据,而是选择在划界伊始即画出一条临时等距离线或中间线。在2009年罗马尼亚/乌克兰案中,国际法院在第一阶段画出临时等距离线时明确指出,"在初始阶段确定临时等距离线时,法院将不考虑任何可能获得的相关情况,界线将以客观数据为基础严格按几何标准绘制"。[①] 在2012年尼加拉瓜/哥伦比亚案中,双方围绕是否在第一阶段画出一条等距离线作为分界线的问题上展开了激烈辩论。[②] 但国际法院认为,"这些因素是划界第二阶段必须考虑的,它们并不能说明本案可以摒弃整个方法,以各岛屿飞地起始点代替基本海岸线来绘制临时中间线,通常地,法院画出一条临时中间线只不过是划界的第一步而已,不影响为取得公平结果的最终解决方案"。[③]

由此可见,国际法院及其他国际司法机构对三阶段划界理论之第一阶段中临时等距离线或中间线的确定赋予了举足轻重的作用。有学者甚至指出,在国际法院看来,对第一阶段临时等距离线或临时中间线的无视相当于对三阶段海洋划界标准方法的整体摒弃。[④] 遗憾的是,国际法院或其他国际司法机构在确定临时等距离线或中间线时并没有明确应该如何"基于当事国海岸线的地理情况和数据计算",更没有给影响临时等距离线或中间线的因素列出一个可具操作性的"清单"。不难想象,设若中日两国将东海大陆架划界争端提交国际司法机构并适用三阶段划界理论,那么,国际司法机构在第一阶段中以中日两国基本海岸线为基础画出一条临时中间线的可能性极大,而这种临时中间线在第二、第三阶段又难以做出调整,势必会使这条临时中间线作为最终分界线,这种划界结果对于因自然延伸拥有宽大陆架的中国来说显然有失公平,其划界结果

---

① Reports of Judgments of Territorial and Maritime Dispute (Nicaragua/Colombia), Judgment of 19 November, 2012, para. 118.

② Ibid., paras. 184 – 189.

③ Ibid., para. 196.

④ See Jianjun Gao, "A Note on the Nicaragua v. Colombia Case", *Ocean Development & International Law*, Vol. 44, 2013, pp. 219 – 234.

与《联合国海洋法公约》所要求的公平结果亦相去甚远。

(二)第二阶段对临时等距离线或中间线的调整缺乏明确的依据和规则

由于在第一阶段画出的等距离线或中间线缺乏对相关特殊情况的考虑,因此,在第二阶段中,国际法院及其他国际司法机构需要根据特殊情况或相关情况对临时等距离线或中间线进行调整或修改,但纵观对临时等距离线或中间线做出调整的案件,国际法院及其他国际司法机构并没有形成较为一致的规则。

首先,调整临时等距离线或中间线的参照物存在问题。在1985年利比亚/马耳他案中,国际法院在画出临时等距离线后,考虑到双方海岸线长度、海岸线之间的距离、作为确定等距离线的各个基点以及一般地理状况等相关情况,认为有必要将临时等距离线往北向马耳他方向调整,但在调整幅度上,国际法院做出了一个匪夷所思的决定。国际法院通过对比发现,靠近马耳他的意大利西西里半岛与利比亚的相关海岸情况相似,因此,法院认为利比亚与意大利之间的等距离线可以作为利比亚与马耳他之间分界线的参考。① 对此,该案法官施韦贝尔(Schwebel)在其发表的反对意见中指出,利比亚的海岸线大于马耳他的海岸线已经使两国之间的等距离线靠近马耳他方向了,但法院仍然要在此基础上接受利比亚的观点,认为利比亚应该因其海岸线长度大于马耳他的海岸线长度而多获得6000平方公里的海域面积。②

其次,影响临时等距离线或中间线调整的因素不确定。应该说,影响临时等距离或中间线调整的因素很多,而当事国海岸线长度是众多因素中影响最大的,但海岸线因素在第二阶段中对临时等距离线或中间线的调整却影响甚微。国际法院在1993年丹麦/挪威案中指出,"考虑海岸线长度并不意味着直接适用东格陵兰岛以及扬马延岛海岸线长度的纯数字比例"。③ 在2006年巴巴多斯/特立尼达和多巴哥仲裁案中,常设仲裁法院亦认为,"海岸线长度在划界过程中具有特殊含义,但是,并不是因为当事方海岸线长度的比例要求分界线必

① See Case Concerning the Continental Shelf (Libya Arab Jamahiriya/Malta), Judgment of June 3, 1985, reprinted in 24 ILM(1985), para. 78.

② Dissenting Opinion of Judge Schwebel in Case Concerning the Continental Shelf (Libya Arab Jamahiriya/Malta), Judgment of June 3, 1985, pp. 182 – 183.

③ Case Concerning Maritime Delimitation in the Area between Greenland and Jan Mayen (Demark v. Norway), Judgment of 14 June, 1993, para. 69.

须依据该比例或根据其他方式计算出的海岸线长度来划界”。[①] 因此,“(比例原则)并不要求划界必须完全按照相关海岸线的长度比例……从整体来看,相关海岸线长度应该作为划界考虑的众多因素之一”。[②] 在罗马尼亚/乌克兰案中,国际法院更是直截了当地指出,“大陆架与专属经济区不能按相关海岸线的长度来分配,法院将参照先前判例检验分界线是否公平”。[③]

最后,对临时等距离线或中间线进行调整的随意性颇大。在 2012 年尼加拉瓜/哥伦比亚案中,国际法院认为,在相关海域的西部,海岸线长度的对比过于明显,因而需要在第二阶段对临时等距离线进行调整才能实现公平划界的结果。法院考虑到尼加拉瓜的划界基点离其大陆较近,而哥伦比亚相关岛屿远离本土,于是将尼加拉瓜每一基点到分界线的权重确定为哥伦比亚每一基点到分界线的权重的 3 倍,使调整后的分界线与尼加拉瓜的基点距离是分界线与哥伦比亚相关岛屿基点距离的 3 倍。[④] 但是,国际法院将尼加拉瓜与哥伦比亚的分界线界定为 3:1 的依据究竟何在? 事实上,尼加拉瓜与哥伦比亚两国相关的海岸线长度比为 8:1,远超出国际法院对相关海域的划分比例 3:1。对此,该案法官薛捍勤质疑法院,3:1 的比例究竟是法院对临时等距离线的调整还是置临时等距离线于不顾而另行画出的一条新的分界线?[⑤] 在该调整方案的论述上,国际法院除介绍考虑分界线不能切断哥伦比亚临近尼加拉瓜岛屿的领海等因素以外,并没有具体说明其调整的依据和原因,更没有解释其是如何得出 3:1 这一精确比例值的。此外,国际法院还认为,为了达到公平划界的目的,在考虑相关海岸线不相称以及不割裂双方沿岸设施与海洋的关系的基础上,法院以调整后的分界线的南北两端(基点一与基点九)为起点向东画出 2 条延伸至 200 海

---

① Arbitration between Barbados and the Republic of Trinidad and Tobago, relation to the delimitation of the exclusive economic zone and the continental shelf between them, decision of 11 April, 2006, para. 236.

② Ibid. , para. 328.

③ Maritime Delimitation in the Black Sea (Romania/Ukraine), Judgment, I. C. J. Reports 2009, para. 211.

④ Reports of Judgments of Territorial and Maritime Dispute (Nicaragua/Colombia), Judgment of 19 November, 2012, paras. 233 - 235.

⑤ Declaration of Judge Xue in Case of the Territorial and Maritime Dispute (Nicaragua/Colombia), para. 5.

里处的纬线，但同样没有给出令人信服的具体法律依据与理由。① 法官亚伯拉罕（Abraham）在其不同意见中据此指出，很难将以基点一和基点九为起点的两条纬线看作临时等距离线的调整甚至改变，除起点之外，其他各条分界线完全与临时等距离线彻底割裂了关系。② 可见，国际海洋划界第二阶段对第一阶段中划出的等距离线进行调整的随意性较大，并没有形成较为固定的依据或规则。

（三）第三阶段适用比例原则的条件过于苛刻且存在不合理性

比例概念肇始于国际法院 1969 年北海大陆架案，在该案中，丹麦、荷兰以及德国 3 国的海岸线长度相当，如果使用等距离线划界，由于德国的海岸线向内凹进，而丹麦与荷兰两国的海岸向外凸起，从而使德国所获得的大陆架要明显少于其他两国。法院遂决定通过比例原则纠正由此可能造成的不公平结果。在该案中，法院确定了比例原则适用的 3 个条件：首先，当事国海岸关系为相邻关系；其次，相关国家存在诸如内凹外凸等特殊情况的海岸地貌；最后，相关国家的海岸线长度基本相等。有学者指出，比例原则的适用必须满足国际法院阐述的上述条件。③ 在海洋划界司法实践中，除适用比例原则需要满足上述条件以外，比例原则在具体适用过程中亦存在不少问题。

首先，国际法院在根据比例原则调整临时等距离线或中间线时并没有形成统一或固定的适用条件。如前所述，比例原则最先由国际法院在北海大陆架案中提出，并且为比例原则的适用规定了 3 个条件。但在其后的司法实践中，国际法院及其他国际司法机构将比例原则由海岸相邻国家间扩大适用于海岸相向国家间的划界。对此，个别法官颇有微词。譬如，在 1985 年利比亚/马耳他案中，法官小田（Oda）在其不同意见指出，利比亚/马耳他一案与北海大陆架案理应不同，北海大陆架案并不意味着比例原则可在其他案件中得到普遍适用，

---

① Reports of Judgments of Territorial and Maritime Dispute (Nicaragua/Colombia), Judgment of 19 November, 2012, para. 236.

② Separate Opinion of Judge Abraham in Case of the Territorial and Maritime Dispute (Nicaragua/Colombia), para. 32.

③ See Rosalyn Higgins, *Problems and Process: International Law and How We Use it*, Oxford University Press, 1994, p. 229; Derek W. Boweet, *The Legal Regime of Islands in International Law*, Oceana Publications, 1979, p. 164.

特别是不适用于海岸相向国家间中间线的调整。[①] 法官瓦尔蒂克斯(Valticos)也表示,比例原则的目的在于避免海岸相邻国家间因海岸存在特殊情况而造成不公平的划界结果,而本案当事国既非相邻也不存在任何不正常的沿岸地貌,因此没有任何理由在本案中适用比例原则。[②] 可见,比例原则最初是为海岸相邻国家间海洋划界而设置,此后扩大适用于海岸相向国家间的海洋划界,但无论是海岸相邻国家间还是海岸相向国家间的海洋划界,国际法院及其他国际司法机构并没有在如何适用比例原则问题上形成一致观点。

其次,各相关海岸线长度及相关海域面积的计算方法有待进一步明确。一般来说,当事国之间的海岸线长度本身就是海洋划界争端的焦点或重要内容,不同的领海基点确定方法将导致不同的海岸线长度。国际法院在罗马尼亚/乌克兰案中指出,“先前案例在测算海岸线长度时运用了各种不同的测算技术或方法,相关国际法并没有规定究竟是按自然海岸线还是按通过其他方法确定的领海基线来测算,与内水相关的海岸线是否需要排除亦不得而知”。[③] 由于测算海岸线长度的方法付之阙如,海岸线长度究竟如何确定最终还是由法院或其他司法机构依个案决定。譬如,在尼加拉瓜/哥伦比亚案中,尼加拉瓜主张其海岸线应该包括其整个加勒比海的大陆海岸线和相关岛屿的海岸线,共约 453 公里。哥伦比亚认为如果使用直线基线测量,尼加拉瓜的海岸线确实可长达 453 公里,而如果按自然海岸线测算的话,尼加拉瓜的海岸线长度可达 551 公里。[④] 最终,法院基于海岸线的通常情况将尼加拉瓜的海岸线长度确定为 531 公里,但法院并没有阐明其如何确定尼加拉瓜的海岸线长度的。

最后,当事国海岸线之比与相关海域之比缺乏统一的比对标准。在第三阶段适用比例原则时,当事国海岸线长度之比与当事国因划界而获得的相关海域之比之间的差值应控制在何范围才符合比例原则,国际司法机构对此亦缄口不言。国际法院在罗马尼亚/乌克兰案中指出,“法院必须注意到,对于海岸线在

---

① Dissenting Opinion of Judge Oda in Case Concerning the Continental Shelf (Libya Arab Jamahiriya/Malta), Judgment of June 3, 1985, para. 18.

② Separate Opinion of Judge Valticos in Case Concerning the Continental Shelf (Libya Arab Jamahiriya/Malta), Judgment of June 3, 1985, para. 19.

③ Maritime Delimitation in the Black Sea (Romania/Ukraine), Judgment, I. C. J. Reports 2009, para. 212.

④ Ibid., para. 144.

何种程度上的差异构成严重比例失调并可能导致不公平的划界结果,以致需要对其进行调整,不同的仲裁庭或法庭包括国际法院本身都有不同结论。这个问题仍有待法院或其他机构评估,需要考虑相关海域的整体地理状况"。① 可见,相关海岸线是否符合比例原则,同样由法院或其他机构依个案确定,并未形成统一的对比标准。

从国际法院及其他国际司法机构的相关司法实践来看,第三阶段对第二阶段调整后的等距离线或中间线进行再次调整需要满足苛刻的条件,即"当事国的相关海岸线长度与得到的相关海域之间明显不成比例(a significant disproportionality)",因为就像国际法院在利比亚/马耳他案中提出的观点,"如果严格按比例原则划界,确实很难为其他影响因素留出考虑余地"。② 在尼加拉瓜/哥伦比亚案中,国际法院同样指出,"在实施划界的第三阶段时,法院注意到并不是要适用严格的比例原则,海洋划界并非要在当事方海岸线长度与各自的海域份额之间建立一种关联……法院的任务是检验是否存在明显不成比例"。③ 在2012年孟加拉/缅甸案中,国际海洋法法庭就比例问题也谈到,法庭注意到,调整后的分界线给孟加拉和缅甸大致各分配了111,631平方公里和171,832平方公里,两国分配的相关海域面积之比约为1:1.54,法庭最后认为该比例与双方海岸线长度比例(1:1.42)并不"明显不成比例",不需要为获得公平的划界结果而对第二阶段调整过的等距离线进行再次调整。④ 国际法院在2012年尼加拉瓜/哥伦比亚案中引述了在丹麦/挪威案中对比例原则所持的观点,法院说,"挪威与丹麦的海岸长度比是1:9,因此法院对临时等距离线进行了调整,而法院最终经判决分配给两国的相关海域面积之比为1:2.7,法院却没有认为此划界结果'明显不成比例'"。⑤

由此看来,2012年孟加拉国/缅甸案中两国(孟加拉国:缅甸)的海岸比1:1.42

---

① Maritime Delimitation in the Black Sea(Romania/Ukraine), Judgment, I. C. J. Reports 2009, para. 213.

② Case Concerning the Continental Shelf(Libya Arab Jamahiriya/Malta), Judgment of June 3, 1985, reprinted in 24 ILM(1985), p. 58.

③ Reports of Judgments of Territorial and Maritime Dispute(Nicaragua/Colombia), Judgment of 19 November, 2012, para. 240.

④ Judgment of Dispute Concerning Delimitation of the Maritime Boundary between Bangladesh and Myanmar in the Bay of Bengal, International Tribunal for the Law of the Sea, 2012, para. 499.

⑤ Reports of Judgments of Territorial and Maritime Dispute(Nicaragua/Colombia), Judgment of 19 November, 2012, para. 246.

与海域比 1∶1.54 确实不存在“明显不成比例”，但国际法院在丹麦/挪威案中认为两国（挪威∶丹麦）的海岸比 1∶9 与海域比 1∶2.7 之间，以及国际法院在尼加拉瓜/哥伦比亚案中认为两国（哥伦比亚∶尼加拉瓜）的海岸比 1∶8.2 与海域比 1∶3.44 亦不构成“明显不成比例”则似乎难以让人信服。此外，海岸长度也不能只考查数值，应该区分相邻海岸与相向海岸关系以及各方海岸线的整体走向。在相邻海岸关系中，即便一方因犬牙差互而拥有较长的海岸线，也不应该因此主张较另一方更大面积的海洋权利。在哥斯达黎加/尼加拉瓜案中，尽管法院最终认定哥斯达黎加与尼加拉瓜两国的海岸线长度比为 1∶2.04，而分割的海洋面积比为 1∶2.4，[①]表面上看如此划界对尼加拉瓜有利，但划界对尼加拉瓜来说实际上是不公平的。因为分界线的 Lx、M 和 N 三点严重偏离两国海岸线的基本走向，造成分界线明显有利于哥斯达黎加。严重违背陆地产生海洋权益的基本原则。但这一判决却得到了参与该案审判的 16 名法官的一致同意，影响之大不可小觑。

从国际法院及其他国际司法机构的既有判例来看，鲜有在第三阶段因当事方海岸比与海域比“明显不成比例”而做出第二次调整的。其原因大致有三：首先，在第一阶段确定临时等距离线或中间线时已经在某种程度上对不同的海岸线长度有了初步考虑，尤其在海岸相向情况下，海岸线较长的国家能够获得较大的扇形“外围”面积；其次，第二阶段对临时等距离线或中间线的调整考虑的因素亦包括相关国家的海岸情况且海岸线长度在该阶段调整中发挥了一定的作用，因此，经过两次“考虑”后，留给第三阶段调整的可能性也就大为降低；最后，到划界第三阶段时，即便法院或其他司法机构发现海岸线长度与海域面积“明显不成比例”，也很难找到某种客观依据或方法对调整后的等距离线或中间线做出第二次调整。

五、三阶段划界理论对我国海洋权益保护的冲击与对策

虽然三阶段划界理论是国际海洋划界晚近司法实践中出现的新事物，但观其来势不可谓弱，其影响亦不可小觑。通过前述分析，国际法院及其他国际司

① Case Concerning Maritime Delimitation in the Caribbean Sea and the Pacific Ocean (Costa Rica v. Nicaragua) and Land Boundary in the Northern Part of Island Portillos (Costa Rica v. Nicaragua), Judgment of 2 February, 2018, para. 165, available at http://www.icj-cij.org/files/case-related/157/157-20180202-JUD-01-00-EN.pdf.

法机构在三阶段海洋划界理论中持有的观点对中国与邻国的海洋争端的解决可能会产生重大不利因素。

《联合国海洋法公约》明确体现了国际海洋划界的公平原则以及对海洋划界公平结果的全力追求。国际法院在2012年尼加拉瓜/哥伦比亚案中明确指出,“《联合国海洋法公约》第74条及第83条规定的海洋划界原则反映了习惯国际法”。① 而《联合国海洋法公约》第74条与第83条则无一例外均明确要求相关国家“应在国际法院规约第38条所指国际法的基础上以协议划定,以便得到公平解决”。正如国际法院法官薛捍勤在尼加拉瓜/哥伦比亚案中说的那样,“尽管近几年国际法院和其他仲裁机构努力发展一套具有法律确定性和预见性的划界程序,但《联合国海洋法公约》第74条与第83条所反映的海洋划界指导性原则并没有改变”。② 尽管国际法院或其他司法机构在三阶段划界理论的论述过程中一再强调追求海洋划界的“公平结果”,但将“确定一条临时等距离线或中间线”放在三阶段划界中最重要的第一阶段,这种做法显然有失公平而值得商榷。

从理论上来看,三阶段划界论并不是对“公平划界”的彻底颠覆,国际法院及其他司法机构适用三阶段划界理论的终极目的仍是追求海洋划界的公平结果。关键在于,三阶段划界论能否实现海洋划界的公平结果。事实上,国际法院自己也认识到,“‘三阶段方法’不能机械运用,也不是每个案件都可以以等距离线或中间线开始划界的”。③ 在利比亚/马耳他案中,国际法院也同样承认,“适用距离标准所得出的结果,必须综合考虑相关情况以公平原则来检验”。④ 在2007年尼加拉瓜/洪都拉斯案中,国际法院在肯定等距离线因其科学性和适用简单等特点而具有一定内在品质的同时,指出“等距离线并不自动优先于其他划界方法,在特殊情况下,可能存在不适用等距离方法的诸多因素”。⑤ 但在

---

① Reports of Judgments of Territorial and Maritime Dispute(Nicaragua/Colombia),Judgment of 19 November,2012,para. 139.

② Declaration of Judge Xue in Case of the Territorial and Maritime Dispute (Nicaragua/Colombia),para. 2.

③ Reports of Judgments of Territorial and Maritime Dispute(Nicaragua/Colombia),Judgment of 19 November,2012,para. 194.

④ Case Concerning the Continental Shelf(Libya Arab Jamahiriya/Malta),Judgment of June 3, 1985,para. 63.

⑤ Territorial and Maritime Dispute between Nicaragua and Honduras in the Caribbean Sea, Judgment,I. C. J. Reports,2007,para. 272.

司法实践中，将划界分为三个阶段并在第一阶段以等距离线作为临时分界线的划界方法似乎是大势所趋。

综上所述，就目前而言，我国宜对将海洋划界争端特别是中日东海划界争端提交国际司法程序继续保持审慎态度，对类似菲律宾单方面提起的所谓南海仲裁所适用的伪国际司法程序更应提高警惕。同时，我国亦应直面现实，积极做好将海洋划界争端提交国际司法程序的理论准备，加强对国际法院、国际海洋法法庭以及国际仲裁机构相关司法实践及判例的研究。更要通过各种方式积极参与并影响国际性的海洋争端解决司法活动，①提升我国在国际社会特别是国际海洋划界司法实务领域的话语权，以更好地维护我国的海洋权益。

① 譬如，在菲律宾单方面提起的所谓南海仲裁案宣布裁决结果前夕，武汉大学中国边界与海洋研究院与荷兰莱顿大学格劳秀斯国际法研究中心于2016年6月26日在海牙举办了“南海仲裁案与国际法治研讨会”。来自亚洲、非洲及欧美国家的30多名专家学者对南海仲裁庭裁决的合法性提出普遍质疑，对强行推进南海仲裁给国际法治造成的伤害发出警告。载 http://www.cibos.whu.edu.cn/Focus/2016/2016-06-27/224636611.html，最后访问日期：2018年9月18日。

第七章　南沙群岛领海基线的划定方案

截至目前，中国已根据《领海及毗连区法》分别于1996年和2012年发布了两份关于领海基线的声明并划定大陆及其沿岸部分地区、西沙群岛和钓鱼岛及其附属岛屿的领海基线。在尚未划定领海基线的区域中，南沙群岛相对较为复杂和特殊，有必要予以单独考虑。

结合南沙群岛的地理分布和主权归属，其属于大陆国家的洋中群岛应无异议。对于洋中群岛的领海基线划定规则，笔者曾撰文分析，①在此不赘述，本书拟专对作为洋中群岛的南沙群岛领海基线划定方案进行设计。

一、南沙群岛的基本构成

南沙群岛位于东经103°0′至117°50′，北纬3°57′至11°55′，北起雄南滩（116°53′E，11°56′N），南至曾母暗沙（112°17′E，3°58′N），绵延500余海里，西自万安滩（117°47′00″E，10°47′00″N），东到海马滩（109°43′22″E，07°31′39″N），宽400余海里。② 其间共有大大小小的岛、礁、滩和暗沙230个，南沙群岛占海上面积约80万平方公里，其中太平岛是最大的岛屿，其长度约为1.4公里，宽约0.46公里，面积约为0.432平方公里，平均

---

① 参见周江：《论洋中群岛的领海基线划定》，载《法商研究》2015年第4期。

② 参见薛桂芳：《蓝色的较量：维护我国海洋权益的大博弈》，中国政法大学出版社2015年版，第209页。

海拔3.8米。

应联合国教科文组织要求，中国于1988年在永暑礁上建成海洋观测站，在皇路礁和南通礁礁坪上有高8米的小灯塔。① 根据较近的数据，中国2015年以来在渚碧礁、赤瓜礁、永暑礁、美济礁和华阳礁上建设的灯塔已经开始发光。②

就探讨南沙群岛的领海基线划定方案而言，其各海洋地物的形态及经纬度坐标无疑是重要的数据基础。

自1984年起，中国科学院南海海洋研究所会同全国32个科研机构，调动了300多名科学家，组成中国科学院南海综合科考队对南沙群岛进行了长达12年的科学考察和研究，直到1995年结束，形成了大量珍贵的第一手资料和研究成果。③ 也正是这次科学考察奠定了后来研究的基础，自该次综合科学考察后，再也没有对南沙岛礁进行这样大规模的实地考察。基于本次科考活动的规模及其成果的权威性，其数据对本研究具有极为重要的参考价值和指导意义。因此，在南沙群岛中各海洋地物的形态方面，笔者主要依据该科考成果所得之数据（见表1）。结合按照地貌类型作为单位的统计数据，④就目前的科学考察数据而言，南沙群岛中常年出露的高潮高地有24座，低潮高地则有65座（见表2）。

表1　南沙群岛珊瑚岛礁概况⑤

名称	位置	面积（平方公里）	中部高程（米）⑥	岛屿类型
北子岛	双子群礁北部礁坪	0.13	3.2	乔灌林灰沙岛
南子岛	双子群礁西部礁坪	0.125	3.9	乔灌林灰沙岛

① 参见钟晋樑、陈欣树等：《南沙群岛珊瑚礁地貌研究》，科学出版社1996年版，第77页。

② 载 http://news.ifeng.com/a/20161107/50216144_0.shtml，最后访问日期：2016年11月7日。

③ 如赵焕庭主编：《南沙群岛自然地理》，科学出版社1996年版；钟晋樑、陈欣树等：《南沙群岛珊瑚礁地貌研究》，科学出版社1996年版。

④ 参见钟晋樑、陈欣树等：《南沙群岛珊瑚礁地貌研究》，科学出版社1996年版，第43页、第54页。

⑤ 同上书，第71～72页；赵焕庭主编：《南沙群岛自然地理》，科学出版社1996年版，第47页。

⑥ 岛屿面积和高程值采用曾昭璇主编《南海诸岛》（1986年）及陈史坚、钟晋樑编著的《南海诸岛志略》（1989年）中的有关数据。

续表

名称	位置	面积（平方公里）	中部高程（米）	岛屿类型
中业岛	中业群礁西部环礁的东礁坪	0.33	3.4	乔灌林灰沙岛
西月岛	在西月岛台礁南部	0.157	—	乔灌林灰沙岛
南钥岛	道明群礁南部礁坪	0.06	1.8	乔灌林灰沙岛
太平岛	郑和群礁北部礁坪	0.43	4.3	乔灌林灰沙岛
鸿庥岛	郑和群礁南部礁坪	0.08	6.0	乔灌林灰沙岛
景宏岛	九章群礁北部礁坪	0.04	3.7	草被灌木灰沙岛
费信岛	费信马欢环礁北部礁坪	0.06	1.8	裸沙洲
马欢岛	费信马欢环礁西南部礁坪	0.06	2.4	草被灌木灰沙岛
南威岛	南威岛台礁	0.148	2.4	乔灌林灰沙岛
敦谦沙洲	郑和群礁北部礁坪	0.05	1.5	乔灌林灰沙岛
安波沙洲	安波沙洲台礁	0.02	2.7	草被沙洲
双簧沙洲	道明群礁西南礁坪	—	—	裸沙洲
杨信沙洲	道明群礁东南部礁坪	—	—	裸沙洲
染青沙洲	九章群礁东部礁坪	—	—	草被沙洲
北外沙洲	双子群礁北部礁坪	—	1.8	裸沙洲
铁峙沙洲	中业群礁西部环礁的西北部，铁线礁中礁坪	—	—	裸沙洲
中礁沙洲	中礁小环礁西南端	—	—	裸沙洲
西礁沙洲	在西礁环礁东部礁坪上	0.01	0.6	裸沙洲
毕生礁沙洲	在环礁东北部礁坪上	—	0.6	裸沙洲
司令礁沙洲	在司令礁环礁中部礁坪	—	0.6	裸沙洲
南海礁沙洲	在南海礁环礁中部礁坪	—	1.5	裸沙洲
信义礁沙洲	在信义礁环礁东部礁坪西侧	0.0003	2.1	裸砾洲

表 2　南沙群岛高潮高地和低潮高地

南沙群岛中的高潮高地(24 座)					
序号	名称	序号	名称	序号	名称
1	北子岛	9	中业岛	17	南钥岛
2	鸿庥岛	10	马欢岛	18	南威岛
3	西礁	11	司令礁	19	信义礁
4	双黄沙洲	12	安波沙洲	20	北外沙洲
5	南子岛	13	西月岛	21	太平岛
6	景宏岛	14	费信岛	22	中礁
7	毕生礁	15	南海礁	23	杨信沙洲
8	敦谦沙洲	16	染青沙洲	24	铁峙沙洲
南沙群岛中的低潮高地(65 座)					
序号	名称	序号	名称	序号	名称
1	奈罗礁	15	漳溪礁	29	仁爱礁
2	渚碧礁	16	吉阳礁	30	线头礁
3	东门礁	17	三角礁	31	日积礁
4	扁参礁	18	舰长礁	32	南屏礁
5	华礁	19	二角礁	33	蓬勃暗沙
6	五方礁	20	东礁	34	梅九礁
7	半月礁	21	华阳礁	35	安达礁
8	六门礁	22	染青东礁	36	主权礁
9	柏礁	23	铁峙礁	37	琼礁
10	半路礁	24	南薰礁	38	小现礁
11	东坡礁	25	长线礁	39	美济礁
12	贡士礁	26	屈原礁	40	仙宾礁
13	库归礁	27	大现礁	41	浪口礁
14	安乐礁	28	禄沙礁	42	弹丸礁

续表

南沙群岛中的低潮高地(65 座)					
序号	名称	序号	名称	序号	名称
43	火星礁	51	无乜礁	59	鬼喊礁
44	光星仔礁	52	光星礁	60	火艾礁
45	铁线礁	53	皇路礁	61	海口礁
46	舶兰礁	54	片礁	62	南华礁
47	牛轭礁	55	牛车轮礁	63	簸箕礁
48	赤瓜礁	56	蒙自礁	64	南通礁
49	永暑礁	57	西门礁	65	阳明礁
50	仙娥礁	58	龙虾礁	—	

在南沙群岛中各海洋地物的经纬度坐标方面,情况则较为复杂,主要表现在:(1)中国目前尚未公布南沙群岛经纬度的权威精确数据;(2)在笔者所掌握的民间数据中,有关经纬度的记载存在相互出入之处。鉴于此,有必要就本研究所依据经纬度数据的生成过程略作说明。

笔者据以遴选及生成经纬度数据的资料主要有:(1)广东省地名委员会编:《南海诸岛地名资料汇编》,广东省地图出版社 1987 年版,第 235 ~ 242 页;(2)傅崐成著:《南(中国)海法律地位之研究》,(中国台湾地区)一二三资讯有限公司 1995 年版,第 240 ~ 271 页;(3)国家地理信息测绘局主办:天地图网站(www.tianditu.cn)。

在上述资料中,有关南沙群岛大致的经纬度范围以及各岛礁所在的大致位置方面,各种资料上所反映的信息在大体上是一致的。笔者主要通过将已经分类的岛、群礁、暗沙、滩中所包含的海洋地物在不同资料上的数据综合起来进行比对。通过此轮比对,可排除明显不合理的数据。(1)某一岛礁的经纬度范围大于其所在的整个群。在《南(中国)海法律地位之研究》的记载中,中业岛的地理坐标为东经 114°16.8′至 114°17′,北纬 11°03′至 11°25′,而中业群礁的地理坐标为东经 114°16′,北纬 11°07′。中业群礁除中业岛外,还包括了铁峙礁、铁线礁、梅九礁等,其范围应当大于中业岛。(2)岛礁的地理坐标存在明显问题。若根据《南(中国)海法律地位之研究》的中对太平岛、费信岛、马欢岛的定位,太平岛较之其他岛礁的面积似乎更小,这与太平岛作为南沙群岛中面积最大的岛礁的事实不符。

排除上述数据后,尚存在的问题主要有:(1)同一岛礁标注的经纬度位置不同,有此冲突的主要有永暑礁、阳明礁、仙娥礁、息波礁、南海礁等;(2)同一群礁经纬度范围不同,如尹庆群礁;(3)同一暗沙或滩的经纬度范围不同,如永登暗沙、逍遥暗沙、北康暗沙、南康暗沙、礼乐滩、南薇滩等。对于这些差异,考虑到天地图网站的官方性质,且其上线时间较笔者所掌握的资料中距今最近。笔者认为,将有差异的经纬度坐标与该网站上对应显示的数据相对比,以确定其大致准确的最终位置的方法是合适的。

经上述步骤,最终决定采用的数据已经排除了明显不合理的数据,与国家地理信息测绘局所编辑的地图大致相符。但仍需说明的是,由于地图和实际地形有差异,比对过程中存在比例尺缩放的问题,且笔者使用的工具软件的精确度有限,本书所采用的数据与真实数据之间难免仍有差距(详细经纬度数据略)。本书将在以上数据基础上展开方案设计和论证。

二、划定南沙群岛领海基线的"一体式"方案

"一体式"方案即在领海基线的划定过程中,基于南沙群岛的自然地理联系,将其整体作为一个单元加以处理。在本方案下,通过选取群岛四周最外缘的干出礁或岛屿上适当的点作为划定领海基线的基点,基线则为连接该各适当的点的连线。此种方案可以中国在西沙群岛划定领海基线的既有实践为参考。

在南沙群岛中,虽然存在众多岛屿,但是就目前的数据而言,高潮时露出水面的只有24座,低潮高地(含其上建有灯塔的低潮高地)也仅有65座,能够作为基点的更少。南沙群岛中的岛礁面积都不大,海拔也并不高,最大的为太平岛,其面积为0.43平方公里,面积大于0.3平方公里的还有景宏岛和中业岛;面积大于0.1平方公里的则还有西月岛、南威岛、北子岛和南子岛。岛屿中最高的岛屿为鸿庥岛,但其海拔也仅有6.2米。根据笔者另文中关于大陆国家洋中群岛领海基线问题的结论,本方案选取了奈罗礁1等39个点作为本方案的基点,形成39段基线,如表3所示。

表3 "一体式"方案基点坐标及基线段长度

序号	基点名称	纬度(N)	经度(E)	基线段长度(海里)
1	奈罗礁1	11.38	114.30	—
2	奈罗礁2	11.40	114.30	1.1949

续表

序号	基点名称	纬度(N)	经度(E)	基线段长度(海里)
3	南子岛	11.43	114.33	2.5178
4	北子岛 1	11.45	114.35	1.6785
5	北子岛 2	11.45	114.36	0.5894
6	贡士礁 1	11.47	114.39	2.1339
7	西月岛 1	11.08	115.02	43.8610
8	费信岛 2	10.82	115.82	49.7479
9	费信岛 1	10.81	115.82	0.5980
10	马欢岛	10.73	115.80	4.9277
11	美济礁 3	9.91	115.58	50.7275
12	信义礁 1	9.33	115.96	41.3641
13	司令礁 1	8.38	115.19	72.9449
14	司令礁 2	8.36	115.27	4.9131
15	皇路礁	6.95	113.63	129.0115
16	南通礁 1	6.35	113.29	41.1807
17	南通礁 2	6.31	113.25	3.3788
18	南通礁 3	6.33	113.24	1.3354
19	安波沙洲 2	7.88	112.89	94.8829
20	南威岛 1	8.65	111.90	74.7224
21	南威岛 2	8.64	111.88	1.3304
22	日积礁 1	8.66	111.64	14.3161
23	日积礁 2	8.67	111.65	0.8427
24	日积礁 3	8.68	111.68	1.8806
25	西礁 1	8.87	112.19	32.3532
26	中礁	8.93	112.35	10.1620
27	永暑礁 1	9.54	112.87	47.7407

续表

序号	基点名称	纬度(N)	经度(E)	基线段长度(海里)
28	永暑礁 2	9.57	112.90	2.5244
29	永暑礁 3	9.59	112.92	1.6829
30	永暑礁 4	9.64	112.95	3.4754
31	永暑礁 5	9.66	112.98	2.1419
32	永暑礁 6	9.67	113.00	1.3272
33	鬼喊礁	9.77	114.28	76.0816
34	南薰礁 1	10.21	114.22	26.5234
35	太平岛 1	10.38	114.36	13.1049
36	双黄沙洲 1	10.69	114.32	18.6702
37	渚碧礁 1	10.91	114.06	20.2124
38	渚碧礁 2	10.94	114.09	2.5196
39	铁线礁 1	11.04	114.17	7.6147
1	奈罗礁 1	11.38	114.30	21.7111

其中,1 号基点奈罗礁 1、2 号基点奈罗礁 2 和 6 号基点贡士礁 1 是位于南子岛和北子岛 12 海里以内的低潮高地;11 号基点美济礁 3 位于建有灯塔的美济礁上;15 号基点皇路礁为独立的低潮高地,但其上建有灯塔;16～18 号基点位于独立低潮高地南通礁上,但其上建有灯塔;22～24 号基点位于独立低潮高地日积礁上,但其上已建有灯塔;27～32 号基点位于永暑礁上,其虽为独立低潮高地,但是中国政府根据联合国教科文组织要求已于 1988 年在其上建立了海洋观测站,且新近建设的永暑礁灯塔也已经开始发光;33 号基点鬼喊礁为低潮高地,但位于景宏岛 12 海里以内;34 号基点位于南薰礁,而南薰礁位于鸿庥岛 12 海里以内;37 号和 38 号基点位于渚碧礁上,其上所建灯塔已经开始发光;39 号基点位于铁线礁上,铁线礁位于常年出露的铁峙沙洲 12 海里范围内。除此之外,3～5 号、7～10 号、12～14 号、19～21 号、25～26 号、35～36 号基点全部位于常年出露的高潮高地上。

本方案中,基点共计 39 个,基线 39 条,长度超过 48 海里的有 7 条,最长基线长度 129.0115 海里,但基线平均长度只有 23.7930 海里。

三、划定南沙群岛领海基线的"区块式"方案

所谓"区块式"方案,即将南沙群岛划分为若干区域,每一区域包含若干地理位置较近的岛礁群,再在各区域四周最外缘的干出礁或岛屿上选取适当的点作为基点,从而得到各基点的直线连线形成每一"区块"的领海基线。

落实这一方案的关键在于如何划分"区块",若"区块"范围过大,则将与上述"一体式"方案无异;但若范围过小,实际上又相当于后文"点阵式"方案的"简化版"。在如何把握具体尺度上,目前已有学者提出了较为具体的意见,值得重视。①

笔者在遵循根据地理单元特性进行划分的一般原则基础上,进行了适度的实践创新,综合考虑了南沙群岛地理单元特征、中国海洋权益的最大化以及方案合规性等问题后,在"区块式"方案项下提出了两种操作方案,即"大区块"方案和"小区块"方案。

(一)"大区块"方案

顾名思义,"大区块"方案是将南沙群岛划分为若干相对比较大的区块,再对每个区块选取适当的点作为基点而划定领海基线。

本方案中,基于紧密的地理联系程度,笔者将南沙群岛西北部的双子群礁、中业群礁、道明群礁、郑和群礁、九章群礁划为一个区块,并且命名为"1 号区块",同时,基于"用好每一个可用的海洋地物"的原则,将毕生礁、无乜礁、司令礁、皇路礁、南通礁、安波沙洲围成的单元作为一个区块,并命名为"2 号区块",将尹庆群礁单元作为一个区块,并命名为"3 号区块",将永暑礁单元作为一个区块,并命名为"4 号区块",将费信岛—马欢岛单元作为一个区块,并命名为"5 号区块",将信义礁—美济礁单元作为"6 号区块",具体基点坐标及基线段长度见表 4 ~ 表 9。

---

① 参见王志坚:《论基线制度在南海的适用》,载高之国、贾宇、张海文主编:《国际海洋法问题研究》,海洋出版社 2011 年版,第 127 ~ 148 页。

表4　“大区块”方案1号区块基点坐标及基线段长度

序号	基点名称	纬度(N)	经度(E)	基线段长度(海里)
1	贡士礁1	11.47	114.39	—
2	西月岛1	11.08	115.02	43.8424
3	西月岛2	11.08	115.03	0.5900
4	安达礁1	10.37	114.72	46.1906
5	牛轭礁2	10.00	114.67	22.2952
6	牛轭礁3	9.96	114.66	2.4612
7	染青东礁	9.90	114.60	5.0461
8	染青沙洲	9.90	114.56	2.3687
9	漳溪礁	9.83	114.47	6.7741
10	屈原礁	9.79	114.41	4.2823
11	赤瓜礁	9.70	114.28	9.3921
12	鬼喊礁	9.77	114.28	4.1806
13	南薰礁1	10.21	114.22	26.5175
14	太平岛1	10.38	114.36	13.1017
15	双黄沙洲1	10.69	114.32	18.6653
16	渚碧礁1	10.91	114.06	20.2084
17	渚碧礁2	10.94	114.09	2.5192
18	铁线礁	11.04	114.17	7.6134
19	奈罗礁1	11.38	114.30	21.7065
20	奈罗礁2	11.40	114.30	1.1946
21	南子岛	11.43	114.33	2.5171
22	北子岛1	11.45	114.35	1.6780
23	北子岛2	11.45	114.36	0.5892
1	贡士礁1	11.47	114.39	2.1333

本区块基点共计23个，基线23条。其中，1号基点贡士礁1位于北子岛12海里范围内的低潮高地贡士礁上；4号基点安达礁1位于敦谦沙洲12海里范围

内的低潮高地安达礁上;5 号基点和 6 号基点位于染青沙洲 12 海里范围内的低潮高地牛轭礁上;9 号基点漳溪礁也是位于染青沙洲 12 海里范围内的低潮高地;10 号基点屈原礁、11 号基点赤瓜礁、12 号基点鬼喊礁均是位于景宏岛 12 海里范围内的低潮高地;13 号基点南薰礁 1 是位于太平岛 12 海里范围内的低潮高地南薰礁上;16 号和 17 号基点位于其上建有灯塔并已开始发光的渚碧礁上;18 号基点铁线礁位于铁峙沙洲 12 海里范围内的低潮高地上;19 号和 20 号基点位于南子岛 12 海里范围的低潮高地奈罗礁上。除此之外的其余基点,则均位于常年出露的高潮高地上。这 28 条的基线平均长度仅 11.5595 海里,最长基线长度 46.1906 海里,没有出现长度超过 48 海里的基线。

表 5 "大区块"方案 2 号区块基点坐标及基线段长度

序号	基点名称	纬度(N)	经度(E)	基线段长度(海里)
1	毕生礁 1	8.98	113.65	—
2	毕生礁 2	9.01	113.68	2.5264
3	毕生礁 3	9.02	113.74	3.6120
4	无乜礁 1	8.87	114.64	54.1925
5	无乜礁 2	8.88	114.68	2.4539
6	司令礁 1	8.38	115.19	42.5531
7	司令礁 2	8.36	115.27	4.9105
8	皇路礁	6.95	113.63	128.9746
9	南通礁 1	6.35	113.29	41.1812
10	南通礁 2	6.31	113.25	3.3790
11	南通礁 3	6.33	113.24	1.3355
12	安波沙洲 1	7.86	112.88	93.8655
13	安波沙洲 2	7.88	112.89	1.3348
1	毕生礁 1	8.98	113.65	79.7402

本区块基点共计 13 个,基线 13 条。其中,4 号基点和 5 号基点位于越南在其上建有灯塔的低潮高地无乜礁上,8 号基点皇路礁上也建有灯塔,9 号、10 号和 11 号基点位于建有灯塔的南通礁上,其余各个基点均位于常年出露的高潮高地上。这 13 条基线平均长度 35.3892 海里,最长基线长度 128.9746 海里,长度超过 48 海里的有 4 条。

表 6　“大区块”方案 3 号区块基点坐标及基线段长度

序号	基点名称	纬度(N)	经度(E)	基线段长度(海里)
1	西礁 1	8.87	112.19	—
2	中礁	8.93	112.35	10.1621
3	华阳礁 1	8.92	112.82	27.9222
4	华阳礁 2	8.92	112.83	0.5940
5	华阳礁 3	8.91	112.85	1.3298
6	南威岛 1	8.65	111.90	58.5418
7	南威岛 2	8.64	111.88	1.3302
8	日积礁 1	8.66	111.64	14.3129
9	日积礁 2	8.67	111.65	0.8425
10	日积礁 3	8.68	111.68	1.8801
1	西礁 1	8.67	112.19	32.3486

本区块基点共计 10 个，基线 10 条。其中，3 号、4 号和 5 号基点位于其上建有灯塔并已开始发光的低潮高地华阳礁上，8 号、9 号和 10 号基点位于越南在其上建有灯塔的低潮高地日积礁上，其余各基点均位于常年出露的高潮高地上。这 10 条基线平均长度 14.9264 海里，最长基线长度 58.5418 海里，长度超过 48 海里的有 1 条。

表 7　“大区块”方案 4 号区块基点坐标及基线段长度

序号	基点名称	纬度(N)	经度(E)	基线段长度(海里)
1	永暑礁 1	9.54	112.87	—
2	永暑礁 2	9.57	112.90	2.5244
3	永暑礁 3	9.59	112.92	1.6829
4	永暑礁 4	9.64	112.95	3.4754
5	永暑礁 5	9.66	112.98	2.1419
6	永暑礁 6	9.67	113.00	1.3272
7	永暑礁 7	9.66	113.06	3.6054
1	永暑礁 1	9.54	112.87	13.3486

中国应联合国教科文组织的请求于1988年在永暑礁上建有海洋观测站，并且中国建设于其上的灯塔已经开始发光，鉴于其相对独立的地理特征，本区块将永暑礁作为独立单元进行处理，基点共计7个，全部位于永暑礁上，基线7条。这7个基点全部位于基线，平均长度4.0151海里，最长基线长度13.3486海里，没有出现长度超过48海里的基线。

表8 "大区块"方案5号区块基点坐标及基线段长度

序号	基点名称	纬度(N)	经度(E)	基线段长度(海里)
1	费信岛2	10.82	115.82	—
2	费信岛1	10.81	115.82	0.5973
3	五方礁1	10.49	115.70	20.3865
4	五方礁2	10.46	115.73	2.5212
5	五方礁3	10.46	115.78	2.9560
6	五方礁4	10.53	115.80	4.3451
7	费信岛3	10.82	115.83	17.4127
1	费信岛2	10.82	115.82	0.5905

本区块基点共计7个，基线7条。其中，3~6号基点位于马欢岛12海里范围内的低潮高地五方礁上，其余基点均位于常年出露的高潮高地上。这7条基线平均长度6.9728海里，最长基线长度20.3865海里，未出现长度超过48海里的基线。

表9 "大区块"方案6号区块基点坐标及基线段长度

序号	基点名称	纬度(N)	经度(E)	基线段长度(海里)
1	信义礁1	9.33	115.96	—
2	信义礁2	9.32	115.93	1.8773
3	信义礁3	9.32	115.90	1.7798
4	美济礁1	9.89	115.51	41.1510
5	美济礁2	9.93	115.51	2.3890
6	美济礁3	9.91	115.58	4.3139
1	信义礁1	9.33	115.96	41.3205

本区块基点共计6个,基线6条。其中,4号、5号和6号基点位于其上建有灯塔并已经开始发光的美济礁上,其余基点均位于常年出露的高潮高地上。这6条基线平均长度15.4719海里,最长基线长度41.3205海里,没有出现长度超过48海里的基线。

(二)"小区块"方案

相较于"大区块"方案,本方案中的区块大小相对较小,但仍能够与下节将要述及的"点阵式"方案明显区分。本方案中,笔者根据更为细微的地理单元特征,将南沙群岛划分为9个区块,即"双子群礁区块""中业群礁区块""道明群礁区块""郑和群礁区块""九章群礁区块""费信岛—马欢岛区块""尹庆群礁区块""永暑礁区块""信义礁—美济礁区块"。每个区块相对独立,但在区块内部各海洋地物之间的联系较为紧密。各区块具体基点坐标及基线段长度见表10～表18。

表10　"小区块"方案"双子群礁区块"基点坐标及基线段长度

序号	基点名称	纬度(N)	经度(E)	基线段长度(海里)
1	奈罗礁1	11.38	114.30	—
2	奈罗礁2	11.40	114.30	1.1946
3	南子岛	11.43	114.33	2.5172
4	北子岛1	11.45	114.35	1.6780
5	北子岛2	11.45	114.36	0.5892
6	贡士礁1	11.47	114.39	2.1334
7	贡士礁2	11.46	114.40	0.8390
8	奈罗礁3	11.38	114.31	7.1386
1	奈罗礁1	11.38	114.30	0.5893

本区块基点共计8个,基线8条。其中,1号、2号和8号基点位于南子岛12海里范围内的低潮高地奈罗礁上,6号和7号基点位于北子岛12海里范围内的低潮高地贡士礁上,其余基点均位于常年出露的高潮高地上。这8条基线平均长度2.0849海里,最长基线长度7.1386海里,没有出现长度超过48海里的基线。

表 11 “小区块”方案“中业群礁区块”基点坐标及基线段长度

序号	基点名称	纬度(N)	经度(E)	基线段长度(海里)
1	渚碧礁 1	10.91	114.06	—
2	渚碧礁 2	10.94	114.09	2.5192
3	铁线礁 1	11.04	114.17	7.6132
4	铁线礁 2	11.05	114.19	1.3226
5	铁峙沙洲	11.06	114.21	1.3225
6	铁线礁 3	11.08	114.25	2.6450
7	铁峙礁 1	11.10	114.38	7.7616
8	铁峙礁 2	11.08	114.37	1.3323
9	梅九礁	11.05	114.34	2.5186
10	渚碧礁 3	10.91	114.09	16.9586
1	渚碧礁 1	10.91	114.06	1.7709

本区块基点共计 10 个,基线 10 条。其中,1 号、2 号和 10 号基点位于其上建有海洋观测站以及灯塔并已经开始发光的低潮高地渚碧礁上,3 号、4 号和 6 号基点位于铁峙沙洲 12 海里范围内的低潮高地铁线礁上,7 号和 8 号基点位于中业岛 12 海里范围内的低潮高地铁峙礁上,9 号基点梅九礁是也位于中业岛 12 海里范围内的低潮高地,其余基点均位于常年出露的高潮高地上。这 10 条基线平均长度 4.57645 海里,最长基线长度 16.9586 海里,没有出现长度超过 48 海里的基线。

表 12 “小区块”方案“道明群礁区块”基点坐标及基线段长度

序号	基点名称	纬度(N)	经度(E)	基线段长度(海里)
1	双黄沙洲 1	10.69	114.32	—
2	双黄沙洲 2	10.73	114.35	2.9745
3	双黄沙洲 3	10.78	114.44	6.0968
4	双黄沙洲 4	10.80	114.47	2.1367
5	双黄沙洲 5	10.86	114.52	4.6430
6	双黄沙洲 6	10.90	114.58	4.2725

续表

序号	基点名称	纬度(N)	经度(E)	基线段长度(海里)
7	西月岛 1	11.09	115.02	28.3371
8	西月岛 2	11.08	115.03	0.8395
9	库归礁 1	10.77	114.60	31.4172
10	杨信沙洲	10.74	114.59	1.8866
11	库归礁 2	10.70	114.53	4.2740
12	南钥岛	10.66	114.43	6.3721
1	双黄沙洲 1	10.69	114.32	6.7407

本区块基点共计 12 个，基线 12 条。其中，9 号和 11 号基点位于杨信沙洲 12 海里范围内的低潮高地库归礁上，其余基点均位于常年出露的高潮高地上。这 12 条基线平均长度 8.3326 海里，最长基线长度 31.4172 海里，没有出现长度超过 48 海里的基线。

表 13　“小区块”方案“郑和群礁区块”基点坐标及基线段长度

序号	基点名称	纬度(N)	经度(E)	基线段长度(海里)
1	南薰礁 1	10.21	114.22	—
2	太平岛 1	10.38	114.36	13.1017
3	太平岛 2	10.38	114.38	1.1826
4	舶兰礁	10.42	114.58	12.0642
5	安达礁 1	10.37	114.72	8.8001
6	安达礁 2	10.32	114.71	3.0442
7	安达礁 3	10.30	114.68	2.1389
8	鸿庥岛	10.18	114.37	19.6893
9	南薰礁 2	10.20	114.23	8.3689
1	南薰礁 1	10.21	114.22	0.8407

本区块基点共计 9 个，基线 9 条。其中，1 号和 9 号基点位于太平岛 12 海里范围内的低潮高地南薰礁上，4 号基点舶兰礁位于敦谦沙洲 12 海里范围内的低潮高地上，5 号、6 号和 7 号基点位于敦谦沙洲 12 海里范围内的低潮高地安

达礁上,其余各基点均位于常年出露的高潮高地上。这 9 条基线平均长度 7.6923 海里,最长基线长度 19.6893 海里,没有出现长度超过 48 海里的基线。

表 14 “小区块”方案“九章群礁区块”基点坐标及基线段长度

序号	基点名称	纬度(N)	经度(E)	基线段长度(海里)
1	景宏岛	9.89	114.33	—
2	西门礁	9.91	114.46	7.7905
3	长线礁	9.96	114.55	6.1087
4	牛轭礁 1	10.00	114.61	4.2808
5	牛轭礁 2	10.01	114.67	3.6018
6	牛轭礁 3	9.95	114.66	3.0443
7	染青东礁	9.90	114.60	5.0461
8	染青沙洲	9.90	114.57	1.7766
9	漳溪礁	9.83	114.47	7.2494
10	屈原礁	9.79	114.41	4.2823
11	赤瓜礁	9.70	114.28	9.3921
12	鬼喊礁	9.77	114.28	4.1806
13	华礁	9.86	114.28	5.3751
14	吉阳礁	9.88	114.30	1.6822
1	景宏岛	9.89	114.33	1.8743

本区块基点共计 14 个,基线 14 条。其中,2 号基点西门礁、3 号基点长线礁、7 号基点染青东礁、9 号基点漳溪礁均是位于染青沙洲 12 海里范围内的低潮高地,4 号、5 号和 6 号基点均位于染青东礁 12 海里范围内的低潮高地牛轭礁上,10 号基点屈原礁、11 号基点赤瓜礁和 12 号基点鬼喊礁、13 号基点华礁和 14 号基点吉阳礁均位于景宏岛 12 海里范围内的低潮高地上,并且在赤瓜礁上中国建造的灯塔已经开始发光。其余各基点均位于常年出露的高潮高地上。这 14 条基线平均长度 4.6918 海里,最长基线长度 9.3921 海里,没有出现长度超过 48 海里的基线。

表 15　“小区块”方案“费信岛—马欢岛区块”基点坐标及基线段长度

序号	基点名称	纬度(N)	经度(E)	基线段长度(海里)
1	费信岛 2	10.82	115.82	—
2	费信岛 1	10.81	115.82	0.5973
3	五方礁 1	10.49	115.70	20.3865
4	五方礁 2	10.46	115.73	2.5212
5	五方礁 3	10.46	115.78	2.9560
6	五方礁 4	10.53	115.80	4.3451
7	费信岛 3	10.82	115.83	17.4127
1	费信岛 2	10.82	115.82	0.5905

本区块基点共计 7 个,基线 7 条。其中,3 ~6 号基点位于马欢岛 12 海里范围内的低潮高地五方礁上,其余基点均位于常年出露的高潮高地上。这 7 条基线平均长度 6.9728 海里,最长基线长度 20.3865 海里,未出现长度超过 48 海里的基线。

表 16　“小区块”方案“尹庆群礁区块”基点坐标及基线段长度

序号	基点名称	纬度(N)	经度(E)	基线段长度(海里)
1	西礁 1	8.87	112.19	—
2	中礁	8.93	112.35	10.1621
3	华阳礁 1	8.92	112.82	27.9222
4	华阳礁 2	8.92	112.83	0.5940
5	华阳礁 3	8.91	112.85	1.3298
6	南威岛 1	8.65	111.90	58.5418
7	南威岛 2	8.64	111.88	1.3302
8	日积礁 1	8.66	111.64	14.3129
9	日积礁 2	8.67	111.65	0.8425
10	日积礁 3	8.68	111.68	1.8801
1	西礁 1	8.87	112.19	32.3486

本区块基点共计10个,基线10条。其中,3号、4号和5号基点位于其上建有灯塔并已开始发光的低潮高地华阳礁上,8号、9号和10号基点位于越南在其上建有灯塔的低潮高地日积礁上,其余各基点均位于常年出露的高潮高地上。这10条基线平均长度14.9264海里,最长基线长度58.5418海里,长度超过48海里的有1条。

表17 "小区块"方案"永暑礁区块"基点坐标及基线段长度

序号	基点名称	纬度(N)	经度(E)	基线段长度(海里)
1	永暑礁1	9.54	112.87	—
2	永暑礁2	9.57	112.90	2.5245
3	永暑礁3	9.59	112.92	1.6829
4	永暑礁4	9.64	112.95	3.4755
5	永暑礁5	9.66	112.98	2.1419
6	永暑礁6	9.67	113.00	1.3272
7	永暑礁7	9.66	113.06	3.6056
1	永暑礁1	9.54	112.87	13.3490

中国应联合国教科文组织的请求,于1988年在永暑礁上建有海洋观测站,并且中国建设于其上的灯塔已经开始发光,鉴于其相对独立的地理特征,本区块将永暑礁作为独立单元进行处理,基点共计7个,全部位于永暑礁上,基线7条。基线平均长度4.0151海里,最长基线长度13.3486海里,没有出现长度超过48海里的基线。

表18 "小区块"方案"信义礁—美济礁区块"基点坐标及基线段长度

序号	基点名称	纬度(N)	经度(E)	基线段长度(海里)
1	信义礁1	9.33	115.96	—
2	信义礁2	9.32	115.93	1.8773
3	信义礁3	9.32	115.90	1.7798
4	美济礁1	9.89	115.51	41.1510
5	美济礁2	9.93	115.51	2.3890
6	美济礁3	9.91	115.58	4.3139
1	信义礁1	9.33	115.96	41.3205

本区块基点共计6个,基线6条。其中,4号、5号和6号基点位于其上建有灯塔并已经开始发光的美济礁上。其余基点均位于常年出露的高潮高地上。这6条基线平均长度15.4719海里,最长基线长度41.3205海里,没有出现长度超过48海里的基线。

四、划定南沙群岛领海基线的"点阵式"方案

该方案并非把整个南沙群岛作为统一单位,而以类似于太平岛这样的岛屿或其他符合条件的"干出礁"为遴选划线单位的标准,将它们作为独立单元,并在其上选取适当的点加以直线连接,形成各自的领海基线。根据有关数据,南沙群岛大约有51个干出礁。[①] 具体的基线系统可以这些地理单位作为初步范围筛选得出,但需注意的问题为:

第一,干出礁的法律地位问题,特别是与《联合国海洋法公约》中"低潮高地"概念间的关系。在南沙群岛科学考察的系列资料中,干出礁有时也被称为明礁,与之相对的概念是"沉没礁""潮下礁",[②]但根据沈文周教授对干出礁的解释,干出礁是平均大潮高潮以下,海图深度基准面以上的孤立礁石,高潮时淹没,低潮时露出。[③] 因此,笔者认为,干出礁可以等同于低潮高地概念使用,在划定基线过程中,需遵循《联合国海洋法公约》对低潮高地的相关规定。鉴于此,笔者结合目前可得的南沙群岛科学考察的资料,经过比对分析,将低潮高地数量确定为65座,具体名称上文已有述及,此不赘述。

第二,须参照南沙群岛的现有相关科考成果,特别是其水下地貌,准确把握该区域的干出礁分布状况。对于这一问题,笔者使用国家地理信息公共服务平台的在线地图数据,确定上述65座干出礁的具体地理位置,确保准确定位以及后续数据计算。需要说明的是,由于笔者所能获取的数据精度所限,无法就点阵式方案设定精确的地理坐标,仅能以文字述之。经过筛选和合规性考察,"点阵式"方案如下:

1.北外沙洲—北子岛—贡士礁:上文已经述及,北外沙洲和北子岛是常年出露的高潮高地,且北子岛还有表层地下淡水,贡士礁位于北外沙洲和北子岛

---

① 参见赵焕庭主编:《南沙群岛自然地理》,科学出版社1996年版,第48页。

② 参见钟晋樑、陈欣树等:《南沙群岛珊瑚礁地貌研究》,科学出版社1996年版,第27页、第31页、第42页、第43页。

③ 参见沈文周主编:《海域划界技术方法》,海洋出版社2003年版,第10页。

12 海里范围内，距离极近，可以作为一个“点”予以划定基线。

2. 南子岛—奈罗礁：南子岛是常年出露的高潮高地，且具有表层地下淡水，奈罗礁位于其 12 海里范围内，距离极近，可以作为一个“点”予以划定基线。

3. 铁峙沙洲—铁线礁：铁峙沙洲是常年出露的高潮高地，位于中业群礁西部环礁的西北部，铁线礁中礁坪，其本身与铁线礁存在非常紧密的地理联系，适宜作为一个“点”予以划定基线。

4. 中业岛—梅九礁—铁峙礁：中业岛位于中业群礁西部环礁的东礁坪，有表层地下淡水，低潮高地梅九礁距离中业岛仅有 1 海里左右，而铁峙礁距离中业岛也仅有 3 海里左右，适宜作为一个“点”予以划定基线。

5. 西月岛：西月岛位于道明群礁东北方向的西月岛台礁南部，有表层地下淡水，因其相对独立的地理单元，将其本身作为一个“点”予以划定基线是较为适宜的方案。

6. 双黄沙洲：双黄沙洲位于道明群礁西南部礁坪，是常年出露的高潮高地，本身呈现东北—西南走向，地理构造相对独立，宜作为一个“点”予以划定基线。

7. 南钥岛：南钥岛位于道明群礁南部礁坪，中部高程约为 1.8 米，是常年出露的高潮高地，周围没有低潮高地，宜作为一个“点”予以划定基线。

8. 杨信沙洲—库归礁：杨信沙洲位于道明群礁东南部礁坪，是一个裸沙洲，常年出露，距离其 3 海里左右有一低潮高地—库归礁，宜将二者作为一个“点”予以划定基线。

9. 太平岛：太平岛位于郑和群礁北部礁坪，面积约为 0.43 平方公里，中部高程约 4.3 米，有表层地下淡水，是南沙群岛中面积最大的岛屿，宜将其作为一个独立的“点”予以划定基线。

10. 敦谦沙洲—舶兰礁—安达礁：敦谦沙洲位于郑和群礁北部礁坪，面积约为 0.05 平方公里，中部高程约 1.5 米，低潮高地舶兰礁位于其约 5 海里范围内，而安达礁则属于部分位于其 12 海里范围内的低潮高地，宜将以上三者作为一个“点”予以划定基线。

11. 鸿庥岛—南薰礁：鸿庥岛位于郑和群礁南部礁坪，有表层地下淡水，面积约为 0.08 平方公里，中部高程约为 6 米，是南沙群岛中最高的岛屿。南薰礁是一个低潮高地，距离鸿庥岛约为 8 海里，宜将其二者作为一个独立的“点”予以划定基线。

12. 景宏岛—鬼喊礁—屈原礁：景宏岛位于九章群礁北部礁坪，有表层地下淡水，面积约为 0.04 平方公里，中部高程约为 3.7 米，其附近 12 海里范围内有吉阳礁、华礁、鬼喊礁、赤瓜礁、琼礁、屈原礁等低潮高地，漳溪礁、西门礁等低潮高地虽也位于景宏岛12海里范围内，但鉴于就地理联系而言，其与染青沙洲更为紧密，因此不将其纳入景宏岛这一“点”考虑。故而宜将上述景宏岛、吉阳礁、华礁、鬼喊礁、赤瓜礁、琼礁和屈原礁作为一个“点”予以划定基线。

13. 染青沙洲—漳溪礁—西门礁—牛轭礁：染青沙洲位于九章群礁东部礁坪，是草被沙洲，其附近12海里范围内分布有很多低潮高地，包括：龙虾礁、扁参礁、漳溪礁、西门礁、东门礁、安乐礁、长线礁、主权礁、牛轭礁和染青东礁，鉴于其在地理上的紧密联系，宜将其作为一个“点”予以划定基线。

14. 费信岛—马欢岛：二者分别位于费信—马欢环礁的北部和西南部礁坪，二者面积相当，约为0.06平方公里，但马欢岛略高，约为2.4米，而费信岛中部高程约为1.8米，因其属于同一环礁，地理联系非常紧密，因此宜将其作为一个“点”予以划定基线。

15. 西礁—中礁：西礁位于西礁环礁的东部礁坪，面积约0.01平方公里，中部高程约0.6米，是一个裸沙洲，而中礁位于中礁小环礁的西南端，也是一个裸沙洲，其与西礁距离不超过10海里，可以将其二者作为一个独立“点”予以划定基线。

16. 其余各高潮高地：信义礁、南威岛、毕生礁、司令礁、南海礁、安波沙洲其附近海域（主要是12海里范围内）均无低潮高地存在，因此，分别将以上常年出露的岛、礁作为独立的“点”划定各自的基线较为适宜。

五、各方案的比较优势与问题

综观以上三个大类（总括四小类）方案，不难发现，基线所囊括的范围逐次递减。此外，尚有三个特点值得注意：

第一，从“一体式”方案到“大区块”方案再到“小区块”方案以及“点阵式”方案，超长基线（长度超过48海里的基线，下同）数量呈明显下降趋势。在“一体式”方案中，超长基线达到7条，在“大区块”方案中，超长基线有5条，“小区块”方案中的超长基线仅有1条，而在“点阵式”方案中，将不会出现超长基线。

第二，从“一体式”方案到“大区块”方案再到“小区块”方案以及“点阵式”方案，最长基线长度亦成递减态势。在“一体式”方案中，最长的基线为14号基点司令礁2～15号基点皇路礁之间的基线，长度为129.0115海里；在“大区块”方案中，最长基线同样为2号区块中的7号基点司令礁2～8号基点皇路礁之间的基线；而在“小区块”方案中，最长基线为尹庆群礁区块中的 5 号基点华阳礁 3～6 号基点南威岛 1 之间的基线，长度为 58.5418 海里，比前两个方案中的最长基线长度减少 70.4697 海里，幅度非常明显。此外，在“点阵式”方案中，将不会出现超长基线，即所有基线将不会超过 48 海里，根据现有数据估算，在“点阵式”方案中的最长基线长度在 10 海里左右，将会在“小区块”方案的基础上再减少 48 海里左右。

第三，从“一体式”方案到“大区块”方案再到“小区块”方案以及“点阵式”方案，基线的平均长度亦呈明显下降趋势。“一体式”方案中的基线平均长度为 23.7930 海里，“大区块”方案中的基线平均长度为 14.7225 海里，而在“小区块”方案中，基线的平均长度为 7.6405 海里，而根据现有的数据估算，在“点阵式”方案中的基线平均长度将会更短。

结合以上特点，下文将评估以上四种方案的优点与不足。

（一）“一体式”方案

很明显，“一体式”方案所囊括的范围最大，该方案连接了整个南沙群岛最外缘各可用岛、礁，形成了一个几乎涵括所有上文提到的 24 座常年露出的岛礁以及 65 座低潮高地的封闭圈，能够最大限度地将南沙群岛海域封闭在基线以内。但是该方案的一个突出问题是所形成的基线段长度偏长。虽然目前对直线基线的长度并未形成一个确定的国际共识或习惯国际法，实践中也确有不少国家的最长的基线长度远远超过 48 海里的长度，如厄瓜多尔（最长基线长度为 147 海里）、俄罗斯（最长基线长度为 106 海里），缅甸的最长基线长度更是达到 222 海里。就中国目前公布的情况来看，最长基线长度也有 107 海里。尽管如此，在实践中直线基线的长度“仍会构成评估直线基线有效性的一个重要因素”。[①]《联合国海洋法公约》第 7 条设定的一系列条件将会是“使用过长直线基线的一个‘限制性因素’”。[②] 在“一体式”方案中，最长的基线为 14 号基点司令礁 2 到 15 号基点皇路礁之间的基线，长度为 129.0115 海里；其次为 18 号基点南通礁 3 和 19 号基点安波沙洲 2 之间的基线，长度为 94.8829 海里；再次为 32 号基点永暑礁 6 和 33 号基点鬼喊礁之间的基线，长度为 76.0816 海里；接下

---

① Yoshifumi Tanaka, *The International Law of the Sea*, Cambridge University Press, 2012, p. 49.

② Kopela Sophia, "Dependent Archipelagos in the Law of the Sea", *Leiden*, *Martinus Nijhoff*, 2013, p. 66; Churchill and Lowe, *The Law of the Sea* (3rd ed.), Manchester University Press, 1999, p. 37.

来是 19 号基点安波沙洲 2 和 20 号基点南威岛 1 之间的基线，长度为 74.7224 海里；紧接着为 12 号基点信义礁 1 和 13 号基点司令礁 1 之间的基线，长度为 72.9449 海里；然后是 10 号基点马欢岛和 11 号基点美济礁 3 之间的基线，长度为 50.7275 海里；最后是 7 号基点西月岛 1 和 8 号基点费信岛 2 之间的基线，长度为 49.7479 海里。

此外，如果将群岛基线规则中的"水陆面积比"的要求也纳入作为合规性审查的参考因素，"一体式"方案亦会面临较大问题，该方案中的水域面积显然远远超过所有陆地面积的 9 倍。

应该说，"一体式"方案中的最长基线的长度 129.0115 海里在目前的实践中审视也并不十分"过分"，至少还远没有突破目前最长直线基线长度的"纪录"，这就为中国留出了可资利用的解释空间。并且，南沙群岛复杂的自然地理环境也不宜苛刻要求其完全准确地在每一方面均符合《联合国海洋法公约》之规定。既然《联合国海洋法公约》可以为孟加拉国的特殊情况"量身定制"（第 7 条第 2 款），那么针对南沙群岛这一特殊情况，"文本沉默"是至少应当予以承认的，《联合国海洋法公约》序言明确指出，"确认本公约未予规定的事项，应继续以一般国际法和原则为准据"，而同为序言的"妥为顾及所有国家主权"当是这个"一般国际法和原则"的应有之义。

（二）"大区块"方案

相较于"一体式"方案，"大区块"方案要稍显"收敛"，但"一体式"方案下存在的突出问题在"区块式"方案中依然较为明显，并未得到根本的"减轻"。此外，该方案中基线所封闭的水域面积也比"一体式"方案更少。

就本方案来看，是最长基线为 2 号区块中的 7 号基点司令礁 2 到 8 号基点皇路礁之间的基线，长度为 129.0115 海里；其次为 11 号基点南通礁 3 和 12 号基点安波沙洲 1 之间的基线，长度为 93.8655 海里；再次为 13 号基点安波沙洲 2 到 1 号基点毕生礁 1 之间的基线，长度为 79.7402 海里；复次为 3 号区块中的 5 号基点华阳礁 3 到 6 号基点南威岛 1 之间的基线，长度为 58.5418 海里；最后为 2 号区块中的 3 号基点毕生礁 3 到 4 号基点无乜礁 1 之间的基线，长度为 54.1925 海里。此外，水陆面积比过大同样是突出的问题。

（三）"小区块"方案

相较于"大区块"方案，"小区块"方案明显更为"收敛"，不仅所划分的区块更细致，而且"解散了"在"大区块"方案中问题突出的 2 号区块，正是这样的变化，使"小区块"方案看起来更为"柔性"，与国际法规则（主要是指与《联合国海洋法公约》)的冲突没有那么尖锐。

本方案中,超长基线只有一条,存在于尹庆群礁区块的5号基点华阳礁3和南威岛1之间,其长度为58.5418海里,也仅仅超过本书所设定的48海里约10海里,当属“轻微违规”。其余部分均在严格解释的《联合国海洋法公约》框架内,可以看出,“小区块”方案的“合规性”程度明显强于前述两个方案。但极为明显的是,此种方案下,基线所囊括的范围也出现了巨大的变化,意味着中国海洋权益的进一步收缩。

(四)“点阵式”方案

应该说,“点阵式”方案是最为“收敛”的方案,在此方案中,既没有出现超长基线,也基本能符合水陆面积比的要求,“合规性”最强。但是很明显,这种方案中国的海洋权益“牺牲”最大,相当于基本放弃了南沙群岛的海洋权益,再加上南沙群岛大部分岛礁目前并未在我国控制之下,故此,此种方案对国家利益的伤害最大,“成本—收益”显著失衡。

第八章 《联合国海洋法公约》第298条第1款第(b)项中“关于军事活动的争端”问题

所谓的“南海仲裁案”是首个处理《联合国海洋法公约》第298条第1款第(b)项[①]中“军事活动例外”(the military activities exception)的案件。[②] 该案仲裁庭在解读“关于军事活动的争端”时,错误地将“军事活动的争端”等同于“关于军事活动的争端”,并将“军事活动”与“军事化”相混淆。本章将围绕这两个问题展开分析。

一、“军事活动的争端”与“关于军事活动的争端”的辨析

(一)仲裁庭将“军事活动的争端”等同于“关于军事活动的争端”

针对菲律宾指控中国的岛礁建设违反“保护和保全海洋环境的义务”,仲裁庭认为,可能影响其行使管

---

① 《联合国海洋法公约》第298条规定:(1)一国在签署、批准或加入本公约时,或在其后任何时间,在不妨害根据第一节所产生的义务的情形下,可以书面声明对于下列各类争端的一类或一类以上,不接受第二节规定的一种或一种以上的程序:……(b)关于军事活动,包括从事非商业服务的政府船只和飞机的军事活动的争端,以及根据第297条第2款和第3款不属法院或法庭管辖的关于行使主权权利或管辖权的法律执行活动的争端。

② See Hearing on the Merits and Remaining Issues of Jurisdiction and Admissibility(Day 4),p. 101

辖权的主要因素就是《联合国海洋法公约》第 298 条第 1 款第(b)项中的"军事活动例外"。仲裁庭曾在庭审期间,要求菲律宾从正面阐述"军事活动"的定义。菲律宾的代理人未能对其下一个定义,只是尝试阐明什么不属于军事活动。菲方代理人指出,如果要构成"军事活动",该活动的性质和目的必须都是"军事的"(military),排除不是单纯附属性的其他活动或者目的。这种排他性的要求,指导我们审查哪些不属于"军事活动"。不具有"专属军事性质"(exclusively military)的活动,无论它们是否由军事单位实施,都不属于军事活动例外的范畴。①

仲裁庭在考察了中国相关的声明后认为,既然中国持续地官方反对将其岛礁建设活动归类为军事活动,并且最高层也确认这一立场,仲裁庭将不会认定中国的岛礁建设在本质上是军事性质的。因此,仲裁庭接受中国一再坚称的立场,即民事用途构成了南沙群岛中 7 个岛礁建设活动的主要(如果不是唯一)目的。仲裁庭注意到,由于中国的岛礁建设活动属于民事活动,不属于《联合国海洋法公约》第 298 条第 1 款第(b)项规定的范围,因此仲裁庭拥有管辖权。②

通过对仲裁庭 2016 年 7 月 12 日裁决的梳理可知,仲裁庭事实上接受了菲方代理人的观点。如果要将中国岛礁建设活动认定为"军事活动",那么该活动必须具备专属军事性质(主要是军事目的),排除所有不是单纯附属性的其他活动或目的。恰恰相反的是,仲裁庭认为,中国的岛礁建设活动的主要目的是民事用途,而军事活动倒成了附属性质的活动,无法满足认定为"军事活动"所必需的专属军事性质。简言之,判断中国岛礁建设活动所引发的环境争端,是否属于该公约第 298 条第 1 款第(b)项中的"关于军事活动的争端",关键在于岛礁建设活动是否属于"军事活动",而判定是否属于"军事活动"的标准则为是否具有"专属军事性质"。

需要指出的是,根据中国 2006 年声明"关于《联合国海洋法公约》第 298 条第 1 款第(a)项、第(b)项和第(c)项所述的任何争端,中华人民共和国政府不接受《联合国海洋法公约》第十五部分第二节规定的任何程序",③已经明确将

---

① See Hearing on the Merits and Remaining Issues of Jurisdiction and Admissibility (Day 4), pp. 101 – 104.

② See Award of 12 July 2016, para. 938.

③ 参见《中国根据〈联合国海洋法公约〉第 298 条提交排除性声明》,载 http://www.fmprc.gov.cn/web/ziliao_674904/tytj_674911/tyfg_674913/t270754.shtml,最后访问日期:2019 年 3 月 1 日。

“关于军事活动的争端”排除适用强制程序。因此,如果中国的岛礁建设活动所引发的环境争端属于“关于军事活动的争端”,那么仲裁庭将无权进行管辖。所以仲裁庭在判定中国的岛礁建设是否违反《联合国海洋法公约》中有关海洋环境保护和保全义务之前,有必要判定中国的岛礁建设活动是否是“关于军事活动”(concerning military activities),进而决定其是否拥有管辖权。但正如前文所述,在仲裁庭看来,《联合国海洋法公约》第298条第1款第(b)项是否影响其行使管辖权的关键,取决于中国的岛礁建设活动是否是“军事活动”。这样就出现了一个疑问:按照《联合国海洋法公约》第298条第1款第(b)项之明文规定,仲裁庭理应判断中国的岛礁建设活动是否是“关于军事活动”,而仲裁庭却为何执意判断中国的岛礁建设活动是否是“军事活动”(military activities)?仲裁庭此举只能说明,在它看来“军事活动的争端”就等同于“关于军事活动的争端”。

(二)“军事活动的争端”与“关于军事活动的争端”存在明显差别

虽然仲裁庭将“军事活动的争端”等同于“关于军事活动的争端”,但这一做法并没有得到已有的国际司法判例的支持。例如,在“爱琴海大陆架案(希腊诉土耳其)”[Aegean Sea Continental Shelf(Greece v. Turkey)]中,希腊原先在加入《和平解决国际争端总议定书》(the General Act for the Pacific Settlement of International Disputes)时作出了保留,部分争端排除适用总议定书中所规定的程序,其中就包括:“关于根据国际法专属于一国国内管辖的问题的争端,以及特别是关于希腊领土地位的争端,其中包括关于港口、通信线路主权权利的争端。”(disputes concerning questions which by international law are solely within the domestic jurisdiction of States, and in particular disputes relating to the territorial status of Greece, including disputes relating to its rights of sovereignty over its ports and lines of communication)。① 需要注意的是,在这段的英文表述中交替使用了“concerning”“concern”“relating to”“relate to”,足见在国际法院看来,这些表述的法律意义是相同的。

国际法院认为,为了判断现在的争端是否属于希腊所作保留的范围,法院必须首先澄清一个问题。该问题不是希腊所认为的,大陆架权利是否是“领土权利”(territorial rights)或者被包含在“领土地位”(territorial status)的表述之中,而是争端是否是一个“关于希腊领土地位”(relates to the territorial status of

---

① See Aegean Sea Continental Shelf, Judgment, I. C. J. Reports 1978, para. 48.

Greece)的争端。[①]

为了主张自己的诉求不属于其先前所作保留的范围,希腊认为:(1)希腊与土耳其之间的争端涉及大陆架划界,而大陆架划界与“领土地位”的概念完全无关;(2)根据可以适用的国际法规则,大陆架不是沿海国领土的一部分,当前有关大陆架权利的争端,不能被视为“关于领土地”(relating to territorial status)的争端。[②] 但是国际法院却认为,希腊的第二个主张,没有在正确的背景下讨论需要解决的问题。需要讨论的问题是:现有争端是否是“关于希腊的领土地位”(relating to the territorial status of Greece),而不是权利能否在法律上被视为“领土权利”(territorial rights)。[③]

由此可知,国际法院认为既然希腊所作保留中使用的是“关于领土地位”,那么在具体认定过程中就应当严格按照这一表述进行认定,而不是直接省略为“领土地位”,可见“关于”(relating to/concerning)这一表述,并不是可有可无的。

在“路易莎号案(圣文森特和格林纳丁斯诉西班牙)”[The M/V“Louisa” Case(Saint Vincent and the Grenadines v. Spain)]中,西班牙、圣文森特和格林纳丁斯分别依据《联合国海洋法公约》第287条作出了声明,其中西班牙宣称:根据第287条第1款之规定,西班牙政府声明其选择国际海洋法法庭和国际法院,作为解决关于(concerning)《联合国海洋法公约》解释或适用的争端的方法;而圣文森特和格林纳丁斯则宣称:根据《联合国海洋法公约》第287条之规定,选择根据附件6成立的国际海洋法法庭,作为解决关于(concerning)逮捕或扣留其船只争端的方法。

两国就根据第287条所作的声明赋予国际海洋法法庭的管辖权范围意见不一。西班牙声称,本案中法庭的管辖权仅限于《联合国海洋法公约》中有关逮捕或扣留船只的争端,也就是属于《联合国海洋法公约》任何明确含有“逮捕”或“扣留”船只这样术语的条款的争端。圣文森特和格林纳丁斯则认为,其声明中所使用的术语没有限制争端的范围,并且它接受法庭作为解决“关于逮捕或扣留其船只的争端”的争端解决方法。圣文森特和格林纳丁斯进一步主张,其声明中使用“关于”这一表述清楚地表明,其声明涵盖《联合国海洋法公约》中

---

① See Aegean Sea Continental Shelf, Judgment, I. C. J. Reports 1978, para. 81.

② Ibid., para. 82.

③ Ibid., para. 86.

对逮捕或扣留其船只有影响的所有条款。圣文森特和格林纳丁斯特别明确地反对任何试图将其声明的范围仅限于《联合国海洋法公约》中那些明确提及“逮捕”或“扣留”的条款。①

双方争议的焦点集中在,圣文森特和格林纳丁斯的声明中的用语,是否仅限于《联合国海洋法公约》中明确包含“逮捕”或“拘留”用语的条款。在法庭看来,在声明中使用“关于”这一术语,表明声明不仅涵盖那些明确包含“逮捕”或“扣留”用语的条款,而且涵盖任何对船只的逮捕或扣留有影响的条款。根据圣文森特和格林纳丁斯的诉求,圣文森特和格林纳丁斯的声明很明显意图涵盖所有与逮捕或扣留船只相关联的主张。因此,法庭认为西班牙主张对圣文森特和格林纳丁斯的声明进行狭义解释是站不住脚的。② 通过对该案判决的分析可知,在相关表述前面加上“关于”一词,会使其涵盖的范围更广。③

综合上述两个案例可知,在已有的司法实践中,诸如“relating to”“concerning”的表述,一向都被高度重视,而不是能够简单地忽略。由于“关于军事活动的争端”涵盖的范围明显大于“军事活动的争端”所能涵盖的范围。二者之间存在包含与被包含的关系,即“关于军事活动的争端”的范围包括但不限于“军事活动的争端”。反观仲裁庭,在 2016 年 7 月 12 日裁决中将“关于军事活动的争端”的范围,仅限于“军事活动”所引发的争端,明显是在对第 298 条第 1 款第(b)项中“关于军事活动的争端”的范围进行缩小解释,这是对《联合国海洋法公约》真实意思的曲解。

(三)仲裁庭有意回避“军事活动的争端”与“关于军事活动的争端”之间的差别

通过对 2016 年 7 月 12 日裁决其他部分的分析,我们会发现仲裁庭将“军事活动的争端”等同于“关于军事活动的争端”的做法,并不是因为仲裁员缺乏相关知识,而是有意为之。例如,在仲裁庭裁定其对菲律宾第 14(a)项、第(b)项、第(c)项诉求是否拥有管辖权时,明确提及“第 298 条第 1 款第(b)项适用于‘关于军事活动的争端’,而不是‘军事活动的争端’本身”。因此,仲裁庭认为

---

① See The M/V “Louisa” Case (Saint Vincent and the Grenadines v. Spain), ITLOS Reports, paras. 74 – 78.

② Ibid., para. 83.

③ See Sienho Yee, “The South China Sea Arbitration: The Clinical Isolation and/or One-sided Tendencies in the Philippines' Oral Arguments”, *Chinese Journal of International Law*, Vol. 14, 2015, p. 430.

相关的问题是争端本身是否涉及军事活动,而不是当事方是否就争端以某种形式动用军事。① 通过仲裁庭的这一表述,可以看出仲裁庭深知"军事活动的争端"与"关于军事活动的争端"的区别。

即便仲裁庭认识到这一区别,但是在判定其对第14(a)项、第(b)项、第(c)项诉求是否有管辖权时,却故意地回避这一问题。仲裁庭在认定仁爱礁对峙事件构成独立争端后,强调需要判定该争端是否是第298条第1款第(b)项所规定的"关于军事活动的争端"。但仲裁庭在简单地梳理仁爱礁对峙事件后,就很突兀地说仁爱礁事件属于第298条第1款第(b)项所规定的例外情形的范畴,所以仲裁庭没有管辖权。而且仲裁庭还认为,没有必要基于第298条第1款第(b)项之目的,探究到底什么构成"军事活动",什么不构成"军事活动"。②

仲裁庭之所以回避讨论什么构成"军事活动"或者不构成"军事活动",是因为此举会牵涉另一个问题:如果一些活动不属于"军事活动",那么其所引发的争端是否属于"关于军事活动的争端"? 正如前文所述,"关于军事活动的争端"的范围包括但不限于"军事活动的争端",即便一些活动不能定性为"军事活动",也不能完全排除其所引发的争端不属于该公约第298条第1款第(b)项所规定的"关于军事活动的争端"的可能。因此,仲裁庭需要回答"军事活动"之外还有哪些活动所引发的争端,也属于"关于军事活动的争端"的范畴。

这正是仲裁庭一直想回避的问题,因为仲裁庭先前在审理其对中国岛礁建设所引起的环境争端是否拥有管辖权时,已经认定中国的岛礁建设活动不属于"军事活动",所以其引发的环境争端不属于第298条第1款第(b)项规定的例外。仲裁庭的逻辑很简单,"关于军事活动的争端"就是"军事活动的争端",所以只要岛礁建设活动不属于"军事活动",其引发的争端就肯定不是"关于军事活动的争端"。鉴于仲裁庭已经给了这一论断,如果现在再让仲裁庭去分析"军事活动"之外还有哪些活动所引发的争端,也属于"关于军事活动的争端",就等于承认即便岛礁建设活动不属于"军事活动",也并不必然得出其所引发的争端不是"关于军事活动的争端"的结论。这无异于让仲裁庭陷入自相矛盾的境地。

令人不解的是,既然仲裁庭在2016年7月12日裁决的前一部分中,已经将某一活动是否构成"军事活动",作为判定其所引发的争端是否属于"关于军事

① See Award of 12 July 2016, para. 1158.

② Ibid., paras. 1160 – 1162.

活动的争端”的标准。为何却在裁决的后一部分多此一举地指出,该公约第298条第1款第(b)项适用于“关于军事活动的争端”,而不是“军事活动的争端”本身,以至于还要回避讨论什么构成“军事活动”或者不构成“军事活动”。与其这样让自己陷入两难境地,倒不如直接延续前一部分的做法,直接认定仁爱礁对峙事件不构成“军事活动”,仲裁庭对其拥有管辖权。仲裁庭这种矛盾的做法,可能是由于仲裁员的失策,也可能是仲裁员无法忽视已有案件的判决,特别是本案5名仲裁员中的3人——Jean-Pierre Cot、Stanislaw Pawlak、Rüdiger Wolfrum均参与了“路易莎号案”的审理,①他们自然知道此案判决中是如何解读“concerning”的内涵,因此他们无法完全背离“路易莎号案”的观点,但又不能完全继承先前判决的观点,最终只能落得个自相矛盾的境地。

二、“军事活动”与“军事化”的辨析

(一)仲裁庭混淆了“军事活动”与“军事化”

由于仲裁庭将是否属于“关于军事活动的争端”的判断标准,简化为是否属于“军事活动的争端”的判断标准,因此仲裁庭在分析中国政府关于岛礁建设活动的相关表态时,必然会节选其中强调岛礁建设活动主要用于民事目的的部分,以证明岛礁建设活动不属于“军事活动”。但是当我们重新查阅判决中所提及的中国政府的相关表态时,会发现仲裁庭在裁决中孤立地解读了其中的只言片语。

仲裁庭将中国领导人关于岛礁建设活动的表态,作为支持其裁决的关键性证据。但是当我们全面分析这一表态作出时的具体环境,会发现仲裁庭只是孤立地解读其中的只言片语。2015年9月25日习近平主席访美期间之所以作此表态,是因为在双方举行的新闻发布会上,奥巴马先就中国填海和建设活动以及争议区域的军事化(militarization)表达了严重关切,认为这些活动将使本区域和平解决争端更加困难。作为回应,习近平主席表示,南海诸岛自古以来就是中国的领土。我们有权利维护我们的领土主权和合法海洋权益。我们承诺维护南海的和平与稳定,通过对话管控分歧和争端,通过谈判、协商和和平方式解决争端,通过合作探索互利的方法。中国在南沙群岛进行的相关建设活动,

---

① See The M/V“Louisa”Case(Saint Vincent and the Grenadines v. Spain),ITLOS Reports,para. 160.

不针对或影响任何国家,并且中国也无意追求军事化。①

通过对此次新闻发布会中双方用语的分析可知,对于中国的岛礁建设活动,美国使用了一个带有明显价值评判的词——“军事化”。“军事化”起源于“军国主义”(militarism)这一概念,而军国主义则将军事和战争作为一种价值进行鼓吹。② 因此,“军事化”这一表述具有明显的贬义色彩,与维护国际和平与安全背道而驰。美方针对中国的岛礁建设活动使用这一表述,明显在抹黑中国,意将中国的岛礁建设活动,描述为威胁区域和平的行为。鉴于此,中方有必要予以回应,强调在南沙群岛进行的相关建设活动,不针对或影响任何国家,并且中国也无意追求军事化。由此可见,此次新闻发布会上,中美之间关于岛礁建设问题,争论的焦点根本不是其是否构成“军事活动”,而是其是否构成“军事化”。

但是通过对裁决的分析可知,在仲裁庭看来,“军事活动”本身就等同于或属于“军事化”,抑或“军事化”是“军事活动”的构成要件,否则就不可能中方领导人只是否认追求“军事化”,仲裁庭却可以得出不属于“军事活动”的结论。③由于上文已经提到“军事化”危害国际和平与安全,所以按照仲裁庭的理解,《联合国海洋法公约》第 298 条第 1 款第(b)项所提及的“军事活动”必然具有浓厚的“军事化”色彩,应当为国际法所禁止。

实际上,仲裁庭的这一观点是无法从《联合国海洋法公约》中得到印证的。正如《1982 年〈联合国海洋法公约〉评注》所指出的,通过对第 301 条内容的分析可以看出,符合《联合国宪章》中的国际法原则的军事活动,并不被《联合国海洋法公约》所禁止。④ 由此可见,第 298 条第 1 款第(b)项所提及的“军事活动”涵盖很多内容,既包括符合国际法的,也包括为国际法所禁止的。因此,仲裁庭认为“军事活动”本身就等同于或属于“军事化”,抑或“军事化”是“军事活动”的构成要件的观点不符合《联合国海洋法公约》规定,有意将第 298 条第 1 款第

---

① United States, The White House, Office of the Press Secretary, “Press Release: Remarks by President Obama and President Xi of the People’s Republic of China in Joint Press Conference” (25 September 2015), https://www.whitehouse.gov/the-press-office/2015/09/25/remarks-president-obama-and-president-xi-peoples-republic-china-joint.

② See Julian Schofield, Militarization and War, Palgrave Macmillan, 2007, p. 1.

③ See Award of 12 July 2016, para. 938.

④ See Myron H. Nordquist, *United Nations Convention on the Law of the Sea 1982: A Commentary*, Vol. V, Martinus Nijhoff Publishers, 1989, pp. 154 – 155.

(b)项中的“军事活动”,仅限于为国际法所禁止的部分。

(二)争议领土的军事化问题

“军事化”在很多场合都会被提及,如国家的军事化、南极的军事化以及外层空间的军事化。其中,国家的军事化通常被描述为,随着军事在社会中的很高影响,在政治、经济和社会层面组织资源用于武装冲突的复杂过程。① 而根据《南极条约》第1条第1款的规定,南极的军事化是指一切具有军事性质的措施,如建立军事基地、建筑要塞、进行军事演习以及任何类型武器的试验等,均予禁止。而外层空间的军事化,则是指以军事目的或具有为军事服务的性质的、各种利用或穿越外空或直接在外空发展或部署外空武器的活动。②

对比上述3种军事化的表现形式可知,若将认定构成南极军事化或外层空间军事化的这些军事活动放在一国领土范围内,则不可能构成军事化。究其原因,主要是国家对其领土享有完全的主权,在领土内实施一定的军事活动正是其行使主权的具体体现。而南极和外层空间均属于人类共同继承财产,位于各国的主权之外,各国无权在这些领域出于军事目的而实施活动。因此,是否构成军事化,不能只考虑采取的军事活动的类型,还要考虑军事活动所在的领域。一般而言,认定一国构成军事化,需要满足很高的标准,即军事活动已经对社会各层面产生深度影响。而认定人类共同继承财产构成军事化的标准则比较低,通常实施一般的军事活动就足以构成军事化。

事实上,一国领土和人类共同继承财产的军事化代表了两个极端。而争议领土的军事化恰恰处在这两个极端之间。那么认定争议领土构成军事化的标准也应介于二者之间。本书认为,这一标准应当是“必要的军事防卫需求”。由于争议领土不同于一国无争议领土,一国在争议领土内实施军事活动所受到的限制,必然要多于无争议领土。但我们也不能像对待人类共同继承财产那样来限制争端当事国的军事活动,毕竟争端当事国需要通过包括军事活动在内的国家行为来宣示其对争议领土的主权。同时,为了避免加剧争议区域的局势,争端当事国在争议领土上的军事活动应当被限制在自卫范围内。因此,一旦争端当事国在争议领土上的军事活动超出了必要的军事防卫需求,就很有可能构成

① See Kees Kingma, Nico Schrijver, Demilitarization, *Max Planck Encyclopedia of Public International Law*.

② 参见蒋圣力:《外层空间军事化及其国际法规制的模式和路径》,载《北京理工大学学报》(社会科学版)2017年第1期。

军事化。

就中国的岛礁建设活动而言,中国政府的多次表态中均明确了其中的“军事防卫功能”。2015 年 4 月 9 日中国外交部发言人表示:“南沙岛礁扩建后,岛礁上的功能是多方面的、综合性的,除满足必要的军事防卫需求外,更多的是为了各类民事需求服务……”①2015 年 6 月 16 日中国外交部发言人又表示:“南沙岛礁建设是中国主权范围内的事,合法、合理、合情,不针对任何国家……中国南沙岛礁建设除满足必要的军事防卫需求外,更多的是为各类民事需求服务,以更好地履行中国在海上搜救、防灾减灾、海洋科研、气象观察、生态环境保护、航行安全、渔业生产服务等方面承担的国际责任和义务……”②由此可知,中国政府从未否认岛礁建设活动中涉及“必要的军事防卫需求”。虽然中国与其他国家就南沙群岛的存在主权争端,但这并不妨碍中国在其控制的岛礁上进行满足必要的军事防卫需求的建设活动。中国的做法完全符合国际法,并不会使争议区域军事化,因此中国政府也没有必要回避这一问题。

三、结论

在适用《联合国海洋法公约》第 298 条第 1 款第(b)项所规定的“关于军事活动的争端”时,需要关注特定活动是否“关于军事活动”,而非“军事活动”本身。而判断特定活动是否“关于军事活动”,关键要看是否与“军事活动”存在关联(have a bearing on/connect with military activities)。该公约第 298 条第 1 款第(b)项中所使用的“军事活动”是一个中性词,既包括符合国际法的,也包括为国际法所禁止的。而所谓的“军事化”则威胁到国际和平与安全,为国际法所不允。至于判断争议领土是否被军事化,关键在于争议领土上的军事活动是否超出“必要的军事防卫需求”。如果超出了,则构成军事化,反之则没有。虽然中国的岛礁建设活动发生在与其他国家存在争议的南沙群岛,但这并不妨碍其中涉及必要的军事防卫功能。

① 《外交部发言人华春莹主持例行记者会》,载 http://www.fmprc.gov.cn/web/wjdt_674879/fyrbt_674889/t1253375.shtm,最后访问日期:2019 年 3 月 1 日。

② 《外交部发言人陆慷就中国南沙岛礁建设有关问题答记者问》,载 http://www.fmprc.gov.cn/web/wjdt_674879/fyrbt_674889/t1273364.shtml,最后访问日期:2019 年 3 月 1 日。

第九章 维护国家权益视野下刑事法律制度的完善

——以专属经济区外国船舶污染的刑事司法管辖权为切入点

一、专属经济区外国船舶污染的刑事司法管辖与维护国家权益

在国际海洋法的发展史上，1982年的《联合国海洋法公约》无疑是一个重要的里程碑。尽管《联合国海洋法公约》的诸多规定都带有"框架规定"的性质，并因此导致学术界围绕《联合国海洋法公约》的解释从来不乏尖锐的对立，但是论者们在评价《联合国海洋法公约》在国际海洋法中的地位和作用时，却得出了近乎一致的结论，认为堪称"海洋大宪章"的《联合国海洋法公约》实为当前乃至将来一段时期内有关海洋空间利用和海洋资源管理的最全面、最具影响力的国际法律文件。①

相对于传统海洋法而言，《联合国海洋法公约》的主要创举之一是将领海以外并邻接领海的一定海域设定为专属经济区，并通过《联合国海洋法公约》规定的特殊法律制度来调整不同国家在这一海域的权利义务关系。专属经济区的设立打破了沿袭了几个世纪的领

① 参见邵津主编：《国际法》（第3版），北京大学出版社、高等教育出版社2008年版，第128～129页；[日]山本草二：《国际海洋法条约的历史的意味》，载《国际问题》2012年第617期。

海与公海二元区分的海洋空间格局，使沿海国的权力触角伸向了更加广阔的海洋空间：①《联合国海洋法公约》规定，在从测算领海宽度的基线量起不超过200海里的专属经济区内，沿海国不仅享有以勘探、开发、养护和管理海床上覆水域和海床及其底土的自然资源（无论为生物还是非生物资源）为目的的主权权利，而且可就海洋环境的保护和保全行使管辖权。

根据国际法上的管辖权理论，国家管辖权通常被理解为主权国家所享有的立法、行政和司法权力。基于这样的理解，学理上一般将国家管辖权分为三种类型，即立法管辖权、行政管辖权和司法管辖权。②《联合国海洋法公约》关于沿海国专属经济区海洋环境管辖权内容的规定与学理上对国家管辖权的类型划分是基本呼应的。例如，《联合国海洋法公约》规定：沿海国可对其专属经济区制定法律和规章，以防止、减少和控制来自船舶的污染（第211条第5款）；对于违反这些法律和规章的行为，沿海国可要求违反船舶提供必要情报或者在必要情形下对该船舶进行实际检查（第220条第3款、第5款）；如果有明显客观证据证明船舶在沿海国专属经济区内有违反该国法律和规章的排放行为，并且对沿海国的海岸或有关利益，或对其领海或专属经济区内的任何资源造成重大损害或有造成重大损害的威胁，则沿海国在有充分证据时，可在《联合国海洋法公约》所规定的限制下，依据其本国法律提起司法程序（institute proceedings）（第220条第6款）。

就专属经济区海洋环境保护而言，沿海国对专属经济区内的外国船舶污染行使刑事司法管辖权不失为一种更加有效的手段。这是因为，刑事司法程序本身所具有的强制性、严厉性和惩罚性等特点决定了其功能和效果更加值得期待。③ 例如，在针对外国船舶污染提起刑事司法程序的情形下，沿海国的审判机

---

① 根据传统海洋法，沿海国只能对其领海内的外国船舶行使管辖权。在白令海海豹仲裁案中，仲裁庭裁决：沿海国在3海里以外的公海不能行使管辖权。See Fur Seal Arbitration: Tribunal of Arbitration, Vol. I(1895), Washington, D. C.: Government Printing Office. 在1930年的海牙国际法法典化会议上，虽然各国没有就领海的宽度达成一致，但是大多数国家同意，沿海国的主权仅及于领海。See Cf. League of Nations, C. 351 (b). M. 145 (b). 1930. V. Annex V, Report Adopted by the Committee on April 10th, 1930, reproduced in Rosenne, League of Nations, Vol. 4, p. 1411.

② 参见王铁崖主编：《国际法》，法律出版社1995年版，第90页；[英]伊恩·布朗利：《国际公法原理》，曾令良、余敏友等译，法律出版社2007年版，第266页。

③ 也有论者从更加宏观的视角论述专属经济区刑事司法管辖权的意义，认为这"是宣示司法主权，从而为在权属存在争议的专属经济区划界问题上获得有利的法理地位"。参见童伟华：《论专属经济区刑事管辖权的行使》，载《法学杂志》2012年第8期。

构将通过适用本国刑事法律并以作出审判的方式来追究污染船舶和相关人员的刑事责任。此时,程序的进行往往伴随着嫌疑人的逮捕和嫌疑船舶的扣留,或者只有在提供适当保证金的情形下才对嫌疑人和嫌疑船舶予以暂时释放。这些附随措施为刑事诉讼程序的进一步推进和判决的切实执行提供了有力担保,从而也为维护国家海洋权益提供了坚实保障。

二、专属经济区外国船舶污染刑事司法管辖权的国际法基础

现代海洋法对海洋环境污染的规制始于20世纪50年代。其后,在国际海事组织的强力推动下,以应对船舶污染、倾倒污染为内容的一系列国际法律文件相继问世。虽然其中的某些国际法律文件中也包含了原则性的管辖权条款,但是真正意义上的海洋环境管辖权框架是由作为现代海洋法基石的《联合国海洋法公约》所构建的。[①] 特别是,在第三次海洋法会议上,各谈判代表的主要关切之一是在船舶污染方面明确不同国家的管辖权,因此导致《联合国海洋法公约》第十二部分"海洋环境的保护和保全"中最详细的规定都与船舶污染有关,[②]这也使《联合国海洋法公约》有关船舶污染管辖权的规定具有了对此前相关国际法律文件中的原则性管辖权条款进行"彻底检修"的鲜明特征。[③] 正因如此,探讨专属经济区外国船舶污染刑事司法管辖权的国际法基础这一问题时,首要的是对《联合国海洋法公约》相关规定的考察。

《联合国海洋法公约》中与专属经济区外国船舶污染司法管辖权直接相关的规定是第220条第6款。该款以允许沿海国"提起司法程序"(institute proceedings)的方式明确承认了沿海国对专属经济区外国船舶污染的司法管辖权。问题是,能否据此而进一步得出该款也承认了沿海国对专属经济区外国船舶污染的刑事司法管辖权这一结论呢?对此,有论者给出了否定的回答,认为《联合国海洋法公约》承认的只是沿海国的民事司法管辖权和行政司法管辖权,

---

① International Law Association London Conference (2000), Committee on Costal State Jurisdiction Relating to Marine Pollution, Final Report, p. 8.

② Ted L. McDorman, "Port State Enforcement: A Comment on Article 218 of the 1982 Law of the Sea Convention", *Journal of Maritime Law and Commerce*, Vol. 28, No. 2, 1997.

③ See Erik Franckx, "Coastal State Jurisdiction with Respect to Marine Pollution—Some Recent Developments and Future Challenges", *International Journal of Marine and Costal Law*, Vol. 10, 1995.

《联合国海洋法公约》并没有规定沿海国的刑事司法管辖权。[①] 确实,纵观《联合国海洋法公约》,在其"专属经济区"部分(《联合国海洋法公约》第五部分)以及与专属经济区直接相关的其他规定中均难以找到"刑事"、"刑事管辖"或"刑事司法程序"等用语,这既与《联合国海洋法公约》分别在"领海和毗连区"部分(《联合国海洋法公约》第二部分)和"公海"部分(《联合国海洋法公约》第七部分)对船舶的刑事管辖作出明确规定形成了鲜明的对比,同时也反映出《联合国海洋法公约》关于沿海国能否在专属经济区行使刑事管辖权(包括刑事司法管辖权)这一问题的谨慎立场和暧昧态度。考虑到《联合国海洋法公约》中缺少关于专属经济区刑事管辖权的明确规定,加之与此前属于公海的一部分并因此适用公海自由原则相比,专属经济区已成为既不是领海也不是公海的"自成一类的海域",[②]且在该海域有必要通过限制沿海国管辖权的方式来实现沿海国环境利益和其他国家航行利益之间的微妙的平衡,因此,否认可能对航行利益带来严重干扰的沿海国的刑事管辖权也并非全无道理。

尽管如此,基于以下分析,本书认为《联合国海洋法公约》第 220 条第 6 款允许沿海国提起司法程序的规定中包含了提起刑事司法程序之意,因此《联合国海洋法公约》的这一规定为沿海国专属经济区外国船舶污染刑事司法管辖权的行使提供了充分的国际法依据。

(一)"司法程序"这一用语的通常含义中包含了"刑事司法程序"之意

由于《联合国海洋法公约》的许多规定都体现出较大的弹性,因此确定这些规定的具体含义并非易事。[③] 通常,在对《联合国海洋法公约》中的类似规定进行解释时,往往需要进行复杂的文本分析。[④] 1969 年《维也纳条约法公约》规定的条约解释的一般规则为这种分析提供了有用的方法论。《维也纳条约法公约》第 31 条规定:"条约应依其用语按其上下文并参照条约之目的及宗旨所具有之通常意义,善意解释之。"实际上,在《维也纳条约法公约》之前的实践中,按照约文所使用词语的通常含义来解释条约就已经是条约解释的一种习惯性方

---

① 参见陈学斌:《中国对专属经济区船舶污染的司法管辖权》,载《中国海商法研究》2005 年第 1 期。

② 参见周子亚:《论联合国第三次海洋法会议与〈海洋法公约〉》,载《上海师范大学学报》(哲学社会科学版)1983 年第 4 期。

③ 参见[日]山本草二:《国际海洋法条约的历史的意味》,载《国际问题》2012 年第 617 期。

④ International Law Association London Conference (2000), Committee on Costal State Jurisdiction Relating to Marine Pollution, Final Report, p. 8.

法。例如,常设国际法院在“关于波兰在但泽的邮政业务”咨询意见中便采用了这种解释方法。法院指出:波兰基于条约在但泽开展的邮政业务不应限定在邮政大楼之内,因为按照“邮政业务”的通常含义进行解释的结果是其应包括邮政义务的所有正常功能。[①] 所不同的是,在《维也纳条约法公约》之后,这种习惯性的解释方法在适用上有了更加明确的要求,即解释者“不应抽象地决定词语的通常意义,而应按该词语的上下文并参考该条约的目的和宗旨予以决定”。[②]

那么,《联合国海洋法公约》第220条第6款中“司法程序”(proceedings)这一用语的通常含义是什么呢?在《元照英美法词典》中,“proceeding”被解释为“程序”“诉讼程序”,既可指“完整的正规的诉讼程序,包括从诉讼开始到作出判决其间所进行的全部行为和步骤”,也可指“在一个大的诉讼过程中的某一程序阶段或步骤”,或指“向法庭或其他机构寻求救济的程序手段”。[③] 可见,就其一般意义而言,“proceeding”的关注点在于一个完整的、正规的“程序”或者这一程序中的某一“阶段或步骤”,而无论引起这种“程序”“阶段或步骤”的需要保护的法益是存在于民事、行政领域,还是存在于刑事领域。换句话说,作为一个中立且具有包容性的概念,“proceeding”并未刻意地将刑事领域的“程序”“阶段或步骤”予以排除,因此其含义中是包含了刑事诉讼程序之意的。当然,在未经任何必要论证的情况下便将对“proceeding”的上述解释直接视为《联合国海洋法公约》第220条第6款中“司法程序”这一用语的通常含义是有失妥当的,因为根据《维也纳条约法公约》,为确定用语的通常含义,结合《联合国海洋法公约》上下文并参考《联合国海洋法公约》的目的和宗旨是不可缺少的环节。

从上下文的联系来看,值得注意的是《联合国海洋法公约》第229条规定的“民事诉讼程序的提起”(institution of civil proceedings)。该条中“民事诉讼程序”(civil proceedings)这一用语的使用表明,当《联合国海洋法公约》有意将国家提起司法程序的权力限定在某一特定领域(如民事领域)时,其会通过明确规定的方式表达这一意图。而《联合国海洋法公约》第220条第6款并没有采用第229条这种明确规定的方式,这说明《联合国海洋法公约》无意通过该款将沿海国对专属经济区外国船舶污染的司法管辖权限定在某一特定领域。换言之,公约通过使用具有包容性的“司法程序”这一用语而默认了沿海国的刑事司法

---

① The Polish Postal Service in Danzig, PCIJ, Ser. B, No. 11 at p. 37, 1925

② 廖诗评:《条约解释方法在解决条约冲突中的运用》,载《外交评论》2008年第5期。

③ 潘汉典等编写:《元照英美法词典》,法律出版社2003年版,第1099页。

管辖权的行使。另外,从《联合国海洋法公约》的宗旨和目的来看,将第220条第6款和第228条第1款作整体解读便可发现,《联合国海洋法公约》之所以承认沿海国对专属经济区外国船舶污染提起司法程序的权力,其目的在于通过沿海国的这一程序,对发生在专属经济区内并产生一定严重后果的违法排放行为"加以处罚"。具体而言,当专属经济区内的外国船舶污染"对沿海国的海岸或有关利益,或对其领海或专属经济区内的任何资源造成重大损害或有造成重大损害的威胁"时,沿海国有权通过提起司法程序的方式对该污染行为进行处罚。可见,《联合国海洋法公约》并未授权沿海国针对所有类型的专属经济区船舶污染提起司法程序,而是只有当污染行为所造成的后果达到"重大损害"或"有造成重大损害的威胁"的程度时,启动司法程序的实体性要件才得以满足。这也表明,以处罚为目的的沿海国的司法程序仅仅指向那些损害后果达到相当严重程度的船舶污染行为。而在针对此种行为的所有类型的处罚中,刑事处罚无疑是最有效的一种方式。不难想象,如果排除了沿海国对上述行为进行刑事处罚的可能性,那么其因这些行为而遭受的重大法益的侵害将很难得到有效的救济。既然沿海国以处罚为目的的司法程序并不排除追求刑事处罚的结果,而刑事处罚的实现又必须以刑事司法程序为担保,那么,承认了沿海国的刑事司法管辖权也便是《联合国海洋法公约》第220条第6款的应有之义了。综上所述,《联合国海洋法公约》第220条第6款"司法程序"这一用语的通常含义中是包含了"刑事司法程序"之意的。①

(二)《联合国海洋法公约》当事国的嗣后实践支持"司法程序"这一用语的含义中包含"刑事司法程序"之意的解释

根据《维也纳条约法公约》第31条第3款规定,条约当事国的嗣后实践——"嗣后在条约适用方面确定各当事国对条约解释之协定之任何惯例",应在解释条约时与上下文一并考虑。适用这一条约解释规则时须明确的是,"各当事国对条约解释之协定(agreement)"的规定并非要求当事国的嗣后实践必

① 有论者援引《联合国海洋法公约》第73条第1款中"进行司法程序"的规定,认为司法程序包括刑事司法程序,并得出了"《联合国海洋法公约》明确赋予沿海国刑事司法管辖权"的结论。但有必要指出的是,该论者是在讨论沿海国行使"保护生物资源等主权权利"的问题时得出上述结论的,其并未明确论及是否沿海国根据《联合国海洋法公约》第220条第6款提起的司法程序中也包括了刑事司法程序。参见童伟华:《论专属经济区刑事管辖权的行使》,载《法学杂志》2012年第8期。

须以书面协定的形式表现出来。[①] 国际法院法官 Weeramantry 曾经指出,不应将"协定"(agreement)一词狭义地解释为书面协定,而应将其理解为当事国关于条约解释的一种"共同的理解":这种共同的理解可表现为作为或不作为,也可以是某种声明或一种沉默。[②] 实际上,从《维也纳条约法公约》第 31 条的立法意图来看,凡是能够确认条约当事国对条约的解释存在一致的理解的"该条约适用上的任何嗣后惯例"都可认为是嗣后实践,[③]而这其中当然包括了当事国以实施《联合国海洋法公约》为目的的国内立法实践。

德国于 1994 年批准了《联合国海洋法公约》,并于同年按照《联合国海洋法公约》规定设定了本国的专属经济区。1995 年 6 月德国制定了《海洋法公约实施法》,开启了根据《联合国海洋法公约》要求保护海洋环境的国内立法的序幕。根据《海洋法公约实施法》第 11 条规定,对于专属经济区内的环境犯罪,将在与海洋保护有关的国际条约所承认的限度内通过适用《德国刑法》予以刑事追诉。《德国刑法》第 324 条和第 330a 条是与专属经济区内环境犯罪有关的规定,根据这些规定,专属经济区内的外国船舶可能因为实施了污染水域的行为(第 324 条)或者违法排放有毒物质(第 330a 条)而被认定为犯罪,并因此被处以包括自由刑和罚金刑在内的刑事处罚。为了确保刑事处罚的实现,德国国内法承认了执法机关在取缔专属经济区环境犯罪时的刑事诉讼法上的权力,包括对犯罪行为进行调查以及为防止隐匿罪证而采取必要的措施等。正是通过这一系列的国内立法实践,德国完成了《联合国海洋法公约》第 220 条第 6 款所承认的沿海国司法管辖权的国内法化,[④]并因此使专属经济区外国船舶污染刑事司法管辖权的行使获得了明确的国内法依据。

俄罗斯于 1997 年成为《联合国海洋法公约》的当事国,翌年制定了《联邦专属经济区法》。《联邦专属经济区法》规定了俄罗斯专属经济区的范围、法律地位、专属经济区内权利与管辖权的内容及其行使,从而完成了《联合国海洋法公约》所承认权利的国内法转化。根据《联邦专属经济区法》第 30 条规定,原本适

---

① 参见韩燕煦:《论条约解释中的嗣后实践》,载《国际法研究》2014 年第 1 期。

② Kasikili/Sedudu Island(Botswana v. Namibia), Judgment, ICJ Reports 1999, pp. 1160 - 1161, paras. 25 - 26.

③ 参见李浩培:《条约法概论》(第 2 版),法律出版社 2003 年版,附录一。

④ 参见[日]西村弓:《排他的経済水域における外国船舶取締り——ドイツの国内法制》,载《平成 9 年度海洋法条約秩序における新海上保安法制の体系化等調査研究事業報告書:新海洋法の展開と海上保安(第 2 号)》,平成 10 年 3 月。

用于领海和内水的以防止、减少和控制船舶污染为目的的国内法律法规同样适用于专属经济区。据此,《俄罗斯联邦刑法典》第252条(污染海洋环境犯罪)的空间效力范围得以扩展至专属经济区,从而使在俄罗斯专属经济区内的外国船舶可能因排污污染海洋环境而受到包括自由刑和罚金在内的刑事处罚。对于上述刑事处罚程序上的担保来自《联邦专属经济区法》第36条。根据该条规定,执法当局在履行职责时有权根据联邦法律对违反本法和俄罗斯参加的国际条约的行为进行刑事追诉。由上可见,对于专属经济区内的外国船舶污染,《联邦专属经济区法》提供了提起刑事司法程序的明确法律基础。《联邦专属经济区法》的立法目的之一,在于明确规定如何行使《联合国海洋法公约》所承认的主权权利和管辖权,而对沿海国专属经济区外国船舶污染司法管辖权的直接规定来自《联合国海洋法公约》第220条第6款,因此可以将《联邦专属经济区法》的相关内容视为对《联合国海洋法公约》第220条第6款的国内法诠释。这也充分表明了俄罗斯在对《联合国海洋法公约》第220条第6款进行解释时的基本立场,即《联合国海洋法公约》该条款中"司法程序"这一用语的含义中包含了刑事司法程序之意。

日本于1996年批准《联合国海洋法公约》,并于同年根据《联合国海洋法公约》制定了《专属经济区与大陆架法》。

《专属经济区与大陆架法》第3条规定,为保护和保全专属经济区的海洋环境,可在该海域适用相关的国内法。因为日本现行刑法中没有关于海洋环境污染的规定,所以无法通过适用刑法的方式对专属经济区外国船舶污染进行刑事处罚,承担这一处罚功能的是具有附属刑法性质的《海洋污染与海上灾害防治法》。根据2014年修订的《海洋污染与海上灾害防治法》,除为确保船舶安全或实施人命救助等该法规定的特殊情形外,任何人不得在包括专属经济区在内的"海域"内排放油类、有害液体物质或废弃物污染海洋环境,违反这一规定者将被判处1000万日元以下的罚金。由此可见,《海洋污染与海上灾害防治法》为专属经济区外国船舶污染刑事司法管辖权的行使提供了明确的国内法依据。由于《海洋污染与海上灾害防治法》的立法目的之一,是确保有效履行"在防止海洋环境污染领域所作的国际承诺",而日本作为当事国的《联合国海洋法公约》又被视为迄今为止最全面、最有影响力的海洋环境条约,所以很难认为日本会在《海洋污染与海上灾害防治法》中作出与《联合国海洋法公约》相悖的规定。这也间接地表明,在日本看来,其《海洋污染与海上灾害防治法》中有关专属经济区外国船舶污染刑事司法管辖权的规定是与《联合国海洋法公约》

相符的。

上述国内立法的实践表明,各国对于《联合国海洋法公约》第220条第6款中"司法程序"这一用语的具体含义存在共同的理解,因此这些实践应被视为与该用语的解释有关的当事国的嗣后实践。虽然当事国的嗣后实践本身还难以对确定《联合国海洋法公约》相关条款的具体含义发挥决定性作用,但不可否认的是,其对于《联合国海洋法公约》相关条款的解释无疑是具有一定参考价值的。①

三、我国现行法中专属经济区外国船舶污染刑事司法管辖权问题检视

我国于1996年5月批准加入《联合国海洋法公约》,1996年7月《联合国海洋法公约》对我国生效。从理论上讲,作为《联合国海洋法公约》的缔约国,我国当然可以主张对专属经济区外国船舶污染的刑事司法管辖权。然而实践中,这一主张能否切实转化为可合法行使的权利,则根本上取决于国内的相关立法情况。这是因为,根据《联合国海洋法公约》第220条第6款规定,沿海国必须"依据其本国法律"提起针对专属经济区外国船舶污染的刑事司法程序。这意味着,虽然《联合国海洋法公约》关于沿海国专属经济区外国船舶污染刑事司法管辖权的规定在性质上属于"许可性规范"而非"义务性规范",因此沿海国完全可以裁量决定是否行使这一管辖权。② 但是,一旦沿海国决定行使该管辖权,则其具体实施必须要有明确的国内法依据。

1998年我国制定了《专属经济区和大陆架法》。该法第10条规定:"中华人民共和国主管机关有权采取必要的措施,防止、减少和控制海洋环境的污染,保护和保全专属经济区和大陆架的海洋环境。"第12条第2款规定:"中华人民共和国对在专属经济区和大陆架违反中华人民共和国法律、法规的行为,有权采取必要措施,依法追究法律责任,并可以行使紧追权。"这些规定虽然"对于保障我国对专属经济区、大陆架行使主权权利和管辖权,维护国家的海洋权益,制

---

① 参见宋杰:《从〈联合国宪章〉第2(4)条的解释来看人道干涉的法律依据——基于准备资料和嗣后实践的视角》,载《国际法研究》2014年第4期。

② 参见[日]兼原敦子:《海洋環境保護に関する関係法令とその執行——船舶起因の海洋汚染を中心として》,载《平成9年度海洋法条約秩序における新海上保安法制の体系化等調査研究事業報告書:新海洋法の展開と海上保安(第2号)》,平成10年3月。

止外国掠夺我国海洋资源等违法行为提供了国内法的有力支持和依据”,[①]但是却没有对专属经济区外国船舶污染刑事司法管辖权的行使作出直接、明确的规定。

我国《海洋环境保护法》的规定为专属经济区外国船舶污染的刑事司法管辖权提供了直接的国内法依据。《海洋环境保护法》第2条第1款规定:“本法适用于中华人民共和国内水、领海、毗连区、专属经济区、大陆架以及中华人民共和国管辖的其他海域。”第90条第3款规定:“对严重污染海洋环境、破坏海洋生态,构成犯罪的,依法追究刑事责任。”根据这些规定,在专属经济区外国船舶污染“严重污染海洋环境、破坏海洋生态,构成犯罪”的情况下,可通过行使刑事司法管辖权追究其刑事责任。尽管如此,因为上述规定没有关于罚则的内容,所以在追究相关行为的刑事责任时,只能适用我国《刑法》第338条污染环境罪的规定。

我国《刑法》第338条规定:“违反国家规定,排放、倾倒或者处置有放射性的废物、含传染病病原体的废物、有毒物质或者其他有害物质,严重污染环境的,处三年以下有期徒刑或者拘役,并处或者单处罚金;后果特别严重的,处三年以上七年以下有期徒刑,并处罚金。”由于这一规定在空间效力范围上存在局限,因此实践中难以作为追究专属经济区外国船舶污染刑事责任的实体法依据。

首先,受属地管辖原则所限,我国《刑法》第338条不能适用于专属经济区。根据《刑法》第6条的属地管辖原则,《刑法》适用于我国领域内的犯罪。一般认为,这里所说的领域指的是“我国国境以内的全部区域”。[②] 具体而言,包括领土、领水和领空,而不包括专属经济区。[③] 因此,在属地管辖原则的限制下,即便外国船舶在我国专属经济区实施了严重污染海洋环境的行为,我国《刑法》第338条的污染环境罪也只能望洋兴叹。

其次,由于不能满足行使保护性管辖对刑罚最低刑的要求,我国《刑法》第338条无法适用于专属经济区外国船舶污染。根据我国《刑法》第8条的保护性管辖原则,外国人在我国领域外针对我国国家或公民犯罪,且按《刑法》规定

---

① 参见陈滨生:《〈中华人民共和国专属经济区和大陆架法〉生效的现实意义——兼谈我国与周边相关国家大陆架划界争端内的解决方式》,载《当代法学》2000年第3期。

② 苏惠渔主编:《刑法学》,中国政法大学出版社2001年版,第59~60页。

③ 参见张明楷:《刑法学》(第4版),法律出版社2011年版,第74页。

的最低刑为3年以上有期徒刑的，可以适用《刑法》。在这一规定下，保护性管辖的行使须满足4个条件：一是犯罪主体是外国人；二是犯罪行为发生在我国领域外；三是犯罪行为针对的是我国国家或我国公民；四是对犯罪行为的处罚应是按《刑法》规定的最低刑为3年以上有期徒刑。专属经济区外国船舶海洋环境犯罪的犯罪主体是外国船舶，犯罪行为发生在我国领域外的专属经济区，犯罪行为针对的是我国的海洋权益，因此满足了行使保护性管辖的前3个条件。但是，由于我国《刑法》没有设置污染海洋环境罪的罪名，而在适用《刑法》第338条的污染环境罪来规制海洋环境犯罪时，存在对该犯罪行为处以"三年以下有期徒刑或者拘役，并处或者单处罚金"的情形，因此不能满足行使保护性管辖所需要的最低刑为3年以上有期徒刑的要求。

由上可见，自加入《联合国海洋法公约》以来，我国通过一系列立法活动逐步实现了《联合国海洋法公约》规定的国内法转化。特别是近年来，随着海洋强国战略的实施，我国涉海立法中强化专属经济区刑事司法管辖权的色彩越发浓厚。然而遗憾的是，虽然现行法律制度下专属经济区外国船舶污染刑事司法管辖权的行使具备了国内法依据，但是由于我国《刑法》第338条的空间效力范围的限制，使以《海洋环境保护法》为法律基础的专属经济区外国船舶污染的刑事司法管辖权因缺乏可供适用的实体法而沦为"没有牙齿的老虎"。[①] 质言之，在我国的现行法律制度下，专属经济区外国船舶污染刑事责任的追究仍处于无法可依的境地。[②]

---

① 2016年8月1日，最高人民法院发布了《关于审理发生在我国管辖海域相关案件若干问题的规定（一）》和《关于审理发生在我国管辖海域相关案件若干问题的规定（二）》。这两个司法解释一定程度上打破了刑法的空间效力的限制。例如，根据《关于审理发生在我国管辖海域相关案件若干问题的规定（一）》，对于外国人在我国管辖海域（包括专属经济区）实施非法猎捕、杀害珍贵濒危野生动物或者非法捕捞水产品等犯罪的，依照我国刑法追究刑事责任；《关于审理发生在我国管辖海域相关案件若干问题的规定（二）》则进一步明确了与上述犯罪相关的刑法条款的适用标准。但其规定并没有涉及专属经济区海洋环境污染问题，更没有专门规定专属经济区外国船舶污染的刑法适用问题。

② 2002年1月1日起实行的我国《海域使用管理法》将"海域"定义为"中华人民共和国内水、领海的水面、水体、海床和底土"，其具体规定不适用于专属经济区。2010年3月1日起施行的《防治船舶污染海洋环境管理条例》规定了船舶在包括专属经济区在内的我国管辖海域排放污染海洋环境的民事赔偿问题和海事管理机构的行政处罚权，没有关于刑事责任的规定。

四、专属经济区外国船舶污染刑事司法管辖权的完善

若要切实通过专属经济区外国船舶污染刑事司法管辖权的行使来维护我国的海洋环境权益，就应对现行的刑事法律制度进行完善，从而为专属经济区外国船舶污染刑事责任的追究提供可供援引的实体法依据。具体而言，制度完善的路径在于明确规定我国《刑法》第338条对于专属经济区外国船舶污染的可适用性。问题是，是在我国《海洋环境保护法》的刑事责任条款之后增设新的条款，专门规定外国船舶在我国专属经济区污染环境的刑事责任，还是在我国《刑法》第338条中新增条款规定专属经济区外国船舶污染的刑事责任呢？对此，本书认为，既然我国《海洋环境保护法》已经将追究海洋环境污染刑事责任的任务引向了《刑法》，那么就不宜再在《海洋环境保护法》中专门作出上述规定。另外，从我国的立法实践来看，还不存在在环境行政法律的刑事责任条款中具体规定罚则的先例。相反，像《海洋环境保护法》那样对刑事责任仅作原则性规定则是当前环境行政法律的普遍实践。例如，我国2015年修订的《环境保护法》第69条规定："违反本法规定，构成犯罪的，依法追究刑事责任。"2017年修订的《水污染防治法》第101条规定："违反本法规定，构成犯罪的，依法追究刑事责任。"鉴于此，本书建议在我国《刑法》第338条中新增加一款，专门规定专属经济区外国船舶污染的刑事责任。

与将我国《刑法》第338条的空间适用范围扩大到专属经济区相关联的是，在接下来的制度建设中应如何规定对专属经济区外国船舶污染的刑事处罚。实际上，这并不是一个完全由国内法调整的事项，虽然关于刑事处罚的规定最终多以国内法的形式表现出来，但有关处罚内容的国内法规定必须受到国际法的限制。这正如有观点所恰当指出的那样："在一国领土内，该国拥有全部的管辖权，然而在海洋上，一国的管辖权是由国际法所明确定义和限制的——是国际法的规则决定了哪个国家、在哪些海域、针对谁以及何种行为来制定并执行一定的规则。"①这一论断也已被国际司法实践所证明。在1999年的"塞加号案"判决中，国际海洋法法庭指出：沿海国有权在其领海和毗连区内，或者针对其专属经济区内的人工岛屿、设施和结构适用海关法律规章，但《联合国海洋法公约》并未承认沿海国在专属经济区的其他部分适用这些法律规章的权利，因

---

① Alfred H. A. Soons, "Law Enforcement in the Ocean-An Overview", *WMU Journal of Maritime Affairs*, Vol. 3, No. 1, 2004.

此，几内亚通过适用海关法来禁止塞加号在其专属经济区内向渔船供应汽油的行为与《联合国海洋法公约》第 56 条和第 58 条的规定不符。[①] 我国于 1996 年批准了《联合国海洋法公约》，作为缔约国，当然有责任诚实履行《联合国海洋法公约》所施加的义务。这是因为，正如国际法院在"《联合国总部协定》第 21 节规定的仲裁义务的适用案咨询意见案"中强调的那样，条约的当事国必须善意信守条约。[②] 就专属经济区外国船舶污染的刑事责任类型而言，《联合国海洋法公约》第 230 条第 1 款规定："对外国船只在领海以外所犯违反关于防止、减少和控制海洋环境污染的国内法律和规章或可适用的国际规则和标准的行为，仅可处以罚款。"这一规定应当视为对我国国内法的限制。

问题是，《联合国海洋法公约》第 230 条第 1 款究竟对缔约国的国内法施加了何种限制？对此，《联合国海洋法公约》本身缺少明确的规定，国家实践也存在根本的分歧。德国和俄罗斯均在国内法中规定了可适用于专属经济区外国船舶污染的自由刑和财产刑，这表明两国没有将《联合国海洋法公约》第 230 条第 1 款视为对国内立法的限制。与德国和俄罗斯的实践形成鲜明对比的是，日本的《海洋污染与海上灾害防治法》在申明其"切实履行关于防止海洋污染的国际承诺"这一立法目的的基础上，对于专属经济区外国船舶海洋环境犯罪只规定了罚金这一种刑罚种类，这足以证明日本将《联合国海洋法公约》第 230 条第 1 款的限制视为了对本国的立法限制。

有研究将《联合国海洋法公约》第 230 条第 1 款在德、俄两国实践中所发挥的作用称为司法限制，并指出如果将《联合国海洋法公约》第 230 条第 1 款的限制仅视为对缔约国的司法限制的话，那么即便缔约国的国内法中规定了金钱处罚以外的处罚措施，但只要在执行阶段仅执行金钱处罚，也不会引起违反《公约》的后果。[③] 虽然从解释论的角度来看，这种理解能够自圆其说，但其对于国家实践而言的现实意义却是存疑的。因为无论是将《联合国海洋法公约》第 230 条第 1 款的性质理解为司法限制还是立法限制，实际上在执行处罚时留给缔约国的选择都是唯一的。换言之，即便基于司法限制说而设置了金钱处罚之

---

① International Tribunal for the Law of the Sea, the M/V Saiga (No. 2) Case, Judgement, 1 July 1999, paras. 111 – 116.

② Applicability of the Obligation to Arbitrate under Section 21 of the United Nations Headquarters Agreement of 26 June 1947, ICJ (1988) 12.

③ 参见武良军、童伟华：《西方经验与中国借鉴：海洋环境污染的刑事立法规制》，载《学习与实践》2014 年第 11 期。

外的处罚措施，但在实际进行处罚时却还是只能执行金钱处罚。既然如此，那么坚持司法限制说并在金钱处罚之外增设处罚种类的实际意义就值得怀疑了。难道是为了以并设多种处罚措施的方式来增加对潜在违法者的威慑力吗？但是，在违法者已经知道无论如何最终能够施于己身的处罚只有金钱处罚这一种并且其他处罚只不过是纸老虎的情形下，其威慑效力又何以发挥呢？由此看来，苦苦纠缠于《联合国海洋法公约》第 230 条第 1 款性质的做法对于一个想诚实履行《联合国海洋法公约》义务的国家而言实在是没有多大现实意义的。对于这样的国家来说，在其国内法中明确规定专属经济区外国船舶污染的刑事责任类型仅包括罚金刑当属明智之举。

五、结语

党的十九大报告提出，保护海洋生态环境，维护海洋权益，加快建设海洋强国。在保护海洋生态环境、维护国家海洋环境权益方面，《联合国海洋法公约》规定的专属经济区外国船舶污染刑事司法管辖权承担着十分重要的功能。为使这一管辖权所承担的功能得以切实发挥，有必要根据《联合国海洋法公约》规定并借鉴域外经验对我国现行的刑事法律制度不断进行完善，避免出现因国内法律制度的不完备而导致的“权力闲置”的问题。此外，还应积极推进专属经济区外国船舶污染刑事司法管辖权的配套制度建设。特别是，应根据《联合国海洋法公约》第 228 条的规定建立起与船旗国刑事司法管辖权的冲突化解制度，根据《联合国海洋法公约》第 292 条建立起专属经济区外国船舶污染的保证金制度和船舶、船员的迅速释放制度。值得关注的是，当前我国学界对于上述配套制度的建设问题似乎并未给予足够的重视，因此从为制度建设提供必要的理论供给的角度而言，今后还需要对这些问题进行充分的研究。

第十章　海上丝绸之路建设视角下《保护水下文化遗产公约》

“丝绸之路经济带”和“21 世纪海上丝绸之路”（以下简称“一带一路”）是中国国家主席习近平先后在 2013 年 9 月和 10 月出访中亚和东南亚期间提出的重大倡议，随即得到国际社会的高度关注。2015 年 3 月中国发布《推动共建丝绸之路经济带和 21 世纪海上丝绸之路的愿景与行动》，提出“一带一路”的共建原则、框架思路、合作重点和合作机制，以政策沟通、设施联通、贸易畅通、资金融通、民心相通为核心，“打造政治互信、经济融合、文化包容的利益共同体、命运共同体和责任共同体”。[①] 民心相通是“一带一路”建设的社会根基，而海上丝绸之路历史文化遗产是把沿线各国人民联系起来的历史纽带。沿线国家共同保护文化遗产，传承和弘扬丝绸之路的友好合作精神，可以为“一带一路”建设奠定坚实的民意基础。因此，建设 21 世纪海上丝绸之路离不开历史文化遗产。

一、海上丝绸之路水下文化遗产保护的现状

“丝绸之路经济带”文化遗产保护硕果累累，效果

---

① 国家发展改革委、外交部、商务部：《推动共建丝绸之路经济带和 21 世纪海上丝绸之路的愿景与行动》（2015 年 3 月 28 日），载国家发展改革委网：http://www.ndrc.gov.cn/gzdt/201503/t20150328_669091.html，最后访问日期：2019 年 3 月 1 日。

显著。2014 年 6 月中、哈、吉共同提出的“丝绸之路——长安天山走廊路网”入选联合国教科文组织“世界遗产名录”,①为“丝绸之路经济带”建设带来良好的发展契机。② 然而,海上丝绸之路文化遗产保护问题颇多。

(一)起点段资源丰富,但海上、境外仍缺乏充足的水下文化遗产点

首先,海上丝绸之路申遗工作仍局限于国内城市,境外水下文化遗产点仍是空白。作为保护海上丝绸之路文化遗产的重要举措,2016 年 3 月中国国家文物局正式确定由泉州牵头,全力推进“海上丝绸之路 · 中国史迹”在 2018 年申报世界文化遗产。③ 2016 年 9 月国家文物局明确泉州、广州、宁波、南京、漳州、莆田、丽水、江门 8 个城市的 31 个遗产点列入首批海上丝绸之路申遗点,阳江市“南海 1 号沉船及沉船点”作为关联点。④ 问题是,目前海上丝绸之路的遗产点局限于国内城市,境外遗产点仍是空白。海上丝绸之路是包括中国在内的世界各国共同开拓的海上贸易通道,是沿线各国长期历史交流合作的见证。中国沿海有 3000 多艘的古代沉船,在沿线海域则有更多古代沉船。⑤ 因此,如果没有境外遗产点,中国海上丝绸之路建设就无法形成文化网络,更无法达到民心相通、文化包容的最终目标。

其次,海上丝绸之路文化遗产需要进一步多样化。“历史文化遗产根据存在样态可分为物质文化遗产和非物质文化遗产两部分,前者以有形的实物形态存在,后者则主要表现为无形的知识与技能。”⑥海上丝绸之路非物质文化遗产主要涉及造船、航海、陶瓷等方面的知识和技能,目前相关研究刚刚起步。物质文化遗产的收集整理工作也在进行之中。单从遗产点的名称和位置就可以看

---

① UNESCO, The World Heritage List, “Silk Roads: the Routes Network of Chang'an-Tianshan Corridor”, http://whc.unesco.org/en/list/1442.

② 参见周方:《丝绸之路经济带建设中历史文化遗产的法治保障研究》,载《西北大学学报》(哲学社会科学版)2015 年第 2 期。

③ 参见《海上丝绸之路申遗工作会议在我院召开》(2016 年 9 月 1 日),载中国文化遗产研究院网:http://www.cach.org.cn/tabid/76/InfoID/1939/frtid/78/Default.aspx,最后访问日期:2019 年 3 月 1 日。

④ 南海一号是一艘沉没于珠江口的宋代沉船,1987 年被发现,2007 年进行了抢救性发掘活动。See Li Qingxin, *Hainan I and the Maritime Silk Road* (translated by Yu Chengyong), China Intercontinental Press, 2010.

⑤ 参见郭玉军、徐锦堂:《国际水下文化遗产若干法律问题研究》,载《中国法学》2004 年第 3 期。

⑥ 周方:《丝绸之路经济带建设中历史文化遗产的法治保障研究》,载《西北大学学报》(哲学社会科学版)2015 年第 2 期。

出，已公布的31个遗产点存在类别比较单一、证明效力有限的问题。其中，只有江口码头和真武庙遗产点、广州的南海神庙及码头遗址遗产点和南京的龙江宝船厂遗产点可以直接证明海上丝绸之路的存在。其余绝大多数是寺庙、塔桥、窑址和墓葬等，这些遗址点间接记录和反映了海上丝绸之路存在的历史，具有重要的参考价值。但是，遗产点与海上丝绸之路整体的关联性仍需要大量直接证据及其形成的证据链来证明。海上丝绸之路的船只、起点码头、停靠码头、航海图以及货物交换①的记录都可彰显海上丝绸之路的荣光。其中，沉船的国籍、所载货物、起止码头、启航时间、航行路线等具有最直接的证据作用；大量不同历史时期的沉船可以形成完整的证据链。

（二）国内保护措施完善，而国际合作机制不足

"'一带一路'倡议涵盖了沿线65个国家、近44亿人口，不同国家间要素禀赋各异、发展水平不一。"②在如此广泛的区域搜寻1000多年的历史印迹，其困难程度难以想象。即使已经发现的水下文化遗产，保护现状也十分堪忧。在客观方面，相关国家缺乏足够资金和专业人才，保护措施无法到位；在主观方面，某些国家只顾经济利益，不愿保护水下文化遗产，放任商业开发，结果导致水下文化遗产遭到疯狂盗捞破坏。③

中国政府高度重视水下文化遗产保护。④ 早在1982年中国就制定了《文物保护法》，该法是中国文物保护以及相关违法行为行政处罚和刑事处罚的法律基础。1989年10月中国还颁布了《水下文物保护管理条例》，专门加强水下文物的保护管理工作。2012年6月中国成立"国家文物局水下文化遗产保护中心"，专门负责组织实施全国水下文化遗产调查、发掘、研究和保护工作。⑤ 2016年3月中国发布《国务院关于进一步加强文物工作的指导意见》，提出建设水下

---

① 丝绸之路不仅运输丝绸，而且运输瓷器、糖、五金等出口货物以及香料、药材、宝石等进口货物。

② 杨泽伟：《论21世纪海上丝绸之路建设与国际海洋法律秩序的变革》，载《东方法学》2016年第5期。

③ 参见林蓁：《南海水下文化遗产保护合作机制的可行性研究——基于建设21世纪海上丝绸之路视角》，载《海南大学学报》（人文社会科学版）2016年第2期。

④ See "UNESCO Database of National Cultural Heritage Laws", http://www.unesco.org/culture/natlaws/.

⑤ "CHINA National Conservation Center for Underwater Cultural Heritage", UNESCO Official Website, http://www.unesco.org/fileadmin/MULTIMEDIA/HQ/CLT/pdf/CUCH_brochure_en%20(2)_02.pdf.

文物保护区、南海基地等。西方学者认为,中国水下文物保护机制在世界上处于领先地位。[①] 总之,中国在水下文物保护管理方面已经制定了一套科学合理且相对完善的法律法规体系。

海上丝绸之路水下文化遗产是将沿线国家紧密联系在一起的历史纽带,理应得到各国的尊重和保护,然而实事却并非如此。目前,南海水下文化遗产的盗掘破坏活动猖獗。[②] 更有甚者,某些国家蓄意破坏中国在相关海域的水下文化遗产,以毁坏中方主张历史权利的证据。[③] 愈演愈烈的水下文物盗掘活动迫使中国不得不对一些破坏严重的古代沉船进行抢救性发掘。对于那些遗存于中国管辖范围之外的水下文化遗产,保护工作更为艰巨。"历史文化遗产虽经历了历史漫长的传承过程,但其中绝大部分仍然构成丝绸之路沿线各族社会公众生产生活组成部分的'活态'文明。"[④]挖掘这种活态文明本身就离不开当地社会力量的积极参与,况且部分路段位于公海或别国管辖海域,因此,发掘海上丝绸之路海外遗产点离不开国际合作。然而,东南亚各国对海上丝绸之路建设的反映不一。例如,越南对中国提出的保护水下文化遗产和海上丝绸之路建设仍疑虑重重,担心中国单方面在争议海域开展水下文化遗产活动,强化中国历史性权利主张,侵犯其海洋权益主张。[⑤] 特别是在南沙海域,领土主权和海洋权益之争错综复杂,域外大国乘机介入不断造成地区紧张局势,在这种情况下开展水下文化遗产保护举步维艰。

"21 世纪海上丝绸之路不是单凭一个国家就可以完成的,需要沿线各国的

---

① See Porter Hoagland, "China", in Sarah Dromgoole ed., *Legal Protection of the Underwater Cultural Heritage—National and International Perspective*, Kluwer Law International, 1999, p. 35.

② 参见张钺:《西沙群岛海域新发现 12 处水下遗址盗坑遍布海床》(2012 年 8 月 1 日),载中新网:http://www.chinanews.com/cul/2012/07-31/4072281.shtml,最后访问日期:2019 年 3 月 1 日。

③ 参见邬勇、王秀卫:《南海周边国家水下文化遗产立法研究》,载《西部法学评论》2013 年第 4 期;蔡岩红:《我国管辖海域水下文化遗产安全告急》(2011 年 12 月 13 日),载法制网:http://www.legaldaily.com.cn/index/content/2011-12/13/content_3194399.htm? node=33768,最后访问日期:2019 年 3 月 1 日。

④ 周方:《丝绸之路经济带建设中历史文化遗产的法治保障研究》,载《西北大学学报》(哲学社会科学版)2015 年第 2 期。

⑤ See Nguyen Ngoc Lan & Tran Hoang Yen, "China wants to conserve even Vietnam's heritage?", September 15, 2014, http://english.vietnamnet.vn/fms/special-reports/111506/china-wants-to-conserve-even-vietnam-s-heritage-.html.

支持和合作。”[①]为了保护海上丝绸之路水下文化遗产，推进“一带一路”建设，中国应利用国际法律制度，开展国际合作。目前，联合国教科文组织《保护水下文化遗产公约》是唯一一个以保护水下文化遗产为宗旨的国际公约。早在《保护水下文化遗产公约》通过之时，国内就有专家呼吁中国加入。[②] 2012 年 5 月中国国家文物局发表《中国水下文化遗产保护现状报告》，表示中国正在“为加入《保护水下文化遗产公约》做好准备”。[③] 可以说，海上丝绸之路建设为中国加入《保护水下文化遗产公约》提供了新的契机。

二、中国加入《保护水下文化遗产公约》对海上丝绸之路建设的意义

（一）加入《保护水下文化遗产公约》将为水下文化遗产保护提供充分的国际法律保障

加入《保护水下文化遗产公约》既是 21 世纪海上丝绸之路建设的需要，也是保护中国乃至世界水下文化遗产的需要。

首先，加入《保护水下文化遗产公约》，中国水下文化遗产将在世界范围内得到所有缔约国的保护。中国散落在世界各地的文化遗产尤其广泛。随着时间的推移，岁月的侵蚀，保护这些水下文化遗产就变得迫在眉睫。中国需要增加用于水下文化遗产保护的人力、资金、技术，加大保护力度；同时还应充分利用现有的国际法律制度，开展国际合作，鼓励世界各国保护水下文化遗产，捍卫全人类的共同利益。加入《保护水下文化遗产公约》后，中国的水下文化遗产将会得到所有缔约国的尊重和保护，包括完善国内法律制度，禁止商业开发，阻止非法打捞的水下文化遗产进入其领土，并对违反公约的行为进行严厉制裁，等等。缔约国还有义务提高公众对水下文化遗产价值与意义的认识（第 20 条），无疑会增进各国人民对中国海上丝绸之路文化遗产的理解，增进文化交流，实现民心相通。

其次，加入《保护水下文化遗产公约》，中国可以对位于中国管辖水域内的所有水下文化遗产行使《保护水下文化遗产公约》规定的管辖权。我国《水下文

---

① 林蓁：《南海水下文化遗产保护合作机制的可行性研究——基于建设 21 世纪海上丝绸之路视角》，载《海南大学学报》（人文社会科学版）2016 年第 2 期。

② 参见郭玉军、徐锦堂：《国际水下文化遗产若干法律问题研究》，载《中国法学》2004 年第 3 期。

③ 《中国水下文化遗产保护现状报告》第 5 条。

物保护管理条例》规定,遗存于中国毗连区、专属经济区内和大陆架上的文物,中国只对那些起源于中国和起源国不明的遗产行使管辖权,而未规定对这些区域内起源于他国的文物享有管辖权。中国加入《保护水下文化遗产公约》后可以依公约对这类文化遗产行使管辖权。当然,对于那些属于他国国家船只和航空器的水下文化遗产,中国需要承担一定的通知义务和合作保护的义务。① 虽然这种义务并非实体性积极义务,中国最好与船旗国协商、共同寻求最优保护方法,②之后再采取保护措施,这样更有利于促进文化交流与合作。③

最后,中国可以广泛地参与国际水下文化遗产合作机制。21 世纪海上丝绸之路涉及南海、印度洋、波斯湾、红海和地中海等海域。批准加入《保护水下文化遗产公约》之后,中国就可以根据《保护水下文化遗产公约》行使在相关海域的公约权利,履行公约义务,参与国际合作机制,保护与中国有联系的水下文化遗产。对于遗存在他国毗邻区、专属经济区、大陆架和"区域"内的水下文化遗产,只要与中国确有联系,无论是否来源于中国,中国都享有一定权利,包括获取相关信息,④参与磋商,采取相关保护措施,任命协调国等。⑤

(二)加入《保护水下文化遗产公约》将为南海共同开发创造新的机遇

南海是 21 世纪海上丝绸之路的前沿阵地区域和必经之路,南海争端复杂化是海上丝绸之路建设的长期阻碍因素。⑥ 在争端最终解决之前,对包括水下文化遗产保护在内的各种争议事项做出临时性安排,是《联合国海洋法公约》的应有之义。⑦ 各国通过国际合作采取一切可行的措施保护南海争议水域的水下文化遗产,是为了南海各国乃至全人类的利益,也是为了履行《联合国海洋法公约》在内的国际公约义务。中国可以依据《保护水下文化遗产公约》的基本原则

---

① See Mariano J. Aznar, "The Legal Protection of Underwater Cultural Heritage: Concerns and Proposals", in Carlos Esposito et al (eds.) *Ocean Law and Policy—20 Years under UNCLOS*, Brill/Nijhoff, 2016, pp. 124 – 147.

② 参见《保护水下文化遗产公约》第 7(3)条。

③ 参见郭玉军、徐锦堂:《国际水下文化遗产若干法律问题研究》,载《中国法学》2004 年第 3 期。

④ 参加《保护水下文化遗产公约》第 7(3)条、第 9(4)条、第 10(5)条、第 11(3)条、第 12(5)条和第 19(2)条。

⑤ 参加《保护水下文化遗产公约》第 10(3)条和第 12(2)条。

⑥ See Zewei Yang, "Building the 21st-Century Maritime Silk Road: Its Impact on the Peaceful Use of the South China Sea", *China and WTO Review*, Vol. 2, No. 1, 2016, p. 92.

⑦ 参见《联合国海洋法公约》第 74(3)条和第 83(3)条。

和具体制度，与南海周边国家合作保护海上丝绸之路水下文化遗产，打破南海共同开发的“瓶颈”。

第一，在南海周边各国加入《保护水下文化遗产公约》的情况下，以公约为基础展开合作。目前，南海争议各国中尚没有一个国家加入《保护水下文化遗产公约》。① 各国通过修改法律法规，采取科学的保护措施，逐渐减少商业打捞，积极考虑加入《保护水下文化遗产公约》。② 因此，随着越来越多的国家加入《保护水下文化遗产公约》，水下文化遗产保护逐渐发展成为一种习惯国际法，③也逐渐得到南海周边各国的重视。各国采取立法和行政措施，加大水下文化遗产的保护力度，这为各国最终加入《保护水下文化遗产公约》奠定基础。

第二，与南海相关国家缔结双边或多边协议，解决南海争议海域水下文化遗产保护的具体问题。④ 这是《保护水下文化遗产公约》所鼓励的解决方法，⑤无论是针对某一特定水下文化遗产，还是针对某一区域内的所有文化遗产，这种方式都是最理想的合作方式，但争议各国会优先考虑政治、经济等问题，而非水下文化遗产保护，因而在短期内难以实现。⑥ 尽管如此，《保护水下文化遗产公约》确立的基本原则和保护措施仍应成为相关合作协议的指导原则和核心内容。首先，该协议必须明确任何水下文化遗产合作机制都不对沿海国根据《联合国海洋法公约》所享有的权利产生不利影响，不对现有领土主权和海洋权益产生任何不利影响。其次，该协议必须坚持对水下文化遗产进行原址保护。这种保护方式并未改变水下文化遗产的遗存现状，不会对沿海国管辖权产生实质性影响，有利于减少沿海国对国际合作的阻力。再次，该协议必须坚持国际合作原则，保障所有与该水下文化遗产有实质联系的国家能够广泛参与，这可以

---

① 南海周边国家中只有柬埔寨于2007年11月24日批准《保护水下文化遗产公约》。

② 参见林蓁：《南海水下文化遗产保护合作机制的可行性研究——基于建设21世纪海上丝绸之路视角》，载《海南大学学报》（人文社会科学版）2016年第2期。

③ 近年来，西方海洋大国也表现出积极的态度：例如，法国已经启动加入《保护水下文化遗产公约》的准备程序，英国也正在考虑加入。See Mariano J. Aznar, "Treasure Hunters, Sunken State Vessels and the 2001 UNESCO Convention on the Protection of Underwater Cultural Heritage", *The International Journal of Marine and Coastal Law* Vol. 25, 2010, pp. 209 - 236.

④ 参见郭玉军、徐锦堂：《国际水下文化遗产若干法律问题研究》，载《中国法学》2004年第3期。

⑤ 《保护水下文化遗产公约》第6条。

⑥ 参见林蓁：《南海水下文化遗产保护合作机制的可行性研究——基于建设21世纪海上丝绸之路视角》，载《海南大学学报》（人文社会科学版）2016年第2期。

为周边各国重启谈判,解决领土主权和海洋划界问题提供一个切入点。最后,该协议必须明确各国承担的国内和国际义务。国内义务主要是通过立法禁止对水下文化遗产的商业开发,加强领土和国民管理,采取严厉制裁措施;国际义务主要是通知义务,保障相关国家的知情权和参与权。

第三,在区域合作协定或在双边合作协定中加入水下文化遗产保护的条款,这是目前比较可行的方案。南海行为准则是南海各方正在着力达成的多边区域合作协定,中国可要求在南海行为准则中增加水下文化遗产保护条款,以《保护水下文化遗产公约》为基础对南海争议区域内水下文化遗产保护开展国际合作。水下文化遗产保护作为一个低敏感度问题,不涉及海洋资源开发利用,不影响各国依《联合国海洋法公约》享有的管辖权,不对各自领土主权和海洋权益主张产生不利影响,其唯一宗旨是为了保护全人类的共同利益。因此,它比海洋油气等资源的共同开发问题具有更大的比较优势,更容易达成合作协议。

三、中国加入《保护水下文化遗产公约》的潜在问题

各国对其管辖水域内水下文化遗产的主张和立法实践各不相同。"挪威和俄罗斯等国认为《保护水下文化遗产公约》的协调机制明显过度,有损公海自由;而希腊等国则认为协调机制仍显不足,尚未满足其扩展管辖权的愿望。"①对位于内水、领海和群岛水域内的水下文化遗产,沿海国依《保护水下文化遗产公约》拥有排他性管辖权,唯一例外是对遗存于领海和群岛水域的国家船只和飞行器沿海国需要视情况承担一定的通知责任,这已经得到广泛的承认。② 然而,对于专属经济区内和大陆架上的水下文化遗产,《联合国海洋法公约》和《保护水下文化遗产公约》只赋予沿海国有限的管辖权,相关保护和管理活动必须通过国际合作机制来实施,对此大多数南海周边国家的法律规定并不一致。③ 中国批准加入《保护水下文化遗产公约》可能会在水下文化遗产管辖权和国际协作义务等方面产生矛盾之处。

---

① MichailRisvas,"The Duty to Cooperate and the Protection of Underwater Cultural Heritage", *Cambridge Journal of International and Comparative Law*, No. 2, 2013, pp. 562 – 590.

② See Robyn Frost, "Underwater Cultural Heritage Protection", *Australian Year Book of International Law* Vol. 23, 2004, pp. 25 – 50

③ 参见李锦辉:《南海周边主要国家海底文化遗产保护政策分析及启示》,载《太平洋学报》2011年第6期。

(一)中国对水下文化遗产的管辖权

中国法律根据水下文物所处位置及其来源国这两个标准来确定中国的管辖权。位于中国内水和领海内的水下文物,中国法律法规与《保护水下文化遗产公约》的规定基本一致。不同之处有二:(1)中国基于对内水、领海的主权对此处的所有水下文物主张所有权和管辖权,[①]而《保护水下文化遗产公约》并不涉及水下文化遗产的所有权;(2)中国对此水域内的国家船只或飞行器享有排他性管辖权,而《保护水下文化遗产公约》规定沿海国在一定情况下需要把国家船只的相关信息通知船旗国。

对于遗存于毗邻区、专属经济区和大陆架的水下文化遗产,中国法律根据其所处位置和来源国的不同规定中国享有不同的权利:对于遗存于中国毗邻区、专属经济区和大陆架的水下文化遗产,如果源自中国或来源国不明的水下文物,中国享有专属性所有权和管辖权。对此,中国要求任何单位和个人向文物主管部门及时报告或上缴相关水下文物,由后者进行妥善处理。对于遗存于外国毗邻区、专属经济区和大陆架、起源于中国的文物,中国"享有辨认器物物主的权利"。相应地,中国要求任何单位和个人向文物主管部门及时报告或上缴相关水下文物,由后者进行辨认、鉴定。[②]

对于遗存于公海区域内的文物,中国法律适用可以分为两种情况:其一,对于遗存于公海区域内、"起源于中国"的文物,中国有权要求任何单位或者个人及时报告或上缴,由国家文物局进行辨认、鉴定,采取相应的保护措施;[③]其二,对于遗存于公海区域内、起源于他国的文物,中国未主张辨认权或其他管辖权。"中国法令要求依照文物起源国来区分其法律地位的立场,自然完全符合国际法的规范",[④]与《联合国海洋法公约》的相关规定是一致的。例如,《联合国海洋法公约》第149条规定:"在'区域'内发现的一切考古和历史文物,应为全人类的利益予以保存或处置,但应特别顾及来源国,或文化上的发源国,或历史和考古上的来源国的优先权利。"《联合国海洋法公约》第303条还规定,"各国有义务保护在海洋发现的考古和历史性文物,并应为此目的进行合作",而且这些

---

① 《水下文物保护管理条例》第2条第1项。

② 《水下文物保护管理条例》第2条第1款第2项、第3条、第6条。

③ 《水下文物保护管理条例》第2条第1款第3项、第3条、第6条。

④ 傅崐成:《联合国教科文组织2001年〈保护水下文化遗产公约〉评析》,载柳经伟主编:《厦门大学法律评论》(第5辑),厦门大学出版社2003年版,第210~230页。

保护和国际合作“不影响可辨认的物主的权利、打捞法或其他海事法规则”。

中国加入《保护水下文化遗产公约》后，中国的法律规定可能会与《保护水下文化遗产公约》产生一些矛盾。

首先，对于那些位于中国毗邻区、专属经济区和大陆架上但起源于他国的水下文化遗产，中国法律并未主张管辖权。[①]《保护水下文化遗产公约》明确规定沿海国对这些海域内的所有水下文化遗产具有管辖权；即使这些文化遗产来源于他国，沿海国仍可作为协调国享有广泛的权利。相比而言，中国《水下文物保护管理条例》放弃对此类水下文化遗产的管辖权，明显是自我设限的行为，需要及时修订。[②]

其次，对于“遗存于外国领海以外的其他管辖海域以及公海区域内的起源于中国的文物”，《水下文物保护管理条例》规定中国“享有辨认器物物主的权利”。[③] 这样的“权利要求不仅和公约的规定差异较大，和别国的法律也多有冲突，导致该条在实施层面存在很大困难”。[④] 一方面，对于遗存于外国毗邻区、专属经济区和大陆架上的水下文化遗产，《保护水下文化遗产公约》规定其来源国享有表达参与意愿、通过国际合作与沿海国共同保护水下文化遗产等广泛的权利，明显不同于单方面辨认器物物主的权利；另一方面，对于“区域”内的水下文化遗产，《保护水下文化遗产公约》实际上把国际协作的重任委托给教科文组织总干事，由其负责通知“确有联系”的国家通过国际合作进行保护。但是，《保护水下文化遗产公约》并未赋予任何国家辨认器物物主的权利，也未赋予来源国在国际合作中的特殊地位。就此而言，中国《水下文物保护管理条例》似乎又有擅自扩大管辖权的嫌疑。

（二）中国的国际协作义务

加入《保护水下文化遗产公约》后，中国需要承担更多的国际协作义务。这些义务包括建立报告制度，对国家船只或飞行器的船旗国、与水下文化遗产确有联系的缔约国、教科文组织总干事以及国际海底管理局秘书长的通知义务以及开展国际合作的义务等，其目的是相互协调，实施保护措施，共同保护或合作

---

① 《水下文物保护管理条例》第3条。

② 参见傅崐成：《联合国教科文组织2001年〈保护水下文化遗产公约〉评析》，载柳经伟主编：《厦门大学法律评论》（第5辑），厦门大学出版社2003年版，第210～230页。

③ 《水下文物保护管理条例》第2条第3项、第3条。

④ 林蓁：《南海水下文化遗产保护合作机制的可行性研究——基于建设21世纪海上丝绸之路视角》，载《海南大学学报》（人文社会科学版）2016年第2期。

开发水下文化遗产。不容忽视的是，这些国际协作机制容易产生新的纠纷。对那些遗存于专属经济区/大陆架和“区域”内的水下文化遗产尤其如此。能否有效保护这些海域的水下文化遗产，在很大程度上取决于沿海国、国家船只和飞行器的船旗国以及与该水下文化遗产“确有联系的国家”是否具有意愿以及能否达成合作协议。相关协作活动极易陷入困境，导致无法采取及时有效的保护措施。[①] 既然这些国家很难达成一致意见[②]，而且，《保护水下文化遗产公约》还规定缔约国和协调国在必要时有权在其他缔约国协商之前采取保护措施。[③] 那么，中国加入《保护水下文化遗产公约》后需要承担的这些国际义务从本质上来看就仅仅是程序性义务和道义责任，而非实体性积极义务。[④]

四、结语

中国建设21世纪海上丝绸之路，“必须加强与沿线国家在国际海洋法治领域的交流、协商与合作，参与引领国际海洋法律秩序的变革，弥补国际海洋法律秩序的缺陷，推动国际海洋法律秩序的完善”。[⑤] 这不仅可以促进中国和沿线国家的互利共赢，而且有利于中国实现从国际海洋法律秩序的“追随者”向“捍卫者”和“建设者”的转变。[⑥]

“国家是否加入国际公约最终取决于是否符合其国家利益。”[⑦]中国是水下

---

① Sarah Dromgoole, “2001 UNESCO Convention on the protection of Underwater Cultural Heritage”, *The International Journal of Marine and Coastal Law*, Vol. 18, No. 1, 2003, p. 89.

② 在缔约谈判过程中各国就分歧严重，美国、英国和西班牙等国支持有关国际合作、知情权和咨询权的规定，而77国集团则坚持沿海国的主权不容侵犯，拒绝对国家船只和飞行器承担额外义务。See Roberta Garabello, “The Negotiating History of the Convention on the Protection of the Underwater Cultural Heritage”, in Roberta Garabello and TullioScovazzi (eds), *The Protection of the Underwater Cultural Heritage—Before and After the* 2001 *UNESCO Convention*, MartinusNijhoff Publishers, 2001, pp. 89 – 192.

③ 参见《保护水下文化遗产公约》第10(4)条和第12(3)条。

④ MichailRisvas, “The Duty to Cooperate and the Protection of Underwater Cultural Heritage”, *Cambridge Journal of International and Comparative Law*, No. 2, 2013, pp. 562 – 590.

⑤ 参见杨泽伟：《论21世纪海上丝绸之路建设与国际海洋法律秩序的变革》，载《东方法学》2016年第5期。

⑥ Wang Yi, “China, a Staunch Defender and Builder of International Rule of Law”, Chinese Embassy in UK, October 24, 2014, http://www.chinese-embassy.org.uk/eng/zgyw/t1204247.htm.

⑦ Sarah Dromgoole, “Reflections on the Position of the Major Maritime Powers with Respect to the UNESCO Convention on the Protection of the Underwater Cultural Heritage 2001”, *Marine Policy*, Vol. 38, 2013, pp. 116 – 123.

文化遗产大国,水下文化遗产散落在世界各地。中国可以依托《保护水下文化遗产公约》,通过广泛的国际合作,保护海上丝绸之路水下文化遗产,保护人类文化遗产。这不仅有利于维护中国的国家利益,而且有利于维护全人类的利益。中国“一带一路”倡议的宗旨与《保护水下文化遗产公约》的命运共同体理念不谋而合。中国应尽快加入《保护水下文化遗产公约》,发挥水下文化遗产大国的优势,提出中国方案,贡献中国智慧,掌控更大的海洋立法话语权,推动国际海洋法律秩序的变革,构建以“五通”为核心的国际合作大格局。

第十一章　中国加入《保护水下文化遗产公约》的主要障碍及对策

一、引言

《保护水下文化遗产公约》自2009年1月2日生效以来已有10年时间,缔约国数量达到了58个,其中不乏西班牙、葡萄牙、意大利、法国等传统海洋大国,也有诸多海洋事业正蓬勃发展的国家,如阿根廷、南非、埃及等国。迄今为止,《保护水下文化遗产公约》缔约国已召开过6次成员国会议,除了程序性的事项外,近两年来的议题开始逐渐关注公众对水下文化遗产的责任、保护水下文化遗产的最佳实践以及更广泛地执行和批准《保护水下文化遗产公约》等诸多理论与实践的前沿内容,不断推进国际层面保护水下文化遗产的进展。

中国参与了《保护水下文化遗产公约》的谈判,并在2001年11月2日联合国教科文组织第31届全体大会上投出赞成票支持《保护水下文化遗产公约》通过,在《保护水下文化遗产公约》的制定中做出了贡献。然而,时隔10多年,中国仍没有加入《保护水下文化遗产公约》,使中国在国际层面上保护水下文化遗产困难重重。原因在于,中国加入《保护水下文化遗产公约》存在诸多障碍,在尚未厘清并克服这些障碍前贸然加入,无疑会使中国陷入被动的处境,不利于中国参与保护水下文化遗产的国际活动。

国内学者在《保护水下文化遗产公约》通过后已经

关注到了中国加入《保护水下文化遗产公约》的现实条件，展开了多角度、多层次的研究和探讨，并提出了一些解决对策。

一方面，在中国加入《保护水下文化遗产公约》障碍的研究中，傅崐成教授较早指出了《保护水下文化遗产公约》规定与中国国内立法存在的一些冲突，如在就地保护原则、禁止商业开发原则、定义及所有权和管辖权方面，①这些问题几乎就是中国加入《保护水下文化遗产公约》的主要障碍；赵亚娟教授阐述了中国批准《保护水下文化遗产公约》后，可能给中国对位于管辖海域内的水下文化遗产主张权利带来一定程度的不利影响，且《保护水下文化遗产公约》的争端解决规定可能使中国在争端解决中陷入被动，以及扣押规定给中国带来的沉重负担，②这些考虑极具现实意义，是中国加入《保护水下文化遗产公约》前需要关注的重要问题；张亮教授也阐释了类似的观点；③马明飞教授则指明了水下文化遗产归属问题的困境，提出在《保护水下文化遗产公约》中规定所有权制度也许并不适宜，但有必要在国际法上明确水下文化遗产所有权归属，④尽管《保护水下文化遗产公约》回避了所有权问题，但这一问题与保护水下文化遗产的关系密切，仍被国际社会广泛争论。

另一方面，对于如何克服障碍，促进中国加入《保护水下文化遗产公约》，傅崐成教授提出中国应联合其他国家，对《保护水下文化遗产公约》提出关于所有权问题的修正案，再考虑加入《保护水下文化遗产公约》，⑤这样的做法涉及修改《保护水下文化遗产公约》内容，需要具备较高的条件，实现的难度很大；赵亚娟教授表达了其修订《水下文物保护管理条例》的建议，以符合水下文化遗产保护的发展方向，⑥这种方式较为可行，将关注的重点放在中国立法的修改上，以达到《保护水下文化遗产公约》的标准和要求；而张忠野教授通过比较分析《保

① 参见傅崐成、宋玉祥：《水下文化遗产的国际法保护——2001年联合国教科文组织〈保护水下文化遗产公约〉解析》，法律出版社2006年版，第223～231页。

② 参见赵亚娟：《联合国教科文组织〈保护水下文化遗产公约〉研究》，厦门大学出版社2007年版，第179～180页。

③ 参见张亮、赵亚娟：《论中国应尽快批准〈保护水下文化遗产公约〉》，载《武汉大学学报》(哲学社会科学版)2011年第4期。

④ 参见马明飞：《水下文化遗产归属的困境与法律对策》，载《甘肃社会科学》2016年第1期。

⑤ 参见傅崐成、宋玉祥：《水下文化遗产的国际法保护——2001年联合国教科文组织〈保护水下文化遗产公约〉解析》，法律出版社2006年版，第233～235页。

⑥ 参见赵亚娟：《联合国教科文组织〈保护水下文化遗产公约〉研究》，厦门大学出版社2007年版，第181～186页。

护水下文化遗产公约》与中国立法关于不同海域的制度规定，同样提出了完善中国立法的建议，[①]这与赵亚娟教授的观点不谋而合，是现今可行性较强且相对容易实现的方案；刘丽娜教授则着重分析了加入《保护水下文化遗产公约》的对策，提出了不存在冲突条款的适用、“解释性声明”、“保留条款”和“主权声明”的独到看法。[②] 可见，国内对中国加入《保护水下文化遗产公约》的障碍及对策的研究，确实已经取得了不少成果。不过，整体看仍较为零散，缺乏系统化和明晰化的梳理和论证。而且，关于如何应对这些障碍，现有成果较少将中国的情况和障碍与其他缔约国进行比较分析，也没有参考和借鉴其他缔约国加入《保护水下文化遗产公约》时克服障碍的实践方法。

上述研究现状，既给本书奠定了研究基础，也留下了创新空间。本书将以此为基础，阐明中国加入《保护水下文化遗产公约》的必要性，梳理中国加入《保护水下文化遗产公约》的主要障碍，并根据性质差异对障碍进行分类，进而分析中国克服不同障碍的困难程度。并在此基础上，通过剖析各缔约国加入《保护水下文化遗产公约》时面临的障碍和实践，结合中国实际，有限地借鉴各缔约国克服障碍的方法，为中国克服障碍并加入《保护水下文化遗产公约》寻找新思路。

二、中国加入《保护水下文化遗产公约》的必要性

《保护水下文化遗产公约》是当今国际社会唯一专门规定保护水下文化遗产的国际公约，其中涉及了诸多有利于保护水下文化遗产的原则和制度，一定程度上代表着较多国家普遍认可的理念，为水下文化遗产保护的理论和实践发展提供了国际法依据。中国作为新兴海洋大国，在世界范围内拥有丰富的水下文化遗产资源，加入《保护水下文化遗产公约》对中国参与国际层面的保护水下文化遗产活动极具价值，也是实现中国向海洋强国迈进的重要举措。

(一)《保护水下文化遗产公约》符合水下文化遗产保护的趋势

《保护水下文化遗产公约》的内容尽管掺杂着各方利益集团的相互妥协，在诸多条款中都做出了折中性的规定，甚至与《保护水下文化遗产公约》原本的意

---

① 参见张忠野：《国际水下文化遗产的管辖和保护与我国法之完善》，载《政治与法律》2015年第10期。

② 参见刘丽娜：《中国水下文化遗产的法律保护》，知识产权出版社2015年版，第131～136页。

图背道而驰，但无法否认《保护水下文化遗产公约》所传达的理念和设置的原则及制度均较为先进，符合国际法层面保护水下文化遗产的实践需要，也代表着未来保护水下文化的发展趋势。

在序言中，《保护水下文化遗产公约》着重表达了保护水下文化遗产的先进理念，如水下文化遗产是人类遗产的组成部分、公众对水下文化遗产的保护和利用、禁止商业开发、开展国际合作以及设置统一的技术标准，而这些理念无不体现在《保护水下文化遗产公约》的原则和制度当中。《保护水下文化遗产公约》创设了国际合作原则、为全人类利益保护原则、就地保护原则、适当保护原则、禁止商业开发原则和尊重国际法现状 6 项原则，每一项原则都是保护水下文化遗产必须遵循的准则，有丰富的理论内涵和实践价值。这些原则贯穿于《保护水下文化遗产公约》的全文，灵活体现在各项制度之中。以国际合作原则为例，《保护水下文化遗产公约》第 19 条和第 21 条要求缔约国在水下文化遗产的保护、管理、分享信息、水下考古培训等方面进行合作，这是国际合作原则的集中体现；第 9 条和第 11 条规定的与相关水下文化遗产确有联系的缔约国，可以向拥有水下文化遗产的缔约国在如何保护方面提供咨询，以及第 10 条和第 12 条规定的“协调国”制度，都传达着国际合作原则的精神。这些制度的设置尽管仍存在瑕疵，但的确体现着保护水下文化遗产的发展方向。

据此，加入《保护水下文化遗产公约》能够使中国保护水下文化遗产的理论和实践与国际社会接轨，在保有其自身独特性的同时，顺应保护水下文化遗产的国际潮流。

（二）加入《保护水下文化遗产公约》为中国保护其管辖海域内的水下文化遗产提供依据

在国内法层面，中国依据《水下文物保护管理条例》第 2 条第 1 款第 1 项和第 2 项以及第 3 条，对其管辖海域内的水下文化遗产主张权利和提供保护，这些海域中包含着极具争议的专属经济区和大陆架。目前，国际法层面尚未形成可靠的习惯国际法规则，而中国也未与其他国家签订任何关于保护水下文化遗产的双边和多边协议，因此中国对位于专属经济区内和大陆架上的水下文化遗产的权利仍缺乏国际法依据。

然而，《保护水下文化遗产公约》第 9 条和第 10 条赋予了缔约国保护其专属经济区内和大陆架上水下文化遗产的权利，这与《水下文物保护管理条例》规定的管辖权是相一致的。中国加入《保护水下文化遗产公约》后，可以依据《保护水下文化遗产公约》的规定行使各项保护水下文化遗产的权利，为中国保护其管辖海域内的水下文化遗产提供充分的国际法依据。

(三)加入《保护水下文化遗产公约》为中国保护其管辖海域外的水下文化遗产提供机会

对于中国管辖海域外,即外国的专属经济区内、大陆架上和"区域"内的水下文化遗产,中国尽管依据《水下文物保护管理条例》第2条第1款第3项和第3条要求主张其"辨认器物物主的权利",但其他国家发现水下文化遗产后,并没有告知中国的义务。因此,中国很难获得相关的信息,更难以主张权利。

但加入《保护水下文化遗产公约》后,情况会有极大的改善。《保护水下文化遗产公约》第9条和第11条赋予了缔约国报告和通知的义务,一旦在另一缔约国的专属经济区内、大陆架上或"区域"内发现水下文化遗产或从事开发活动,其他缔约国能够迅速获得信息,而且对于确有联系的国家,还可以向该国就如何保护问题提供咨询,并依据《保护水下文化遗产公约》第10条和第12条的"协调国"制度参与协商。如此,中国能够获得其管辖海域外的水下文化遗产的有效信息,为参与保护此类水下文化遗产提供了机会,也为中国依据国内法主张权利提供了可能。

(四)加入《保护水下文化遗产公约》为中国参与国际保护水下文化遗产活动提供平台

近年来,中国在保护水下文化遗产的资金投入、人才培养、技术研发、交流合作等方面发展迅速,但相较于其他海洋强国仍有较大差距。中国现阶段开展保护水下文化遗产活动仍立足于国内,但由于从中国流出的水下文化遗产分布在世界各个海域,以及与国外的合作交流日益频繁,保护水下文化遗产"走出去"势在必行。

加入《保护水下文化遗产公约》将为中国提供参与国际范围内保护水下文化遗产活动的可靠平台。随着《保护水下文化遗产公约》实践情况的发展,缔约国数量必然逐渐增多,尤其是海洋强国的加入,不仅使《保护水下文化遗产公约》体系下合作成员的范围越来越广,而且合作的内容会越来越丰富,合作层次也会更加深入,特别在信息共享、水下考古培训、技术转让、合作开发和管理等方面。对于水下文化遗产保护事业不断发展的中国,这些都是较为贫乏和亟待学习的重要内容。

三、中国加入《保护水下文化遗产公约》的主要障碍

中国加入《保护水下文化遗产公约》的主要障碍根据性质的不同,可以分为

目标性障碍、制度性障碍、执行性障碍和技术性障碍四类。这些障碍的产生主要源自中国国内立法与《保护水下文化遗产公约》的不相适应。中国可以通过确立制度、健全机制、提高技术等方式克服一些障碍,但还有一些障碍与中国的传统观念、立法目标以及外交政策息息相关。能否克服这些障碍或是找到恰当的解决方案则直接影响到中国加入《保护水下文化遗产公约》的走势。

(一)目标性障碍

中国加入《保护水下文化遗产公约》的目标性障碍,是指中国管理和保护水下文物(以下涉及中国的水下文化遗产均称为“水下文物”)的思路和目标与《保护水下文化遗产公约》存在本质上的不同,这种差别集中体现在水下文物的所有权问题上。依据《水下文物保护管理条例》,“为了加强水下文物保护工作的管理……制定本条例”,①这种管理和保护工作是建立在“水下文物属于国家所有,国家对其行使管辖权”和“国家享有辨认器物物主的权利”②的基础上。因此,中国对于水下文物的保护,首先要明确其所有权,再对其行使管辖权,对水下文物的所有权是对其行使管辖权的前提和基础。然而,纵览《保护水下文化遗产公约》全文,丝毫未提及水下文化遗产的所有权问题,只确立了管辖权制度。《保护水下文化遗产公约》的谈判者以“该公约是一个公法性国际公约,所以最好不处理敏感的财产权问题”或“该公约不是一个处理所有权问题的公约”等为借口,回避了水下文化遗产的所有权问题。③ 由此造成的结果是,《保护水下文化遗产公约》不涉及有关所有权方面的内容,而以“确保和加强对水下文化遗产的保护”④为其唯一的目标。

中国立法与《保护水下文化遗产公约》在目标实现方面的差异是显而易见的,这种分歧是根本性的,甚至是无法调和的,但两者都极具合理性和现实性。中国的立法有其历史的渊源和现实的需要,在中国文物散落于世界各海域的背景之下,中国作为其来源国或文化、历史上的起源国,辨认器物和主张权利的要求十分迫切。而《保护水下文化遗产公约》的制定则要考虑所有缔约国的接受程度,在最为敏感的所有权问题上,可能避而不谈是最佳的处理方案。因此,中

---

① 《水下文物保护管理条例》第1条。

② 《水下文物保护管理条例》第3条。

③ 参见傅崐成、宋玉祥:《水下文化遗产的国际法保护——2001年联合国教科文组织〈保护水下文化遗产公约〉解析》,法律出版社2006年版,第213页。

④ 《保护水下文化遗产公约》第2条第1款。

国加入《保护水下文化遗产公约》时不得不面对最为棘手的目标性障碍，是选择坚持明确所有权归属的立场，还是选择退而求其次只关注水下文化遗产的保护，或是能够提出两全其美的解决方案，将决定中国加入《保护水下文化遗产公约》的走向。

（二）制度性障碍

1. 水下文化遗产的范围。中国加入《保护水下文化遗产公约》面临的第一个制度性障碍就是水下文化遗产的范围问题。根据《水下文物保护管理条例》，中国保护的水下文物有 4 个特征，根据在条文中出现的顺序归纳为：（1）具有历史、艺术和科学价值；（2）符合《水下文物保护管理条例》第 2 条规定的海域和起源情况；（3）属于《文物保护法》第 2 条①规定的"文物"范畴；（4）不包括 1911 年以后的与重大历史事件、革命运动以及著名人物无关的水下遗存。② 然而，这一范围与《保护水下文化遗产公约》规定的水下文化遗产存在很大差异。《保护水下文化遗产公约》第 1 条规定了水下文化遗产的定义，也有 4 个特征：（1）沉没至少 100 年；（2）具有文化、历史或考古价值③的所有人类生存遗迹；（3）包括遗迹的具有考古价值的环境和自然环境；（4）不包括海底铺设的管道和电缆遗迹正在使用的装置。④ 据此，中国关于水下文物的范围要小于《保护水下文化遗产公约》规定的范围，必然会成为加入《保护水下文化遗产公约》的障碍。

这种障碍主要体现在 3 个方面：第一，中国界定水下文物，采取了"重要性"标准，仅限定在"具有历史、艺术和科学价值"和"1911 年以后的与重大历史事件、革命运动以及著名人物有关"的水下遗存，而《保护水下文化遗产公约》采取了全面保护的方法，对所有人类生存遗迹都进行保护。第二，在时间界限的问

---

① 《文物保护法》第 2 条规定："在中华人民共和国境内，下列文物受国家保护：（一）具有历史、艺术、科学价值的古文化遗址、古墓葬、古建筑、石窟寺和石刻、壁画；（二）与重大历史事件、革命运动或者著名人物有关的以及具有重要纪念意义、教育意义或者史料价值的近代现代重要史迹、实物、代表性建筑；（三）历史上各时代珍贵的艺术品、工艺美术品；（四）历史上各时代重要的文献资料以及具有历史、艺术、科学价值的手稿和图书资料等；（五）反映历史上各时代、各民族社会制度、社会生产、社会生活的代表性实物……具有科学价值的古脊椎动物化石和古人类化石同文物一样受国家保护。"

② 《水下文物保护管理条例》第 2 条。

③ 在《保护水下文化遗产公约》的中文文本中尽管使用"价值"一词，但在英文文本中为"character"，即具有文化、历史或考古"特征"的所有人类生存遗迹。而几乎所有人类生存遗迹都具有文化、历史或考古"特征"，因此《保护水下文化遗产公约》对水下文化遗产采取全面保护的方法。

④ 《保护水下文化遗产公约》第 1 条第 1 款。

题上，中国将1911年作为时间节点，但《保护水下文化遗产公约》规定了至少沉没100年的标准，这在实践中会产生很大的问题。按《保护水下文化遗产公约》的规定，自2018年往前推100年为1918年，即1918年之前沉没的水下文化遗产应当受到《保护水下文化遗产公约》的保护，但中国立法将1911～1918年这一时间段内沉没的水下遗存排除在水下文物之外。随着时间的推移，这一现象会越发明显，因为中国立法以1911年为节点，水下文物的保护范围几乎是不变的，但《保护水下文化遗产公约》的规定更为动态，水下文化遗产的范围会随时间的推移不断扩大。第三，中国规定水下文物的范围仅包括遗址和遗物，而《保护水下文化遗产公约》的保护对象还包括具有考古价值的环境和自然环境，这不仅扩大了保护范围，还大大增加了保护难度，提高了保护要求。

中国加入《保护水下文化遗产公约》必须首先解决水下文化遗产的范围问题，因为《水下文物保护管理条例》规定的保护范围较窄，达不到《保护水下文化遗产公约》的标准。这一障碍不存在根本性的对立，只是制度设置上的差异，但如果将“重要性”标准转变为全面保护，无疑会大大加重中国的负担，可能造成履行义务上的被动，这是中国需要慎重考虑的问题。

2. 就地保护原则。在就地保护原则的问题上，《文物保护法》与《保护水下文化遗产公约》之间存在较大差距。中国关于就地保护的相关描述出现在《文物保护法》第20条第1款，“建设工程选址，应当尽可能避开不可移动文物；因特殊情况不能避开的，对文物保护单位应当尽可能实施原址保护”，在此基础上，对不可移动文物的修缮、保养和迁移遵循“不改变文物原状的原则”。[①] 这与《保护水下文化遗产公约》确立的就地保护原则相去甚远。就地保护原则作为《保护水下文化遗产公约》的一般原则，不仅适用于《保护水下文化遗产公约》的所有规定，还要求“就地保护应作为首选”。[②] 这意味着就地保护原则对于可移动和不可移动的水下文化遗产，都应当得到优先适用。与之相较，《文物保护法》的规定很难被认定为就地保护原则，原因在于：首先，原址保护以建设工程选址为前提，而并不针对其他需要保护的情况；其次，原址保护和不改变文物原状的原则只适用于不可移动文物，对于可移动文物缺乏相关的规定；最后，“尽可能”一词似乎没有确立原址保护原则，只是需要文物保护单位尽力而为。显然，《保护水下文化遗产公约》对就地保护提出了更高的要求。

---

① 《文物保护法》第21条第4款。

② 《保护水下文化遗产公约》第2条第5款。

中国加入《保护水下文化遗产公约》势必要确立就地保护原则，但存在多重障碍：其一，中国面临严峻的抢救形势。在中国管辖的海域中，蕴藏着数量极其庞大的水下文物，但遭到私人寻宝者的严重盗掘，其中以英国迈克尔·哈彻分别于1985年和1999年对南海海域的“哥德马尔森号”和“泰兴号”进行打捞拍卖最为著名。面对这种情况，中国不得不对沿海水下文物开展抢救工作，将其打捞出水予以保护，防止遭到外国私人的劫掠。其二，中国对水下文物保护的传统心理。根据传统观念，对水下文物的保护，尤其对于可移动文物，更加侧重于将其打捞出水，置于博物馆中进行保护，而很少提及就地建立保护区，因为打捞出水更能发挥水下文物的欣赏和教育价值，也更利于科学研究。其三，中国实施就地保护的技术挑战。中国进行沉船打捞的技术发展迅速，如2007年对“南海Ⅰ号”采用沉箱整体打捞技术，以及扩展到远海海域对“华光礁Ⅰ号”进行发掘，但就地保护的技术仍不完备，对水下文物进行就地保护无疑在技术上提出了新的挑战。

确立就地保护原则对中国加入《保护水下文化遗产公约》造成了一定的挑战，这种挑战不仅来自制度上的差异，更重要的是现实条件的不匹配和不成熟。中国需要认真考虑目前的水下文物保护形势、政府及民众的心理接受能力和技术的发展程度，这些因素直接关系到加入《保护水下文化遗产公约》后的义务履行问题。

3.禁止商业开发原则。禁止商业开发原则①是《保护水下文化遗产公约》确立的另一项重要原则，中国立法尽管也有类似规定，但在内容上有较大差别，这在一定程度上成为中国加入《保护水下文化遗产公约》的障碍，这种障碍集中体现在《水下文物保护管理条例》与《保护水下文化遗产公约》的“商业开发”的外延不同。中国立法中的禁止商业开发主要体现在勘探和发掘阶段，②并未对商业交易行为作出任何禁止性规定。然而，《保护水下文化遗产公约》确立的禁止商业开发原则不仅适用于勘探和发掘阶段，还规定禁止“以交易或投机为目的而对水下文化遗产进行的商业性开发或造成的无法挽救的失散”和“水下文化遗产不得作为商品进行交易、买卖和以物换物”，③由此也禁止了水下文化遗产的商业交易行为。《保护水下文化遗产公约》中商业开发原则的外延更广，设

---

① 《保护水下文化遗产公约》第2条第7款。

② 《水下文物保护管理条例》第7条第1款和《文物保护法》第27条第2款。

③ 《有关开发水下文化遗产之活动的规章》第2条第1款。

立的要求更高。

中国加入《保护水下文化遗产公约》必须确立禁止商业开发原则,这对中国却很难实现。原因在于,许多散落于世界各海域的水下文化遗产源于中国,或在文化和历史上与中国有极为密切的联系,但中国无法对其实现充分的管辖权,致使被打捞出的源于中国的水下文化遗产不断出现在外国市场,而这些水下文化遗产的打捞往往与《保护水下文化遗产公约》的精神相悖。这些水下文化遗产是中国的先辈们劳动和智慧的结晶,蕴含着极为深沉的精神寄托和民族情感。中国要想收回这些水下文化遗产,不得不通过商业交易的行为予以实现。一旦加入《保护水下文化遗产公约》,这种商业交易行为将被禁止,尽管能够从非缔约国购得水下文化遗产,也要受到《保护水下文化遗产公约》第 14 条"限制进入领土"的限制,①中国将失去收回失落于海外水下文化遗产的重要渠道,这对于中国而言是无法接受的。

禁止商业开发原则本不足以对中国加入《保护水下文化遗产公约》造成实质性障碍,然而这涉及民族情感和精神意义,因此不容忽视。中国政府必须考虑建立这一制度所带来的负面影响和不利后果,尤其是对由此引发的社会效应,应当审慎对待。

4. 专属经济区内和大陆架上的管辖权。对位于专属经济区内和大陆架上的水下文化遗产的管辖权,《水下文物保护管理条例》与《保护水下文化遗产公约》之间存在本质上的差别,这也成为中国加入《保护水下文化遗产公约》的又一重要障碍。根据《水下文物保护管理条例》,位于中国专属经济区内和大陆架上的起源于中国的和起源国不明的文物归中国所有,并对其行使管辖权,②中国享有完全的自主处置权。《保护水下文化遗产公约》则不考虑所有权,规定沿海国对其专属经济区内和大陆架上的水下文化遗产行使管辖权,同时设置了诸多限制,大大压缩了沿海国行使权利的空间,具体表现在两个方面:第一,报告和通知义务的限制。当缔约国国民在本国专属经济区或大陆架上发现或有意开发水下文化遗产时,应向本国报告;在另一缔约国专属经济区内或大陆架上有此类活动时,应向本国和其他缔约国报告,或向本国报告后迅速有效地传达给

---

① 《保护水下文化遗产公约》第 14 条:缔约国应采取措施,阻止非法出口和/或以违反本公约的方式非法打捞的水下文化遗产进入其领土,和在其领土上买卖或拥有这种水下文化遗产。

② 《水下文物保护管理条例》第 2 条第 1 款第 2 项和第 3 条。

所有缔约国。[①] 此外，缔约国应向总干事通报其所有的发现和活动，[②]总干事向所有缔约国通报。[③] 这意味着无论在中国的专属经济区内或大陆架上发现或有意开发，或是中国在其他缔约国的专属经济区或大陆架上发现起源于中国的水下文化遗产，都必须履行报告义务，与所有缔约国共享这一信息。第二，接受其他确有联系的缔约国提供咨询的义务。《保护水下文化遗产公约》赋予了与水下文化遗产确有联系的缔约国在保护方面提供咨询的权利，[④]意味着沿海国必须承担接受提供咨询的义务。如此，中国对其专属经济区内和大陆架上的水下文化遗产的保护和处置需要依赖于"协调国"制度。[⑤]

接受《保护水下文化遗产公约》规定的专属经济区内和大陆架上的管辖权制度，对中国而言十分困难。首先，这直接导致了中国无法依据现有国际法对水下文化遗产主张所有权，而只能等待确定水下文化遗产所有权的新的国际规则的出现，这对中国收回失落的水下文物极为不利；其次，中国需分享本国专属经济区内和大陆架上的水下文化遗产信息，并接受其他缔约国提供的咨询，这在很大程度上影响了中国的自主、排他的处置权。这两个方面与上文提到的目标性障碍密切相关，是目标性障碍的具体表现。

然而，《保护水下文化遗产公约》第 10 条第 2 款的规定，为中国接受这一制度提供了一丝转机，即"缔约国有权依据包括《联合国海洋法公约》在内的国际法，为保护其主权权利和管辖权不受干涉而禁止或授权开发本国专属经济区内或大陆架上的水下文化遗产"，由于开发水下文化遗产必然涉及沿海国在专属经济区内和大陆架上的主权权利和管辖权，因此这一规定又赋予了缔约国行使专属管辖权的空间，也为中国加入《保护水下文化遗产公约》提供了可能。

（三）执行性障碍

中国加入《保护水下文化遗产公约》面临的执行性障碍，是指中国尽管能接受《保护水下文化遗产公约》的制度安排，但由于政府机构设置、人力和物力调配、资金投入、标准确定和实施等执行方面的原因，导致执行成本过高或不适宜执行，造成的履行义务的困难。中国对于《保护水下文化遗产公约》中禁止使用

① 《保护水下文化遗产公约》第 9 条第 1 款。
② 《保护水下文化遗产公约》第 9 条第 3 款。
③ 《保护水下文化遗产公约》第 9 条第 4 款。
④ 《保护水下文化遗产公约》第 9 条第 5 款。
⑤ 《保护水下文化遗产公约》第 10 条第 3 款。

本国管辖区域,[①]以及禁止本国国民和船只从事非法的开发活动[②]的要求尚且能够履行,因为对本国领土和国民及船只的管辖相对容易实现,但对于阻止进入本国领域、制裁和扣押与处置的要求,在执行过程中可能会力不从心。

这种障碍主要体现在3个方面:第一,限制进入领土、买卖和拥有。[③]《保护水下文化遗产公约》要求缔约国对于非法出口的和/或以违反本公约的方式非法打捞的水下文化遗产,阻止其进入本国领土和在其领土上买卖或拥有。中国在执行中首先要确定该水下文化遗产是否为"非法出口"或"非法打捞",执行此类排查就需要消耗较高的成本,尤其对于不受《保护水下文化遗产公约》约束的非缔约国国民,不仅两国间信息沟通上存在困难,更重要的是,即使依据《保护水下文化遗产公约》认定该水下文化遗产为非法,但依该国民本国法为合法,这样的情况更是难以依据《保护水下文化遗产公约》采取措施。第二,制裁措施。[④]《保护水下文化遗产公约》规定"对违反贯彻本公约的措施的行为进行制裁",在执行时同样面临非缔约国尽管违反《保护水下文化遗产公约》,但不违背其国内法的情况。而制裁的力度应达到"足以惩戒任何地方的违法行为",这意味着应当采取较重的制裁措施,或者应参考其他缔约国所采取制裁措施的力度,但中国目前的执行能力可能无法负担如此高昂的成本,这将给中国带来沉重的执行负担。此外,对于非缔约国国民而言,中国无法执行"剥夺违反者从非法行为中获取的利益",一旦处理不当,很可能使中国遭遇外交上的困境。第三,扣押与处置措施。[⑤]《保护水下文化遗产公约》规定的扣押措施只是沉重负担的开始,后续规定的"保持其原有状况"、报告及通报义务和符合公共利益的处理,都对缔约国扣押后的处置提出了极高的要求。

尽管执行这些措施对保护水下文化遗产十分有利,中国也愿意承担保护水下文化遗产的国际责任,但其规定的义务较为沉重,中国履行这些要求势必要付出极高的成本和代价。中国应当慎重考虑目前是否能够承担如此沉重的履约义务,并做好充分的履约准备,否则加入《保护水下文化遗产公约》后在履行义务方面将面临不利的境遇。

---

① 《保护水下文化遗产公约》第15条。
② 《保护水下文化遗产公约》第16条。
③ 《保护水下文化遗产公约》第14条。
④ 《保护水下文化遗产公约》第17条。
⑤ 《保护水下文化遗产公约》第18条。

（四）技术性障碍

中国加入《保护水下文化遗产公约》的技术性障碍是指，《保护水下文化遗产公约》的附件《关于开发水下文化遗产活动的规章》对水下文化遗产的开发活动设置了较为完善的程序，建立了较高的开发标准，中国的相关制度尚不完备，在满足《关于开发水下文化遗产活动的规章》的技术性要求方面存在障碍。《关于开发水下文化遗产活动的规章》不仅为开发水下文化遗产的活动在一般原则之外，确立了主管当局审批原则、最低限度损害原则和信息记录最大化原则，①还规定了严格的开发条件。首先，在开发水下文化遗产之前，应当拟定一份项目说明，提交主管当局批准和评议，并规定了项目说明至少应当包括的内容；②其次，明确项目的目标，保证采用的技术将损害降到最低，并对项目的资金、期限、人员水平和资历、文化保护与遗址管理、文献资料计划、安全措施、环境政策、报告及档案保存的完整程序进行了严格的规定；③最后，项目应当为公众教育和展览的目的所用，确保公共利益的实现。④ 这一系列的原则和程序都体现着《关于开发水下文化遗产活动的规章》对开发水下文化遗产活动的严格要求。

然而，中国对于开发水下文化遗产活动的要求仅在《水下文物保护管理条例》第 7 条“必须向国家文物局提出申请，并提供有关资料”有专门规定外，其他的相关规定则零散分布于《文物保护法》及其实施条例中，且这些规定均为发掘文物的一般性规定，可操作性较弱。例如，我国《文物保护法》第 28 条规定，“从事考古发掘的单位，为了科学研究进行考古发掘，应当提出发掘计划，报国务院文物行政部门批准”。这一规定与《关于开发水下文化遗产活动的规章》确立的主管当局审批十分相似，但并未要求提供具体的项目说明，也未明确发掘计划应当包括哪些内容，既不利于主管部门的审批，也不利于考古发掘的开展。此外，在《文物保护法实施条例》中对一些具体事项有所细化，如规定了考古发掘单位应当具备的条件、⑤考古经费、⑥提交报告的期限⑦以及考古发掘项目实行

---

① 参见傅崐成、宋玉祥：《水下文化遗产的国际法保护——2001 年联合国教科文组织〈保护水下文化遗产公约〉解析》，法律出版社 2006 年版，第 132 ~ 137 页。

② 《有关开发水下文化遗产之活动的规章》第Ⅱ部分。

③ 《有关开发水下文化遗产之活动的规章》第Ⅳ部分至第XIII部分。

④ 《有关开发水下文化遗产之活动的规章》第XIV部分。

⑤ 《文物保护法实施条例》第 20 条。

⑥ 《文物保护法实施条例》第 25 条。

⑦ 《文物保护法实施条例》第 26 条。

负责人负责制[①]等。然而,这些规定远不及《关于开发水下文化遗产活动的规章》系统、完备,程序设置和技术标准均远远低于《关于开发水下文化遗产活动的规章》的要求。

中国立法与《关于开发水下文化遗产活动的规章》之间在技术标准上的差距如此之大,其原因在于立法技术的精细程度存在巨大差别。中国立法规定的较为笼统,自由适用的空间更大,但这显然不利于开发水下文化遗产活动的实际操作和监管。尽管技术性障碍不足以对中国加入《保护水下文化遗产公约》造成实质上的阻碍,但中国不得不对其立法技术予以重视,提高技术性规范的标准,至少应当符合《关于开发水下文化遗产活动的规章》的要求。

四、其他国家加入《保护水下文化遗产公约》面临的障碍及其应对

目前,《保护水下文化遗产公约》缔约国的数量已达到58个,这些国家在加入《保护水下文化遗产公约》时面临各个方面的困难和阻力。然而,这些国家通过运用不同的实践方法,对本国的立法、制度、标准和习惯做法进行调整,使之能够达到适用《保护水下文化遗产公约》的程度,最终成为《保护水下文化遗产公约》缔约国,加入了国际层面共同保护水下文化遗产的阵营。由于各国情况的不同,这些障碍也不尽相同,有的与中国面临的情况类似,有的与中国的情况也有较大差别,但通过对部分缔约国加入《保护水下文化遗产公约》时面临的障碍进行了解和分析,或许能够为中国找到克服障碍的方法提供灵感。以下将根据各缔约国的特点,介绍部分有代表性的国家所面临的障碍和实践。

(一)传统海洋大国:西班牙

西班牙作为传统海洋大国,于2005年6月较早地成了《保护水下文化遗产公约》的缔约国。西班牙沉没的商船、军舰及国家船舶数量较多,分布较广,主要位于大西洋东岸、地中海、加勒比海和南美洲沿海地区。西班牙希望通过加入《保护水下文化遗产公约》,更大程度地获得对世界范围上与其有联系的水下文化遗产活动的参与权。

然而,西班牙加入《保护水下文化遗产公约》时面临诸多困难。例如,在沉没的国家船舶和飞行器是否应当纳入水下文化遗产的问题上,西班牙努力争取更宽泛的定义希望确保过去数个世纪悬挂其国旗的国家船舶和飞行器不至于

---

① 《文物保护法实施条例》第22条。

落入沿海国的实质性权利之下,[①]而《保护水下文化遗产公约》尽管选择了排除军舰的方式,但对国家船舶和飞行器的定义则更为严格。在"区域"内的报告和通知问题上,西班牙主张应当首先通知船旗国,再由船旗国通知教科文组织和国际海底管理局,并由该船旗国对"区域"内的相关活动做出授权,[②]以确保其作为船旗国的权利。而《保护水下文化遗产公约》则规定为发现或有意开发的缔约国国民或船舶向本国报告,并由该缔约国通知联合国教科文组织和国际海底管理局,这与西班牙维护其船旗国利益的目的相去甚远。此外,在争端解决条款的问题上,西班牙希望通过仲裁解决,而《保护水下文化遗产公约》则设置了参照《联合国海洋法公约》第十五部分的解决机制,这也为西班牙加入《保护水下文化遗产公约》造成了阻碍。

尽管这些问题在一定程度上可能不符合西班牙的利益,但与其国内法制度没有产生本质上的冲突,对于西班牙加入《保护水下文化遗产公约》不会形成实质性的障碍。而西班牙最为关注的殖民时期沉没于中南美洲沿海和加勒比海地区的军舰和其他政府商用船舶的问题,[③]《保护水下文化遗产公约》对于军舰的豁免也基本能够满足西班牙的利益要求,这也是西班牙较早加入《保护水下文化遗产公约》的重要原因之一。在这些问题的处理上,西班牙更多地考虑利益的取舍与平衡,综合分析加入《保护水下文化遗产公约》的利弊,最终选择接受《保护水下文化遗产公约》的规定并加入《保护水下文化遗产公约》。

(二)世界海洋强国:法国

法国于2013年2月加入《保护水下文化遗产公约》,是目前唯一加入《保护水下文化遗产公约》的海洋强国。法国沉没于世界各海域的船舶数量巨大,分布十分广泛,仅在领海区域就有1.5万~2万艘,还有15万~20万艘位于专属经济区海底,[④]在世界其他海域的沉船不计其数。更重要的是,法国水下文化遗产保护工作的技术和经验也位于世界前列。法国加入《保护水下文化遗产公

---

① 参见傅崐成、宋玉祥:《水下文化遗产的国际法保护——2001年联合国教科文组织〈保护水下文化遗产公约〉解析》,法律出版社2006年版,第40页。

② 同上书,第87页。

③ See Patrick J. O'Keefe, *Shipwrecked Heritage: A Commentary on the UNESCO Convention on Underwater Cultural Heritage*, Leicester: Institute of Art and Law, 2002, p. 27.

④ 参见赵亚娟:《法国水下文化遗产保护立法与实践及其对中国的启示》,载《华南理工大学学报》(社会科学版)2013年第3期。

约》,不仅对于本国开展水下文化遗产保护活动具有重要意义,更有利于通过国际合作促进世界范围内技术和实践的发展。

在《保护水下文化遗产公约》谈判的过程中,法国持续保有海洋大国的立场,维护《联合国海洋法公约》确立的"精致的利益平衡",以防止"管辖权蔓延",因此反对《保护水下文化遗产公约》赋予沿海国对其专属经济区内和大陆架上的水下文化遗产享有专属性管辖权。而《保护水下文化遗产公约》最终确立的文本,尽管已经做出了调整,但仍然确立了沿海国保护其专属经济区内和大陆架上的水下文化遗产的优先权利和地位。此外,在争端解决条款问题上,法国希望直接援引《联合国海洋法公约》第十五部分,而最终的条款则规定比照适用。正是由于以上诸如此类的涉及《保护水下文化遗产公约》与《联合国海洋法公约》的关系问题,法国在表决时投了弃权票。①

尽管如此,法国最终还是决定加入《保护水下文化遗产公约》。其原因在于:首先,尽管《保护水下文化遗产公约》赋予了沿海国在专属经济区内和大陆架上更多的权利,可能触动了《联合国海洋法公约》建立的平衡,但法国作为拥有十分广阔专属经济区的国家,同样可以享有《保护水下文化遗产公约》赋予的权利;其次,法国作为水下文化遗产大国,加入《保护水下文化遗产公约》不仅有利于加强对其管辖海域内的水下文化遗产的管理权,更有利于法国参与世界范围内保护水下文化遗产的活动;再次,法国保护水下文化遗产的技术和经验处于世界先进水平,其国内立法确立的发现报告制度、考古发掘制度、对违法行为的制裁等均能够与《保护水下文化遗产公约》相匹配,有利于制度上的衔接;最后,尽管法国国内法也规定了水下文化遗产的所有权问题,但仅规定了在管辖海域内的可辨明属于法国的和无法确定所有权人的沉船沉物归国家所有,而对于管辖海域内可辨明属于其他国家的,以及管辖海域外与法国有关的沉船沉物的归属和保护则通过谈判解决,如《美利坚合众国政府与法兰西共和国政府关于 CSS Alabama 号沉船的协定》《美利坚合众国政府与法兰西共和国政府关于 La Belle 号沉船的协定》《关于 RMS Titanic 号沉船的协定》。

(三)地中海国家:意大利

意大利是《保护水下文化遗产公约》谈判过程中积极支持保护水下文化遗产的国家之一,于 2010 年 1 月加入《保护水下文化遗产公约》。意大利地处地

---

① Roberta Garabello and Tullio Scovazzi, *The Protection of the Underwater Cultural Heritage: Before and After the* 2001 *UNESCO Convention*, M. Nijhoff, 2003, p. 121.

中海北岸，与之密切相关的是位于地中海海底的极为丰富的水下文化遗产资源，其加入《保护水下文化遗产公约》的主要目的在于维护其在地中海地区的水下文化遗产的相关权利。

意大利在谈判之初支持海洋大国的立场，努力维护《联合国海洋法公约》建立的利益分配原则，但在罗伯特·巴拉德出于研究的目的在意大利的大陆架上发现古沉船，并在未与意大利商议的情况下将一些沉物运入美国的事件发生后，意大利的态度发生了根本性转变，加入了积极保护水下文化遗产国家的阵营。① 意大利加入《保护水下文化遗产公约》面临的主要问题在于，《保护水下文化遗产公约》是海洋大国与积极保护水下文化遗产国家之间利益协调的产物，许多条款存在"建设性模糊"和折中性质的问题，导致对水下文化遗产保护的力度有所欠缺，这无法满足意大利对水下文化遗产的保护程度和沿海国应有的管理和控制能力。例如，意大利主张只有军舰才享有豁免权，而其他的任何船舶应当纳入水下文化遗产的范围，而《保护水下文化遗产公约》将其他用于政府非商业目的的船舶和飞行器也排除在水下文化遗产之外；又如，由于自身利益受到过实际的损害，意大利提出在争端解决方面，《保护水下文化遗产公约》应当采用一种强有力的解决机制，这样的提议也没有被采纳。这些都成为意大利加入《保护水下文化遗产公约》时慎重考虑和权衡的因素。

尽管《保护水下文化遗产公约》中无不体现着两大利益集团意志和利益的妥协，但意大利最终决定加入《保护水下文化遗产公约》，因为《保护水下文化遗产公约》确立的基本原则和制度设置整体上有利于意大利对其地中海地区的专属经济区内和大陆架上的水下文化遗产进行管理和保护。意大利以《保护水下文化遗产公约》为国际法依据，能够有效防止类似以上破坏和盗掘其管辖海域内的水下文化遗产的事件发生，对保护其管辖海域内的水下文化遗产具有积极作用。

（四）黑海沿岸国：乌克兰

乌克兰是最早加入《保护水下文化遗产公约》的几个国家之一，与其相邻的海域主要是黑海及亚速海，其中埋藏着丰富的水下文化遗产资源。黑海沿海的主要国家还包括俄罗斯、罗马尼亚、保加利亚和土耳其等，其中，俄罗斯和土耳其由于黑海的国防安全问题以及《保护水下文化遗产公约》与《联合国海洋法公

---

① Patrick J. O' Keefe, Shipwrecked Heritage: A Commentary on the UNESCO Convention on Underwater Cultural Heritage, p. 27.

约》的关系问题等，在《保护水下文化遗产公约》通过时投了反对票；而罗马尼亚、保加利亚和乌克兰则选择率先加入《保护水下文化遗产公约》。面对俄罗斯、土耳其此类军事强权国家，乌克兰选择积极地加入《保护水下文化遗产公约》，为其在管理和保护管辖海域内的水下文化遗产提供国际法依据，以防止权利受到损害时没有适当的解决通道。

在《保护水下文化遗产公约》的谈判过程中，乌克兰积极主张保护水下文化遗产，推动《保护水下文化遗产公约》文本的形成和通过。尽管最初的许多内容受到了传统海洋大国的强烈反对，形成了许多折中性的条款，但《保护水下文化遗产公约》仍然赋予了沿海国保护其专属经济区内和大陆架上的水下文化遗产的专属性管辖权，整体上有利于水下文化遗产的保护，也符合乌克兰、罗马尼亚和保加利亚等黑海沿岸国的利益。因此，乌克兰等国加入《保护水下文化遗产公约》的态度十分积极。

乌克兰也为加入《保护水下文化遗产公约》付出了积极的努力。在2000～2010年的10年间，不仅乌克兰国家科学院考古研究所为水下考古研究在现代立法和方法上奠定了基础，而且议会还通过了2部关于水下文化遗产的法律——《文化遗产保护法》和《考古遗产保护法》，[①]完善了国内的立法。2004年为了满足《保护水下文化遗产公约》的要求，乌克兰国家科学院考古研究所成立了一个国有专业性的单位——水下文化遗产司，其主要职责是负责国家水下考古事业的发展；此外，水下文化遗产司建立了第一个水下文化遗产登记册，所有已知和开放的遗迹都需要国家统一登记，并绘制了水下文化遗产遗迹的地图，[②]以方便水下文化遗产的查找、管理和保护。这些措施使乌克兰国内法律和制度的发展更符合《保护水下文化遗产公约》的要求，是其为加入《保护水下文化遗产公约》的积极实践。

（五）西非沿海国：纳米比亚

纳米比亚地处非洲西南部，于2011年3月加入《保护水下文化遗产公约》，是众多非洲缔约国的其中之一。15世纪至20世纪，荷兰、西班牙、英国、德国和

---

① Ukraine National Report on Underwater Cultural Heritage, made in the UNESCO Regional Meeting in Istanbul 25 – 27 October, 2010, p. 1. http://www. unesco. org/new/en/culture/themes/underwater-cultural-heritage/the-heritage/country-reports.

② Ukraine National Report on Underwater Cultural Heritage, made in the UNESCO Regional Meeting in Istanbul 25 – 27 October, 2010, p. 2. http://www. unesco. org/new/en/culture/themes/underwater-cultural-heritage/the-heritage/country-reports.

南非先后占领纳米比亚，因此，纳米比亚沿海地区埋藏着大量来自欧洲殖民国家的沉船沉物。纳米比亚加入《保护水下文化遗产公约》，不仅能够与其他国家加强合作，保护其管辖海域内的水下文化遗产，而且能够获得《保护水下文化遗产公约》赋予沿海国的在专属经济区内和大陆架上的管辖权利，这对纳米比亚发展海洋事业和保护水下文化遗产都十分有利。

纳米比亚在水下文化遗产保护的法律、技术、科研、人员等方面较为落后，达到《保护水下文化遗产公约》的要求和标准十分困难。例如，在立法方面，水下文化遗产保护的相关法律只有 2004 年《国家遗产法》第 27 号法案的第 27 条，该条规定了历史沉船的定义和权属问题，这对于保护水下文化遗产和加入《保护水下文化遗产公约》的要求相差巨大；在技术和科研方面，纳米比亚缺乏相应的资金、设备和人员，根本无法按照《保护水下文化遗产公约》的标准对水下文化遗产进行保护；而在人才培养方面更是捉襟见肘。然而，纳米比亚在面临诸多不利条件的情况下，仍然积极地加入《保护水下文化遗产公约》。

纳米比亚克服障碍的方法主要有两个方面：第一，整合《保护水下文化遗产公约》规定，融合国内立法。2015 年 4 月首届创意艺术与文化大会在纳米比亚召开，来自世界各地的专家对最前沿的观点进行讨论，并商议为纳米比亚拟定有效的艺术与文化政策，其中重点商讨了将《保护水下文化遗产公约》融入《国家遗产法》的需要，①这一成果将随着时间的推移逐渐显现。第二，引进先进资源，加强国际合作。纳米比亚在加强国际合作方面的态度十分积极，例如，纳米比亚在美国大使基金的帮助下购买保护实验设备以及保护工具和化学物质，对"奥兰吉蒙"号沉船实施保护，并在这艘沉船的科研方面与葡萄牙签订谅解备忘录，加强科研方面的合作，这一沉船保护的案例也将作为就地保护的最佳实践。② 尽管纳米比亚在水下文化遗产保护方面的进展较为缓慢，但其加入《保护水下文化遗产公约》的坚定态度和积极保护水下文化遗产的行动，展现了西非沿海国家对保护水下文化遗产的决心。

（六）加勒比海及南美洲国家

《保护水下文化遗产公约》缔约国中加勒比海及南美洲国家数量众多，如巴

---

① Namibia Underwater Cultural Heritage: Country Report, 2017, p. 3. http://www.unesco.org/new/en/culture/themes/underwater-cultural-heritage/the-heritage/country-reports.

② Namibia Underwater Cultural Heritage: Country Report, 2017, p. 4. http://www.unesco.org/new/en/culture/themes/underwater-cultural-heritage/the-heritage/country-reports.

拿马、古巴、阿根廷、巴拉圭等,这些国家在历史上多为西班牙的殖民地,且屡遭欧洲殖民者的入侵。因此,在加勒比海地区和南美洲沿海地区埋藏着数量庞大和极其珍贵的西班牙及其他欧洲国家的沉船沉物。这些国家积极加入《保护水下文化遗产公约》的主要动因在于:其一,能够享有《保护水下文化遗产公约》赋予沿海国对其管辖海域内水下文化遗产的管辖权;其二,能够通过《保护水下文化遗产公约》中关于专属经济区和大陆架的管辖制度,获得较《联合国海洋法公约》更广泛的海洋权利。

在《保护水下文化遗产公约》的谈判过程中,这些国家作为77国集团的中坚力量,是传统海洋大国的对立阵营。其积极主张加强保护水下文化遗产,努力推动《保护水下文化遗产公约》将沿海国作为保护水下文化遗产的主要力量,赋予沿海国更广泛的保护水下文化遗产的权利。尽管《保护水下文化遗产公约》的制度设置最终基本满足了这些国家的需要,但其在加入《保护水下文化遗产公约》时依然疑虑重重。例如,《保护水下文化遗产公约》在规定沿海国享有对专属经济区内和大陆架上水下文化遗产管辖权利的同时,规定了"协调国"制度,使与水下文化遗产确有联系的国家能够有效地参与到保护的工作中,如西班牙、葡萄牙、法国这些水下文化遗产的来源国或起源国,海洋大国的参与很可能影响这些国家正常权利的行使,对这些国家提出了不小的挑战。再者,这些国家加入《保护水下文化遗产公约》同样面临着国内立法的调整与整合,以及技术、设备、资金、人员的欠缺,由此导致无法达到《保护水下文化遗产公约》规定的保护要求,造成履行《保护水下文化遗产公约》义务上的困难。

然而,如此之多的困难不足以阻挡这些国家加入《保护水下文化遗产公约》,因为成为《保护水下文化遗产公约》的缔约国,能够为这些国家提供国际层面保护水下文化遗产的平台,使其融入水下文化遗产保护的国际法体系中,有利于开展国际交流、学习和合作。更重要的是,这些国家可以以《保护水下文化遗产公约》为依据主张其合法权利,为其与海洋大国在保护水下文化遗产方面提供平等对话的机会,增加谈判的筹码。因而,这些国家为加入《保护水下文化遗产公约》所付诸的实践和努力显得尤为重要。

(七)小结

中国加入《保护水下文化遗产公约》遭遇的情况和障碍与各缔约国有相似之处。在水下文化遗产的数量和分布上,中国与传统海洋大国的情况相类似,如西班牙、法国;在权利主张方面,中国对管辖海域内水下文化遗产的权利主张,与黑海沿岸国、西非沿海国、加勒比海及南美洲国家的情况十分相似,而对管辖海域外水下文化遗产的主张，则更接近海洋大国的要求；在国内资源力量方面，尽管中国资金充足，技术发展迅速，人才培养初见成效，制度建设不断发展，但尚达不到发达国家水平，与大多数发展中国家面临的情况相同。

综合来看，虽然中国水下文化遗产的数量和分布特点以及权利主张方面与海洋大国相似，但在海洋控制力和影响力上与海洋大国存在较大差距；在国内资源和制度建设方面，与大多数发展中国家面临相似障碍的同时，中国却拥有更广泛和更优质的资源，克服障碍的条件和力量比普通发展中国家也更有优势。

五、中国克服障碍的思路

中国加入《保护水下文化遗产公约》符合水下文化遗产保护的国际趋势和自身利益发展的需要，克服障碍的态度应当更加坚决。面对不同类型的障碍，中国应采取与之相适应的思路，在立足本国国情和发展需要的基础上，借鉴《保护水下文化遗产公约》缔约国的成功实践，力争找到符合中国利益的方法，形成具有中国特色的实践。

（一）目标性障碍：保留主张，求同存异

中国首先应当克服目标性障碍，这是加入《保护水下文化遗产公约》的前提。中国立法与《保护水下文化遗产公约》在目标的实现上存在差异，即《保护水下文化遗产公约》的唯一目标是实现水下文化遗产的有效保护，而对权利归属问题表现出了回避态度，这既是中国加入《保护水下文化遗产公约》的障碍，也为中国继续保留明确权利归属的主张留下了充足的空间，成为中国加入《保护水下文化遗产公约》的突破口。

中国在保护水下文化遗产的目标上与《保护水下文化遗产公约》的宗旨是一致的，在这方面，中国应当严格按照《保护水下文化遗产公约》的要求，认真履行应尽的国际义务，这是中国加入《保护水下文化遗产公约》的基础；在权利归属问题上，中国可以继续保留其权利主张，将其应用在《保护水下文化遗产公约》制度以外的关于水下文化遗产问题的协商与谈判之中，而在《保护水下文化遗产公约》制度下应尽量避免涉及水下文化遗产的所有权问题。类似的做法在缔约国中已经屡屡出现，例如，2001 年西班牙在美国弗吉尼亚沿海发现了西班牙 Juno 号沉船，并对其主张所有权；2003 年法国与美国签订了《美国与法国政府关于 La Belle 号沉船的协定》，协定法国对 La Belle 号沉船享有所有权；2009 年西班牙与美国奥德赛海洋探险公司就 Mercedes 号沉船的所有权问题产生争

端，西班牙对 Mercedes 号沉船主张所有权。[①] 尽管一些实践发生在缔约国加入《保护水下文化遗产公约》之前，但这些判决和协定的效力不会受到任何影响。同时，缔约国在加入《保护水下文化遗产公约》后依然可以保留其对水下文化遗产的所有权主张，并将其应用在《保护水下文化遗产公约》以外的谈判当中。中国与西班牙、法国等海洋大国面临的情况类似，可以效仿此类做法，这样既能够有效克服国内立法与《保护水下文化遗产公约》之间存在的目标差异，也不影响中国对水下文化遗产的权利主张，以达到求同存异的效果。

（二）制度性障碍：适当修改，调整制度

克服制度性障碍是中国加入《保护水下文化遗产公约》的关键环节。在保护水下文化遗产方面，中国的制度设置与《保护水下文化遗产公约》存在一些不相适应之处，需要在立足中国现实情况的基础上进行适当的修改，主要体现在 3 个方面：第一，中国关于水下文物的定义较窄，可以从两个角度进行调整，一是取消时间限制或至少以《保护水下文化遗产公约》规定的沉没 100 年为标准；二是将水下文物所处的具有考古价值的环境和自然环境纳入水下文物的保护范围。而关于将"重要性"保护标准转变为全面保护的问题，中国应当在考虑自身能力和现实需要的基础上缓缓过渡，以防止保护模式的突然改变导致政府承受过重的负担。第二，中国应当选择适当时机，确立就地保护原则，逐渐将主要保护方式从打捞出水保护转变为就地保护。第三，中国确立禁止商业开发原则应当分阶段进行。首先，严格禁止对水下文物的商业勘探和挖掘，尤其是以谋取私利为目的的破坏性开发；其次，禁止公司或个人以私人目的对受保护的水下文物进行交易；最后，只允许由中国政府或经政府授权的，以国家的名义进行的，以妥善保管和珍存为目的，收回水下文物的交易行为。此外，关于专属经济区内和大陆架上的管辖权问题，中国无须做过多调整，只需要按照《保护水下文化遗产公约》的要求履行义务即可；对于所有权问题，采取上述克服目标性障碍的方法，保留原有主张，实现求同存异。

《保护水下文化遗产公约》设置的制度有其合理性与先进性，中国在制度上进行适当修改，做出调整，不仅是加入《保护水下文化遗产公约》的需要，而且是实现更科学地保护水下文化遗产的需要。然而，从调整制度到推广适用，再到普遍接受，必定经历一个长期的过程，这需要保持耐心，坚定信念，等待出现可

---

① 参见刘丽娜：《中国水下文化遗产的法律保护》，知识产权出版社 2015 年版，第 50 ~ 53 页。

观的效果。

(三)执行性障碍:整合资源,强化执行

克服执行性障碍是中国履行《保护水下文化遗产公约》义务的重要保障。中国要克服执行性障碍,必须对现有资源进行有效整合,提高资源的利用效率,强化执行要求,以达到能够履行《保护水下文化遗产公约》义务的程度。具体内容主要包括:第一,确定主管机构,明确机构职能。根据《保护水下文化遗产公约》第22条的要求,缔约国应设立主管机构或加强现有主管机构。中国于2014年在国家文物局下设立水下文化遗产保护中心,基本符合主管机构的要求。加入《保护水下文化遗产公约》后,水下文化遗产保护中心需要在职能上与《保护水下文化遗产公约》的要求进行匹配和衔接,以便中国执行《保护水下文化遗产公约》以及开展与其他缔约国和教科文组织间的协调与合作。第二,人力统一调配,财力专款专用。在履行《保护水下文化遗产公约》义务时,由水下文化遗产中心负责统一调配人员,并将资金集中于执行《保护水下文化遗产公约》的事项上,提高资源利用效率和执行《保护水下文化遗产公约》的能力。在此过程中,如果涉及与其他国家机关的合作,水下文化遗产中心应当积极进行联络和协调,实现多个单位联合执法,提高执法效率。第三,建立统一标准,国内国际联网。水下文化遗产中心应当首先制定国内标准,保证国内执法中标准的统一;加入《保护水下文化遗产公约》后,尽可能做出调整以符合《保护水下文化遗产公约》的标准;在制定标准和执法过程中,应当收集和整理各缔约国和非缔约国的立法情况和执行标准,建立数据库,实现国内乃至国际范围的联网,以便于迅速查找各国的信息,为高效和准确的执行提供依据。逐步采取这些措施既能够使中国逐渐具备履行《保护水下文化遗产公约》义务的能力,更为中国今后在国内国际开展保护水下文化遗产的工作提供了高效和便利。

(四)技术性障碍:从严保护,提高标准

克服技术性障碍是中国在保护水下文化遗产方面达到国际标准的有效措施。从表面上看,克服技术性障碍只需要制订更严格的程序,提高技术标准,但这样容易导致制订的标准脱离实际情况而难以实施,给执行和监管带来沉重的负担和压力。因此,提高标准的同时应当制定配套的措施,使保护水下文化遗产工作的发展与这一标准相融合。在形式方面,中国可以将开发水下文化遗产的申请程序和要求与管理和保护水下文化遗产的规定相分离,单独以部门规章的形式予以规定,这样既能够使项目申请者便捷、清晰地查找到程序方面的要求和标准,也加强了主管机构、项目申请人以及相关单位对程序性要求和技术性标准的重视。在内容方面,完全可以参照《关于开发水下文化遗产活动的规章》,主要从3个方面进行完善:其一,在项目审批方面,应当规定项目申请者在提交项目计划时提供一份项目说明,该说明必须包含项目计划中的核心内容;由主管机构组织成立专家组对项目的可行性进行充分评议后,决定是否批准该计划。其二,在项目内容方面,应当要求项目申请者在申请计划中详细地阐述具体的项目内容,如项目使用的方法和技术、资金来源及稳定性、项目的预期进程、执行项目的人员资质及分工、被开发文物的管理和保护等事项,并对具体事项提供证明材料或执行方案。其三,在项目结果的利用方面,应当鼓励、支持和引导向公众科学合理地开放,使更多的人能够享受这一项目的成果,实现水下文化遗产的欣赏、教育等社会价值。类似的做法在国际上已经出现,如2004年美国、法国、英国和加拿大在共同解决"泰坦尼克号"沉船时达成了《关于"RMS Titanic"号沉船的协议》,协议的附件与《关于开发水下文化遗产活动的规章》的内容几乎完全相同。[①] 因此,中国在保护和开发水下文化遗产方面,仿照《关于开发水下文化遗产活动的规章》制定标准,并将其应用于国内法领域,具备合理性和可行性。

目前情况下,中国采取这些措施有其自身的困难,大多数项目申请者的技术能力有限,难以达到更高的要求;而主管机构如果按照这一标准进行严格审批,会导致很多开发水下文化遗产的项目难以实施。因此,需要政府做出更强有力的支持和引导,以保障这一标准早期的实现。等到制度、技术、资金、人员等条件逐渐完备时,再减少政府的干预,由社会力量在竞争中实施开发水下文化遗产的项目,更有利于水下文化遗产的有效保护和有序开发。

六、结论

在中国管辖的海域内,埋藏着极为丰富的水下文化遗产资源,而在中国管辖的海域外,源于中国或在文化、历史上与中国密切相关的水下文化遗产更是不计其数,但中国对水下文化遗产的管理和保护却十分薄弱;中国是当今世界正在崛起的海洋大国,不断地向海洋强国迈进,但中国对于海洋的话语权和影响力却相当有限,与其地位和目标极为不符。因此,加强管理和保护水下文化遗产不仅对保护水下文化遗产本身有重要影响,更对中国掌握海洋话语权,增

① 参见刘丽娜:《中国水下文化遗产的法律保护》,知识产权出版社2015年版,第52页。

强海洋影响力，实现海洋强国目标意义深远。

加入《保护水下文化遗产公约》是中国能够参与国际保护水下文化遗产活动的重要途径，也是中国能够在国际舞台上发声和增强影响力的有效平台。尽管中国面临着诸多障碍和挑战，这些障碍涉及中国的历史渊源、传统心理、制度建设、技术发展和立法水平，甚至关乎民族精神和情感，克服这些障碍困难重重，需要经历极其漫长和艰难的过程。但这些障碍是检验中国的大国能力和胸襟、考验中国人民的智慧和气度的试金石。“宝剑锋从磨砺出，梅花香自苦寒来”，中国只有以全球的视野和发展的眼光认识这些问题，始终保有坚定的信心和充足的耐心，不断迎接挑战，克服障碍，从历史中汲取经验，在实践中涅槃新生，才能屹立于世界之林，实现宏伟的目标和抱负。

第十二章 塞舌尔与毛里求斯外大陆架共同开发案

塞舌尔与毛里求斯外大陆架共同开发案,不仅是第一个外大陆架共同开发案,它还反映了共同开发最新的发展趋势以及近来海洋法的热点问题——公海与外大陆架制度协调的问题。本章着重从该案的背景、共同开发协定、其特殊性、意义等几个方面对其进行分析。

一、塞舌尔与毛里求斯外大陆架共同开发案的背景

塞舌尔和毛里求斯地处西南印度洋,是非洲经济发展较好、政治比较稳定的两个发展中国家。两国关系友好。2008 年 7 月 29 日两国已将专属经济区以内的水域划定边界。马斯克林大陆架属于两国的 200 海里以外的大陆架。它位于塞舌尔西南部,毛里求斯东北部,面积约为 396,000 平方公里。[①] 两国都对该区域提出主权主张。根据《联合国海洋法公约》第 76 条的规定,国家需向外大陆架界限委员会提交外大陆架界限,沿海国根据外大陆架界限委员会建议划定的外大陆架界限才具有确定性和拘束力。为了及时得到外大陆架界限委员会的回复,两国决定联合向外大陆架界限委员会提交外

① See Joanna Mossop, *The Law Applicable to the Continental Shelf Beyond* 200*nm*, Oxford University Press, 2017, p. 228.

大陆架界限。2008年9月18日双方达成《塞舌尔共和国政府与毛里求斯共和国政府关于向联合国大陆架界限委员会联合注册的框架条约》,决定在提交外大陆架界限事宜上进行合作。于是,2008年12月1日双方依据1982年12月10日在蒙特哥湾签署的《联合国海洋法公约》第76条的规定,向联合国大陆架界限委员会提出关于马斯克林地区外大陆架界限的联合注册。2011年3月30日大陆架界限委员会通过《大陆架界限委员会对2008年12月1日毛里求斯与塞舌尔关于马斯克林高原地区的联合注册的建议》,采纳了这两个国家的建议,确认了双方对该区域大陆架共同拥有主权权利。随后,两国决定就该区域的开发和管理继续合作。两国于2012年3月31日分别达成了《塞舌尔共和国政府与毛里求斯共和国政府关于共同行使马斯克林高原地区大陆架主权权利的条约》(以下简称《共同行使大陆架主权权利的条约》)和《塞舌尔共和国政府与毛里求斯共和国政府关于共同管理马斯克林高原地区大陆架的条约》(以下简称《共同管理的条约》)。前者表达了双方共同开发的意愿,后者详细规定了共同开发的原则与机制。

二、塞舌尔与毛里求斯外大陆架共同开发案的特点

塞舌尔与毛里求斯外大陆架共同开发案仅具有共同开发案的一般特征,例如,"临时性""国家主体性""功能性""不影响性",当事国共同承担权利和义务。

除上述共同开发的基本特征外,塞舌尔毛里求斯共同开发案还具有以下特殊性。

(一)第一例外大陆架共同开发案

共同开发萌芽于20世纪30年代的陆上石油开采活动。自1958年巴林沙特阿拉伯实施第一个海上共同开发以来,海上共同开发案例迄今近30例。在塞舌尔毛里求斯共同开发案之前,海上共同开发案基本上属于200海里专属经济区或者大陆架的共同开发案。而塞舌尔和毛里求斯共同开发案则属于200海里之外的外大陆架共同开发案。

(二)管理区内所有的自然资源

本案之前的共同开发案主要针对一种资源开发,且以对石油和天然气的开发为主。例如,1965年科威特与沙特阿拉伯共同开发案、1974年日本与韩国共同开发案、1979年马来西亚和泰国共同开发案、1992年越南和马来西亚共同开

发共同开发案都是对特定区域内油气资源的开发,而不是对区域内所有自然资源的开发。而本案是对共同开发区内所有的自然资源进行开发与管理。例如,《共同行使大陆架主权权利的条约》规定,双方将对共同开发的马斯克林高原地区大陆架上的所有自然资源共同行使主权权利。根据《共同管理的条约》第1条第1款的规定,两国将开发该区域所有的"自然资源",不仅包括"大陆架海床及其底土中的矿物、石油和其他非生物资源",而且包括"正处于捕捞阶段的定栖于海床或处于海床之下,或与海床或底土有持续物理作用而不可移动的生物组织"。

(三)三级管理机制

为了合作的便利,一般共同开发案例会设立专门负责共同开发决策和管理的机构。例如,马来西亚泰国共同开发案中设立了代表两国的联合管理局(the joint authority),①沙特阿拉伯苏丹共同开发案中设立了代表双方的联合委员会(the joint commission)。② 这些机构负责制定共同开发区内活动的相关规则和负责重大决定,同时对共同开发事务进行管理。有的共同开发案例还设立2个专门机构分别负责共同开发事务的决策和管理。例如,澳大利亚印度尼西亚共同开发案不仅设置了"部长理事会",相当于共同开发的权力机构,全权负责共同开发决策和规则的制定,还设立了共同开发的执行机构——联合管理局,专门负责共同开发规则的执行和具体事务的管理。两个机构均有权就与石油勘探开发相关的活动制定规则。③ 但是,有时共同开发案例只是通过缔约国或者相关开发实体对共同开发事务进行协调而不专门设立机构负责共同开发事务。例如,马来西亚越南共同开发案和巴巴多斯圭亚那共同开发案则未设置任何专门的共同开发机构。

本案不仅设立了专门的共同开发机构,而且设立了职责和权限不同的三级管理机构,分别是部长理事会、共同委员会和指定当局。它们共同组成该案的联合管理结构。

---

① See 1990 Agreement between the Government of Malaysia and the Government of the Kingdom of Thailand on the Constitution and Other Matters Relating to the Establishment of the Malaysia-Thailand Joint Authority.

② See Agreement Between Sudan and SaudiArabia Relating to the Joint Exploitation of the Natural Resources of the Sea-Bed and Sub-Soil of the Red Sea in the Common Zone.

③ See Treaty between Australia and the Republic of Indonesia on the Zone of Cooperation in an Area between the Indonesian Province of East Timor and Northern Australia.

第一级管理机构部长理事会(Ministerial Council)。它相当于塞舌尔毛里求斯共同管理区的权力机构,负责共同开发事务的决策。第二级管理机构联合委员会(joint commission)。该委员会的主要职责有两方面:一方面,它负责为共同管理区内经济活动制定法规政策;另一方面,设立并监督和指导“指定当局”的工作。第三级管理机构指定当局(designated authority)。它相当于日常管理机构,负责执行共同管理区相关规则,并对共同管理区内的日常活动进行监督和管理。

(四)以《联合国海洋法公约》第74条第3款、第83条第3款为法律依据

关于共同开发是否为国际法上的义务学者们持不同的观点。有的学者认为共同开发是国际法上的义务,如德国学者拉戈尼(Lagoni)。① 有的学者否认共同开发是国际法上的义务,如日本学者三好正弘(Masahiro Miyoshi)②和中国学者萧建国。③

值得注意的是,《联合国海洋法公约》生效之前的共同开发实践都未援引该公约第74条第3款、第83条第3款的规定。似乎共同开发协议的缔约方并不认为共同开发是国际法上的义务,而仅仅是一种划界前的任择性选择。1982年12月10日《联合国海洋法公约》通过之前的8个共同开发案例不可能援引该公约关于共同开发的规定,这实属必然。此后直到1994年11月16日《联合国海洋法公约》生效之前的5个共同开发案例也未援引该公约第74条第3款、第83条第3款的规定。但《联合国海洋法公约》生效后的共同开发案例普遍援引了该公约第74条第3款、第83条第3款的规定,在共同开发协议中以之为法律依据。例如,2001年尼日利亚和圣多美普林西比共同开发案,2001年东帝汶与澳大利亚共同开发案,2003年巴巴多斯和圭亚那共同开发案以及本案。这说明,《联合国海洋法公约》生效后至少该公约的缔约国认为共同开发是国际法上的义务。

(五)生态一体化保护

以往的共同开发案例对共同开发区环境保护的问题并不重视。有些案例忽略了环境保护的问题,即使提到共同开发区内环境保护的问题也仅仅是原则

---

① See Rainer Lagoni, "Oil and Gas Deposits Across National Frontiers", *American Journal of International Law*, Vol. 73, 1979, p. 215.

② See Masahiro Miyoshi, "The Basic Concept of Joint Development of Hydrocarbon Resources on the Continental Shelf", *International Journal of Estuarine & Coastal Law*, Vol. 3, No. 1, 1988, p. 5.

③ 参见萧建国:《国际海洋边界石油的共同开发》,海洋出版社2006年版,第17页。

地规定缔约国有保护环境的义务。

而本案《共同管理的条约》第五部分专门对共同管理区的环境保护、生物多样性与生物勘探等问题进行了一体化的安排与保护。本案关于海洋生态和环境保护的规定主要有以下6个特点:第一,两国对共同管理区内的环境保护的规定不仅详细而且明确;第二,规定"缔约国应在合作保护共同管理区海底环境与海洋生物多样性"适用"预防原则"(precautionary principle);第三,引入了"环境评估制度";第四,实施"海洋清洁战略"(marine support and clean up strategy),指定当局需依据最佳国际实践、标准和程序,制定应急方案应对因开发共同管理区自然资源而造成的污染,并与有关国家和国际组织合作;第五,明确了污染赔偿制度;第六,对共同管理区上覆水域及公海的捕鱼活动也作出了相关规定。

(六)采取条约的法律形式

在《联合国海洋法公约》生效之前,共同开发协议主要采取协定(agreement)、谅解备忘录(memorandum of understanding)的形式。例如,以下共同开发协议采取"协定"的形式:1960年4月8日《荷兰王国与德意志联邦共和国签署的〈关于在埃姆斯河口合作安排的条约〉(〈埃姆斯—多拉德条约〉)之补充协定》;1965年《科威特—沙特阿拉伯划分中立区的协定》;1974年《日本和大韩民国关于共同开发邻接两国的大陆架南部的协定》;1976年《大不列颠及北爱尔兰联合王国政府与挪威王国政府关于开发弗里格气田并向联合王国输送天然气的协定》;1993年10月14日《塞内加尔共和国和几内亚比绍共和国管理和合作协定》。而有的共同开发协议采取"谅解备忘录"的形式。比如,1979年《马来西亚和泰王国为开发泰国湾两国大陆架划定区域内海床资源而建立联合管理局的谅解备忘录》;1992年《马来西亚和越南社会主义共和国关于两国大陆架划定区域内石油勘探和开采的谅解备忘录》。

但是《联合国海洋法公约》生效后,大部分共同开发协议包括本案则采取"条约"(treaty)的形式。例如,2001年《尼日利亚联邦共和国与圣多美和普林西比民主共和国共同开发两国专属经济区的石油及其他资源的条约》;2003年《巴巴多斯—圭亚那关于在其他国家专属经济区外部界限以外两国专属经济区外部界以内的双边重叠区中的专属经济区行使管辖权的专属经济区合作条约》;以及本案《塞舌尔共和国政府与毛里求斯共和国政府关于共同管理马斯克林高原地区大陆架的条约》。

三、塞舌尔与毛里求斯外大陆架共同开发案的意义

(一)克服了资金和技术的障碍

1. 资金障碍。塞舌尔和毛里求斯虽然都是高福利国家,都注重环境保护,但是开发深海资源巨大的资金和高端的科技要求对这两个国家来讲还是巨大的挑战。但是通过合作,两国合力管理和开发其共同的外大陆架自然资源,可以说是最大的双赢。

深海海底开发,不仅需要投入巨额资本,而且周期长、风险大。① 一般进行深海海底探勘的国家不仅可以获得商业利润,还是其科学、技术和工业化成熟的标志。② 据一位国际海底管理局的专家透露,仅仅前期探勘、研发等费用就需要巨额投入。以矿区距离沿岸加工厂 6000 海里的多金属结合勘探为例,该矿区每年可以开采出 120 万 ~ 150 万吨多金属结核,其生产成本高达 4.4 亿 ~ 6.5 亿美元/年;假设仅需 3 艘船舶,如果船舶是租赁的,其运输费用则高达 7670 万美元/年,如果船舶是购买的需要在租赁的费用上再增加 9320 万 ~ 1.3 亿美元;运营多金属结核的成本每年约 150 万美元,如果提炼镍、铜、钴、锰,最保守的估计也需要投入 10 亿美元。③ 根据现有的实践来看,开发多金属硫化物和钴结壳的成本更高。④ 由此可以看出,即使塞舌尔和毛里求斯是非洲发展比较好的国家——实现了教育、医疗免费的高福利,但是深海海底勘探,无论对其中哪个国家来说都是巨大的投入。因此,双方合作可以举两国之力勘探和开发其外大陆架的资源。

---

① See J. D. Nyhart and M. Triantafyllou, "Ocean Transportation Considerations in Deep OceanMining: Cost Analyses from the MIT Deep Ocean Mining Model", in A. W Koers and B. H. Oxman (eds.), *7he 1982 Convention on the Law of the Sea: Proceedings of the Law of the Sea Institute Seventeenth Annual Conference*, 13 – 16 *July* 1983, *Oslo*, *Norway*, Honolulu, Hawaii, The Law of the Sea Institute, University of Hawaii, 1984, pp. 381 – 427.

② See M. Shyam, "Deep Seabed Mining: An Indian Perspective", *Ocean Development and International Law*, Vol. 17 No. 4, 1986, p. 340.

③ Report on the International Seabed Authority's Workshop on "Polymetallic Nodule Mining Technology: Current Status and Challenges Ahead," ISBA/14/LTC/3, 23 April 2008, available at: http://www.isa.org.jm/en/sessions/2008/documents. The workshop was held in Chennai, India by the ISA in cooperation with the National Institute of Ocean Technology of India, 18 – 22 February 2008.

④ Edwin Egede, "African States and Participation in Deep Seabed Mining: Problems and Prospects", *The International Journal of Marine and Coastal Law*, Vol. 24, 2009, p. 685.

2. 技术障碍。深海海底处于极端的物理、化学环境中，还存在生物多样性的未知性。深海海底勘探需要高端海洋技术。① 这些技术不仅包括勘探、开发，还包括运输和加工，以及发电、升降、对矿物的收集、储藏、分离等技术。而且对船舶的装备要求高，要求船舶具有先进的导航、定位和成像等技术。目前技术的开采深度为 5200 米。② 深海勘探技术还在不断发展中。相对于多金属结核的开发技术，多金属硫化物和钴结壳勘探、开发技术还不成熟，而且难度更大，对技术的要求更高，比多金属结核对技术的要求更高。

塞舌尔和毛里求斯虽然与非洲其他国家相比经济比较发达，但是总体经济结构单一，工业化程度较低。塞舌尔国民经济产业以旅游、渔业和少量手工业为主。毛里求斯的经济格局则以糖业、出口加工业和旅游业为三大支柱。因此，深海海底的勘探开发技术对两国是一个挑战。两国的合作有助于提升深海海底的勘探和开发技术。

（二）维护两国的共同利益

两国为了尽快开发外大陆架的自然资源，联合向外大陆架界限委员会提出了外大陆架界限，及时成功地获得了外大陆架界限委员会的批准。两国合作开发和保护马斯克林外大陆架的所有资源，有效维护了两国外大陆架的共同利益。这也符合该区域海洋资源、环境和生物多样性的生态系统整体性。

目前，依据《共同行使大陆架主权权利的条约》和《共同管理的条约》，部长理事会和联合委员会就该区域的开发与管理举行了多次会议，达成了对共同管理区自然资源进行探勘的基本制度框架，并制定了一系列具体的工作方案，如《部长理事会关于共同管理区可持续发展的声明》《关于环境的工作守则》《关于协调立法的工作方案》《石油协议范本》《海上安全守则》《财政税收规范》以及战略规划。③ 由于其成功的实践，还获得了英联邦秘书处、联合国开发计划署和全球环境基金等机构和组织提供的资金和技术的帮助。

（三）反映了海上共同开发的最新发展趋势

从本案的法律依据和共同开发协议采取的条约形式可以看出，越来越多的

---

① See A. Valsangkar, "Deep-Sea Polymetallic Nodule Mining Challenges Ahead for Technologists and Environmentalists", *Marine Georesources and Geotechnology*, Vol. 21, 2003, pp. 85 – 89.

② See Edwin Egede, "African States and Participation in Deep Seabed Mining: Problems and Prospects", *The International Journal of Marine and Coastal Law*, Vol. 24, 2009, p. 691.

③ 战略规划主要目的是完善共同开发的机制、吸引大型石油公司向共同管理区投资、提升深海海底资源开发的技术能力、获取相关信息，以及加强多用途多部门的规划等。

国家认为共同开发是国际法上的义务。至少在《联合国海洋法公约》生效后，条约缔约国认为共同开发是国际法上的义务。

（四）体现海洋生态一体化管理的发展方向

与以往共同开发案例不同，本案很好地实现了利用开发海洋资源与保护海洋环境和生态的平衡。本案对共同管理区的机制体现了国际保护海洋环境的四项基本原则——可持续发展原则、污染防治原则、预防原则和污染者付费原则，[①]并引入了最新的环保制度——环境评估制度和保护区制度。它不仅着眼于单一资源的开发利用，而且着重所有自然资源的综合利用；不仅关注共同管理区，即外大陆架海底资源的利用、环境保护与生物多样性保护的问题，还对其上覆水域——公海的捕鱼活动等人为活动进行环境评估和预防措施，并且为了保护该共同管理区的生态而制定环境评估标准和建立保护区的标准。这迎合了目前海洋管理的发展趋势。

四、结论

塞舌尔毛里求斯共同开发案，为其他国家共同管理外大陆架提供了范式。它是共同开发实践的最新发展，证明了越来越多的国家，至少《联合国海洋法公约》的缔约国，承认共同开发是国际法上的义务。它反映了人类对海洋的态度由利用向保护转变，从海洋单一物种的利用和管理向海洋生态整体利用与管理的发展趋势。可以预见，未来的海洋开发与管理，以可持续发展和预防为基本原则，以合作为主要路径，以海洋保护区为主要手段。

---

① See David M. Dzidzornu, "Four Principles in Marine Environment Protection: A Comparative Analysis", *Ocean Development & International Law*, Vol. 29, 1998, p. 91.

第十三章　区外大国对马六甲海峡事务的介入及其影响

马六甲海峡是印度洋和太平洋之间最便捷的通道，具有重要的战略地位和经济价值，一旦进行有效控制便可影响国际局势。因此，世界主要大国为了实现本国利益，纷纷谋求介入海峡事务，沿岸国也愿在一定程度上与其他国家共同分摊维护成本。当前对马六甲海峡事务影响较大的区外大国主要是美国、日本和印度，它们介入海峡事务各自具有鲜明的特点，对此进行深入研究可为中国制定相应对策提供依据。

一、美国：全面的军事合作

美国将马六甲海峡作为意图掌控的16条海上通道之一，[①]随着“重返东南亚”（Return to Southeast Asia）、“重返亚太”（Return to Asia Pacific）、“亚太再平衡”（Asia Pacific Rebalance）等战略的出台，美国从各方面加强与沿岸国的军事合作。“9·11”事件发生后，为维护其海上安全和国家利益，美国主导通过了《集装箱安全倡议》（Container Security Initiative）、《防扩散安全倡议》（Proliferation Security Initiative）、《地区海上安全倡议》（Regional Maritime Security Initiative）、《东南亚海

---

① 参见鞠海龙：《亚洲海权地缘格局论》，中国社会科学出版社2007年版，第223～224页。

上安全倡议》(Southeast Asia Maritime Security Initiative),还促成了《制止危及海上航行安全非法行为公约》及其议定书的修订。

美国凭借其世界第一的军事实力,主要采用军事合作方式介入马六甲海峡事务,并在进入沿岸国领土方面从新加坡取得突破。美国在其《2015 年国家军事战略报告》中,重申其加强与新加坡、印度尼西亚、马来西亚军事合作的愿望。① 美国曾于 2004 年试图利用《地区海上安全倡议》,以反恐、防扩散和打击跨国犯罪活动为由向马六甲海峡派驻军队,但遭到马来西亚和印度尼西亚的拒绝。② 马来西亚和印度尼西亚认为,美国在马六甲海峡的军事存在是对其国家主权的威胁,③但新加坡却对美国军事介入马六甲海峡事务持欢迎态度,④并向美国提供军事基地。目前,美国与新加坡、印度尼西亚、马来西亚均开展了多方位的军事合作。

新加坡是美国的准军事同盟国,与美国一直保持着非常紧密的军事合作关系。1990 年新加坡与美国签署《谅解备忘录》,同意美国使用巴耶利峇(Paya Lebar)空军基地和三巴旺(Sembawang)码头;1998 年新加坡与美国签署《〈谅解备忘录〉补充协定》,同意樟宜海军基地为美国第 7 舰队包括航母等大型船只在内的舰艇提供后勤补给和维修服务;2002 年和 2004 年新加坡加入美国的《集装箱安全倡议》和《防扩散安全倡议》;2005 年新加坡与美国签署《建立更紧密防务和安全合作伙伴关系的战略框架协定》《防务合作协议》《〈谅解备忘录〉修订议定书》;2013 年和 2014 年美国濒海战斗舰"自由号"和"沃斯堡号"进驻樟宜海军基地;2015 年新加坡与美国签署《加强防务合作协定》,并同意美国在巴耶利峇空军基地部署 P-8"海神号"反潜侦察机。

美国是新加坡最大的武器来源国。1969~2016 年,美国向新加坡出口了大量的先进武器和装备,总价值超过 100 亿美元。其中,各类军用飞机多达 397

① The U. S. Department of Defense, The National Military Strategy of the United States of America, June 2015.

② Testimony of ADM Tom Fargo, USN Commander, US Pacific Command Before The House Armed Services Committee United States House of Representatives, March 31, 2004.

③ Yann-huei Song, "Security in the Strait of Malacca and the Regional Maritime Security Initiative: Responses to the US Proposal", *International Law Studies Series, US Naval War College*, Vol. 83, Issue 1, 2007, p. 99.

④ See Singh Bilveer, *The Vulnerability of Small States Revisited Study of Singapore's Post-Cold War Foreign Policy*, Gadjah Mada University Press, 1999, p. 216.

架，包括79架F－16战斗机、40架F－15战斗机、20架“阿帕奇”武装直升机、26架“支努干”直升运输机、10架“黑鹰”直升机、4架KC－135空中加油机；各类导弹5299枚，包括550枚“阿姆拉姆”空对空导弹、880枚“响尾蛇”空对空导弹、1627枚“杰达姆”制导炸弹、516枚GMLRS制导火箭弹、208枚“宝路石”制导炸弹、192枚“地狱火”反坦克导弹、357枚“小牛”制导炸弹、60枚“杰索伍”制导炸弹；此外还有54辆“游侠”自行火炮、18辆“海马斯”自行火箭炮、15辆“马克斯普罗”防地雷反伏击车及其他武器装备。①

印度尼西亚曾是美国的军事盟友，但冷战结束后至“9·11”事件之前，两国中断了军事合作，“9·11”事件之后双方逐渐恢复了军事合作。2002年美国向印度尼西亚提供5000万美元支持其安全部队改革；②2005年美国解除了对印度尼西亚的军事援助禁令，并恢复向印度尼西亚出口“非杀伤性武器”；2010年美国和印度尼西亚签署《全面伙伴关系协定》《防务领域合作框架安排》，恢复已中止12年的特种部队合作，实现了双边军事关系的正常化和制度化；2015年美国与印度尼西亚签署《防务合作协议》，美国向印度尼西亚提供为期5年的防务策略拟定与管理方面的协助。

美国是印度尼西亚的第二大武器来源国。1953～2016年，美国向印度尼西亚出口了总价值超过20亿美元的武器和装备。其中，各类军用飞机494架，包括36架F－16战斗机、8架“阿帕奇”武装直升机、57架“贝尔”直升机、25架“模特”等型号轻型直升机、30架“富矿”等型号轻型飞机、175架“天鹰”等型号教练机；各类导弹602枚，包括180枚“标枪”单兵反坦克导弹、140枚“地狱火”反坦克导弹、175枚“响尾蛇”空对空导弹、50枚“小牛”制导炸弹；4套“长弓”战斗直升机雷达及其他武器装备。③

马来西亚从冷战时起便与美国开展了军事合作，“9·11”事件之后，双方的军事合作进一步加强。1984年美国与马来西亚签署《双边训练与磋商安排》，为两国举行联合军事演习奠定了基础；1994年和2005年美国与马来西亚分别签署了两个为期10年的《军事后勤合作协议》；2002年美国和马来西亚签署

---

① SIPRI Arms Transfers Database, https://www.sipri.org/databases/armstransfers, last visit on 27 Augustl 2018.

② See Anthony L. Smith, “A Glass Half Full: Indonesia-U. S. Relations in the Age of Terror,” *Contemporary Southeast Asia*. Vol. 25, No. 3, 2003, pp. 449－472.

③ SIPRI Arms Transfers Database, https://www.sipri.org/databases/armstransfers, last visit on 27 Augustl 2018.

《对抗国际恐怖主义的合作宣言》,并资助马来西亚在吉隆坡设立"东南亚区域反恐中心"(Southeast Asia Regional Centre for Counter-Terrorism),以协调美国与东南亚国家的反恐合作;2004 年马来西亚加入美国的《集装箱安全倡议》;2014 年马来西亚与美国建立全面伙伴关系,并加入美国的《防扩散安全倡议》。

美国也是马来西亚的第二武器大来源国。1961～2016 年,美国向马来西亚出口了总价值超过 18 亿美元的武器和装备。其中,各类军用飞机 168 架,包括 8 架"大黄蜂"战斗机、21 架"虎Ⅱ"战斗机、40 架"天鹰"攻击机、2 架"自由战士"战斗机、15 架"大力神"运输机、4 架"空海霸王"海事巡逻机、2 架"扫描鹰"无人机、40 架"海皇"直升运输机、20 架"麦道"等型号轻型直升机;各类导弹 419 枚,包括 210 枚"响尾蛇"空对空导弹、60 枚"宝路石"制导炸弹、50 枚"杰达姆"制导炸弹、4 枚"鱼叉"反舰导弹、110 枚"阿姆拉姆"空对空导弹、30 枚"小牛"制导炸弹、20 枚"麻雀"制导炸弹。①

美国还与新加坡、马来西亚、印度尼西亚共同或分别举行军事演习,以加强后者在马六甲海峡及周边海域反恐和打击海上犯罪的能力。其中沿岸 3 国全部参与的主要有:东南亚反恐合作(Southeast Asia Cooperation against Terrorism)、"金色眼镜蛇"(Cobra Gold)、"环太平洋"(Rim of the Pacific)多边军事演习,以及海上战备与合作训练(Cooperation Afloat and Readiness and Training)双边联合军事演习。沿岸 3 国部分参与的主要是美国和新加坡的"虎豹"(Tiger Balm)、"铸刀"(Forging Saber)、"突击弹弓"(Commando Sling)、"鱼尾狮"(Merlion)、"天虎"(Cope Tiger)双边军事演习;美国和马来西亚的"金剑打击"(Keris Strike)、"对抗台风"(Cope Taufan)双边军事演习;美国和印度尼西亚的"神鹰之盾"(Garuda Shield)、"对抗西方"(Cope West)双边军事演习。

此外,美国还通过国际军事教育与培训(International Military Education and Training)和反恐奖学金计划(Combating Terrorism Fellowship Program)项目,资助新加坡、马来西亚和印度尼西亚的军事官员和政府安全官员,接受军事能力和反恐能力提升的教育和培训。1946～2015 年,美国向新加坡、马来西亚、印度尼西亚提供的军事援助总额分别为 0.215 亿美元、2.311 亿美元、8.738 亿美元,其中用于国际军事教育与培训项目的费用分别为 50 万美元、2940 万美元、7240

---

① SIPRI Arms Transfers Database, https://www.sipri.org/databases/armstransfers, last visit on 27 Augustl 2018.

万美元,[①]用于反恐奖学金计划项目的费用分别为 1 万美元、809 万美元、910 万美元。[②]

二、日本:全面的经济、技术合作

马六甲海峡对日本具有极大的战略价值,是日本的“运输生命线”,日本 90% 的进口石油和 50% 的出口产品均需由此通行,[③]同时日本也是受海盗及武装劫船行为影响最大的东亚国家,[④]因此日本比其他任何国家都更为关注马六甲海峡的安全问题。但是考虑到自身的侵略历史和马六甲海峡沿岸国对主权的高度敏感性,目前日本主要通过经济援助、技术支持、人员培训、信息资料共享等柔性合作方式,介入马六甲海峡事务。

日本根据其官方发展援助(Official Development Assistance,ODA)制度和一些具有政府背景的民间机构对马六甲海峡沿岸国提供各种经济、技术援助。1961 年日本成立海外协力基金(Oversea Economic Cooperation Fund),[⑤]负责实施日本的对外贷款援助项目,为马六甲海峡沿岸国提供了大量的援助贷款。1969 年日本成立由官方和民间共同出资的马六甲海峡委员会(Malacca Strait Council),旨在帮助沿岸 3 国调查水文地理、绘制航运图标、修护航运设施、清理疏浚航道。1974 年日本成立国际协力机构(Japan International Cooperation Agency),专门管理日本的对外技术援助项目和部分无偿资金援助项目,为马六甲海峡沿岸国提供了急需的资金和技术。

日本的民间机构,如日本海洋基金会(Japan Maritime Foundation)、日本财团(Nippon Foundation)、日本海难防止协会(The Japan Association of Marine Safety)、日本国际问题研究所(The Japan Institute of International Affairs)等,在援助马六甲海峡沿岸国方面也发挥了重要作用。截至 2007 年,上述民间或半

① The U. S. Agency for International Development, U. S. Overseas Loans and Grants Obligations and Loan Authorizations, July 1, 1945 – September 30, 2015.

② The U. S. Department of Defense & U. S. Department of State, Foreign Military Training: Joint Report to Congress, Fiscal Years 1999 – 2015.

③ 参见许晶岩、孙健:《论马六甲海峡在亚太地区大国战略中的地位与中国的政策选择》,载《东南亚之窗》2011 年第 2 期。

④ 参见薛力:《马六甲海峡海盗活动的趋势与特征——一项统计分析》,载《国际政治研究》2011 年第 2 期。

⑤ 1999 年 10 月 1 日海外协力基金与日本输出入银行合并为日本国际协力银行(Japan Bank for International Cooperation)。

官方机构为马六甲海峡的航标修护、海路测量、海图编撰、航道疏浚、油污清理等，共计花费147亿日元。① 日本财团还承担了马六甲海峡航行援助基金（Aids to Navigation Fund）2007～2011年运营费用的1/3，约为624万美元，②截至2014年9月，日本的民间机构共向马六甲海峡航行援助基金捐助了1010万美元。③ 2014年9月马六甲海峡沿岸3国还决定与日本共同开展海峡的航道测量工作。④

印度尼西亚是日本援助力度最大的东南亚国家，其从1960年开始就得到日本的ODA支持。为帮助印度尼西亚提升海洋维护能力，日本提供了超过900亿日元的贷款援助，用于印度尼西亚的港口建设和发展、海洋疏浚、海洋和沿海无线电通信、海上搜救通信系统、海上通信系统开发，以及购置船舶导航设备、海上通信系统设备、港口设备等方面。⑤ 日本还向印度尼西亚无偿援助了价值超过40亿日元的军事和警用设备，2006年日本向印度尼西亚援助3艘巡逻艇用于反恐和打击犯罪，⑥这是日本首次以ODA形式对外输出军事装备，突破了此前一直坚守的"ODA军事禁止原则"。

马来西亚也是日本重点援助的东南亚国家。日本于2002年向马来西亚捐助了一艘价值约8亿日元的浮标船，并分别于2008年、2009年、2011年向马来西亚提供了价值4.73亿日元、4.73亿日元、2.78亿日元的海事安全设备，用于提升马来西亚打击海盗的能力。同时，日本还于2011年向马来西亚海关提供了价值7.14亿日元的10艘快艇和14台手持热像仪，用于提升马来西亚海关打

---

① ［日本］永松健次，マラッカ・シンガポール海峡問題——国際的協力の枠組み構築に向けて，平成18年7月11日。

② Nippon Foundation, "A Cooperative Framework for Maintaining Safety in the Straits of Malacca and Singapore", http://www.nippon-foundation.or.jp/en/what/spotlight/ocean_outlook/story4/, last visit on 27 August 2018.

③ Maritime Bureau of Ministry of Land, Infrastructure, Transport and Tourism of Japan, New Trend of Japan on the Cooperative Mechanism, http://www.cm-soms.com/uploads/2/7/CF7-4-2%20New%20Trends%20of%20Japan%20on%20the%20CM,%20Japan.pdf, last visit on 27 August 2018.

④ 産経新聞網，日本、来年からマラッカ航路測量 シーレーンの要衝、沿岸3カ国と協力，http://www.sankei.com/world/news/141211/wor1412110002-n1.html, last visit on 27 August 2018。

⑤ Embassy of Japan in Indonesia, Japan's ODA Projects in Indonesia under Different Assistance Schemes, http://www.id.emb-japan.go.jp/oda/en/odaprojects_loan.htm, last visit on 27 August 2018.

⑥ Ibid.

击海上走私和其他海上非法行为的能力。此外,日本还积极为马来西亚海事执法局的创建和人员培训提供支持,分别于2006年、2017年向马来西亚海事执法局提供了1艘训练船和2艘沿海巡逻艇,①并于2007~2009年为其举办了3期海事执法研讨会。②

除了提供经济、技术援助之外,日本也试图使用武装力量参与马六甲海峡的安全维护。1999年10月载有2000万美元货物的巴拿马籍日本货轮"亚龙卓彩虹号"(Alondra Rainbow)在马六甲海峡遭到海盗劫持,这一事件促使日本正式考虑武力介入马六甲海峡安全维护的可能性。为此,日本充分施展了其灵活多变的政治手腕。一方面,修改国内立法,为海外武力反恐和打击海盗扫清法律障碍;另一方面,利用经济援助获得沿岸国的好感,进一步提出武力合作或军事合作的要求。

日本的和平宪法并不允许使用武力参与海外安保事务,但经过多次蚕食式立法,目前这一障碍已被清除。日本1954年通过《自卫队法》,允许以自卫队名义重建武装力量并对本土进行"专守防卫";1992年通过《联合国维持和平行动合作法》,允许为参加联合国维持和平行动向海外派遣自卫队;1999年通过《周边事态法》,允许在美国介入日本"周边"武装冲突时,派遣自卫队提供后方支援;2001年通过《反恐特别措施法》,允许在美国采取反恐行动时,派遣自卫队赴海外提供后方支援;2003年通过《武力攻击事态法》等"有事三法案",允许将防卫时间提前至"预测受到武力攻击时";2004年通过《限制外国军事用品海上运输法》等"有事七法案",允许自卫队向运输敌对国家武器的船舶使用武力;2009年通过《反海盗法》,允许为护航目的向海外派遣自卫队;2016年通过《重要影响事态法》《武力攻击暨存亡危急事态法》等11部法律或修正案,允许自卫队在"周边"以外地区,以及他国受到威胁日本存亡的武力攻击时使用武力。日本采取的上述措施,为自卫队在马六甲海峡采取武力行动扫清了法律障碍。

1999年11月日本在第3次东盟与"中日韩10+3"首脑会议上提出合作打击海盗的建议。2000年4月日本在东京主办"关于海盗对策的国际会议",会

---

① Embassy of Japan in Malaysia, Japan's ODA to Malaysia, http://www.my.emb-japan.go.jp/English/ODA/ODA.htm, last visit on 27 August 2018.

② Embassy of Japan in Malaysia, Maritime Law Enforcement Seminar, http://www.my.emb-japan.go.jp/English/ODA/maritime_seminar.html, last visit on 27 August 2018.

议参与方就各自海上警备机构在“一切可能的范围内”打击海盗进行情报交流、停船和拿捕措施、技术援助等事项合作上达成共识。2000年9月日本向印度尼西亚、马来西亚、新加坡派遣了由外务省、运输省、海岸警卫队官员共同组成的“海盗对策政府调查团”，就区域合作打击海盗、召开国际会议和专家会议、日本的援助意向、巡逻船舰的互访和共同演习、共同巡逻等问题进行协商和交流。2000年11月日本派遣海上保安厅的巡逻舰艇访问马来西亚，双方举行反海盗共同演习。2002年3月日本与印度尼西亚举行反海盗共同演习。

2001年10月“关于海盗对策的亚洲合作会议”在东京召开，日本提议采用共同巡逻的方式打击海盗。2001年11月日本在第5次东盟与“中日韩10+3”首脑会议上倡议制定一个关于打击海盗、促进区域合作的法律框架，之后在日本主导下，包括中日韩和东盟10国在内的16个国家参加了该法律框架的起草和制定。2004年11月《亚洲反海盗及武装劫船合作协定》的正式文本获得通过，2006年9月该协定生效。

根据《亚洲反海盗及武装劫船合作协定》，日本在新加坡设立了反海盗及武装劫船“信息分享中心”(Information Sharing Centre)，首任负责人为日本籍的伊藤嘉章，日本承诺承担“信息分享中心”2006年4000万日元运营费用及今后部分运营费用。虽然“信息分享中心”目前运行良好，但由于担心可能会损害领土主权的完整性，印度尼西亚和马来西亚并未加入，马来西亚甚至认为“信息分享中心”冲击了国际海事局(International Maritime Bureau)1992年在吉隆坡设立的海盗报告中心(Piracy Reporting Centre)的地位。

三、印度：有限的军事合作

对于南亚大国印度而言，马六甲海峡同样十分重要，每年有114艘特大型油轮共计95亿桶原油由此通行运往印度，①而印度海军是亚洲少数具有远洋作战能力的海军之一，因此维护马六甲海峡的航行安全被印度认为是其不可推卸的责任。但由于经济实力不济，军事实力也并不足够强大，因此印度主要通过有限的军事合作方式介入马六甲海峡事务。

印度介入马六甲海峡事务具有天然优势，其东方门户安达曼—尼科巴群岛

---

① 参见廖新年、李玉华：《大国争夺中的马六甲海峡》，载《当代世界》2005年第3期。

(Andaman and Nicobar Islands,简称安达曼群岛)即位于马六甲海峡西北部不远处。早在1967年,印度就在安达曼群岛的布莱尔港(Blair Port)设立了军事基地,1984年印度设立安达曼群岛要塞司令部,1998年印度组建远东舰队进驻安达曼群岛,2001年印度在安达曼群岛成立“三军联合防御司令部”,2012年印度启动安达曼群岛海军基地扩建计划,2017年印度决定修建连接布莱尔港和底格里普尔的铁路。通过上述措施,印度对马六甲海峡的控制能力得到强化。

1991年印度出台“东向政策”(Look East Policy),意图重点发展与东南亚国家的关系,当然其中也包含着遏制中国崛起的因素。2014年印度将“东向政策”调整为“东向行动政策”(Act East Policy),强调进一步发展与东南亚国家的政治和军事关系。在执行“东向政策”和“东向行动政策”过程中,印度通过与沿岸国开展一定程度的军事合作,寻求增强对马六甲海峡事务的影响力。

印度曾于1973~1975年向新加坡出售了价值为6700万美元的军用坦克,①并且双方在1992年就已展开了防务合作对话。2003年印度与新加坡签署《防务合作协议》,双方据此建立了情报交换和防务政策对话机制。2007年印度与新加坡签署空军联合训练和演习协议,允许新加坡使用卡莱昆达(Kalaikunda)军事基地。2008年印度与新加坡签署陆军联合训练和演习协议,允许新加坡使用巴比纳(Babina)和代奥拉利(Deolali)军事基地。② 2015年印度与新加坡签署《关于战略伙伴的联合声明》和新的《防务合作协议》,进一步扩大了双方的合作领域和防务合作范围。自1993年起,印度每年与新加坡举行“SIMBEX”(Singapore-India Maritime Bilateral Exercise)双边海军演习,主要位置包括安达曼群岛海域、南海海域、马六甲海峡,目前已举行24次。③ 2004年起,印度与新加坡还定期举行“运动指数”(SINDEX)双边空军演习、“大胆的古鲁格舍德拉”(Bold Kurukshetra)双边装甲演习、“烈火战士”(Agni Warrior)双边炮兵演习。

印度曾于1963年向印度尼西亚出售了价值为700万美元的军用飞机。④

---

① SIPRI Arms Transfers Database, https://www.sipri.org/databases/armstransfers, last visit on 27 Augustl 2018.

② See Pankaj Jha & Rahul Mishra, “Defence Cooperation: A Case Study of India and Singapore”, *Journal of Air Power and Space Studies*, Vol. 5, No. 2, p. 74.

③ Ministry of Defence of India, Annual Report 2016 - 2017.

④ SIPRI Arms Transfers Database, https://www.sipri.org/databases/armstransfers, last visit on 27 August 2018.

2001 年印度与印度尼西亚签署《防务合作协议》，确定了军队互访、军事人员交流、举行军事演习、马六甲海峡西北部联合巡逻等合作事项。2004 年印度与印度尼西亚签署《打击国际恐怖主义谅解备忘录》，决定通过情报交换、能力建设等行动确保双方海上安全。2005 年印度与印度尼西亚签署《关于战略伙伴的联合声明》，决定建立更加紧密的双边战略合作关系。2012 年印度与印度尼西亚签署协议，约定由印度为印度尼西亚培训苏 30 战机的飞行员和技术保障人员。2002 年起，印度与印度尼西亚每年开展两次"IND-INDO CORPAT"（India-Indonesia Coordinated Patrol）双边海军巡逻，主要位置是安达曼群岛海域，目前已进行 28 次。[①] 2012 年起，印度与印度尼西亚还开展"哥鲁达沙克蒂"（Garuda Shakti）双边军事演习，主要目的在于反恐和反暴乱。

1993 年印度与马来西亚签署《防务合作备忘录》，据此成立了旨在培训马来西亚军事人员的印度—马来西亚防务合作会议机制。2007 年印度和马来西亚签署协议，约定由印度在 2008 ~ 2010 年为马来西亚培训苏 30 战机的飞行员。2012 年起，印度与马来西亚定期开展"哈里毛沙克蒂"（Harimau Shakti）双边军事演习。2013 年起，印度与马来西亚还定期开展"Indian Navy-Malaysian Navy CORPAT"双边海军演习。[②] 另外，印度与印度尼西亚 1995 年开始举行的"Indopura SAREX"双边搜救演习，1997 年转变为印度尼西亚、马来西亚、新加坡共同参与的多边搜救演习。此外，新加坡、印度尼西亚、马来西亚自 1995 年开始，还获邀参加印度主办的"米兰"（MILAN）多国联合军事演习。

印度目前并未参与新加坡、印度尼西亚、马来西亚之间的马六甲海峡巡逻，虽然印度尼西亚和新加坡曾向印度发出过邀请，[③]但印度以沿岸国有能力保障马六甲海峡安全为由予以拒绝，不过却表示可为维护马六甲海峡的航道安全提供卫星情报。此外，印度是《联合国海洋法公约》《反对劫持人质公约》《制止向恐怖主义提供资助公约》《制止恐怖主义爆炸公约》《海上人命安全公约》《制止危及海上航行安全非法行为公约》《亚洲反海盗及武装劫船合作协定》等国际条约的缔约国，在打击海盗、武装劫船行为和恐怖主义活动方面，印度与马六甲海峡沿岸国存在共同合作的法律基础，不排除今后发生更紧密军事合作关系的可

---

① Ministry of Defence of India, Annual Report 2016 - 2017.

② Ministry of Defence of India, Annual Report 2014 - 2015.

③ Bilveer Singh, Southeast Asia-India Defence Relations in the Changing Regional Security Landscape, Institute for Defence Studies and Analyses, New Delhi, May 2011.

能性。

四、中国的挑战和机遇

美国、日本、印度通过不同方式并以不同程度介入马六甲海峡事务，一方面给中国带来了严峻的挑战，另一方面也为中国提供了难得的机遇。

（一）中国遭遇的严峻挑战

首先，中国的能源运输安全受到威胁。美国、日本、印度与马六甲海峡沿岸国开展的各种军事、经济、技术合作，尤其是美国、印度与沿岸国开展的军事合作，给中国的能源运输安全带来严重威胁。马六甲海峡是中国原油进口的关键通道，一旦中国与美国、印度处于敌对状态，中国的能源运输可能会受到阻碍。其中，印度对中国能源运输安全的威胁，值得特别关注。中国原油海运进口有4条路线——中东、非洲、拉美、东南亚，除东南亚航线和拉美的巴拿马航线之外，均须通过印度洋海域。[①] 2017年6月18日的“洞朗对峙事件”发生后，中印双边关系恶化，印度在印度洋海域对中国的能源运输施加阻碍的可能性增加。2017年8月24日中国海军在西印度洋海域开展实弹演习，可算是对此采取的一种预防性措施。

其次，中国被迫加入愈演愈烈的援助竞赛之中。美国、日本、印度向马六甲海峡沿岸国提供了大量的军事、经济、技术援助，不仅增加了对马六甲海峡事务的影响力，而且迎合了沿岸国所推崇的“大国平衡”外交战略，使沿岸国对援助的要求越来越高。中国是马六甲海峡事务的后来参与者，从一开始便面临援助成本居高不下的境遇。在军事援助方面，中国暂时还无法与美国达到同一水平；在经济援助方面，日本深耕多年已占据先发优势；即使是印度，也有地理位置邻近的天然条件。因此，中国的援助手段既要满足沿岸国的现实需求，又要尽量避免与美国、日本、印度出现同质化的竞争，这就需要从自身比较优势出发加以谨慎考虑。

（二）中国面临的难得机遇

第一，为中国参与马六甲海峡事务提供更多机会。目前，中国已与马来西亚和印度尼西亚建立了全面战略伙伴关系，并通过经济、技术、人员培训等援助方式，积极参与马六甲海峡事务。中国出资分别设立了规模为100亿美元、30

---

① 参见汪玲玲、赵媛：《中国石油进口运输通道安全态势分析及对策研究》，载《世界地理研究》2014年第3期。

亿元人民币、10 亿元人民币的中国—东盟投资合作基金、中国—东盟海上合作基金、中印(尼)海上合作基金;向马六甲海峡航行援助基金和信托基金提供捐款超过 150 万美元;为沿岸国的 4 个具体合作项目提供资金、设备、技术或人员培训等支持;①与马来西亚签署了《海上合作谅解备忘录》《海洋科技合作协议》《打击跨国犯罪合作协议》《防务合作谅解备忘录》;与印度尼西亚签署了《海洋领域合作谅解备忘录》《海上合作谅解备忘录》《海上搜救合作谅解备忘录》;与包括沿岸国在内的所有东盟国家签署了《非传统安全领域合作谅解备忘录》《海运协定》,并建立了海事机构磋商机制、打击跨国犯罪部长会议;还作为创始成员加入了《亚洲反海盗及武装劫船协定》。随着上述援助方式的不断落实和深化,中国将对马六甲海峡事务发挥越来越重要的作用。

第二,为中国与沿岸国发展军事合作关系带来机遇。前述中国参与马六甲海峡事务的方式,主要限于非军事领域,军事领域的合作并不尽如人意,2005 ~ 2016 年中国向印度尼西亚和马来西亚出口的武器仅分别为 2.97 亿美元和 500 万美元,②与中国的军事地位极不匹配。随着军事实力的持续上升,中国如今已成为全球对外军售第三大国,③中国的武器装备和技术具有性价比高的突出优势,十分适合印度尼西亚和马来西亚这样的发展中国家。中国今后可考虑在平等互利的基础上深化与沿岸国的军事合作,以提高沿岸国管理和维护马六甲海峡的能力。2017 年 4 月中国同意向马来西亚提供 4 艘 LMS - 68 濒海任务舰;④ 2017 年 8 月中国同意向马来西亚提供 12 套 AR3 重型火箭炮系统。⑤ 这是继 2016 年中国参加印度尼西亚主办的“科摩多”(Komodo)联合军事演习,并向印

---

① Report of 9th Project Coordination Committee, http://www.cm-soms.com/uploads/8/57/Final%20Report%20 of%209th%20Project%20 Coordination%20 Committee.pdf, last visit on 1 July 2018.

② SIPRI Arms Transfers Database, https://www.sipri.org/databases/armstransfers, last visit on 27 August 2018.

③ SIPRI Yearbook 2016: Armaments, Disarmament and International Security (Summary), p. 20.

④ See Gabriel Dominguez, “Malaysia Signs Contract with China for Four Littoral Mission Ships”, http://www.janes.com/article/69813/malaysia-signs-contract-with-china-for-four-littoral-mission-ships, last visit on 27 August 2018.

⑤ See Shannon Teoh, “Stir in Malaysia over Radar-missile System in Johor”, http://www.straitstimes.com/asia/se-asia/stir-in-malaysia-over-radar-missile-system-in-johor, last visit on 27 August 2018.

度尼西亚交付完毕4套T-90B多管火箭炮系统之后,[①]中国与马六甲海峡沿岸国双边军事关系进一步发展的又一重要举措。

第三,为检视"一带一路"倡议在马六甲海峡地区的实施效果提供契机。2013年中国提出了"一带一路"的重大倡议,包括马六甲海峡沿岸国在内的东盟地区,既是"21世纪海上丝绸之路"的关键合作区,也是"丝绸之路经济带"的重要依托环节,覆盖了"一带一路"的所有合作领域。马六甲海峡安全维护存在障碍的主要原因,在于沿岸国的资金不足,以及由此导致的海上基础设施不完善。为此,中国可利用"一带一路"倡议提供的难得契机,通过中国—东盟投资合作基金、中国—东盟海上合作基金、中印(尼)海上合作基金、丝路基金、亚洲基础设施投资银行等融资平台,为沿岸国修建海上基础设施提供资金支持,并由中国的大型建筑工程企业承接沿岸国修建海上基础设施的具体工作。2016年10月19日中国电力建设集团以EPC方式承建的马来西亚皇京港(Melaka Gateway)深水码头工程正式启动,这表明"一带一路"倡议在马六甲海峡地区具有强大的生命力。

① Ridzwan Rahmat, Indonesia takes delivery of 122 mm rocket systems from China, http://www.janes.com/article/66543/indonesia-takes-delivery-of-122-mm-rocket-systems-from-china, last visit on 27 August 2018.

第十四章 中印跨境水争端:缘起、发展及应对

一、引言

2015年世界经济论坛全球风险报告指出水危机及其导致的地缘政治竞争是全球未来10年的首要风险。① 而水资源安全乃是国家寻求可持续发展的根本性、战略性问题。② 习近平主席的新国家安全观高度重视我国跨境水资源安全问题。我国跨境水资源安全已是“一带一路”倡议的核心问题之一。我国政府极为重视周边外交工作,坚持与邻为善、以邻为伴,“睦邻、安邻、富邻”及与邻国间构建命运共同体是中国一直以来奉行的周边外交政策。③

中印面临相似的水资源问题成为龙象崛起之梦的关键“瓶颈”问题。在气候变化背景下,中印跨境水资源问题是继中印边界争端之外,又一个较为突出的问题,它已成为两国关系发展的重要议题之一。国外有不少学者在关注中印跨境水资源问题,就中印跨境水争端

---

① See The World Economic Forum, Part 1 – Global Risks 2015, http://reports.weforum.org/global-risks-2015/part-1-global-risks-2015/introduction/,最后访问日期:2018年11月20日。

② 参见国家自然科学基金委员会地球科学部编:《21世纪初地球科学战略重点》,中国科学技术出版社2002年版,导言。

③ 参见习近平:《习近平谈治国理政》,外文出版社2014年版,第296页。

相关问题做了不少有意义的探索。但是,国内学者从国际水法视角研究相关的成果还不多见。因此,本章试图揭示中印跨境水争端缘起与发展脉络,指出当前中印跨境水合作现状及其涉及的关键国际法问题,最后为我国应对中印跨境水争端提出了若干建议。

二、中印跨境水现状

我国是世界上水资源总量较为丰富的国家,2014 年水资源总量为 2.73 万亿立方米,①也是全球人口最多的国家,人均水资源量仅为世界人均的 1/4,约为 1735.9 立方米,世界排名为 121 位,我国是全球 13 个贫水国家之一。

我国蕴含丰富的跨境水资源,其覆盖范围主要分布在我国东北、西北、西南三大地区,涉及 9 个边境省份、135 个县市,我国与 13 个周边邻国共享 110 条跨境河流和 18 个跨境湖泊。② 我国西部地区水资源总量为 15,165.8 亿立方米,占全国的 55.6%。③ 在众多跨境河流中,作为极为重要的上游国家,我国 2015 年出境水量 5386.9 亿立方米,远高于入境水量 187.0 亿立方米(不含界河水量),且低于全国总用水量 6095 亿立方米,我国每年入境水量仅占全国水资源总量 0.68%。④

印度也是个水资源总量较为丰富的国家,年均水资源总量为 1.869 万亿立方米。印度是世界人口第二多的国家,其人均水资源量为 1560 立方米,同样也是贫水国家。印度边界长达 15,106 公里,漫长的边界交织着不少跨境河流。⑤在南亚跨境河流水系中,印度大多地处河流的中下游,与陆上 6 个邻国⑥分享大

---

① 数据来源于《2014 年中国水资源公报》,载 http://www.mwr.gov.cn/zwzc/hygb/szygb/qgszygb/201508/t20150828_719423.html,最后访问日期:2018 年 11 月 20 日。

② See He Daming、Wu Ruidong, et al., "China's Transboundary Waters: New Paradigms for Water and Ecological Security Through Applied Ecology", *Journal of Applied Ecology*, 2014, Vol. 51, No. 5, pp. 1159 - 1168.

③ 数据来源于《2014 年中国水资源公报》,载 http://www.mwr.gov.cn/zwzc/hygb/szygb/qgszygb/201508/t20150828_719423.html,最后访问日期:2018 年 11 月 20 日。

④ 同上。

⑤ See UNICEF, FAO and SACI Waters Report, "Water in India: Situation and Prospects", 2013, pp. 3 - 4.

⑥ 6 个国家分别为巴基斯坦、尼泊尔、中国、孟加拉国、缅甸和不丹。

大小小近千条跨境河流。[①] 大多数河流处于中下游,如印度河、恒河、布拉马普特拉河等。

中印跨境水资源主要形式为跨境河流,大多数是上下游型,主要有 16 条跨境河流(见表 19)。它们分别为森格藏布江(狮泉河)—印度河、朗钦藏布江(象泉河)—萨特累季河、雅鲁藏布江—布拉马普特拉河、马甲藏布江(孔雀泉河)—格尔纳利河等。这些河流大多数发源于被誉为"亚洲水塔"的青藏高原喜马拉雅山脉地区,我国大部分处于上游国,这些河流与中印 2000 多公里的边界纵横交错。据不完全统计,这些河流年径流量不少于 2000 亿立方米,是我国年出境水量的重要组成部分。雅鲁藏布江的地位较为突出,它既是我国西藏最大的河流,又是我国及世界上海拔最高的河流。其发源于喜马拉雅山北部冈仁波奇峰前的杰玛央宗冰川,河源海拔在 6000 米以上,在西藏境内河流走向为自西向东,流经通麦县南部改向南流进入印度东北区阿萨姆邦,始称布拉马普特拉河,后流入孟加拉国与恒河相汇入印度洋孟加拉湾。雅鲁藏布江在我国境内长 2057 公里,流域面积 24.048 万平方公里,我国段水能蕴藏量高达 7911.6 万千瓦。雅鲁藏布江—布拉马普特拉河流域共有 52 条支流,集水面积达 58,000 平方公里,其中我国占 50.5%,印度占 33.6%,孟加拉国占 8.1%,不丹占 7.8%。[②] 它不仅表现在河长与流域面积突出,更为重要的是,它在年径流量上贡献较大。据统计,雅鲁藏布江年径流量约为 1400 亿立方米。[③] 在雅鲁藏布江流域中,藏南地区的跨境水资源最为丰富。受益于该地区季风气候影响,降水雨量充沛,可开发利用的水能资源极为丰富,该地区又是中印东段边界争端的重要区域。

---

① See Patricia Wouters, Comparing China's and India's Approach to Managing Transboundary Waters in Light of Contemporary Developments in International Water Law, 2014, (Manuscript not yet in Press).

② See World Bank, Development and Growth in Northeast India: The Natural Resources, Water, and Environment Nexus, 2007, p. 33.

③ See Q. K. Ahmad, A. K. Biswas, R. Rangachari, and M. M. Sainju (eds.), *Ganges-Brahmaputra-Meghna Region: A Framework for Sustainable Development*, The University Press Limited, pp. 81 – 142.

表 19 西藏主要跨境河流情况统计①

河流	河长（公里）	流域面积（平方公里）	年均流量（立方米/秒）	年流总量（亿立方米）	汇入河流
察隅曲	295	17,827	800	252.3	布拉河*
丹龙曲	150	11,270	822	259.2	布拉河
雅鲁藏布江	2057	240,480	4425	1395.4	布拉河
西巴霞曲	406	26,664	930	293.3	布拉河
鲍罗里河	236	10,790	411	129.5	布拉河
达旺—酿江曲	129	6300	120	37.8	布拉河
洛扎怒曲	115	5270	33.4	10.5	布拉河
朋曲	376	25,307	156	49.2	恒河
绒辖藏布	54	1400	17.8	5.6	恒河
吉隆藏布	110	3100	29.5	9.3	恒河
马甲藏布	119	3020	9.6	3	恒河
乌热布渠—乌扎拉渠	26	650	—	—	恒河
甲扎岗噶河	35	1330	—	—	恒河
郎钦藏布	309	22,760	28.9	9.1	印度河
森格藏布江	430	27,450	22	6.9	印度河
如许藏布	80	2720	2.6	0.8	印度河

注：“布拉河”为“布拉马普特拉河”（Brahmaputra River）。

三、中印跨境水争端的缘起

对中印两国来说，中印跨境水争端问题从来就不是个历史问题，也不是两国国家关系发展的主旋律。相反，中印边界争端却是个长期横亘在两国关系发展中的羁绊。中印边界争端问题源自近代时期英国的南亚战略，英国意图以印

① 西藏自治区统计局编：《西藏统计年鉴 2009》，中国统计出版社 2009 年版，第 5 页。

度为跳板,吞食我国边境地区领土,麦克马洪线为中印边界问题埋下伏笔。① 中印两国先后于1962年、1967年、1987年爆发了3次中印边界冲突。②

值得注意的是,早在1950年,印度学者帕特尔(Sardar Patel)在致印度总理尼赫鲁的一封信中,就强调喜马拉雅地区可作为中印天然的屏障,印度也意识到喜马拉雅地区控制与否,将直接影响到印度的生命线。③ 在边界争端背景下,这并不意味着印度不重视中印跨境河流的相关问题,受限于当时经济发展的需求以及印度国内水问题关注的重心——印巴之间水问题,中印跨境河流问题并未上升为两国关系发展的议题。

中印跨境水争端的缘起有着复杂的因素和时代背景。中印跨境水争端的范围涉及3段中印边界争端区域。其中,东段问题最为突出。东段中印边界争议区域——我国称"藏南地区",印度称"阿鲁纳恰尔邦",争议地区约9万平方公里,人口100万人左右。

2000年6月和8月,分别在"阿鲁纳恰尔邦"和喜马偕尔邦内萨特累季河相继暴发了大规模的洪灾,印度妄加指责中国,声称"中国导演了大洪灾",④促使印度高度关注并重视中印跨境河流的相关问题。可以说,跨境河流突发的洪灾是中印跨境水争端兴起的自然因素。受洪灾事件的推动,应印度的合作请求,中方作为负责任的大国,2002年与印度达成了雨季水文信息共享备忘录。

中印跨境水争端的缘起还受其他外界因素的影响,比如,印度国内媒体的热炒以及我国国内论著成为印度媒体大肆炒作的借口。

对我国在上游的造坝行为和可能实施的分水工程,印度媒体表现极为忧虑和担心,媒体关于中印水战的论述呈上升趋势。媒体的炒作成为印度政府重视中印跨境水问题的导火索,随即印度政府就跨境水问题与我国进行交涉,寻求跨境水领域的合作。

此外,2005年我国国内学者李伶的著作《西藏之水可以救中国》成为印度

---

① 参见吕昭义、孙建波:《中印边界问题、印巴领土纠纷研究》,人民出版社2013年版,序。

② 三次边界冲突分别为中印边界自卫反击战(藏南)、中印乃堆拉山口冲突、中印边界冲突。

③ See Jonathan Holslag, "Assessing the Sino-Indian Water Dispute", *Journal of International Affairs*, Vol. 64, No. 2, 2011, p. 20.

④ See Nitin Gogoi, "Army Suspects Chinese Hand Behind Flash Floods in N-E," Rediff, http://www.rediff.com/news/2000/aug/22assam.htm; Government of India, Ministry of External Affairs, "Q. 2104—Breach of Dams Constructed by Chinese Authorities," Aug. 10, 2000, http://www.mea.gov.in/rajya-sabha.htm? dtl/8587/,最后访问日期:2018年11月23日。

大力炒作的又一“导火索”。实际上,该书作者根据中华民族伟大复兴的心头大患——水危机,提出了“再造中国”的伟大的战略构想,书中所提及的大西线调水设想,是考虑到雅鲁藏布江流域水资源达1188亿立方米,占可调水总量2006亿立方米的59.2%。[①] 大西线调水设想在印度引起了巨大反响,印度国内外媒体频频大肆炒作“中国水威胁论”,[②]如《纽约时报》《印度时报》等。[③] 然而,雅鲁藏布江流域调水设想并未得到我国政府授权实施。

值得注意的是,印度大肆炒作的同时,其在东段边界争端印控区的小动作不断。比如,印度利用亚洲开发银行贷款项目的行为。2009年日本主导的亚洲开发银行批准了29亿美元的贷款项目,其中6000万美元涉及中印边界争议地区——藏南的水利工程,亚开行的行为遭到了中国政府的强烈不满,并拒绝该项目贷款。[④] 显然,亚开行介入了成员国家之间领土争端的行为,损害了我国政府的国家主权利益。对于印度试图强化藏南地区跨境水使用权及进一步坐实中印边界争端的行为,我国政府极为敏感,保持了高度关注。俨然,关于跨境河流的开发利用已经成为中印跨境水争端的焦点问题。

纵观中印跨境水争端的缘起,经历了对跨境河流自然灾害的关注到跨境河流的开发利用争端的过程。跨境河流水资源如何分配的矛盾成为中印必须直接面对的问题。

四、中印跨境水争端的发展

近年来,中印两国水情形势日益严峻,基于此,两国都转向大力开发利用中

---

① 参见李伶:《西藏之水可以救中国》,长安出版社2005年版,第1~289页。

② See Satu Limaye, “The Middle Riparian's Quandaries: India and the Brahmaputra River Basin”, Center for Naval Analyses Paper.

③ 布拉玛·切拉尼热炒中国水威胁论的言论可见于 Brahma Chelaney, “The Arogance of Chinese Power”, *The Japan Times*, August 4, 2010; Brahma Chelaney, “Asian Jugernaut: The Rise of China, India, and Japan”, *New York: Harper Busines*, 2010, pp. 8 – 21; Brahma Chelaney, “China's Murky Hydropolitics: Ties and Troubled Waters”, *The Times of India*, June 29, 2010; Brahma Chelaney, “Water is the New Weapon in Beijing's Armoury”, *Financial Times*, August 31, 2011; “The Chinese Embasy Refutes the Financial Times's Article Atacking China as ‘Hydro Hegemon’”, *Financial Times*, September 19, 2011; Brahma Chelaney, *Water: Asia's New Batleground*, Washington, DC: Georgetown University Press, 2011; Brahma Chelaney, “The Sino-Indian Water Divide”, *Project Syndicate*, August 3, 2009。

④ 参见《亚行向印度贷款在争议地区修水利、中国强烈不满》,载《东方早报》2009年6月19日。

印跨境水资源。两国在雅鲁藏布江—布拉马普特拉河流域竞争式开发利用态势明显,存在某种程度的博弈。在此利益诉求交错下,中印跨境水争端进一步发展。

值得关注的是,早在1995年12月我国政府开始全面论证"南水北调"工程时,印度政府严密监视我国在雅鲁藏布江流域的开发利用的动向。为此,关于我国政府计划在雅鲁藏布江上马水电项目。一直成为印度国内舆情关注的焦点。[①] 2010年7月我国国家发展改革委员会第442号文正式批复西藏藏木水电站工程项目。该项目是雅鲁藏布江干流上第一座水电站,其装机容量突破50万千瓦,也是西藏最大的水利工程,[②]对藏区经济发展的拉动效用明显。项目的开建标志着我国政府对雅鲁藏布江水能资源大规模开发利用的正式启动。然而,藏木水电站正式开工建设的消息一度使印度十分不安。以布拉马·切拉尼为代表的印度鹰派学者,多次撰文声称中印跨境河流已经成为我国对印度的"政治武器",频频指责我国在雅鲁藏布江上修建大坝行为,严重夸大"生态灾难和下游枯水",大肆在印度国内和海外热炒"中国水威胁论"。[③]

值得注意的是,几乎在藏木水电站启动之时,印度出台了反制措施。印度为强化自身的"下游权利",也着手在雅鲁藏布江下游的"阿鲁纳恰尔邦"推进水电开发项目,抗衡中国在雅鲁藏布江水电开发工程,全流域水电开发呈竞争态势明显。印度电力部规划部门——国家电力管理局审批了10多项水电开发项目(见表20),[④]其中,就有在"阿鲁纳恰尔邦"内修建一座1750兆瓦的水电站,只是限于环保许可,进展缓慢。[⑤] 一旦项目建成,将可能淹没我国西藏林芝地区部分地段,洪灾威胁和环境变化对流域地区的破坏影响难以评估,[⑥]这些水

① See Jonathan Holslag, Assessing the Sino-Indian Water Dispute, *Journal of International Affairs*, 2011, Vol. 64, No. 2, p. 22.

② 2014年11月23日,藏木水电站投产发电;2015年10月13日,藏木水电站开始全面运行。

③ See Brahma Chelaney, "The Sino-Indian Water Divide", *Project Syndicate*, August 3, 2009; Brahma Chelaney, "Water is the New Weapon in Beijing's Armoury", *Financial Times*, August 31, 2011.

④ India's Water Resources Information System, "Dams in Brahmaputra Basin", http://india-wris.nrsc.gov.in/wrpinfo/index.php? title = Dams_in_Brahmaputra_Basin,最后访问日期:2018年11月26日。

⑤ 《印欲在中国下游建水电却受挫》,载参考消息网:2015年10月23日报道。载 http://view.inews.qq.com/a/MIL2015102301585802? refer = share_hotnews,最后访问日期:2018年11月26日。

⑥ 参见蓝建学:《水资源安全和中印关系》,载《南亚研究》2008年第2期。

电开发项目存在印度强化对藏南地区的实际占领的意图。① 可见,一方面,中印在跨境河流开发利用上竞争态势明显,双方在中印跨境河流开发利用上存在冲突;另一方面,印度试图借助跨境水争端使中印边界争端向复杂化态势发展。

表 20 印度在布拉马普特拉河流域已建水电工程②

工程	河流	地区	装机容量(兆瓦)	坝高(米)
蒂斯达下游大坝 - Ⅲ	蒂斯达河	西孟加拉邦	132.0	32.5
蒂斯达下游大坝 - Ⅳ	蒂斯达河	西孟加拉邦	885.0	16.0
蒂斯达梯级 - V	蒂斯达河	锡金	964.5	51.0
多杨	多杨河	那加兰邦	875.0	7.5
然甘纳迪 - 梯级 I	邸克容河 然甘河 卡门河	藏南*	685.0	40.5
卡门	比熊河 滕加河	藏南*	600.0	比熊坝高 72 米 滕加坝高 27 米
焦尔塔加 - 阶段 I	焦尔塔加河	西孟加拉邦	27.0	
焦尔塔加 - 阶段 I	焦尔塔加河	西孟加拉邦	8.0	

注:* 为我国声明领土,被印度控制。

事实上,我国政府对待跨境河流开发利用上,立场鲜明。尽管我国未加入全球性国际水法公约,但是,在实践中充分依据相关国际法和国际水法的规则,开展了不少跨境河流合作。实际上,我国作为跨境河流的上游国家,有充分的、正当合法水开发利用权利,这是有坚实的国际法和国际水法基础支撑的。2013年我国国务院发布了能源发展"十二五"规划,规划强调积极有序发展水电,全面推进雅鲁藏布江中游水电基地建设,设计了 3 座电站,分别为加查、街需、大古,③显然,对于印度代表性的鹰派学者频频指责我国在雅鲁藏布江大拐弯段建

① 参见余潇枫、周章贵:《中印跨界河流非传统安全威胁识别、评估与应对》,载《世界经济与政治》2014 年第 12 期。

② 参见樊基仓、李英改等:《印度对布拉马普特拉河的开发及其跨境影响》,载《世界地理研究》2010 年第 4 期。

③ 《国务院关于印发能源发展"十二五"规划的通知》,载中华人民共和国政府网:http://www.gov.cn/zwgk/2013-01/23/content_2318554.htm,最后访问日期:2018 年 11 月 27 日。

造一个比三峡水电工程还要大的发电量为38兆瓦的墨脱大坝水电工程计划明确表示否定。① 我国外交部也曾多次在对外宣传中予以声明。比如,2010年时任我国外交部部长杨洁篪指出,藏木水电站只是个小工程,“不会对雅鲁藏布江进入印度东北部的下游造成任何影响”。在2013年1月30日我国外交部发言人洪磊主持例行记者会上,他强调“中方对跨境河流开发利用一向持负责任态度,任何新项目都会经过科学规划和论证,兼顾上下游利益”。② 中印跨境河流的开发利用只是中印跨境水争端的一个侧面,无论是水分配争端,还是生态安全争端,中印跨境水争端背后充分反映了跨境河流中的国家主权相对性与绝对性问题以及上下游国家权利与义务的平衡问题。

五、中印跨境水合作进程

就中印跨境水合作而言,两国在水资源上的互动逐步在加强,跨境水资源合作经历了从无到有,从最初的水文信息共享到专家机制的建立,从关注跨境水自然灾害到重视跨境水资源的开发利用。中印跨境水资源共同利益观念不断强化,合作的深度在不断推进。实际上,中印跨境水资源合作要比印度与巴基斯坦、尼泊尔、孟加拉国要晚许多。笔者认为,其重要的原因就是印度把重点开发利用河流放在了印度河水系和恒河水系上(印巴关于印度河水量分配和印孟关于恒河水量分配争议都较大),其重心不在中印跨境水资源上,直到中印跨境河流发生洪灾后(2000年6月在印度“阿鲁纳恰尔邦”藏南地区印控区及同年8月在喜马偕尔邦内萨特累季河相继暴发较大规模洪灾),使印度开始重点关注这些源于我国的跨境河流安全等问题。

客观上,从我国与周边邻国涉水实践而言,中印两国之间涉水相关机制的建立以及开展的水合作层面,在深度与广度方面都要远逊于我国与湄公河流域国家之间的合作。也正是2000年暴发的洪灾,激发印度国内大肆炒作“中国水资源威胁论”,使印度日益重视中印跨境河流的相关问题。在此之前,雅鲁藏布江—布拉马普特拉河流域并未签订任何多边机制,也就是说,四个流域国家——中国、印度、孟加拉国、不丹未就该流域签订跨境河流多边条约。洪灾暴发后,在

---

① See Brahma Chelaney, *Water: Asia's New Batleground*, *Washington*, DC: Georgetown University Pres, 2011, p. 144.

② 2013年1月20日外交部发言人洪磊主持例行记者会,载http://www.fmprc.gov.cn/,最后访问日期:2018年11月28日。

印度的倡议下,中印两国就双方的跨境水资源展开一系列的互动与合作,建立了双边机制。具体表现为:

2001年8月6日中印两国开启了第一轮对话,对话强调水文信息共享和自然灾害防御并就这些问题签订了3个协议。[①] 作为后续的水资源议题,在2002年1月时任我国总理朱镕基访问印度期间,中印两国签署了《中国水利部与印度水利部关于中方向印方提供雅鲁藏布江—布拉马普特拉河汛期水文资料的谅解备忘录》。根据该备忘录,两国政府于同年4月24日签署了《关于中方向印方提供雅鲁藏布江—布拉马普特拉河汛期水文资料的实施方案》。该方案规定,我国从2002年起每年的6月1日至10月15日向印度提供雅鲁藏布江—布拉马普特拉河3个水文站(奴各沙、羊村、奴下)的水文信息(含水位、流量及降雨量等)。[②] 2002年5月28日印度首次收到来自我国西藏出境河流的水文电报,意味着我国开始正式向印度提供雅鲁藏布江的水文情报。[③] 印度还计划与我国磋商在萨特累季河和帕隆藏布江流域建立水文站一事,此计划尚在调查研究中。[④]

2003年6月22~27日,时任印度总理瓦杰帕伊对中国进行正式访问。这是印度总理10年来首次访问中国,中印双方签署了《中华人民共和国和印度共和国关系原则和全面合作宣言》,这是份纲领性文件,全面规划两国在各个领域的合作,其中也包括水资源方面合作。[⑤] 2004年6月西藏帕里河因山体滑坡形成了巨大的高山平湖,湖坝溃决形成的洪水使印度喜马偕尔邦遭受了超过70亿卢比的公共财产损失。一年中两次溃坝使印度密切留意事态的发展,印度组建以Shri RK为领导的跨部长级别领导小组(成员来自水利部、外部事务部、中央水资源委员会、印度和中央地质调查研究所)于2004年9月20在拉萨与我国政府商讨解决办法。同年12月26~29日双方在北京举行深入讨论,就帕里

---

① See Government of India Ministry of Water Resources, *Annual Report* 2001 - 2002, New Delhi, 2002.

② See Government of India Ministry of Water Resources, *Annual Report* 2002 - 2003, New Delhi, 2003.

③ 参见张宁:《从2002年开始西藏向印度方面提供雅江水情》,载《西藏商报》2002年6月7日。

④ See Government of India Ministry of Water Resources, *Annual Report* 2003 - 2004, New Delhi, 2004.

⑤ 参见新华社:《中华人民共和国和印度共和国关系原则和全面合作的宣言》,载《人民日报》2003年6月25日,第4版。

河道阻断等问题交换了看法,双方一致同意在郎钦藏布、帕隆藏布和察隅河等流域建立更多的水文站。[①]

2005 年 3 月 16 ~ 17 日,以时任中国水利部副部长翟浩辉为团长的中国水利代表团与以印度水利部秘书杜戈为团长的印度水利代表团在北京就水资源合作问题进行了中印副部级会谈。双方就西藏自治区帕里河堰塞湖问题及跨境河流报汛事宜进行了积极和富有成效的会谈,草签了朗钦藏布报汛谅解备忘录。[②]

2006 年 11 月时任我国国家主席胡锦涛访问印度期间,中印就进一步发展两国战略合作伙伴关系和共同关心的问题深入交换看法;在水资源合作方面一致同意成立一个专家级机制,以讨论关于季节洪水协调行动,加强双方的互动和合作。[③]

2007 年 9 月中印双方在北京召开了跨境河流专家级机制首次会议,双方通过沟通,增进了解。[④] 2008 年 4 月 12 日第二届中印跨边界河流专家机制会议在印度首都新德里举行。会议期间,专家级工作条例机制获表决通过,并经双方共同签署,双方约定该会议每年轮流召开一次。[⑤] 2009 年 4 月第三届中印跨境河流专家级机制在新德里召开。[⑥] 2010 年 5 月 15 ~ 16 日,由中国人民友好协会和中国印度友好协会主办的"中国印度高端学术交流会——第二届中国印度论坛"在中国人民对外友好协会举行,在题为"中印水资源跨境保护:喜马拉雅地区的生态系统适应性管理"报告中指出了造成喜马拉雅山地区上游段严重缺水和下游段洪涝灾害频发现象的原因,呼吁中印两国携手进行合作研究,共建有效机制,加强双边及多边对话等途径,减缓因生态退化而威胁跨境水资源,实现

---

① See Government of India Ministry of Water Resources, *Annual Report* 2005 - 2006, New Delhi, 2006.

② http://news. h2o-china. com/waterresource/traditional/356191111426980_1. shtml,最后访问日期:2018 年 12 月 10 日。

③ See Government of India Ministry of Water Resources, *Annual Report* 2007 - 2008, New Delhi, 2008.

④ 参见中华人民共和国外交部政策规划司编:《中国外交——2008 年版》,世界知识出版社 2008 年版,第 104 页。

⑤ See Government of India Ministry of Water Resources, *Annual Report* 2008 - 2009, New Delhi, 2009.

⑥ 参见中华人民共和国外交部政策规划司编:《中国外交——2010 年版》,世界知识出版社 2010 年版,第 104 页。

该地区社会、经济和环境的可持续发展。① 同年，时任国务院总理温家宝访问印度，重申"保护好、利用好、管理好跨境河流，是我们共同的责任。长期以来，为帮助下游地区防灾减灾，中方技术人员在上游地区极为恶劣的自然条件下，克服巨大困难，甚至冒着生命危险，向印方提供汛期水文资料，处理紧急事件。中方重视印方在跨境河流问题上的关切，愿意进一步完善双方联合工作机制。我国在上游的任何开发利用，都会经过科学规划和论证，兼顾上下游利益"。② 2011 年为"中印交流年"，双方各领域友好交流与合作进一步扩大。在首次召开的中印战略经济对话中，印方提议加强两国在跨境河流上的合作，请求开展进一步的水文信息共享合作。③ 2013 年李克强总理访印期间再次与印度总理就跨境河流等敏感问题进行会谈，强调中印需跨越喜马拉雅山握手，站在更高层次展望中印关系发展大局，在双方发表的《中华人民共和国和印度共和国联合声明》中，强调，世界有足够空间供中印共同发展，世界也需要中印实现共同发展，双方是互利伙伴关系，而非竞争对手。双方将进一步加强跨境河流合作。双方同意通过专家级机制，就水文报汛、应急事件处置开展合作，并就其他共同关心的问题交换了意见。④ 双方签署了水资源高效灌溉领域加强合作的备忘录，并续签了水文报讯及执行计划的备忘录。

值得注意的是，此次水文信息合作呈现新的特点。第一，报讯时间更长。它为每年的 5 月 15 日 ~10 月 15 日，其报讯起始时间要比 2008 年的合作提前了半个月。第二，印方继续承担一定的报讯费用。与之前水文信息合作相比，此次水文合作，更加明确了印方需向中方支付数据或资料的合理费用（人民币 85,000 元）。⑤

可以看出，中印就跨境水资源问题已经开始交流与合作，双方建立了水文

---

① 参见中国学术会议在线：《"中国印度高端学术交流会——第二届中国印度论坛"在中国人民对外友好协会举行》，载 http://www.meeting.edu.cn/，最后访问日期：2018 年 8 月 11 日。

② 参见《巧铸东方文明新辉煌：温家宝在印度世界事务委员会的演讲》(2010 年 12 月 17 日)，载中华人民共和国中央人民政府官网：http://www.gov.cn/ldhd/2010-12/17/content_1767618.htm，最后访问日期：2018 年 12 月 11 日。

③ 参见中华人民共和国外交部政策规划司编：《中国外交——2012 年版》，世界知识出版社 2012 年版，第 115 ~ 116 页。

④ 参见《中印联合声明：世界有足够空间供两国共同发展》(2013 年 5 月 20 日)，载人民网：http://js.people.com.cn/html/2013/05/20/229139.html，最后访问日期：2018 年 12 月 12 日。

⑤ 备忘录执行计划第 10 条。支付合理费用符合国际惯例，《跨境水道与国际湖泊保护和利用公约》第 13 条有明文规定。

信息共享机制和专家级的双边会晤机制。水文信息的共享目前是中印跨境水合作的重要内容之一,其目的在于洪灾的预防与控制。

但是,在边界争端的背景下,双方跨境水要深入合作困难重重。鉴于中印边界问题未决的前提下,印度在中印跨境水领域的主要活动表现为:第一,印度大力推进争议地区,特别是藏南地区的大规模水电开发及基础设施建设,试图强化下游国家的"开发利用权";第二,印度密切关注我国在上游水资源开发利用;第三,印度在重要的时间节点上,利用国内外舆论,大力炒作我国正当的水电开发项目,干扰我国合法合理的水权益;第四,作为中印跨境河流下游方,印度希望扩大跨境水合作范围,提升合作层级,试图在跨境水合作领域强化自身的地位。

从双方的合作来看,并没签订跨境河流的条约,两国也并未涉及水电开发项目的合作。现有资料显示,在我国与邻国的跨境水合作领域中,中印两国跨境水资源合作水平是较低的,这与该地区丰富的跨境水资源优势严重不匹配。不可否认中印水文信息合作有助于两国增进理解和互信,因为水文信息合作是跨境河流进一步开发利用的基础,为两国深入合作提供了可能。①

六、中印跨境水争端的关键国际法问题

中印跨境水争端涉及关键国际法问题有以下几方面。

(一)主权问题

跨境河流的主权问题是中印跨境水争端的首要关键法律问题。众所周知,"国家主权是现代国际法的核心"。② 国家主权是国家的根本属性,国家领土的存在为国家行使主权权利提供了最高的权威空间,国际法赋予并承认主权国家享有其领土内的最高权力。③ 跨境水作为一国领土下的组成部分,考虑到跨境水流动性和跨国界性特点,与其他类型的领土有所不同,适用跨境水的主权理论既有一般意义上的共性特点,又有特殊性。当前,跨境水的主权观念主要有四种类型,它们分别是"绝对领土主权论、绝对领土完整论、有限主权论、共同利

① 参见蓝建学:《水资源安全和中印关系》,载《南亚研究》2008 年第 2 期。

② 杨泽伟:《主权论——国际法上的主权问题及其发展趋势研究》,北京大学出版社 2006 年版,第 266 页。

③ 参见杨泽伟:《国际法》(第 3 版),高等教育出版社 2017 年版,第 131 ~ 133 页。

益论”。[①]

中印跨境水争端的存在,凸显了中印两国在跨境水主权观念上的冲突。这表现为:中国政府在中印跨境水问题处理上处于“绝对领土主权论”阵营,在跨境水上的开发利用等行为是一国享有最高的主权权利的直接反映;相反,印度政府反对中国政府用绝对领土主权论处理跨境水问题。值得注意的是,印度与其邻国处理跨境水资源问题上采取的标准是多样的。比如,印度与孟加拉国处理布拉马普特拉河跨境水问题上又是践行绝对领土主权论原则。印度大力实施“内河联网”(National River Linking Project)[②]等工程,其中,印度调水计划就覆盖布拉马普特拉河流域,这会给下游国孟加拉国带来严重影响。[③] 显然,印度在对待自身跨境水资源问题时,采取的是利己主义的政策。对中印跨境水资源争端而言,如何就中印跨境水资源主权问题达成共识,成为中印跨境水资源争端解决的前提条件。客观而言,关于跨境河流的绝对主权论在当今跨境水问题处理上适用性空间非常窄;相反,弱化绝对主权观念、转向有限主权、让渡适当主权已经成为全球跨境水争端解决的发展趋势。跨境水的利益共享成为越来越多国家接受的观念。

(二)公平合理利用问题

公平合理利用问题成为中印跨境水争端中重要的法律问题。从法理方面看,公平合理利用原则存在缺陷,对中印跨境水合理利用造成一定影响;从国家实践来看,两国为了应对各自水国情,不断加大中印跨境水资源的开发利用力度,跨境水资源开发利用的博弈日趋激烈,如何实现公平合理利用是两国无法逃避的问题。

公平合理利用原则是指水道国享有在其领土内开发利用国际水道水资源的权利,同时又要考虑有关水道国的利益,承担不剥夺其他水道国在其领土内开发利用国际水道水资源的义务及保护国际水道水资源的义务。[④] 公平合理利用原则不仅是国际水法的一项基本法律原则,还是国际水法规则体系的重要基石。它在国际水法重要的软法文件和硬法文件中都有相应的体现,比如,《国际

---

① Stephen C. Mccaffrey, *The Law of International Watercourses*, 2nd, Oxford: Oxford University Press, 2007, pp. 111 – 197.

② 载 http://www.nwda.gov.in/content/,最后访问日期:2018 年 12 月 20 日。

③ 参见樊基仓、李英改等:《印度对布拉马普特拉河的开发及其跨境影响》,载《世界地理研究》2010 年第 4 期。

④ 《水道法公约》第 5 条。

河流利用规则》《国际水道非航行使用法公约》等。近年来,随着涉水国家实践和相关司法实践的丰富与发展,该原则已发展成国际水法的习惯规则。然而,不可忽视的是,国际水法关于公平合理利用规则体系中存在诸如法律规范不完备、公平合理标准不清晰、水道国对其理解差异导致各自解释的对立性、配套措施缺失以致其约束力偏弱等缺陷,①在中印跨境水资源公平合理利用问题的可适应性受到了严重的影响。

近年来,中印跨境水资源公平合理利用问题不断升温,它已成为中印关系的重要主题。水量分配、水电开发利用等是中印跨境水公平合理利用问题的突出表现。水量分配问题是跨境水资源开发利用需要最先解决的问题,也是跨境河流开发利用的核心问题。② 中印跨境河流水分配问题已经成为两国争端中的主要矛盾。水量公平分配标准是跨境水冲突的中心问题。

跨境水开发利用是中印跨境水公平合理利用的另一个重要问题。两国在水资源开发利用方面的利益诉求是不同的,中国作为上游国,较关心水电开发;印度作为下游国,往往重视农业灌溉、航运等方面诉求,③注重上游国开发利用可能会对印度水量、水环境生态带来负面影响。印度建国后,尼赫鲁已经意识到喜马拉雅地区水资源的价值和重要性,④到2000年后印度政府对中印跨境河流高度敏感。必须指出的是,喜马拉雅地区作为世界的水塔,孕育了与印度密切相关的印度河、恒河、布拉马普特拉河三大水系。考虑到印度经济发展和人口的需要,其国内水资源问题形势越加严峻,鉴于雅鲁藏布江—布拉马普特拉河水量和水能蕴藏量丰富特点,印度也越加重视中印跨境河流的开发利用,政府规划了一系列水电开发项目。值得注意的是,不少水电建设与规划项目位于中印边界争端地区,据统计,印度计划在东北部(含藏南地区)建设168座大型水电站,发电容量高达57吉瓦。与印度相比,中国也在雅鲁藏布江流域规划了水电开发利用项目。比如,2013年中国国务院发布了能源发展"十二五"规划,规划强调积极有序发展水电,全面推进雅鲁藏布江中游水电基地建设,设计了3

---

① 参见曾彩琳:《国际河流公平合理利用原则:回顾、反思与消解》,载《世界地理研究》2012年第2期。

② 参见王晓峰、陈东景:《上下游型国际河流开发利用中若干问题的初步探讨》,载《新疆师范大学学报》(自然科学版)1999年第3期。

③ 参见李香云:《印度的国家水政策和内河联网计划》,载《水利发展研究》2009年第4期。

④ Jonathan Holslag, "Assessing the Sino-Indian Water Dispute", *Journal of International Affairs*, Vol. 64, No. 2, 2011, p. 22.

座电站,分别为加查、街需、大古。[①] 可见,中印两国在雅鲁藏布江流域竞争式开发利用态势明显。

(三)国际河流委员会管理机构的缺失

缺失国际河流委员会管理机构是中印跨境水争端不断发展的又一现实问题。从国际法视角来看,国际河流委员会是政府间组织,其设立的依据是国家间双、多边条约,作为政府间的常设管理机构,机构成员多来自相关国际水道国,具备国际法上的基本特征。其主要职能涉及管理、监督、调查研究、协商、情况交流、调解等。[②] 根据国际河流委员会的性质、任务和权限,它又可以分为技术机构、行政管理机构、综合开发机构及经营机构。[③]

综观全球有代表性的国际河流,大部分都建立了流域管理机构,即国际河流委员会,尽管具体名称上存在差异,如多瑙河委员会、[④]美国—加拿大国际联合委员会、[⑤]亚马逊合作理事会[⑥]等,但它们都是作为国际河流流域的管理机构,承担着国际河流委员会的管理职能。

从上述中印跨境水合作的现状可知,当前两国并未建立国际河流委员会的管理机构。一方面,这是中印双边跨境水合作水平不高的直接反映;另一方面,中印跨境水中的重要跨境河流,如雅鲁藏布江—布拉马普特拉河涉及 4 个流域国家,即中国、印度、不丹、孟加拉国,要建立双边或多边的国际河流委员会离不开流域国强烈的政治意愿和坚实的政治互信。从该流域的总体状况来看,当前整个流域跨境水合作水平还不具备建立流域管理机构的现实条件。[⑦] 可以说,中印要建立国际河流委员会的管理机构任重道远。

客观而言,中印国际河流委员会管理机构的缺失,在一定程度上是中印跨境水争端不断发展的原因之一。中印跨境河流未建立国际河流委员会管理机

---

① 《国务院关于印发能源发展“十二五”规划的通知》,载中华人民共和国政府网:http://www.gov.cn/zwgk/2013-01/23/content_2318554.htm,最后访问日期:2018 年 11 月 20 日。

② 参见盛愉、周岗:《现代国际水法概论》,法律出版社 1987 年版,第 220~224 页。

③ 同上书,第 220 页。

④ 载 http://www.danubecommission.org/dc/en/,最后访问日期:2017 年 12 月 20 日。

⑤ 载 http://www.ijc.org/en_/,最后访问日期:2017 年 12 月 20 日。

⑥ Beatriz Garcia, *Coordinating Commission of the Amazon Cooperation Council*, *The Amazon from an International Law Perspective*, Cambridge University Press, 2011, p. 116.

⑦ 印巴 1972 年成立联合河流委员会, Yumiko Yasuda, Dipankar Aich, Douglas Hill, Patrick Huntjens, Ashok Swain, Transboundary Water Cooperation over the Brahmaputra River, the Hague Institute for Global Justice, 2017, pp. 20-26。

构,具有3个方面的消极作用。第一,不利于规范两国跨境水资源的主权权益;第二,不利于有效地管理和开发利用跨境水资源,影响流域的可持续发展目标;第三,未建立跨境水合作的专业平台,不利于解决两国跨境水争端,并影响两国的共同利益。

(四)跨境水争端管控的法律机制薄弱

跨境水争端管控的法律机制薄弱是中印跨境水争端面临的重要现实问题。究其原因,主要有三点。

第一,两国并未签署专门的跨境水条约,这是两国跨境水争端管控的法律机制薄弱的重要表现。从国际法视角来看,流域国之间能签订专门的跨境水条约是国家间跨境水合作高水平的直接反映。从两国与邻国的跨境水合作现实来看,中印跨境水合作的重心存在差异,跨境水合作重心还不够聚焦,合作领域很有限。尽管中国在亚洲跨境河流中位居有利的上游位置,下游国对中国出境水量有不同程度的依赖,比如,印度、孟加拉国、哈萨克斯坦、越南对中国依赖程度分别是30.52%、91.44%、40.13%、59.35%,①但是,这并不意味着中国政府就排斥与下游国开展跨境水合作及签署跨境水条约。事实上,中国与蒙古、俄罗斯、哈萨克斯坦已经签署了跨境水合作条约,建立了跨境水合作机制,如中哈跨界河流委员会等。此外,澜沧江—湄公河流域在现有双多边机制背景下,2014年第十七次中国—东盟领导人会议中,中国总理李克强提出探讨建立澜湄对话合作机制的倡议,澜湄合作机制由此诞生,其中,水资源合作是澜湄合作机制的5个优先方向之一。目前,澜湄机制已经形成“领导人引领、各部门参与、全方位覆盖”的发展趋势,创造了“天天有进展,月月有成果,年年上台阶”的澜湄速度,已告别培育期,正式进入成长期,②未来澜湄流域高水平合作值得期待。可以说,中国是合作的上游大国,绝非上游霸权国。反观印度,除与中国有跨境水争端外,它还与巴基斯坦、孟加拉国等国存在跨境水争端。1960年经第三方世界银行调解下,印巴签署《印度河用水条约》,双方签署了较为完善的跨境水条约,建立了跨境水争端解决机制,横亘多年的印度河水争端得到一定程度的解决。近年来,鉴于克什米尔地区领土争议升级,印度威胁要重新审议,甚至废除该条约。印孟虽然签署了跨境水条约,但因其存在诸多不完善和缺陷,如缺

① FAO, Aquastat Main Country Database.

② 中国外交部官网:http://www.fmprc.gov.cn/mfa_eng/zxxx_662805/t1520643.shtml,最后访问日期:2017年12月20日。

少有效的争端解决机制，故双方跨境水争端将长期存在。[①] 此外，印度在与尼泊尔、不丹等国跨境水事务中，展现出南亚水霸权大国形象。印度与这些邻国的涉水实践，给未来中印跨境水条约签署带来了重要的经验教训和启示。

第二，中印边界争端的现实情况成为中印跨境水争端管控法律机制完善的主要障碍。中印边界问题交织着跨境河流问题，就某种程度而言，中印跨境河流问题是中印领土争端问题的延伸。边界争端问题的存在增加了中印跨境水问题的复杂程度。中印边界争端领土约12.5万平方公里，分东、中、西三段，其中，东段藏南地区约9万平方公里，中段2000多平方公里，西段3.3万平方公里。[②] 雅鲁藏布江—布拉马普特拉河是中印跨境河流的重点流域，也是中印跨境水争端的焦点地区。

尽管，友好合作是当前中印两国关系发展的主流，两国建立了面向和平与繁荣的战略合作伙伴关系，[③]但不可忽视的是，两国关系的起起伏伏，与边界争议的问题有重要关系，双方也曾因该问题爆发战争，如1962年自卫反击战。中印边界问题的悬而未决，长期影响着中印跨境水问题的合作进程。双方领土范围争议未能彻底解决的前提下，要建立比较完善的争端管控机制的现实难度不小。若中印边界问题能够迎刃而解，将会大大降低跨境水问题的复杂程度。

第三，从融入国际水法规则体系的进程而言，两国的参与力度都不够。在1997年联合国大会《国际水道非航行使用法公约》的表决过程中，中国投了反对票，是3个反对国家之一，印度则弃权，是27个弃权国之一。[④]

中国代表从4个方面阐述了中国政府的立场。第一，公约草案不能代表或反映各国普遍协议；第二，领土主权原则是国际法的一项基本原则，公约未予以确认；第三，公约未对国际水道上下游国的权利和义务关系予以平衡，既不利于各国接受公约，又不利于公约执行；第四，公约的强制性争端解决程序违背了《联合国宪章》的规定，中国反对强制性争端解决方法。[⑤]

印度代表则从5个方面解释了弃权缘由。一是公约未能以协商一致方式通过；二是公约条款偏离了纲要性规定，不够平衡；三是对某些条款进行保留，

---

① 参见李帅：《印巴、印孟水资源争端的比较研究》，外交学院2014年硕士学位论文，第11页。

② 参见王宏纬：《喜马拉雅山情结 中印关系研究》，中国藏学出版社1998年版，第157~162页。

③ 参见《习近平在印度世界事务委员会的演讲》(2014年9月18日)，载新华网。

④ U. N. Doc. A/51/PV. 99(1997), pp. 6 – 7.

⑤ U. N. Doc. A/51/PV. 99(1997), p. 6.

比如,第3款、第5款、第32款、第33款;四是反对公约假定地区各国政治和经济上的一体化,影响了公约的执行;五是反对公约的强制性争端解决方法。①

显然,中印两国作为地区的跨境水资源大国,对国际水法公约持审慎态度,对该公约的某些规则和原则持有异议,对某些条款的意见具有相似性。当前该公约已经生效,这是全球首部规制国际水道非航行使用事项且生效的重要法律文件,可以说,公约是规制国际水道非航行利用事项的根本性宪法,两国仍然不是公约的批准国,这在客观上影响了两国跨境水争端管控法律机制的进一步完善。

七、应对中印跨境水争端的若干建议

为了有针对性地应对中印跨境水争端,笔者提出了下列建议。

(一)坚持共同利益主权观念

纵观国际法碎片化发展趋势,国际水法已经成为国际法的一个新的分支,国际水法基本理论进一步发展,涉水相关实践不断丰富。主权观念一直横亘在国际水法发展的整个历程中。当前,国际水法的主权内涵已发展至共同利益主权观念。无论是理论上还是国家实践上,共同利益论成为水道国家容易接受的观念。这也就意味着固守之前的绝对领土主权论和绝对领土完整论,已不合时宜。

因此,在对待我国具体的跨境河流问题时,我们应该解放思想、转变观念,尝试接受共同利益主权观念,这能够为我们解决现实跨境水问题带来有益的启发。每一条国际水道中,上游国家享有天然的优势,下游国家往往易对上游国家的举动保持密切关注。国际水道作为一个上下游、左右岸国家的共同利益的整体,上下游国家开发利用等活动是相互影响的,②各国可以就国际水道中的很多问题加强合作,但合作能否达成与是否顾及双方共同利益密切相关。在中印跨境水问题中,应该注重探索中印跨境水资源共同利益的共享机制。比如,在适合的、无边界争端的跨境河流中探索中印水电开发利益共享机制,这不是不可能的。可以设想,未来成功的跨境水开发利用合作有助于增强双方的政治互信,能够为中印解决其他问题奠定基础。

---

① U. N. Doc. A/51/PV. 99(1997), p. 8.

② See Salman M. A. Salman, "Downstream Riparians Can Also Harm Upstream Riparians: The Concept of Foreclosure of Future Uses", *Water International*, Vol. 35, No. 4, 2010, pp. 350 - 364.

（二）加强中印跨境水公平合理利用的机制化建设

当前，中印跨境水争端已是不争事实，跨境水已经成为中印关系发展的议题之一。为了妥善处理好中印跨境水的分歧和矛盾，使其不至于朝着复杂化和扩大化趋势发展，实现流域的公平合理利用，加强中印跨境水公平合理利用的机制化建设，势在必行。就两国关系发展现实而言，中印跨境水争端走向失控是不符合两国的根本利益的。

跨境河流专家级机制和水文信息共享机制是当前两国运转较为成熟的机制。尤其是跨境河流专家级机制，已成为双方跨境水事务的重要沟通与合作平台，尽管它的法律地位与国际河流委员会有较大的差距。事实上，双方在跨境河流问题上，一直保持着沟通与合作，长期以来，从中印友好大局和人道主义精神出发，中方做了不少努力，向印方提供汛期水文资料等，为下游的防洪减灾发挥了重要作用。[①] 此外，这些机制可以使双方关注到彼此的利益诉求，有助于双方增加了解，凝聚共识，缓解跨境水争端对立态势。总体而言，中印跨境河流水文报汛、应急事件处置等领域的合作渠道是畅通的，这对双方进一步的跨境水问题开展务实合作提供了重要基础。

客观而言，从全球成熟的跨境水实践来看，中印目前所建立的机制显然与国际水法发达地区的涉水实践还存在一定的差距。这也充分说明了两国在跨境水合作存在较大的提升空间。未来在跨境河流生态保护、联合科研、防洪减灾、水利工程建设、流域突出事件等方面存在合作潜力。跨境水争端成为中印关系的和平与稳定、亚太安全的威胁因素，不利于双方未来伙伴关系的发展。为了解决跨境河流的公平合理利用问题，未来应加强跨境水公平合理利用的机制化建设。

（三）建立中印跨境河流联合委员会

如前所述，缺失国际河流委员会管理机构是中印跨境水争端不断发生的现实问题。鉴于此，应依照国际法和国际水法等法律原则，比如，联合国《国际水道非航行使用法公约》第 24 条规定："经任何水道国要求，各水道国应就国际水道的管理问题进行协商，其中可以包括建立联合管理机制的问题。"[②]两国可以

---

① 参见 2014 年 11 月 24 日外交部发言人华春莹主持例行记者会，载中国外交部官网：http://www.fmprc.gov.cn/web/wjdt_674879/fyrbt_674889/t1214029.shtml，最后访问日期：2017 年 12 月 21 日。

② 《国际水道非航行使用法公约》第 24 条。

本着平等互利的精神,建立由双方代表构成的国际河流委员会,可命名为“中印跨境河流联合委员会”,以肩负实施开发利用、保护和管理中印跨境河流,实现跨境河流的可持续发展目标。

中印建立类似的管理机构,现实意义凸显。从国际河流委员会制度的渊源和实践来看,国际河流委员会制度发轫于 1804 年法德关于莱茵河航行征税条约,该制度最初较为普遍的目的在于力保国际河流有序的航行和商业活动。[①]一般而言,国际河流委员会履行条约规定的河流的管理、监督、调查研究、协商、信息交流和调解 6 大职能。[②] 回顾全球跨境河流较为成功的开发利用实践,都离不开国际水道国家共同设立的国际河流委员会制度。比如,全球国际河流开发程度最高的哥伦比亚河流相关的美加之间的国际联合委员会(IJC);[③]全球国际水道生态环境治理和恢复较为成功的莱茵河和多瑙河,在《莱茵河保护公约》和《多瑙河保护公约》之下,分别设立了莱茵河委员会和国际多瑙河保护委员会。[④] 事实上,也正是该委员会的存在,发挥了公约所赋予其相应的管理职能和权力,才能够使 20 世纪六七十年代一度被称为“欧洲的下水道”的莱茵河,逐步恢复并改善了莱茵河水质和生态系统。多瑙河亦是如此。

鉴于国际河流委员会制度能够在跨境水资源利用、保护和管理方面起到如此重要的作用,笔者认为中印跨境水争端解决机制有必要借鉴国际河流委员会制度的正能量。国际河流委员会制度的重要性不但体现了国际河流委员会组织本身运作的模式、目标、程序、原则、任务和效果等方面的价值,而且其强调缔约方应该优先通过协商和谈判或其他方式获取解决争议的办法,它与国际法中和平解决国际争端优先的政治方法的理念是相符合的。

(四)签中印跨境水开发利用与保护条约

中印两国若能签订跨境水开发利用与保护条约,将大大缓解两国跨境水争端。根据 1969 年《维也纳条约法公约》第 2 条第 1 款第 1 项规定,条约是指“国家间所缔结而以国际法为准之国际书面协定,不论其载于一项单独文书或两项以上相互有关之文书内”。条约是国际法的最主要渊源之一,它的重要性与日

---

① See Walther, *Le Statut International de la Navigation du Rhin*, European Yearbook, Vol. 3, 1956, p. 9.

② 参见盛愉、周岗:《现代国际水法概论》,法律出版社 1987 年版,第 220 ~ 222 页。

③ 载 http://www.ijc.org/en_/,最后访问日期:2017 年 11 月 20 日。

④ 载 http://www.danubecommission.org/dc/en/,最后访问日期:2017 年 12 月 22 日。

俱增,是国际法的重要基石。① 虽然,中印边界争端短期难以解决,但是,从长远来看,通过协商与谈判,两国边界争端迟早将得到解决。跨境水争端与边界争端相比,尽管它不是历史遗留问题,但却是亟须解决的现实问题。为了管控及解决中印跨境水争端,促进双方在跨境河流的权利与义务关系达到平衡,未来双方签订跨境水开发利用与保护条约极有必要。客观而言,当前两国关系发展现状不是签订该条约的最好时机,做好签订中印跨境水开发利用与保护条约的前期工作尤为必要。

具体而言,可以从以下几个方面入手:

第一,加强对话与磋商,夯实互信基础,这是未来能否签订中印跨境水开发利用与保护条约的关键一步。通过对话与磋商,双方可就条约的性质、条约的主题、条约的文本等内容求同存异,既有利于掌握双方分歧与矛盾焦点,又有利于拓展双方跨境水利益契合点,还有助于准确界定中印跨境水问题在中印关系发展大局中的地位,理顺跨境水争端与边界争端之间的关系,营造双方不断开展跨境水合作氛围,待时机成熟之时,利于双方商讨签订中印跨境水开发利用与保护条约事宜。近年来,中印关系呈现良好发展态势,各层次的机制有条不紊地运行。比如,总理定期互访机制等。两国在政治互信及双方关切的重大问题上,不断凝聚共识,达成了某些谅解。加强合作,互利共赢,不损害两国发展的大局,是两国历史发展的必然选择。

第二,制定分步走战略,兼顾原则性与灵活性。可以预见,商签中印跨境水开发利用与保护条约是件系统性、复杂性、艰巨性的大事。考虑到两国关系发展的现实,沿着先易后难的思路,是比较务实的。中印跨境水条约的谈判可以借鉴两国边界谈判的"三步走"战略:②第一步,确定解决跨境水问题的政治指导协议;第二步,制定解决跨境水问题的框架协议;第三步,跨境水问题谈判,可与边界问题捆绑在一起,签署解决跨境水问题的具体条约。这种战略是务实的,循序渐进式的,具有其合理性。

第三,妥善处理好上下游权利与义务关系。跨境水条约的权利与义务之间

---

① 参见朱文奇、李强:《国际条约法》,中国人民大学出版社 2008 年版,第 4 ~ 5 页。

② 双方 2003 年设立了中印边界问题特别代表会晤机制,制定了中印边界谈判"三步走"的计划。第一步是在政治方面达成解决边界问题的政治指导原则协议;第二步是制定解决边界的框架协议;第三步是签署具体条约解决边界问题。参见中华人民共和国外交部政策规划司编:《中国外交——2003 年版》,世界知识出版社 2003 年版,第 139 ~ 140 页。

关系是否平衡是中印跨境水条约成功与否的关键问题，但这并不意味着双方不具备签订跨境水开发利用与保护条约的条件。

尽管双方边界争端曾出现些“小插曲”，如双方边防部队帐篷对峙事件，此类的事件往往不会使事态走向复杂化和扩大化，可见，双方在边界争端管控机制中发挥了重要作用。相类似地，在跨境水争端领域，笔者相信，随着中印关系发展的不断深入，两国因历史问题产生的芥蒂在不断消融，两国关系日趋成熟。在此发展态势下，双方需共同面对气候变化和粮食安全等问题，因而，双方在水外交层面能大有可为，双方签订跨境水开发利用与保护条约所需外部环境和内部条件日益完善，中印签订跨境水开发利用与保护条约指日可待。因此，在跨境水开发利用与保护条约的签订议题上，双方可以做好前期的基础工作。

八、结论

中印跨境河流众多，雅鲁藏布江—布拉马普特拉河流域是当前中印跨境水争端首要的重点流域，它是我国出境流入印度水量最大的河流，年均出境水量1400亿立方米左右。中印边界争端问题悬而未决，且与中印跨境水争端相互交织，两国跨境水争端问题将长期存在。考虑到我国西藏地区经济发展的现实需求，可以预见到未来中国会注重中印跨境河流的开发利用，短期来看，该流域开发水平提升力度有限。印度在双方领土争议地区规划及实施了不少水电项目，印度此举不可小视。总的来看，中印跨境河流开发利用呈现竞争式态势。在中印跨境水争端问题上，我们应该认清当前中印跨境水争端的发展形势及其实质问题，突出中印跨境水争端管控的重点区域和核心问题，全面统筹考虑跨境水争端与边界争端之间关系。为解决双方跨境水争端问题，可以从 4 个方面入手：一是坚持共同利益主权观念；二是加强中印跨境水公平合理利用的机制化建设；三是加强双方跨境水事务管理，扫清障碍，建立中印跨境河流委员会管理机构；四是加强合作，商签中印跨境水条约。

客观而言，我国在融入国际水法规则体系中，参与力度有待加强，在国际水法规则体系中的话语权比较有限。目前，中印两国都不是《国际水道非航行使用法公约》的批准国，该公约约束力对两国有限。两国在与各自周边邻国跨境水合作领域取得了不少成果，笔者相信，在国际法及国际水法相关规则的指引下，以两国强烈的政治合作意愿为前提，以双方政治互信和相互理解为基础，通过协商与谈判的方式，充分顾及两国上下游的跨境水权益，强化中印跨境水领域的合作，中印跨境水争端能够得到有效解决，它有望成为中印边界争端解决进程的助推剂。

第十五章　西藏的法律地位与中印西段边界西藏段划界

——西藏—拉达克边界问题研究

一、引言

中印西段边界以空喀山口为交接点大致可分为两部分:新疆段(新疆和拉达克边界)和西藏段(西藏和拉达克边界)。[①] 新疆段的中印西段边界为新疆皮山、和田两县和印控克什米尔辖下拉达克之间的边界,涉及的争议领土为中国新疆的阿克赛钦地区(约2.7万平方公里);西藏段的中印西段边界为西藏日土、噶尔、札达3县和拉达克之间的边界,涉及的争议领土为中国西藏阿里的巴里加斯地区(约1900平方公里)、班公湖地区(约3950平方公里)。[②] 1954年印度修改其官方地图,在中印边界西段把上述中国领土非法画成印度的领土。此后,印度多次侵入巴里加斯地区,强占中国领土约450平方公里。[③] 到1958年年底,印度正式对中国提出领土要求,中印两国边界争端公开化。

---

① 参见《中国官员关于中国方面在两国政府官员会晤中所作的发言和评论的报告》,载中华人民共和国外交部编:《中华人民共和国政府官员和印度政府官员关于边界问题的报告》,中华人民共和国外交部1961年编印,第1页。

② 参见周卫平:《百年中印关系》,世界知识出版社2006年版,第204~207页。

③ 参见世界知识出版社编辑:《中印边界问题》(二),世界知识出版社1960年版,第31页。

此后,在相当长的时间内,我国民众与学术界对中印边界西段争议关注不够,其中的西藏段划界问题更是乏人问津,从国际法角度来探讨这个问题的人尤其少。不过,近来,印度政府不顾中印边界锡金段的紧张局势,又在中印西段边界西藏段争议地区挑起事端,提高了国人对中印西段边界西藏段争议的关注度。例如,2017 年 7 月 5 日印度政府安排"西藏流亡政府"噶伦赤巴洛桑孙根(Lobsang Sangay)到班公湖地区活动,纵容其发表分裂中国、宣传"藏独"的政治言论;①7 月下旬,为了获取在中印西段边界西藏段争议地区的军事优势,印度内政部批准建设了一条可以把偏远地区的印度安全部队与班公湖地区连接起来的公路;②8 月 15 日印度边防部队阻挠中国边防部队在班公湖地区中印实控线中方一侧进行正常巡逻,并采取激烈动作致中方人员受伤。③

在中印西段边界西藏段的划界争议中,印度提出,这段边界从 17 世纪以来就"确定"(fixed)了,并得到了西藏与拉达克(Ladakh)于 1684 年签订的"条约",中国西藏地方与锡克王国查谟(Jammn)土邦于 1842 年签订的"条约",达赖喇嘛的代表与英属印度克什米尔(Kashmir)土邦王公于 1852 年签订的"条约"等国际专门条约的"确认"(recognised)。④ 因此,印度认为其边界主张具有"条约依据"。但是,上述所谓"边界条约"的缔约方都是西藏地方当局,而非中国中央政府。为了证明其所提"条约"依据的"合法性",印度将"西藏自古就是独立或半独立国家"的谬论(以下简称"西藏自古独立论"),作为论证西藏具有缔约能力的"法律依据"。⑤ 并且,近年来,印度常在中印边界问题上打"西藏牌",不但利用"西藏问题"向中国施压,还让"藏独"分子为其领土边界主张"背

---

① 参见《军方越界对峙未缓和"藏独"边境插旗又挑衅:敏感时刻,印度欲打"西藏牌"?》,载《环球时报》2017 年 7 月 10 日,第 3 版。

② 参见《2017 年 8 月 24 日外交部发言人华春莹主持例行记者会》,载中华人民共和国外交部网:http://www.fmprc.gov.cn/web/fyrbt_673021/t1487092.shtml,最后访问日期:2019 年 3 月 1 日。

③ 《2017 年 8 月 21 日外交部发言人华春莹主持例行记者会》,载中华人民共和国外交部网:http://www.fmprc.gov.cn/web/fyrbt_673021/jzhsl_673025/t1486239.shtml,最后访问日期:2019 年 3 月 1 日。

④ See Government of India, *Notes, Memoranda and Letters Exchanged and Agreements Signed between the Governments of India and China, November* 1959 – *March* 1960, White Paper No. Ⅲ, Part Ⅰ, printed by the general manager, Govt. of India Press, 1987, pp. 102 – 104.

⑤ See Surya P. Sharma, "The India-China Border Dispute: an Indian Perspective", *The American Journal of International Law*, Vol. 59, 1965, p. 27.

书”。[1] 印度的所作所为，不但破坏了中印关系的大局，还阻碍了中印双方通过谈判妥善解决边界争议问题的进程。

由此可见，剖析西藏的法律地位，批驳“西藏自古独立论”，不但是维护国家主权与领土完整的必然要求，还是解决中印边界争端的关键所在。我国学者过去主要从史学、民族学以及历史地理学等角度论证了西藏的历史地位，[2]但没有法学角度对“西藏的法律地位”进行论证。本章将依据国际法，从剖析西藏在清朝时期的法律地位入手，探讨西藏的缔约能力，以最终阐明中印西段边界西藏段（西藏—拉达克边界）是否存在印度所说的“划界条约”依据，以求教于各位方家。

二、辨清西藏法律地位是中印西段边界西藏段划界中的关键法律问题

“辨清西藏的法律地位”与“中印边界划界”之间确有“交集”。中印边界问题缘于英国企图把中国西藏变为英国的势力范围，而只让中国保留对西藏的所谓宗主权，并以英属印度为基地大肆侵略中国西藏地区和新疆地区。[3] 印度独立后，继承了英国在西藏的殖民政策——企图将西藏变成中印之间的“缓冲国”，[4]并图谋以“西藏自古独立论”为其领土边界主张提供“法理支撑”。[5] 近年来，基于地缘政治与领土扩张的双重考虑，印度再次将“西藏法律地位问题”与中印边界问题挂钩，对中国进行外交讹诈，甚至企图以此遏制中国的崛起。[6]由此可见，辨清西藏的法律地位，是中印西段边界划界中的关键法律问题。

（一）“西藏法律地位问题”的由来

西藏自古就是中国的一部分，从 13 世纪开始正式纳入中央政府的行政管辖。因此，西藏在历史上从无国际法律地位可言。

“西藏法律地位问题”，是英国殖民主义者寇松（George N. Curzon）任大英

---

① 参见邱美荣：《印度在中印边界争端中的新动向》，载《现代国际关系》2016 年第 6 期。

② 参见王贵、喜饶尼玛、唐家卫：《西藏历史地位辨》，民族出版社 1995 年版。

③ 参见《刊登周总理给尼赫鲁的复信》，载《人民日报》1959 年 9 月 15 日，第 6 版。

④ 参见中华人民共和国外交部、中共中央文献研究室主编：《周恩来外交文选》，中央文献出版社 1990 年版，第 268 ~ 269 页。

⑤ See G. P. Deshpande and Alka Acharya eds. , *Crossing a Bridge of Dreams*: *50 Years of India and China*, Tulika, 2001, pp. 432 – 433.

⑥ 参见杨思灵：《中印战略合作伙伴关系研究》，中国社会科学出版社 2013 年版，第 94 ~ 95 页。

帝国印度总督时期(1899~1905年),为加强英属印度殖民地安全防御体系,图谋把西藏从中国分离出去,使之成为保护英属印度的"缓冲国",声称"西藏在历史上是个独立国家,中国对西藏只拥有宗主权"而杜撰出来的伪命题。①

宗主权(suzerainty)原指封建君主对其诸侯行使的支配权,这种支配关系后来逐渐扩大到国与国之间。在国际法上,一国依据条约或历史事实使他国从属于自己,监督并控制其内政、外交的权力和权利称为宗主权。② 前者为宗主国(suzerain state),后者为附庸国(vassal state)。③ 最初,宗主权被用于形容中世纪时奥斯曼帝国对瓦拉几亚、塞尔维亚、保加利亚和埃及等国的控制权。④ 进入资本主义时代,宗主权被帝国主义作为推行殖民统治的工具。帝国主义强迫弱小国家为其附庸国,附庸国的外交权由宗主国行使,内政名义上是自主的,但实际上由宗主国控制。19~20世纪,为了推行其在亚洲的殖民统治,英国和其他列强又强行用"suzerainty"来翻译和界定亚洲区域的复杂的宗藩关系。⑤ 但中国封建时代的宗藩关系,不同于欧洲历史上的任何一个国家的地方与中央之间的隶属关系。藩属是一个"在中国古人夏、夷二元结构'天下观'基础上形成的特殊概念",⑥在西方的政治、法律制度中根本找不到一个与之确切等同的概念。因此,以西方近代国际关系中的"主权观"来否定中国封建时代的"天下观",以"保护国与被保护国、宗主国与仆从国"等殖民主义概念来比拟西藏地方当局与中国封建王朝中央政府之间的隶属关系,⑦从学理上看,是完全错误的。而且,

---

① See Alastair Lamb, *Britain and Chinese Central Asia: The Road to Lhasa* 1767 - 1905, Routledge and Kegan Paul, 1960, p. 260.

② 参见王铁崖主编:《中华法学大辞典·国际法卷》,中国检察出版社1996年版,第699~700页。

③ 传统国际法把一些处于从属地位的国家称为附属国(dependent state)或半主权国(half-sovereign states),主要包括附庸国和被保护国两种类型。其中,附庸国是指那些对内政有自主权,而对外关系则绝对或者大部分受他国控制的国家;被保护国则,是指被迫与他国缔结保护条约而把自己对外关系主要部分的事权交给该国的弱国,但被保护国也不完全丧失自己的国际人格。参见周鲠生:《国际法》(上册),商务印书馆1976年版,第80~81页。

④ 参见邵津主编:《国际法》(第5版),北京大学出版社、高等教育出版社2015年版,第35页。

⑤ 参见汪晖:《东西之间的"西藏问题"外二篇》,三联书店2014年版,第39~40页。

⑥ 刘志扬、李大龙:《"藩属"与"宗藩"辨析——中国古代疆域形成理论研究之四》,载《中国边疆史地研究》2006年第3期。

⑦ See Michelc van Walt van Praag, *The Status of Tibet: History, Rights, and Prospects in International Law*, Wisdom Publications London, 1987, pp. 48 - 50, 105.

自西藏从元朝时被正式纳入中国版图以来，再也没有少数民族政权在西藏成立。在清朝时期，西藏只是中国政府的藩部，而非朝鲜、越南、缅甸那样的藩属国。① 可见，用西方政治、法律制度中描述殖民关系的"suzerainty"来解释中国中央政府与西藏地方之间的宗藩关系，并否定中国对西藏的主权，是完全没有根据的。

"宗主权说"或"西藏自古独立论"，历来为中国政府所反对。历届中国政府都强调，自古以来中国就对西藏拥有无可辩驳的主权。在20世纪40年代，为阻挠中国中央政府对西藏直接行使管辖权，英国再次炒作所谓的"西藏法律地位问题"，并煽动西藏地方当局"独立"。中英两国就西藏的法律地位问题展开了激烈的外交争辩。② 1947年印度独立后，全盘承袭了英国对西藏的殖民主义政策，其中就包括"让西藏独立或半独立于中国"。③ 1948年11月印度驻拉萨代表黎吉生（H. E. Richardson）代表印度政府通知西藏地方政府："印度政府继承了英王陛下政府对西藏的权利与义务……如果西藏不遵守英藏条约（1914年西姆拉会议上英藏秘定的条约与通商章程。——引者注）及印度对权益的继承，印藏间现有一切交通往来即将断绝。"④20世纪50年代初，印度还试图阻挠中国进军西藏，强调西藏"在历史上是独立的国家"，并将中国人民解放军进藏污蔑为"入侵"。⑤ 即便1954年中印两国签订《关于中国西藏地方与印度之间的通商和交通协定》，印度承诺放弃其从英属印度政府继承下来的在中国西藏地区的传统特权，但印度政府并未改变其认为"中国在历史上对西藏只拥有宗主权"的立场。⑥ 在中印边界争端于1958年正式爆发后，印度更是试图利用"西

① 参见吕文利：《〈皇朝藩部要略〉研究》，黑龙江教育出版社2013年版，第186～189页。

② 参见张皓：《"宗主权"：国民政府和英国政府关于西藏地位争论焦点》，载《福建师范大学学报》（哲学社会科学版）2016年第1期。

③ 参见张植荣：《印中关系中的西藏问题》，载张敏秋主编：《跨越喜马拉雅障碍：中国寻求了解印度》，重庆出版社2006年版，第399～400页。

④ 杨公素：《中国西藏地方的涉外问题》，中共西藏自治区委员会党史资料征审委员会，1985年，第30～31页。

⑤ 参见《印度驻华大使潘尼迦给中国总理周恩来的照会（1950年10月28日）》。转引自中华人民共和国外交部编：《中国和印度关于两国在中国西藏地方的关系问题、中印边界问题和其他问题外来文件汇编（1950年8月～1960年4月）》，中华人民共和国外交部1960年印，第39页。

⑥ 参见随新民：《印度对中国的认知与对华政策》，河南人民出版社2008年版，第145～150页。

藏自古独立论”为其在中印边界问题上谋取非法利益。①

1959年达赖集团逃亡印度以后，在“藏独”分子与外国反华势力大力炒作，以及美国等西方国家的策动之下，实为鼓吹“西藏自古独立”的“西藏法律地位问题”开始国际化。② 例如，在美国的推动下，联合国大会分别于1959年（联大第1353号决议）、1961年（联大第1723号决议）、1965年（联大第2079号决议）3次通过涉藏决议案，攻击中国“侵犯西藏人民的基本人权与民族自决权”。③此外，英国人黎吉生（著《西藏简史》）、流亡海外的“藏独分子”夏格巴·旺秋德丹（著《藏区政治史》）和荷兰人范·普拉赫（著《西藏的法律地位》）还为“西藏法律地位问题”炮制了种种“理论依据”，④在一定程度上推动“西藏自古独立论”成为国际政治与国际法领域中一个“经久不衰”的话题，并影响了外国政府与民众对西藏法律地位的认知。⑤

由此可见，“西藏法律地位问题”，是一些外国政府、反华势力与分裂主义分子为了分裂中国、遏制中国、从中国身上谋求非法利益，在捏造和歪曲中国历史、国际法律与相关学科的基础上，而炮制出来的一个充斥着谎言以及殖民主义与霸权主义思想的谬论。

（二）印度企图以“西藏自古独立论”论证其边界主张的合法性

从过去到现在，中印两国从来没有签订过任何划定整个边界的条约或协定；从来没有签订过任何划定某一段边界的条约或协定；在过去两国间签订的条约或协议中也没有载有涉及中印边界划界的条款。⑥ 但印度政府却声称，“1684年条约”“1842年条约”“1852年条约”是其主张的中国西藏与印度拉达

---

① 参见张植荣：《国际关系与西藏问题》，旅游教育出版社1993年版，第110页。

② 参见廉湘民：《“西藏问题”的由来与现状》，载郝时远、王希恩主编：《中国民族发展报告（2001～2006）》社会科学文献出版社2006年版，第279～284页。

③ 参见陈积敏：《中美围绕联合国“涉藏”议案的外交斗争》，载《外交评论》2010年第2期。

④ 参见孙宏年：《历史与现实：关于当前西藏研究的几点思考》，载《中国边疆史地研究》2015年第4期。

⑤ 参见赵光锐：《英国与早期“西藏独立”形象的塑造》，载《国际政治研究》2010年第3期。

⑥ 参见《中国官员关于中国方面在两国政府官员会晤中所作的发言和评论的报告》，载中华人民共和国外交部编：《中华人民共和国政府官员和印度政府官员关于边界问题的报告》，中华人民共和国外交部1961年编印，第8～9页。

克边界的“条约依据”，因此西藏—拉达克间边界早已正式划定。① 但是，这些所谓“边界条约”的缔约方都是西藏地方当局，而非中国中央政府。

依据国际条约法，条约是指国际法主体之间依据国际法所缔结的书面协定。一般而言，只有主权国家才具有缔结条约的权利能力，即缔约能力。② 如果各当事方不顾有关缔约能力的国际法限制而订立协议，则该协议是不具备实质有效要件的无效条约。不过，国际法并没有硬性规定非完全主权国家都没有缔约能力。③ 在帝国主义时期，被保护国(protectorate)与殖民地，在成立保护关系的条约或其殖民宗主国允许下，也可以拥有有限的缔约能力。例如，摩洛哥和突尼斯成为法国的被保护国以后，仍保有广泛的缔约权；英国的殖民地英属印度，在英国的同意下，签署了1919年《凡尔赛条约》。④

为了破解中国不是印度所提“条约”的缔约方的“法律难题”，印度便把“西藏自古独立论”作为“法理依据”，来证明“西藏具有缔约能力”，以论证其划界主张的“合法性”。⑤ 20世纪50年代末期，在与中国外交辩论中，印度声称，西藏在历史上是“独立的”，“中国并未对西藏行使任何控制……对西藏只有名义上的宗主权”，因此，“印度和西藏……通过换文和条约所承担的义务，以及他们所正式规定的边界线，对他们双方都是有拘束力的”；⑥并且，“在国际法上，一个属国，在其宗主国知情、明确或默示的同意的情形下，是可以同第三国缔结国际协定的”。⑦ 时任印度外交部法律顾问的拉奥(K. Krishna Rao)甚至还提出：“在重新控制附庸国的对外关系之后，宗主国就必须承担该附庸国在其具有缔

---

① 参见《印度官员关于印度方面在两国政府官员会晤中所作的发言和评论的报告》，载中华人民共和国外交部编：《中华人民共和国政府官员和印度政府官员关于边界问题的报告》，中华人民共和国外交部1961年编印，第57～61页。

② 参见万鄂湘等：《国际条约法》，武汉大学出版社1998年版，第20页。

③ 参见[英]詹宁斯、瓦茨修订，王铁崖等译：《奥本海国际法》(第1卷·第2分册)，中国大百科全书出版社1995年版，第635～636页。

④ 参见李浩培：《条约法概论》，法律出版社2003年版，第4～7页。

⑤ See Government of India, *Report of the Officials of the Government of India and the People's Republic of China on the Boundary Question*, 1961, pp. 245 – 246.

⑥ 参见《印度官员关于印度方面在两国政府官员会晤中所作的发言和评论的报告》，载中华人民共和国外交部编：《中华人民共和国政府官员和印度政府官员关于边界问题的报告》，中华人民共和国外交部1961年编印，第124～125页。

⑦ 同上书，第146页。

约能力时所签署的条约的义务。”①印度至今仍未放弃这一立场。

（三）中国的意见

对于印度利用虚构的“西藏自古独立论”来论证西藏的缔约资格，中国政府坚决予以反对。中国政府明确指出，西藏自古以来就是中国的一个组成部分，西藏地方当局只是中国中央政府管辖下的一个地方实体，西藏地方当局与外国政府缔结的任何协议都是无效条约，不能作为中印边界划界的法律依据。② 因此，中国政府认为，西、中、东三段中印边界从未以条约或协定正式划定，两国间只存在一条因各自行政管辖所及而自然形成的传统习惯线。③

综上所述，依据国际法辨清西藏的法律地位，不仅是阐明有关中印边界争端事实方面的主要分歧点——中印边界是否已经正式地划定的前提条件，还是我国应对印度将“西藏问题”与边界问题联系在一起，对我国进行外交纠缠的有力法律武器。

三、西藏的法律地位可以证明中印西段边界西藏段从未正式划定

在中印边界西段争议中，印度认为，清朝时期，中国西藏与印度克什米尔之间所缔结的一系列“边界条约”确认了其划界主张。但抛开这些“边界条约”的真实性和证明力不论，单单就清朝时期西藏的法律地位与缔约能力而言，这些协议不具有国际法律效力，不能作为划界的法律依据。④

（一）判断西藏法律地位的国际法规则

“国家资格、法律独立、国际法权利能力都是可以证明的事实。”⑤但是，“有些东方制度的发展是不以西方世界的政治发展为转移的”。⑥ 而且，“近代国际法于 16 世纪左右才在欧洲出现，17 ~ 18 世纪形成体系，到 19 世纪趋于稳

---

① See K. Krishna Rao, *The Sino-Indian Boundary Question and International Law*, British Year Book International Law, Vol. 11, 1962, pp. 390 – 391.

② 参见《刊登周总理给尼赫鲁的复信》，载《人民日报》1959 年 9 月 15 日，第 6 版。

③ 参见中华人民共和国外交部条约法律司编：《中华人民共和国边界事务条约集》（中印 · 中不卷），世界知识出版社 2004 年版，第 1 页。

④ See Alastair Lamb, *The Sino-Indian Border in Ladakh*, University of South Carolina Press, 1975, pp. 1 – 3.

⑤ Herbert W. Briggs, *The Law of Nations: Case, Documents and Notes*, 2nd ed., Appleton-Century-Crofts, 1952, p. 66.

⑥ [美]李铁铮：《西藏历史上的法律地位》，夏敏娟译，湖南人民出版社 1986 年版，第 213 页。

定”。[①] 深受罗马法影响，并由近代国际社会中欧洲国家领土变更实践演变而来的领土取得理论，[②]更是20世纪初期才出现于国际法学说之中。所以，我们不能简单地套用现代国际法规则来讨论17～19世纪西藏的法律地位问题。

国际法是一种现实主义的法律制度，它只考虑既有的权力关系，并竭力把这些权力关系转化为法律规则。在很大程度上，国际法是建立在有效性原则基础之上的。[③] 在缺乏判断某一地区法律地位的国际法规则的情况下，完全可以通过考察哪个政治实体对该地区长期、持续、有效地行使管辖权，来推定这一地区的法律地位。因为，主权意味着“国家对于国家领土内一切人和物有最高的权威”，[④]对领土问题而言，这种最高权威则意味着国家有权在其领土范围内行使排他性的国家职能。[⑤] 并且，这种权威是通过行使“以主权为依据的管辖权”来表现的。[⑥] 这正如布朗利所说的：“国家对其领土的能力通常可以用主权和管辖权这两个术语进行描述，而且，领土可能暗示着管辖权”。[⑦] 劳特派特则进一步指出，处于边远地区的部落向一国政府称臣、纳贡、缴税，便可以证明该国取得了对这一地区的领土主权。[⑧] 可见，如果一个国家长期、持续、和平地对某一地区行使排他性的管辖权，就可以推定该国对此地区拥有领土主权。国际司法机构也倾向于将领土主权的归属与管辖权的有效行使相提并论。[⑨] 例如，胡伯在1928年“帕尔玛斯岛仲裁案”判决书中指出：“领土主权的持续与和平的显示……与一个领土主权权利差不多。”[⑩]国际法院在1975年的“西撒哈拉问题”的咨询意见中也指出：“以适当规模的国家活动表明国家对某一地区拥有确定

---

① 杨泽伟：《国际法史论》（第2版），高等教育出版社2011年版，第51页。

② See H. Lauterpacht, *Private Law Sources and Analogies of International Law*, Longmans, Green and Co. Ltd. ,1927, pp. 104 – 105.

③ 参见[意]安东尼奥·卡塞斯：《国际法》，蔡从燕等译，法律出版社2009年版，第16页。

④ [英]詹宁斯、瓦茨修订，王铁崖等译：《奥本海国际法》（第1卷·第1分册），中国大百科全书出版社1995年版，第292页。

⑤ 参见孔令杰：《领土争端成案研究》，社会科学文献出版社2016年版，第21页。

⑥ 参见[奥]阿·菲德罗斯等：《国际法》（上册），李浩培译，商务印书馆1981年版，第324页。

⑦ [英]伊恩·布朗利：《国际公法原理》，曾令良、余敏友等译，法律出版社2003年版，第121～127页。

⑧ 参见[英]劳特派特修订，王铁崖等译：《奥本海国际法》（上卷、平时法、第2分册），商务印书馆1972年版，第79页。

⑨ 参见[英]J. G. 斯塔克：《国际法导论》，赵维田译，法律出版社1984年版，第139页。

⑩ *Island of Palmas case* (*Netherlands*, *USA*) 4 *April* 1928, Reports of International Arbitral Awards, Vol. Ⅱ, United Nations, 1949, p. 839.

性的权力，是判断领土主权存在与否的标准。"①并且，国家的管辖权主要包括司法、立法与行政管理等权力。② 国际常设法院在"东格陵兰岛法律地位案"③的判决书中，国际法院在"利吉丹岛和西巴丹岛主权归属案"④的判决书中都认为，一国以主权者身份所行使的，并直接针对相关土地的立法或行政管理行为，就是有效管辖行为。综上所述，可以通过考察是哪个政治实体长期、和平与持续地以主权者身份对西藏地区独立自主地行使管辖权，来判断西藏的国际法律地位。

（二）清朝时期的西藏不具有国际人格

"中国自古就是一个多民族的国家，历史上的中国不仅包括中原王朝，也包括中原王朝以外的少数民族建立的国家和政权。"⑤因此，西藏自古以来就是中国不可分割的一部分。⑥ 公元13世纪中叶，元朝在统一中国的过程中，将西藏正式纳入中央政府的直接管辖体系之中。⑦ 此后，从元朝至明朝，历代中原王朝设置西藏的行政区划，确定西藏的行政体制，册封西藏的领袖人物，行使对西藏的管辖权，有效维持着对西藏的主权。

1644年清朝入主中原，取代了明朝对中国的统治，自然也就成了前明领土范围所及的西藏地区法理上的主权者。1652年五世达赖到北京朝觐顺治帝。1653年顺治帝册封五世达赖以及藏王顾实汗。这标志着清朝中央政府与西藏地方政府在形式上建立了政治隶属关系。

1720年（康熙五十九年）清朝派兵入藏平叛，驱逐准噶尔势力之后，开始着手改革西藏原甘丹颇章行政体制。⑧ 1721年清朝在西藏建立噶伦制度，设置驻

---

① Mark W. Janis, "The International Court of Justice: Advisory Opinion on the Western Sahara", *Harvard International Law Journal*, Vol. 17, No. 3, 1976, p. 617.

② See Oscar Schachter, *General Course in Public International Law*, Recueil des Cours 1982 Vol. Ⅴ, Vols. 178, Martinus Nijhoff Publishers, 1985, pp. 240 – 265.

③ *Legal Status of Eastern Greenland* (*Denmark v. Norway*), Judgment, 1933, *P. C. I. J.*, *Series A/B*, *No.* 53, pp. 45 – 46.

④ *Case Concerning Sovereignty over Pulau Litigan and Pulau Sipadan* (*Indonesia/Malaysia*), Judgment of 17 December 2002, *I. C. J. Reports* 2002, pp. 682 – 683.

⑤ 王辅仁：《论西藏地方政权的历史变迁》，载李丽主编：《王辅仁与藏学研究》，中央民族大学出版社2006年版，第59页。

⑥ 参见中华人民共和国国务院新闻办公室：《西藏民主改革50年》，载《人民日报》2009年3月3日，第9版。

⑦ 参见顾祖成：《明清治藏史要》，西藏人民出版社、齐鲁书社1999年版，第14～15页。

⑧ 参见吴丰培：《藏学研究论丛·吴丰培专辑》，西藏人民出版社1999年版，第7～27页。

藏军事机构,开始对西藏直接行使统治权。① 此后,由于旧的治藏体制不利于中央政府对西藏的有效管控,在雍正时期,清政府第二次调整治藏行政体制。1727 年(雍正五年)清朝设立驻藏大臣,代表中央监督西藏地方行政,以强化清朝中央政府对西藏地方政府的直接管理。② 之后,清朝又剥夺达赖喇嘛的行政权力,构建了在驻藏大臣指导下,由以颇罗鼐为首的噶伦政府治理西藏的行政体制。③ 1750 年(乾隆十五年)清朝再次调整西藏的地方行政体制。1751 年,乾隆帝颁行《酌定西藏善后章程》十三条,废除藏王制度,建立西藏地方政府(噶厦),任命四噶伦(三俗一僧)以分权,在驻藏大臣与达赖喇嘛共同统领下协办西藏事务。④ 1757 年七世达赖圆寂后,清政府在西藏设立了摄政制度,有效地抑制了噶厦权力的膨胀,进一步加强和提高了驻藏大臣的权威。⑤ 1793 年(乾隆五十八年)乾隆帝颁行《钦定藏内善后章程》二十九条,对驻藏大臣的职权、达赖与班禅及其他大活佛转世、边界军事防务、对外交涉、财政税收、货币铸造与管理,以及寺院的供养和管理等事项作了一系列规定。⑥ 自此以后,中国在西藏建立起由驻藏大臣"总揽事权、主持藏政"的行政管理体制。西藏作为中国的直辖藩部,西藏地方的行政权限都由中国中央赋予;并且,清政府可以利用立法、司法以及行政手段对西藏地方进行监督,能够撤销西藏地方的行政决定,甚至有权褫夺达赖喇嘛的封号。⑦ 达赖喇嘛的"专主"地位随之被中央政府取消;驻藏大臣的地位与职权得到大大提高,外事权、军事权不但由驻藏大臣单独行使,连决定达赖、班禅转世的"呼毕尔罕",也得由他监督选择并奏报朝廷批准。⑧ 这不但加强了中国中央对西藏地方的直接统辖,还对此后 100 多年中国中央政府

---

① 参见周远廉、孙文良主编:《中国通史·第十卷·中古时代·清时期》(上册),上海人民出版社 2015 年版,第 247 页。

② 参见曾国庆:《清代藏史研究》,西藏人民出版社、齐鲁书社 1999 年版,第 3 ~ 6 页。

③ 参见张永江:《清代藩部研究:以政治变迁为中心》,黑龙江教育出版社 2001 年版,第 193 ~ 213 页。

④ 参见张云:《西藏历代的边事边政与边吏》,社会科学文献出版社 2015 年版,第 250 页。

⑤ 参见苏发祥:《清代治藏政策研究》,民族出版社 2001 年版,第 90 ~ 110 页。

⑥ 参见中国藏学研究中心等编:《元以来西藏地方与中央政府关系档案史料汇编》(第 3 册),中国藏学出版社 1994 年版,第 825 ~ 836 页。

⑦ 参见祝启源、赵秀英整理:《中华民国时期西藏地方与中央政府关系研究》,中国藏学出版社 2010 年版,第 10 页。

⑧ 参见杨学琛:《中国历代民族史·清代民族史》,社会科学文献出版社 2007 年版,第 309 ~ 311 页。

在西藏地方行使主权权力产生了积极的影响。①

1840年鸦片战争之后,清朝日趋衰弱,但清廷始终未放弃对西藏的领土主权。1844年(道光二十四年),道光帝颁行《钦定藏内善后章程》二十九条,重申和修改了驻藏大臣的职权、地位和西藏地方官员应遵守的章程,整顿和完善西藏地方吏治,改革藏军、驻防清军的若干弊端,加强了中国中央政府对西藏地方的行政管辖。② 虽然清朝中央政府授予西藏地方当局在财政、巡边、建军等方面较大自主权,但是,中国中央政府与西藏地方当局之间仍然是封建君主集权专制模式下的中央与地方关系。③ 光绪年间,英国觊觎西藏,西藏外患严重。为了加强对西藏政务的管理,清朝命令张荫棠进藏"查办藏事",并于1907年颁行了《全面整顿藏务的治藏大纲》十九条,实施"新政"。后来,由驻藏大臣联豫参照该大纲改革藏务,在西藏建立了开展新式教育、办报、征税、采矿、发展交通、设立巡警、设立银行等新式政治、法律与社会制度,④强化了清朝对西藏地方的行政管理,并在一定程度上遏制了帝国主义列强分离西藏的侵略活动,维护了国家的领土完整。⑤

综上所述,清朝时期,中国中央政府长期、和平与持续地以主权者身份,在西藏地区排他地行使着立法、行政、司法等管辖权。因此,从国际法上看,在清朝时期,西藏地方只是相当于行省一级的中国地方行政区的特殊构成形式,⑥它不具有国际人格;西藏的政教领袖是行政职官系统中有官阶的官员,而不仅仅是教派领袖。藏传佛教宗教领袖与清朝皇帝之间的关系,既不是"如同罗马教皇与神圣罗马帝国皇帝之间地位平等的君主关系",⑦也不是宗教上的"供施关系",而是一种政治上的上下主属关系。⑧

(三)清朝时期的西藏地方不具有缔约能力

虽然国际法并未强行规定所有的地方实体都没有国际人格、缔约能力,但

---

① 参见孙镇平:《清代西藏法制研究》,中国政法大学2000年博士学位论文,第112页。

② 参见刘广安:《清代民族立法研究》,中国政法大学出版社1993年版,第62~66页。

③ 参见肖洪泳:《法律史:立场、方法与论域》,中国检察出版社2015年版,第298页。

④ 参见张晋藩:《清律研究》,法律出版社1992年版,第333~334页。

⑤ 参见赵云田:《清末西藏新政述论》,载《近代史研究》2002年第5期。

⑥ 参见黄松筠:《中国古代藩属制度研究》,吉林人民出版社2008年版,第182页。

⑦ Michael C. van Walt van Praag, *The Status of Tibet: History, Rights and Prospects in International Law*, Westview Press, 1987, p. XII.

⑧ 参见张云:《舅甥关系、贡赐关系、宗藩关系及"供施关系"——历代中原王朝与西藏地方关系的形态与实质》,载《中国边疆史地研究》2007年第1期。

是,依据国际法理论与实践,地方实体只有同时具备以下两个条件才能作为“特殊的”国际法主体,享有有限的国际人格与缔约能力。[①] 其一,在国内法上,一国同意其内部的地方实体参与国际交往,并在其宪法或法律中对此予以确认或授权,这是该地方实体获得有限国际人格的前提条件,正如劳特派特所说的那样:“国家可以把个人和其他人格者视为直接具有国际权利和义务的,而且在这个限度内使他们成为国际法的主体。”[②]其二,在国际法上,该地方实体的国际法行为须获得国际社会的承认。“只有这样,世界各国才愿意与之交往,构成国际法律关系,使之成为真正的国际人格者;否则,此等国际人格仅仅停留在国内法的授权上,形同虚设,毫无国际意义。”[③]而中国政府不但从未以国内法的形式授予西藏地方对外交往权,还通过《钦定藏内善后章程》《酌拟裁禁商上积弊章程》等法律明令禁止西藏地方当局私自与外国联系;[④]近代国际社会也从未承认西藏地方是国际人格者。可见,历史上的西藏地方不具有缔约能力。

1683 年或 1684 年时,西藏地方当局与拉达克达成“各守旧土”的口头协议(印度政府所提的所谓“1684 年边界条约”)。[⑤] 由于此时的拉达克与西藏地方当局之间还存在臣属关系,[⑥]因此,该口头协议顶多只具有国内行政协议的性质,[⑦]而非国际条约。

1842 年(道光二十二年)西藏地方与道格拉双方军事首领私自签订“互不侵犯和维持旧边界”的换文(印度政府所提的所谓“1842 年边界条约”)。[⑧] 由于《钦定藏内善后章程》第十四条明文规定,“关于边界的重大事务,更要根据驻

---

① 参见葛勇平:《香港国际法主体地位及其缔约权限的理论与实践》,载《比较法研究》2007 年第 5 期。

② [英]劳特派特修订,王铁崖等译:《奥本海国际法》(上卷 平时法 第一分册),商务印书馆 1972 年版,第 14 页。

③ 王虎华:《试论香港的国际法律地位》,载丁伟、朱榄叶编:《当代国际法学理论与实践研究文集·国际公法卷》,中国法制出版社 2002 年版,第 143 页。

④ 参见张羽新编著:《清朝治藏典章研究》(上卷),中国藏学出版社 2002 年版,第 136 ~ 137 页。

⑤ 参见吴丰培:《藏学研究论丛·吴丰培专辑》,西藏人民出版社 1999 年版,第 23 页。

⑥ 参见周伟洲:《19 世纪前后西藏与拉达克的关系及划界问题》,载《中国藏学》1991 年第 1 期。

⑦ 参见黄异:《行政法总论》(增订新版),台北,三民书局股份有限公司 1999 年版,第 122 页。

⑧ 参见[英]阿拉斯太尔·蓝姆:《中印边界》,民通译,世界知识出版社 1966 年版,第 68 ~ 69 页。

藏大臣的指示处理……所有噶伦都不得私自向外方藩属通信……噶伦不得私自缮写回信给外方藩邦”,[1]因此,该换文不具有任何法律效力。西藏地方政府也只把该换文当作“甘结”,意为双方承诺互不侵犯的保证书。[2]

1852 年西藏地方当局与英属印度克什米尔地方官员,缔结了包含“拉达克和西藏间的边界仍照旧不变”等内容的协议。[3] 由于清朝中央政府在此时并未解除西藏地方当局不得与外国往来的禁令,《酌拟裁禁商上积弊章程》第 1 条就明文规定,禁止西藏地方与外番私下交往、私相授受,违者参革,以重边疆。[4] 因此,该协议同样没有任何法律效力。

综上所述,西藏地方当局与外国政府所缔结的任何协议,都不具有国际法律效力。印度以这些无效的条约作为中印边界的划界法律依据,是毫无道理的。中印西段边界西藏段根本没有条约依据。

四、结论

西藏自古以来就是中国不可分割的一部分,从来就不是主权国家或“半主权国家”,历史上的西藏不具有任何国际人格。在清朝时期,作为中国地方实体的西藏不具有缔约资格。因此,印度所列举的那些由西藏地方签署的所谓边界条约,都不具有国际法上的效力。由此可见,印度在中印西段边界争议中所主张的划界“条约依据”根本不成立,中印西段边界西藏段从未经条约正式划定,中印两国在这一地区只存在一条按照双方历来行政管辖所及的范围而逐渐形成的传统习惯线。这段传统习惯线的大致走向为:“由空喀山口起,转向西南沿山岭而行,穿过羌臣摩河和西隆格巴尔马河的交汇处,再上升到山岭,经过塔马特山,继续西南行沿羌臣摩山,经过 6107 高地,再东南行顺山岭到达爱尼山口。由爱尼山口向南,边界线顺山岭经过 6127 高点,再南行到班公湖北岸,穿过班

---

① 参见《钦定藏内善后章程二十九条》。转引自牙含章:《达赖喇嘛传》,人民出版社 1984 年版,第 62 ~ 71 页。

② 参见《中国官员关于中国方面在两国政府官员会晤中所作的发言和评论的报告》,载中华人民共和国外交部编:《中华人民共和国政府官员和印度政府官员关于边界问题的报告》,中华人民共和国外交部 1961 年编印,第 15 ~ 16 页。

③ See Alfred P. Rubin, “The Sino-Indian Border Disputes”, *International and Comparative Law Quarterly*, Vol. 9, 1960, p. 123.

④ 参见《酌拟裁禁商上积弊章程二十八条》。转引自《西藏研究》编辑部编:《清代藏事辑要》,西藏人民出版社 1983 年版,第 417 ~ 429 页。

公湖后到达该湖南岸。继向东南沿着通达河为一方和流入斯潘古尔湖的各条小河为另一方的分水岭直到萨巨山。由此顺山岭往南，约在东经 79 度 10 分，北纬 33 度处穿过桑格藏布河，再沿着科尤里龙帕河东面和汗里河南面的分水岭到斯诺鸟山，然后向西行，在帕里河和一条小河的交汇处穿过帕里河，直到中国西藏阿里地区、印度旁遮普邦和拉达克三地交接处。"①中印边界西段西藏段应当在此基础上划定。

① 《中国官员关于中国方面在两国政府官员会晤中所作的发言和评论的报告》，载中华人民共和国外交部编：《中华人民共和国政府官员和印度政府官员关于边界问题的报告》，中华人民共和国外交部 1961 年编印，第 1 ~ 2 页。

第十六章　“一带一路”绿色金融法中的赤道原则

——兼评《中国银行业金融机构社会责任指引》

2018 年 3 月中国《政府工作报告》5 次提到“一带一路”。这也是从 2014 年起，中国政府工作报告连续第 5 年提及“一带一路”。5 年报告，每年对“一带一路”的提法都有不同。从 2014 年的“抓紧规划”、2015 年的“推进合作”、2016 年和 2017 年的“扎实推进”，到 2018 年的“推进‘一带一路’国际合作”，无不体现了中国政府对推进“一带一路”建设的信心和决心。① 不仅如此，中国政府还积极倡导在“一带一路”框架下发展绿色金融，将绿色观念融入沿线国家的经济发展和转型中。2016 年 8 月中国人民银行、财政部和环保部等 7 部委联合印发了《关于构建绿色金融体系的指导意见》（银发〔2016〕228 号），强调了构建绿色金融体系的重要意义，并从多角度提纲挈领地概括了构建绿色金融体系的框架。在该意见第 8 条中明确提出要推动开展绿色金融国际合作，推动绿色证券市场双向开放，提升对外投资绿色水平，这为“一带一路”的进一步推行提供了政策

---

① 参见王沥慷：《2018 年政府工作报告：五提“一带一路”》，载 https://www.yidaiyilu.gov.cn/xwzx/gnxw/49561.htm，最后访问日期：2019 年 3 月 1 日。

依据和理论支持。[①] 2017年4月商务部、外交部、环保部和国家发改委出台了《关于推进绿色“一带一路”建设的指导意见》,对“一带一路”建设中绿色理念的培养,绿色项目的识别、布局和资金支持,绿色发展的目标、顶层设计和微观支持作出了战略性的规划和指导,对绿色“一带一路”的建设和发展具有重大的指引意义。[②] 2017年5月环保部印发了《“一带一路”生态环境保护合作规划》,对“一带一路”生态环境保护提出了6个具体要求,包括推动绿色资金融通和遵守法律法规等。[③] 以上表明,我们必须对“一带一路”绿色金融法进行深入研究。所谓“一带一路”绿色金融法,是指在“一带一路”建设过程中,为支持环境改善、应对气候变化和资源节约高效利用的经济活动所提供的金融服务的法律规范的总称,包括与绿色金融有关的国际条约、国际惯例、有关国际组织的环境与社会标准、沿线国的法律法规和政策标准。其中,国际惯例是最能被沿线国普遍接受的法律规范。而在绿色金融的国际惯例中,赤道原则(the Equator Principles,EPs)最为突出。本章主要在案例分析的基础上,对赤道原则对贷款文件的影响进行详细的阐述。鉴于赤道原则已写进《中国银行业金融机构社会责任指引》,而且,笔者是该指引主要起草者之一,因此,文末对该指引进行了简要评析。

一、赤道原则的主要内容和重大修改

赤道原则是由世界主要金融机构根据世界银行集团(特别是国际金融公司,以下简称IFC)的政策和指南建立的,旨在判断、评估和管理项目融资中的企业社会责任(主要表现为环境与社会风险)的一个金融行业基准(benchmark)。它出台于2003年6月,后来几经修改。现行版本是2013年修订的赤道原则Ⅲ(EP Ⅲ)。预计2019年5~8月间,赤道协会将会出台赤道原则

---

① 参见《关于构建绿色金融体系的指导意见》,载 http://www.zhb.gov.cn/gkml/hbb/gwy/201611/t20161124_368163.htm,最后访问日期:2018年3月1日。

② 参见《关于推进绿色“一带一路”建设的指导意见》,载 http://www.zhb.gov.cn/gkml/hbb/bwj/201705/t20170505_413602.htm,最后访问日期:2018年3月1日。

③ 参见《关于印发〈“一带一路”生态环境保护合作规划〉的通知》,载 http://www.zhb.gov.cn/gkml/hbb/bwj/201705/t20170516_414102.htm,最后访问日期:2018年3月1日。

Ⅳ(EP Ⅳ)。[①] 截至 2018 年 4 月，接受赤道原则的金融机构[②](the Equator Principles Financial Institution，EPFI)已有 92 家，分布在包括中国在内的 37 个国家，占发达国家和新兴市场国家项目融资额的大部分[③]作为金融企业社会责任基准。近年来，赤道原则越来越受到人们的关注。

现行的赤道原则文本包括 5 个部分，分别是序言、适用范围、原则声明、免责声明和附件。

序言部分主要对与赤道原则有关的问题作了简要说明，包括赤道原则出台的动因、接受赤道原则的意义、赤道原则的宗旨以及 EPFI 的一般性承诺。

适用范围部分主要规定了赤道原则适用于各行业总投资 1000 万美元及以上的新项目融资，而不是以前的 5000 万美元；对于扩建和改建项目，如果有关改动在规模或范围上可能会对环境及或社会造成重大影响，或者对现有影响的性质或程度带来重大转变，则该项目的融资应遵循赤道原则。此外，受约束的范围还由项目投资、贷款活动扩展到融资顾问活动。在融资顾问活动中，EPFI 必须引导客户了解赤道原则的内容、应用和在预期项目中采纳赤道原则的益处，并要求客户在之后寻求融资时，向 EPFI 表示有意遵守赤道原则的规定。

原则声明部分是文本的核心内容，一共 10 项原则。EPFI 仅会为符合前 9 项原则的项目提供贷款。

原则 1，关于项目的审查和分类。当项目提请融资时，作为社会和环境问题内部审查和尽职调查工作的一部分，EPFI 将按照 IFC 的环境和社会筛选准则，根据项目潜在影响和风险的程度将项目分成 A、B、C 三类：A 类项目对社会或环境可能造成严重的负面影响，并且这种影响是多样的、不可逆转的或前所未有的；B 类项目对社会或环境可能造成一定的负面影响，并且影响的数量较少，一般集中在一定区域，大部分是可逆的，并能够通过缓解措施容易得以改善；C 类项目对社会或环境影响轻微或无不利影响。赤道原则只约束 A 类和 B 类项目。

原则 2，关于项目的社会与环境评估。借款方均须开展社会和环境评估过

---

① Review of the Equator Principles-Towards EP4 – The Equator Principles, http://equator-principles. com/ep4/.

② 最初称为赤道银行，后来，由于出口信贷机构等非银行金融机构也接受赤道原则，因此，在新修订的赤道原则中，赤道银行被更名为赤道原则金融机构(EPFI)。

③ See EP Association Members & Reporting-The Equator Principles, http://equator-principles. com/members-reporting.

程,以适当的,并令EPFI满意的方式解决有关建议项目的社会和环境影响和风险。评估还应提议适用于建议项目的性质和规模的缓解和管理措施。

原则3,关于适用的社会与环境标准。EPFI必须以IFC的绩效标准和特定行业环境、健康和安全导则(“EHS导则”)为参考,有些国家还要高于这些标准,同时要遵守东道国的法律、法规和行政许可。

原则4,关于行动计划和管理系统。对于位于非经合组织成员国和非高收入的经合组织成员国的项目,其借款方须准备一份行动计划并开发、维持或建立一套社会和环境管理系统;对于位于高收入经合组织成员国的项目,EPFI可要求按照有关的许可和监管要求,以及东道国法律的规定,制订一份行动计划。

原则5,关于磋商和披露制度。如项目位于非经合组织成员国和非高收入的经合组织成员国,其政府、借款方或第三方专家须通过系统且符合当地文化的方式,与受项目影响的社区进行磋商。借款方还将于合理的最短期间内,将评估文件和行动计划,或相关的非技术概要以当地语言和在文化上适当之方式向公众公开。

原则6,关于投诉机制。如项目位于非经合组织成员国和非高收入的经合组织成员国,其借款方将按照项目风险和不利影响的程度设立一套投诉机制,作为管理系统的一部分。

原则7,关于独立审查。项目均须由与借款方并无直接联系的独立社会或环境专家审查评估、行动计划和磋商过程的相关文件,以协助EPFI进行尽职审查,并评估项目是否符合赤道原则。

原则8,关于承诺性条款。项目的借款方须在融资文件内加入一些承诺性条款,包括遵守东道国法律、执行行动计划、编制定期报告和退役相关设施等几个方面。

原则9,关于独立监测和报告。EPFI要求项目委任独立环境及/或社会专家,或要求借款方聘请有资格且经验丰富的外部专家,核实将要提交给EPFI的监测信息。

原则10,关于EPFI的报告制度。各EPFI在适当考虑保密因素的前提下,最少每年向公众报告其实施赤道原则的过程和经验。

免责声明部分规定了赤道原则的地位和效力。赤道原则是金融机构各自发展其内部社会和环境政策、程序和惯例的基准。与所有内部政策一样,赤道原则没有对任何法人、公众或个人设定任何权利和义务。EPFI是在没有依靠或求助于IFC或世界银行的情况下,自愿和独立地采纳与实施赤道原则。

附件部分有4个文件,即项目的分类、在社会和环境评估文件中会涵盖的潜在社会和环境问题的示例清单、IFC社会与环境可持续性绩效标准以及特定行业环境、健康和安全导则(EHS导则)。

现行的赤道原则对旧版赤道原则进行了重大修改。主要表现在两个部分:一个是变更,另一个是增加。

1.变更方面。(1)适格的当事方范围扩大,由赤道银行扩展到赤道原则金融机构。(2)融资门槛降低,项目融资额由5000万美元下降到1000万美元。(3)评估对象增加,除了新建项目外,还有扩建或更新的项目,如果这些扩建或更新对社会或环境影响很大。(4)活动范围扩大,除了贷款之外,还有咨询行为。(5)评估范围扩大,除了环境评估(EA)之外,还有社会评估。(6)以前只要环境管理计划(EMP),现在要求行动计划(AP)和管理系统(APMS)。(7)在独立的专家审查方面,由环境评估、环境管理计划的遵守和咨询改为社会与环境评估和行动计划遵守和咨询。(8)在咨询方面,以前规定,以一种有组织的和文化上适当的方式向受项目影响的社区咨询;广大社区居民支持项目;在环境评估和环境管理计划中考虑咨询结果;咨询服从于独立的专家审查。而现在规定,向受项目影响的社区咨询;对于项目的重大负面影响要事先进行明确的咨询;咨询程序和结果要写进行动计划中。(9)行动计划遵守保证,以前规定遵守环境管理计划,现在要求借款人在所有重大方面遵守行动计划。(10)报告遵守保证,以前要求借款人定期报告遵守环境管理计划的情况,现在要求借款人定期报告遵守行动计划以及法律法规和许可的情况。(11)违反保证的救济措施,以前要求贷款人与借款人一道对违反保证的行为进行救济;现在规定,保留对不遵守或不履行行为行使救济的权利,EPFI可以自由决定是否与借款人一道使它遵守这些保证。(12)在聘请独立专家方面,以前规定贷款人有权聘请一个独立的环境专家提供补充监督和报告服务,而现在规定EPFI可自由决定是否要求在贷款周期内聘请独立专家。

2.增加方面。(1)要求借款人在项目的整个存续期间为受项目影响的社区建立一个投诉程序。(2)为EPFI增设了年度报告的义务。(3)增加了守法保证。借款人在所有的重大方面,要遵守东道国和地方的社会和环境法律、法规和许可。(4)把国家分为经合组织国家和非经合组织国家,前者又分为高收入和非高收入两类。对于位于不同类型国家的项目,要求也不一样。(5)将赤道原则运用于一些国家,特别是运用于高收入的经合组织国家时,采用社会和环境评估的一体化方法，这些国家有评估和处理社会与环境影响的高标准。①

二、赤道原则的国际实践及典型案例分析

2003年6月之后，赤道原则开始直接运用于世界上绝大多数大中型和特大型项目中，有些项目在是否符合赤道原则方面颇有争议，引起了全世界的关注，如萨哈林2号石油天然气开发项目(the Sakhalin Ⅱ oil and gas project)、BTC(Baku-Tbilisi-Ceyhan，巴库—第比利斯—杰伊汉)输油管道项目和印度那马达大坝项目(the Narmada Dam project)。

案例一：萨哈林2号石油天然气开发项目。这是投资规模最大和争议最多的项目之一。它位于俄罗斯的远东地区，包括一个油田和一个天然气田，总投资不少于120亿美元。项目公司为萨哈林能源投资公司(SEIC)。该项目对环境影响很大，包括威胁濒临绝种的西部灰鲸，破坏珍稀鱼类和鸟类的栖息地，污染重要的渔业。专家认为，该项目的设计背离了行业的最佳做法，风险评估也不够。因而，该项目遭到了非政府组织和原住民的反对，他们要求评估该项目对西部灰鲸的影响。面对大众疑虑，俄罗斯成立了一个由SEIC委任、由世界自然保护联盟(IUCN)负责召集的独立科学评估小组，成员包括国际上各领域的专家——包括灰鲸生态与行为、石油外泄风险分析、噪声与生物声学等领域的专家。这份评估报告后来也提交给了可能的贷款者。这次评估使部分工期延迟。俄罗斯的环保组织向俄罗斯的法院提起诉讼，2004年3月1日法院受理了此案。

2005年1月和5月，萨哈林岛的原住民举行了两次抗议活动，并得到了国际支持者的声援，这些支持者从世界各地寄发上千封信件到壳牌、三菱和三井公司，并聚集到这些公司。在这种情况下，区域种族团体委员会要求开展一项独立的种族学调查，以决定项目的负面影响程度，并找出一套方法来减少影响。该委员会表示石油制造商应该资助该项调查，而且应该允许由种族团体来遴选专家。原住民也不满地指出，作为EPFI的瑞士信贷第一波士顿银行(Credit Suisse First Boston)不应该在这个项目中扮演财务顾问的角色。因为这个项目违反了多项赤道原则，如第三项原则的a、b、d、m项以及由第三项原则指引的世行和IFC的《预防和减少污染指南》、IFC《保全政策》中的自然栖息地政策，还有第四项原则的环境管理方案和第五项原则的信息披露。该项目有关的EPFI，

---

① See Paul Q. Watchman, The Equator Principles, January 2007, pp. 5 – 7, http://www.equator-principles.com/documents/LW_0202_p24.pdf.

还有荷兰银行(ABN AMRO)等。非政府组织建议EPFI在萨哈林2号项目没有根本改变的情况下,应该拒绝贷款给该项目;EPFI应当自行对项目进行审慎性审核调查,而不是依赖项目发起人或其他金融机构的调查;EPFI应当发布该项目遵守赤道原则的分析报告。①

案例二:BTC输油管道项目。这是赤道原则下第一个A类项目。这个项目耗资约36亿美元,贷款主体有15个,包括苏格兰皇家银行集团(RBS group)等9个EPFI和IFC。世界野生动物基金(WWF)、地球之友(FoE)等非政府组织指出该项目有127处违反了赤道原则。2003年10月世界野生动物基金(WWF)给IFC写了一封信,指出了该项目的不当之处,包括项目计划不足;主要协议在环境评估之前就已签署;没有遵守现行的法律和标准;评估不恰当;合同无视管道经过国的环境与社会法律。② 同时,项目也遭到了媒体的批评。③ 不仅如此,非政府组织还诉诸法庭,请求保护人权和环境。④ 面对指控,作为贷款主体的IFC一反常态,公开对此予以辩驳。⑤ 迫于多方压力,贷款银团后来聘请了独立的环境顾问进行评估。⑥ 为了更加放心,包括IFC在内的贷款银团还聘请了另一个环境顾问,代表他们对该项目进行监督。

案例三:印度那马达大坝项目。它位于印度中部,非政府组织认为该项目至少5处违反了赤道原则,即违反了原住民、非自愿移民、自然栖息地、文化财产等政策,尤其是没有经过环境影响评价。该项目涉及的EPFI主要是巴克莱银行(Barclays)和渣打银行(Standard Charted)。由于该项目的环境与社会方面的问题争议太大,以致其他EPFI,如凯尔约银行(Calyon)和荷兰银行以及世界

---

① See Platform,"Analysis of the Sakhalin II Oil and Gas Project's Compliance with the Equator Principles",http://assets.panda.org/downloads/analysisequatorp 2004.pdf.

② BTC Project is the First Major Test of the Equator Principles,http://www.equator-principles.com/btc.shtml.

③ See Principles in the Pipeline,"*Guardian*,December 8,2003;WWF Urges Banksnot to Fund Caspian Oil Pipeline",*Wall Street Journal*,December 10,2003.

④ 该诉讼由格鲁吉亚环保团体绿色替代物组织(Green Alternative)提起,控告当局非法颁发环境许可证。

⑤ See BTC Pipeline and ACG Phase 1 Projects Environmental and Social Documentation-IFC Response to Submissions Received During the 120 – day Public Comment Period,http://www.ifc.org/ifcext/btc.nsf/AttachmentsByTitle/ESIAPublicCommentsResponse/$FILE/BTC + – + IFC + Reply + to + comments.pdf.

⑥ See Platform et al.,"Evaluation of Compliance of the Baku-Tbilisi-Ceyhan(BTC) pipeline with the Equator Principles",http://www.carbonweb.org/documents/Equator_Principles.pdf.

银行拒绝向其提供资金。非政府组织要求巴克莱银行不再向那马达大坝和与其有关的其他大坝安排或提供资金，甚至不能充当财务顾问，而且还要求其公布如何实施赤道原则以及如何处理违反赤道原则的情况。①

通过对以上3个典型案例的分析，我们可以看到，赤道原则在实践中发挥了一定的作用。其作用主要体现在以下3个变化上：

一是赤道原则的性质发生变化。赤道原则已发展成为行业惯例。赤道原则已被越来越多的世界顶级银行所接受。位居全球项目融资前10名的银行中，EPFI就有6家。② 赤道原则虽然没有法律条文的效力，但是，它却具有一种无形的威慑力，谁忽视它，就会在国际项目融资市场中寸步难行。③ 因此，EPFI对有争议的项目融资时会三思而后行。

二是EPFI的地位发生变化。一直以来，全球社会和环境治理是各国政府基于多边环境条约并适用于一国境内的自然人、法人和其他组织来进行，然而，在赤道原则中，保护社会和环境的主体是EPFI，而不是政府；其依据不是国际条约，而是一个特殊的金融文件。政府在社会与环境融资方面可能会尽一份力，但是，现在的政府是有限政府，而不是全能政府。为了达此目的，它们可能会创设一些机制和法制环境来提供市场动力。这使私营部门在向发展中国家提供资金方面发挥了越来越大的作用，特别是在转让技术帮助发展中国家建立有社会责任的、清洁和有生态效益的工农业部门方面。这样，私营部门不得不分担传统上由政府担当的角色，这在那些体制不健全的国家尤其如此。EPFI通过履行应有的注意义务，直接监督环境与社会标准在项目中的应用，与官方的监督行为相呼应，成为一支强大的民间力量，以便实现保护社会和环境的目的。

三是贷款文件中的条款发生变化。赤道原则的出现会改变贷款文件中的条款和内容，主要包括定义与例外条款、先决条件条款、环境代理人条款、陈述与保证条款、特别保证条款、违约事件条款、银团贷款问题以及债权人之间的关系问题和解决途径，等等。总之，这些条款要表达赤道原则的内容，体现企业社会责任的精神。

---

① See Friend of the Earth, “Barclays and the Financing of the Narmada Dams”, http://www.foe.co.uk/resource/briefings/barclays_narmada.pdf.

② See Simon Ellis and Vander Caceres, “Equator Principles Financing: The International Fallout”, *Infrastructure Journal*, *September*/October 2006.

③ See Paul Q. Watchman, “*The Equator Principles*”, January 2007, p. 1, http://www.equator-principles.com/documents/LW_0202_p24.pdf.

然而,在实践中,赤道原则也存在一些不足。赤道原则没有反映国际法和国际上的最佳做法。对人权、气候变化、生物多样性和森林保护等问题尤其如此,对于采掘业、军事部门、水坝、渔业和农业部门的标准和惯例也是一样。赤道原则也缺乏采纳银行连贯性的和严格的执行要求和程序。它们既不要求透明度,也不要求任何监测实施或者确保遵守的机制。实践中,赤道原则的执行问题是公众最怀疑的问题。① 到目前为止,赤道原则还没有阻止过签约银行对近年来一些有重大环境和社会风险的项目进行投标和投资,这些项目从国际项目融资市场上寻求到了支持。因此,不要把赤道原则看作银行业的最优实践,要加入那些为特别行业和问题采取政策并且设立比赤道原则更高和更严格标准的银行。

三、赤道原则对贷款协议的影响

贷款协议是指在融资实践中,借贷双方就借贷事宜达成的、明确相互间权利和义务的基本法律文件。经过长期的贷款实践,其条款逐渐趋同化和标准化,其内容也反映了借贷交易的习惯做法。但赤道原则的出现,将会不同程度地改变这些习惯做法,贷款协议的条款和内容也会作出相应调整。对于 EPFI 来说,贷款协议是一个重要的法律文件,因为它为 EPFI 提供了一个要求借款人在整个项目周期解决环境与社会问题的正式机会。

根据赤道原则 8,A 类和 B 类项目的借款方须在融资文件中加入以下承诺性条款:遵守东道国社会和环境法律、法规和许可等各方面要求;在项目兴建和运作期间符合行动计划内的所有要求;按与 EPFI 议定的格式提交由内部职员或第三方专家编制的定期报告,记录行动计划的执行情况,并提供有关符合当地、东道国社会和环境法律、法规和许可的合规陈述;按照协议的退役计划在适用和适当情况下退役相关设施。假如借款方未能遵守其社会和环境承诺性条款,EPFI 将与借款方协作,以尽可能使其符合承诺性条款的要求。但假如借款方未能在议定的宽限期内重新遵守承诺性条款,则 EPFIs 将保留在其认为适当的时候,行使补救措施的权利。

然而,这些调整可能会引发一些争议。因为 EPFI 接受赤道原则意味着它们在审查贷款协议时要依据适用于它们的更为广泛的社会与环境评估、监督和

① See Robert F. Lawrence and William L. Thomas, "The Equator Principles and Project Finance: Sustainability in Practice?", *Natural Resources & Environment*, Vol. 19, 2004, pp. 20 - 26.

执行义务。然而,赤道原则是被 EPFI 接受的一套自愿性的指南,因此作为贷款人的 EPFI 要求借款人遵循这些原则是不太合适的。但是,对于贷款人来说,他们有能力,也必须要求借款人遵守环境管理方案(EMP)和环境法律(涵盖了东道国的社会与环境法以及与环境、劳工、健康、安全和人权有关的国际立法,包括国际条约和国际惯例)以及支撑赤道原则的世界银行和 IFC 的政策与指南。

2009 年 8 月 EPFI 最佳实践工作组(best practice working group)公布了《赤道原则金融机构把环境与社会考虑纳入贷款文件的指引》(Guidance to EPFIs on Incorporating Environmental and Social Considerations into Loan Documentation)。该指引介绍了贷款协议中通常包含的环境与社会条款,并意欲为 EPFI 提供参考。

赤道原则对贷款协议的影响主要体现在如下条款中:

1. 定义条款。任何法律文件中的一个重要组成部分就是对专门术语进行界定。EPFI 应当确保运用于项目中的环境与社会标准在贷款协议中作出专门定义。例如,环境与社会影响评估(ESIA)、环境与社会行动计划(Environmental and Social Action Plan)、环境与社会管理系统(Environmental and Social Management System)、独立监测顾问(Independent Monitoring Consultant)、独立环境(或社会)顾问[Independent Environmental(or Social)Consultant]等术语有其特定的含义,需要在定义条款中一一说明。因为赤道原则是不断修改、变化的,迄今为止就有两个版本,这容易在非政府组织和其他利益相关者的期望与借款人的需要之间引发冲突,前者希望 EPFI 将会执行改进过的赤道原则,而后者希望签订合同时就确定无疑,执行时也不再变更。

2. 先决条件条款。先决条件是借款人根据贷款协议提出提款或者其他信用工具生效之前所需要满足的前提条件。在赤道原则的约束下,贷款人在发放贷款之前可要求借款人在环境与社会问题上达到一定的要求。这种先决条件可大致分为三类:第一类是首次提款时的先决条件,包括许可、报告、消除隐患和保证守约。许可部分要求项目获得政府颁发的各种必要的环境与社会批准文件,并经法律顾问确认是为项目投资方、承建方和运营方所必需的,除非根据该项目的地位无须获得类似许可。报告部分包括《环境与社会影响评估报告》《环境与社会管理方案》《环境与社会行动方案》等,而且这些报告要经贷款人聘请的独立环境(或社会)顾问进行审查并经借、贷双方都认可的独立监测顾问进行监测。消除隐患部分要求借款人确认不会引起环境与社会许可方面的问题,也不会有导致违约事件或潜在违约事件的环境与社会风险或事件。保证守约方面主要包括客户实质性地遵守所有可适用的约定；将要作出的可适用的陈述与保证在所有实质方面是真实和正确的。第二类是所有提款的先决条件。此类先决条件可能要根据项目的敏感性作出判断。借款人需要提交一个证明文件证明项目的《环境与社会管理方案》的可行性并满足了所有的环境与社会要求；将要执行的《环境与社会行动方案》中所指行动的完成状况要使代理人满意。第三类是完成的先决条件。独立的环境（或社会）顾问将提供一个报告，确认完工测试已经评估并遵守项目的所有环境与社会要求，包括切实执行《环境与社会管理方案》和《环境与社会行动方案》；升级到项目运营阶段的《环境与社会管理方案》是可行的并遵守所有环境与社会要求；是否存在与环境和社会问题有关的负面风险和影响没有被一个或多个《纠错行动方案》所解决，以及是否有已知或潜在的环境或社会诉讼。

3. 环境代理人（environmental agent）条款。这是贷款协议中新增的条款。环境代理人是从项目借款人和其他参与人那里接收有关赤道原则的信息并监督项目的建设和运营的人。环境代理人的行为代表所有贷款人。实践中，EPFI往往充当环境代理人的角色以确保项目满足赤道原则的所有要求。

4. 陈述与保证条款。在陈述与保证条款中应增加如下内容：没有已决的、未决的或者可能发生的与项目有关的环境与社会诉讼，而且该诉讼已经或者很有可能对项目的执行和运营产生重大的负面影响；在建设和运营的所有阶段，该项目一直遵守并将继续遵守所有可适用的环境与社会要求，而且已经取得并遵守所有必要的环境许可和条件；借款人已经向贷款人提供了所有关于环境与社会问题的相关报告和信息；借款人已经聘请了一个独立的环境（或社会）顾问以便向贷款人提供关于《环境与社会管理方案》和《环境与社会行动方案》执行方面的相关监测报告。

5. 特别保证条款。除了在贷款协议中承诺遵守所有法律这样的一般保证条款外，还应该拟订特别的保证条款，包括积极保证和消极保证条款。前者包括：在所有重大方面遵守全部相关的环境与社会要求；根据约定的开发计划执行项目，如有修改，从其修改，此修改可能要经独立的环境（或社会）顾问书面同意并经代理人批准；在项目的建设和运营期间遵守《环境与社会管理方案》和《环境与社会行动方案》，如有修改，从其修改，此修改可能要经独立的环境（或社会）顾问书面同意并经代理人批准；提交由借款人内部员工或第三方专家提供的进展报告以及由独立的环境（或社会）顾问提供的进展报告；运营、维护和维修，或者保证生产设备的运营、维护和维修是根据此类设备的最好行业实践进行的;贷款人在适当的时候使用和检查财产、账簿和记录的权利;根据约定的退役方案,在适当的时候退役设备,可能要经独立环境(或社会)顾问的审查并满足代理人的要求;根据环境与社会要求的规定,通过一个纠错行动方案对环境污染作出回应;对任何针对项目或其建设、许可或运营提出的抗议和挑战作出回应。后者主要包括对重要的项目文件的修改或终止作出限制;对项目的开发方案、环境与社会管理方案及/或性质和范围的重大修改作出限制。

6. 违约事件条款。贷款协议既要包括一个未履行文件中保证的一般的违约事件,还要包括未履行环境事务承诺的特别的违约事件,环境事务包括环境管理方案、环境法律、环境诉求和环境责任。环境违约必须规定一个满足赤道原则 8 要求的纠正期间,在此期间,EPFI 也尽量给借款人提供机会以纠正违约事件。违约事件通常包括:一个以借款人作为被告的环境与社会诉讼被提起,而该诉讼单独或合计起来可能被合理地认为对项目的执行或运营产生重大的负面影响;不遵守或违反协议中借款人作出的环境与社会的特别保证,借款人一般有权在特定的时间内(如 30 天)改正积极的特别保证中的违约行为但无权改正消极保证中的违约行为;在所有重要方面环境与社会陈述与保证的真实性。①

四、赤道原则对中国的影响

2002 年 1 月 7 日中国证监会、国家经贸委发布的《上市公司治理准则》中首次明确提出了利益相关者的概念,并要求上市公司必须重视企业的社会责任。② 2005 年年底我国首部社会责任型企业基准问世,③标志着我国的企业社会责任有了一个较为明确的操作标准。2005 年修订的我国《公司法》第 5 条要求公司承担社会责任。但是,迄今为止,没有法律法规对金融企业的社会责任做出特殊规定。

对于一般企业来说,社会责任可能仅仅需要在自己的业务范围内贴上环保标贴,但是金融企业掌控利益传导机制,其行为具有杠杆效应,因此,其责任不仅是让自己的经营与运行更加绿色,还应承担起通过杠杆和利益传导机制来更

---

① Freshfields Bruckhaus Deringer, Banking on Responsibility, July 2005, pp. 112 - 117, www.freshfields.com/publications/pdfs/practices/12057.pdf.

② 该条规定:“上市公司应尊重金融机构及其债权人、职工、消费者、供应商、社区等利益相关者的合法权利。”《上市公司治理准则》还对上市公司与利益相关者的合作义务、上市公司对利益相关者权益的维护义务、上市公司对债权人的责任、职工在公司中利益的维护等做了原则性的规定。

③ 参见程惠建:《中国首部社会责任型企业基准问世》,载《国际金融报》2005 年 12 月 2 日,第 3 版。

广泛地影响其他行为体的责任。这样,在构建金融和谐和改善金融生态环境的倡议中,金融企业不仅要承担直接的社会责任,更多的是要承担间接的社会责任,要对自己发放的贷款和投资的用途和流向承担一定的责任。然而,由于缺乏特殊规制,长期以来,我国金融企业对社会责任不太重视,从而遭遇尴尬。特别是在海外拓展业务时,我国金融企业常常因为社会责任问题频频遭受利益相关者的批评,例如,中国进出口银行由于向苏丹和缅甸等有不良人权记录的国家内的有损社会和环境的项目提供资金而遭到国际河流网和地球之友(FoE)等非政府组织的激烈抨击,业务也因此受到影响。

可喜的是,在IFC的帮助下,中国有关部门对金融企业的社会责任问题认识加深。2007年7月原国家环保总局、中国人民银行和银监会联合发布了《关于落实环保政策法规防范信贷风险的意见》,拉开了金融企业社会责任立法的序幕。2007年12月中国人民银行和IFC联合举办了“银行社会责任:环境与社会风险管理”国际研讨会,与会者多为各银行的负责人和相关人员。在此次会议上,一些金融企业也了解了赤道原则。随着认识的不断加深,兴业银行已明确接受赤道原则,成为名副其实的EPFI。其他银行,如建设银行、浦发银行等正在考虑接受。

笔者认为,我国应当尽快健全和完善金融企业社会责任法制,形成一个体系。可继续由中国人民银行、银监会、环保部和劳保部等单位联合作出有关规定,待条件成熟时再制定行政法规,最终形成一部金融企业社会责任法。借鉴赤道原则,规定金融企业社会责任的内涵与外延、执行与监督、奖励与惩罚等,特别是要详细规定金融企业的权利与义务,增设贷款人应有的注意义务。立法中,要特别注意把项目融资甚至公司融资问题与环境及社会问题有机结合起来,进行专门立法,以此突出金融在可持续发展中的地位和作用。要完善建设项目征询公众意见制度。

可增设贷款人应有的注意义务,也就是说,贷款人向项目提供资金时要对与项目有关的环境和社会问题进行审慎性审核调查。如果没有尽到这一义务,贷款人及其直接负责的主管人员和其他直接责任人员就要承担相应的法律责任包括刑事法律责任。这样的条款在中国现行的法律中还是空白。在项目融资中,贷款人无论是从金融风险考虑,还是从企业社会责任考虑,都可能知道,也应该知道有关项目的社会与环境问题,因此,贷款人应该对它提供的资金的用途负责。这与赤道原则的要求是一致的,因为EPFI有收集和披露信息的义务。银行无论是在明知许可还是在推定知道的情形下都应该承担法律责任。

此外，在社会和环境评估报告的内容方面，也可以参照赤道原则的规定，对贷款协议示范文本也应进行相应的修改。

五、对《中国银行业金融机构社会责任指引》的简要评述

2009年年初，中国银行业协会正式公布了《中国银行业金融机构社会责任指引》（以下简称《指引》），特别提到了中国的银行对赤道原则的要求。

（一）《指引》出台的背景

《指引》的出台除了与全球企业社会责任运动的蓬勃发展这个国际大背景有关之外，还与中国的国内背景息息相关。

其一，中国境内银行的社会责任意识增强。随着宣传力度的增大，银行在业务活动中遇到的社会责任问题增多，大大增加了它们的业务风险。因此，部分银行开始重视社会责任。一些银行制订了社会责任的内部政策，浦东发展银行、招商银行、建设银行、工商银行和交通银行等纷纷发布社会责任报告。兴业银行正式宣布接受赤道原则。它们纷纷派员参加各种研讨会，以获取和交流解决社会责任问题的信息。例如，2007年12月的银行社会责任国际研讨会，各银行踊跃参加。

其二，中国银行业协会的高度重视和自律能力的加强。在声势浩大的全球企业社会责任运动中，中国银行业协会也意识到银行业履行社会责任的重要性。其主动提出制订社会责任指引的动议，并召集专家进行论证，做了一些实质性的工作。同时，中国银行业协会的自律能力也持续增强。中国银行业协会自2000年成立后，开展了一些卓有成效的工作。2005年10月中国银行业协会40位会员银行的代表共同签署了《中国银行业文明服务公约》《中国银行业自律公约》《中国银行业维权公约》。这些公约的签署，标志着中国银行业自律机制基本形成，也充分反映出在国际化市场竞争日趋加剧的新形势下，各家银行经营管理不断走向理性和成熟。

其三，中国行政主体的积极努力。2006年12月19日中国人民银行和国家环境保护总局联合发出《关于共享企业环保信息有关问题的通知》；2006年，上海银监局制定了《上海银行业金融机构社会责任指引》；2007年7月原环保总局、中国人民银行和银监会联合发布《关于落实环保政策法规防范信贷风险的意见》；原银监会也出台了《关于加强五家大型银行社会责任问题的意见（征求

意见稿)》。

其四,国际组织的大力推动。一些国际组织,尤其是一些开发性国际金融组织对中国银行业的社会责任问题高度关注,并积极推动。例如,2007 年 12 月世界银行集团 IFC 与中国人民银行联合举办银行社会责任国际研讨会,向中国银行界介绍了国际上的通行做法。部分环保、劳工和人权非政府国际组织也监督中国银行业履行社会责任的状况,并提出了一些建议和意见。

(二)《指引》的框架和主要内容

《指引》分为总则、经济责任、社会责任、环境责任、企业社会责任管理和附则 6 章,共 27 条。

《指引》适用于具有中国法人资格的银行业金融机构,包括在中华人民共和国境内设立的商业银行、城市信用合作社、农村信用合作社等吸收公众存款的金融机构,以及政策性银行、金融资产管理公司和小额贷款公司等。

《指引》所称的企业社会责任是指银行业金融机构对其股东、员工、消费者、商业伙伴、政府和社区等利益相关者以及为促进社会与环境可持续发展所应承担的经济、法律、道德与慈善责任。银行业金融机构的企业社会责任至少应包括经济责任、社会责任和环境责任。《指引》也明确规定了遵循赤道原则的要求。

(三)《指引》出台的意义

《指引》的出台是各方不懈努力的结果,受到了社会各界的关注,其意义是不言而喻的。

第一,有利于加快金融企业社会责任的立法。《指引》虽然只是一个行业标准,但是,这个行业标准运用一段时间之后,一俟时机成熟,就可以转化成法律。

第二,有利于银行加强全面风险管理和金融风险评级。银行全面风险框架应包括信用风险、市场风险、操作风险、流动性风险,还应包括社会责任风险、法律和政策风险、声誉风险、政治风险等。而且,社会责任风险也会转化为其他风险,如声誉风险、诉讼风险等。花旗银行、BTC 输油管道项目和萨哈林 2 号油气开发项目就是这样的例子。

第三,有利于建立行业标准,规范金融市场。《指引》实际上是一个统一的行业标准,它的出台可以弥补类似标准的缺失,从而有效避免银行在社会责任问题上展开恶性竞争。

第四,有利于改善金融生态环境,促进金融和谐。金融生态环境有广义和狭义之分,从广义上讲,是指与金融业生存、发展具有互动关系的社会、自然因素的总和,包括政治、经济、文化、地理、人口等一切与金融业相互影响、相互作用的方面,是金融业生存、发展的基础。从狭义上讲,是指微观层面的金融环境,包括法律、社会信用体系、会计与审计准则、中介服务体系、企业改革的进展及银企关系等方面的内容。《指引》的制定,可以极大地改善金融生态环境,调和银行与客户以及受银行资金影响的团体和个人等利益相关者的关系,促进金融和谐,同时,客观上也有利于自然环境与人文环境的改善。

第五,有利于我国银行融入金融全球化的浪潮中,参与国际金融规则的制订和修改。银行履行社会责任已经成为国际惯例,许多国家已制定了自律性的规则。中国应当顺应这一国际潮流,与国际接轨。在《指引》的引导下,中国的银行在国际上才有竞争力。有了《指引》,中国才能在制定和修改国际金融规则时有更多的话语权。

(四)《指引》存在的缺陷

《指引》的出现虽然意义重大,然而,由于制定时间、技术等主客观方面的原因,《指引》还有一些不尽如人意的地方。

第一,《指引》毕竟只是行业规则,而非法律规则,没有法律上的强制执行力。要把《指引》转化成法律文件,还需要我们法律人的继续努力。

第二,《指引》的可操作性不强。最好的模式是“指引 + 指南”。也就是说,根据中国的国情,先制定一个原则性的《指引》,规定银行社会责任的一些主要原则。这样,《指引》不必频繁修改,可以最大限度地保持其稳定性,如同银行业社会责任行业规则中的“宪法”;银行受其的约束也不是太多,可以灵活运用,不过多地干涉其业务,如同一个行业“倡议”。这样的《指引》,银行可能更易于接受。等到时机成熟,再综合主要银行的政策和做法,制定一个指南,作为《指引》的操作规程。这个指南可以及时更新,也可只在银行内部掌握。随着银行社会责任意识的增强和风险管理的实际需要,可以制定多个分行业的专门的指南。此时,各银行可能已开始视指南为必要的业务指导文件而自觉自愿地接受。

第三,《指引》的体系还值得商榷。关于企业社会责任的体系问题,还存在争议。对于金融企业社会责任的体系,理论界和实务界还没有定论。《指引》对银行业金融机构社会责任体系的构建是否合理,仍有进一步讨论的必要。这也为今后的金融企业社会责任立法提供了准备。

综上,《指引》在赤道原则出台 5 年后就引入了赤道原则,其前瞻性毋庸置疑。然而,该指引出台已近 10 年,迄今为止,中国大陆只有 2 家银行接受了赤道原则。[①] 其引导力和执行力不得不令人生疑。随着“一带一路”倡议的提出，该指引的内容更加无法适应时代的发展，无法正确引导中国银行业金融机构的绿色金融业务。

---

① 中国兴业银行和江苏银行分别于2008年10月和2017年1月接受了赤道原则。See EP Association Members & Reporting-The Equator Principles, http://equator-principles.com/members-reporting/.

第十七章　《巴黎协定》遵约机制:透明度框架与全球盘点

2016年4月22日175个国家代表齐聚纽约联合国总部,正式签署《巴黎协定》。这不仅为2020年后全球温室气体减排奠定了新的法律基础,而且成为全球气候变化谈判史上一次重大转折,以至于联合国秘书长潘基文都称其为"历史性的一天"。[①] 毋庸讳言,《巴黎协定》的最大贡献乃在于确立了国家自主贡献(Nationally Determined Contributins, NDCs)减排模式的法律地位,从而有效地避免了近年来国家间气候合作的制度性危机。然而,需要指出的是,国家自主贡献赋予了缔约方较大的自由裁量权,且不具有严格的法律拘束力。[②] 这就为国家不作为或降低减排空间留下了致命的"法律罅隙"。为此,《巴黎协定》创设了新的遵约机制——透明度框架与全球盘点,以期形成制衡措施,

---

① UN News Centre, "'Today is An Historic Day', Says Ban, as 175 Countries Sign Paris Climate Accord", http://www.un.org/apps/news/story.asp? NewsID = 53756 #. Vx0sROyepX0, last visited on march 22, 2018.

② See Daniel Bodansky, "The Legal Character of the Paris Agreement", *Review of European Community & International Environmental Law*, Vol. 25, No. 2, 2016, pp. 142 – 150.

从而保障全球应对气候变化始终处于进步状态。①

但是,透明度框架与全球盘点能真正实现缔约方履约吗?本书认为,与之前气候变化治理方面的遵约机制相较,透明度框架与全球盘点的机制设计更趋于"软约束";但这种方式却能较好地凸显遵约机制的预设理念,强化履约能力,进而促成各国积极开展减排行动。当然,《巴黎协定》在遵约机制设计方面仍存在诸多不足。为此,作为全球气候治理大国,一方面,中国应积极参与到《巴黎协定》的遵约机制,特别是透明度框架与全球盘点在未来的制度构建中;另一方面,也应从中国实际出发,密切关注遵约机制的制度衡平问题,从而实现既对《巴黎协定》的诚信履约,又维护中国在气候变化领域的核心利益。

一、《巴黎协定》遵约机制出台背景

在全球气候变化治理演进中,最早涉及遵约机制的乃是1992年通过的《联合国气候变化框架公约》。其第13条明确提出建立多边协商程序(Multilateral Consultative Process,MCP)来"解决与公约履行有关的问题"。② 然而,由于缔约方之间的分歧,多边协商程序最终被搁浅。③ 1997年在《联合国气候变化框架公约》第3次缔约方会议上,《京都议定书》被通过,这促使缔约方开始着手构建

---

① 本书所述之遵约机制是广义范畴上的,这正如国际气候变化专家、加拿大多伦多大学布鲁尼(Jutta Brunnée)所言,遵约机制通常应包括4个部分,即渐进的规范构建(progressive norm-building)、持续的申辩进程(sustained justificatory)、不遵约原因的协商管理(concerted management of non-compliance causes)和执行导向组成部分的范围(a range of enforcement-oriented elements)。无疑,本文阐释的透明度框架与全球盘点应属于这四个部分中的第一部分。从更一般的遵约机制来看,其实质上属于遵约的报告策略。See Jutta Brunnée, "Promoting Compliance with Multilateral Environmental Agreement," in Jutta Brunnée, Meinhard Doelle & Lavanya Rajamani ed., *Promoting Compliance in an Evolving Climate Regime*, Cambridge: Cambridge University Press, 2012, p. 45.

② See Daniel Bodansky, "The United Nations Framework Convention on Climate Change: A Commentary," *Yale Journal of International Law*, Vol. 18, 1993, pp. 547 – 548.; Jacob Werksman, "Designing a Compliance System for the UN Framework Convention on Climate Change," in James Cameron, Jacob Werksman & Peter Roderick ed., *Improving Compliance with International Environmental Law*, London: Earthscan, 1996, pp. 85 – 112.

③ 尽管多边协商程序的具体案文于1998年在阿根廷布宜诺斯艾利斯召开的第四次气候变化缔约方会议上已基本确定下来,但在多边磋商委员会(Multilateral Consultative Committee)的人员选择问题上争执不下。See UNFCCC Decision 10/CP. 4 Multilateral Consultative Process in UNFCCC/CP/1998/16/Add. 1.; Jacob Werksman, "The Negotiation of A Kyoto Compliance System," in Olav Schram Stokke, Jon Hovi, & Geir Ulfstein ed., *Implementing the Climate Regime: International Compliance*, London: Earthscan, 2005, pp. 21 – 24.

《京都议定书》项下的遵约机制。[①] 2001 年在第 7 次缔约方会议上通过了《马拉喀什协议》,正式出台了《与〈京都议定书〉规定的遵约有关的程序和机制》。[②] 2005 年《京都议定书》生效后,该遵约机制也于 2006 年开始具体运行。

然而,《京都议定书》仅是规定了到 2012 年全球的温室气体减排,因此,其项下的遵约机制能否运行下去,还有待全体缔约方对 2012 年后全球温室气体减排做出相应的制度安排。2007 年在缔约方第 13 次会议上通过了《巴厘岛行动计划》,正式启动了 2012 年后应对气候变化制度安排的谈判,并旨在 2009 年达成新的协议。[③] 但由于各方分歧较大,2009 年第 15 次缔约方会议上仅达成不具法律拘束力的《哥本哈根协议》。[④] 之后,更令人忧虑的是,加拿大在 2011 年宣布退出《京都议定书》。[⑤] 日本、俄罗斯和新西兰也明确表示不参加《京都议定书》第二期承诺。[⑥]

为挽救全球应对气候变化、减少温室气体排放的制度性危机,2011 年第 17 次缔约方会议上通过了《德班决议》,决定在第 21 次缔约方会议上通过一项"《联合国气候变化框架公约》之下对所有缔约方适用的议定书、另一法律文书或某种有法律约束力的议定结果"。[⑦] 经过 3 年的艰难谈判,特别是在中美等国的积极努力之下,[⑧]2015 年 12 月第 21 次缔约方会议上正式通过了《巴黎协

---

① See UNFCCC, The Buenos Aires Plan of Action, in FCCC/CP/1998/16/Add. 1.

② See UNFCCC, Procedures and Mechanisms Relating to Compliance under the Kyoto Protocol, in FCCC/CP/2001/13/Add. 3.

③ See UNFCCC, Bali Action Plan, in FCCC/CP/2007/6/Add. 1.

④ See UNFCCC, Copenhagen Accord, in FCCC/CP/2009/11/Add. 1. See also Lavanya Rajamani, "The Making and Unmaking of the Copenhagen Accord," *International & Comparative Law Quarterly*, Vol. 59, No. 3, 2010, pp. 824 – 843.

⑤ See UNFCCC, Canada: Withdrawal, from http://unfccc. int/files/kyoto_protocol/background/application/pdf/canada. pdf. pdf(last visited on 2018 – 03 – 22).

⑥ See UNFCCC, Amendment to the Kyoto Protocol Pursuant to Its Article 3, Paragraph 9 (the Doha Amendment), in FCCC/KP/CMP/2012/13/Add. 1.

⑦ See UNFCCC, Establishment of An Ad Hoc Working Group on the Durban Platform for Enhanced Action, in FCCC/CP/2011/9/Add. 1.

⑧ 为达成新的全球应对气候变化协定,中国与美国在 2014 年、2015 年先后在北京和华盛顿发表两份《中美国家元首气候变化的联合声明》,表明中美支持新的气候变化协定的基本立场。值得强调的是,2016 年 3 月 31 日,在《巴黎协定》签署前夕,中美再次发表了第三次《中美国家元首气候变化声明》,敦促世界各国尽早签署和批准《巴黎协定》。参见《中美气候变化联合声明》,载《人民日报》2014 年 11 月 13 日,第 2 版;《中美元首气候变化联合声明》,载《人民日报》2015 年 9 月 26 日,第 3 版;《中美元首气候变化联合声明》,载《人民日报》2016 年 4 月 2 日,第 2 版。

定》,为2020年后全球应对气候变化奠定了新的法律基础。[①] 同时,《巴黎协定》也创设了新的应对气候变化遵约机制——透明度框架与全球盘点。

二、《巴黎协定》遵约机制的具体内容

《巴黎协定》在第13~15条规定了自身的遵约机制。其中,第13条涉及透明度框架,第14条涉及全球盘点,而第15条则涉及遵约的便利与执行机制。其具体内容可概述为如下三个方面。

(一)透明度框架(the transparency framework)

第13条透明度框架是由15款的具体内容构成,其成为《巴黎协定》中仅次于国家自主贡献规定内容最多的条款。它具体包括:

第一,透明度框架由内置灵活机制的行动和支助两个透明度框架构成。《巴黎协定》第13条第1款规定,“设立一个关于行动和支助的强化透明度框架,并内置一个灵活机制”。其中,灵活机制是以集体经验为基础,考虑不同缔约方能力,为发展中国家履约提供灵活性。

第二,透明度框架的执行应以“促进性、非侵入性、非惩罚性和尊重国家主权”的方式实施。《巴黎协定》第13条第3款规定了执行方式遵循的基本原则,并指出在执行过程中应“避免对缔约方造成不当负担”。

第三,“行动”透明度框架应包括缔约方国家自主贡献进展和适应行动的信息。《巴黎协定》第13条第5款、第7款规定了行动透明度框架应包括人为排放和清除的国家清单报告,和国家自主贡献进展信息。这些信息的提交具有强制性。

第四,“支助”透明度框架应包括缔约方在国家自主贡献、适应、资金、技术转让和能力建设支助方面的信息。根据《巴黎协定》第13条第6款、第8~10款的规定,其中适应信息的提交不具有强制性,而在资金、技术转让和能力建设方面,发达国家信息的提交应是强制性的,而发展中国家则可酌情考虑。

第五,在透明度框架下设立了技术专家审评制度,对缔约方提交信息进行审评。《巴黎协定》第13条第11款、第12款规定了技术专家审评制度。其中,关于国家自主贡献进展与资金支助的审议应包括所有缔约方参加。此外,审评应考虑缔约方的支助和其相关的国家自主贡献;并查明需改进的领域以及需考虑发展中国家的各自能力和国情。

---

① 参见吕江:《〈巴黎协定〉:新的制度安排、不确定性及中国选择》,载《国际观察》2016年第3期。

第六，设立透明度框架的模式、程序和指南。《巴黎协定》第 13 条第 2 款、第 4 款、第 12 款、第 13 款规定，应在反映灵活性的前提下，考虑《联合国气候变化框架公约》在透明度安排的经验，包括国家信息通报、两年报告和两年期更新报告、国家评估和审评以及国家磋商和分析。该模式、程序和指南的具体规则应由《巴黎协定》特设工作组在 2018 年前完成，并在《巴黎协定》生效时适用。①

此外，该条还规定了为发展中国家履行第 13 条提供支助，以及在透明度能力建设方面提供持续支助。作为对此条款的回应，与《巴黎协定》同期通过的《巴黎决议》（第 1/CP. 21 号决定）在其第 84 段提出，设立“透明度能力建设倡议”（Capacity-building Initiative for Transparency），以支持发展中国家履行《巴黎协定》第 13 条的透明度要求。

（二）全球盘点（Global Stocktake）

《巴黎协定》第 14 条创设了全球盘点的制度设计。其具体包括以下两个方面：

第一，全球盘点的定义及其前提。根据《巴黎协定》第 14 条第 1 款的规定，全球盘点是指作为《巴黎协定》缔约方会议的《联合国气候变化框架公约》缔约方会议应定期盘点《巴黎协定》的履行情况，以评估实现《巴黎协定》宗旨和长期目标的集体进展情况。其开展全球盘点的前提为，应以全面和促进性的方式开展，考虑减缓、适应以及执行手段和支助问题，并顾及公平和利用现有的最佳科学。

第二，全球盘点的时间及其内容。根据《巴黎协定》第 14 条第 2 ~ 3 款的规定，缔约方会议应在 2023 年进行第一次全球盘点，此后每 5 年进行一次。全球盘点的内容应包括缔约方在国家自主方式下，更新和提升与《巴黎协定》规定相一致的行动和支助，以及加强气候行动的国际合作。

此外，在《巴黎决议》（第 1/CP. 21 号决定）的第 99 ~ 101 段，亦要求《巴黎协定》特设工作组就全球盘点的投入来源以及模式向缔约方会议提交报告，以便在第一次缔约方会议上予以审议和通过。

（三）遵约的便利与执行机制

《巴黎协定》第 15 条规定了遵约的便利与执行机制。其大致包括如下 3 个方面：

---

① 有关透明度框架的模式、程序和指南具体设计的前期要求，具体体现在 2015 年与《巴黎协定》同时通过的《巴黎决议》（第 1/CP. 21 号决定）的第 91 ~ 98 段。

第一,创设《巴黎协定》遵约的便利和执行机制。《巴黎协定》第15条第1款提出,“兹建立一个机制,以促进履行和遵守本协定的规定”。无疑,《巴黎协定》遵约机制的建立将成为自《联合国气候变化框架公约》出台以来,第三份有关气候变化的遵约机制。

第二,《巴黎协定》遵约的便利和执行机制由委员会组成。根据《巴黎协定》第15条第2款,以及《巴黎决议》(第1/CP.21号决定)第102段的要求,委员会将以专家为主,根据公平地域代表性原则选出在相关科学、技术、社会经济或法律领域具备公认才能的12名成员组成,联合国5个区域集团各派2名成员,小岛屿发展中国家和最不发达国家各派1名成员,并兼顾性别平衡的目标。

第三,《巴黎协定》遵约机制的工作宗旨。根据《巴黎协定》第15条第2款的规定,该遵约机制在性质上是促进性的(facilitative),在职能上应采取透明、非对抗的、非惩罚性的方式,并顾及缔约方各自的国家能力和情况。

此外,《巴黎协定》特设工作组将负责制定《巴黎协定》遵约委员会的模式和程序,以便在第一次缔约方会议上通过,之后委员会将按该模式和程序每年向缔约方会议提交报告。

三、《巴黎协定》遵约机制的特点

就气候变化发展史上的3份遵约机制而言,《巴黎协定》的遵约机制与《联合国气候变化框架公约》和《京都议定书》项下的遵约机制相比,具有如下3个主要特点:

第一,《巴黎协定》遵约机制适用于包括发展中国家在内所有缔约方的减排。如前所述,尽管《联合国气候变化框架公约》在其第13条规定了“多边协商程序”的遵约机制,但其并没有真正进入实质操作阶段,况且,《联合国气候变化框架公约》并未规定具有法律拘束力的减排内容,因此即使“多边协商程序”最终运行起来,其遵约的实际意义也不大。而毋庸讳言,《京都议定书》项下的遵约机制虽然也涉及发展中国家,但在具体操作层面上,其形成的机制主要是针对发达国家减排为内容的遵约机制。因此,相对《联合国气候变化框架公约》和《京都议定书》而言,《巴黎协定》遵约机制是第一次将发展中国家的“减排”纳入到遵约机制规制的范畴,它无疑是对前两个气候变化公约遵约机制的继承和发展。

第二,《巴黎协定》遵约机制是围绕着国家自主贡献展开的机制创建与设计。作为《巴黎协定》的核心,国家自主贡献、成功化解了自2007年以来全球应对气候变化的制度性危机。但不可否认的是,国家自主贡献赋予缔约方在减排方面较大的自由裁量权,这种制度设计带来的问题是无法保障缔约方的减排始终是进步的,这一度曾引发包括发展中国家在内的许多缔约方的质疑和担忧。[①]而《巴黎协定》遵约机制无疑正是为了平衡这种制度性不足,保障缔约方积极减排的关键设计。从其条文中可以看出,在关于减排的遵约设计方面,其要求的国家减排清单报告、国家自主贡献进展信息,以及对信息的技术专家审评,都是具有强制性的。[②] 这在一定程度上,对缔约方减排自由裁量权的行使形成制衡,有助于缔约各方在行动透明度框架和全球盘点下遵守和执行减排行动。

第三,《巴黎协定》遵约机制加强了在资金、技术转让等方面的遵约考量。自1992年《联合国气候变化框架公约》出台以来,在向发展中国家提供应对气候变化的资金、技术转让和能力建设等方面的进展始终处于一个缓慢甚至踯躅不前的状态。即使《京都议定书》规定了一个较强的遵约机制,但在这3个方面却呈现出一种"软"的遵守和执行。这也是2007年重启气候变化谈判以来,缔约方一直未能达成共识的桎梏所在。显然,《巴黎协定》在资金、技术转让和能力建设方面的遵约得到了加强,这典型地体现在对支助透明度框架的设立和第13条第9款,发达国家就其在资金、技术转让和能力建设方面的支助提供信息具有强制性的规定。

四、对《巴黎协定》遵约机制的反思

《巴黎协定》遵约机制对全球应对气候变化所产生的意义与局限,可以从以下4个方面来认识:

(一)《巴黎协定》透明度框架与全球盘点的规定打破了气候变化制度安排的困境

在国际法上,遵约机制的出现在很大程度上是来自人们对美国国际法学家亨金(Louis Henkin)教授提出的一个论断之回应。在其《国家如何行为》一书

---

① See Lavanya Rajamani, "Ambition and Differentiation in the 2015 Paris Agreement: Interpretative Possibilities and Underlying Politics", *International and Comparative Law Quarterly*, Vol. 65, No. 2, 2016, pp. 493 - 541.

② 这从《巴黎协定》第7条、第9条使用"each party"和"shall"这些针对每一缔约方和强制用语的表述就可窥见一斑。

中,他曾大胆指出,“几乎所有国家在绝大多数时间里都遵守其在国际法上的原则和义务”。① 毋庸讳言,此种遵约的现实绝不是因为国际法拥有像国内法那样的警察、监狱、军队等强制执行机构。② 所以,强有力的争端解决机制(制裁)并非国家遵守和执行国际法的主要成因。③ 那么,国家为何遵约? 又是什么使国家不遵约? 学界传统观点认为,是因为条约符合其国家利益。④ 换言之,决定国家是否遵约的关键是“条约所要求的国家行为改变的程度”。⑤ 无疑,条约没有迫使国家改变其行为,或者要求行为的改变并不损害其国家利益时,国家遵约的可能性极大,反之亦然。⑥

然而,晚近一些研究表明,国家遵约并不完全建立在国家利益的成本分析

---

① Louis Henkin, *How Nations Behave*, New York: Columbia University Press, 1979, p. 47.

② 这一如国际关系现实主义学派代表人摩根索(Hans J. Morgenthau)指出的,“在没有事实强制下,国际法上绝大多数规则为所有国家所遵守”。See Han J. Morgenthau, *Politics among Nations: the Struggle for Power and Peace*, New York: Alfred A. Knopf, 1948, p. 229.

③ 从实践角度来看,美国耶鲁大学法学院蔡斯(Abram Chayes)在20世纪90年代对100多项条约进行分析后亦发现,绝大多数条约中从来没有规定过惩罚性制裁。See Abram Chayes & Antonia Handler Chayes, "Compliance without Enforcement: State Behavior under Regulatory Treaties", *Negotiation Journal*, Vol. 7, 1991, p. 320. 此外,现代法学理论研究也进一步表明,即使国内法体系之下,人们遵守法律的主要原因也并非仅仅是由于其具有强制力,而更多的是来自对其他方面的考量。当然,对其分析已超出本书讨论范围,在此不予赘述。相关研究可参见[英]哈特:《法律的概念》(第2版),许家馨、李冠宜译,法律出版社2006年版,第75~93页;[美]泰勒:《人们为什么遵守法律》,黄永译,中国法制出版社,2015年版;[日]长谷部恭男:《法律是什么:法哲学的思辨旅程》,郭怡青译,中国政法大学出版社2015年版,第99~113页。

④ 国际关系现实主义学派和国际法中的理性选择理论学派更为支持这种观点。See Han J. Morgenthau, *Politics among Nations: The Struggle for Power and Peace*, New York: Alfred A. Knopf, 1948, p. 229; Jack L. Goldsmith & Eric A. Posner, *The Limits of International Law*, Oxford: Oxford University Press, 2005, pp. 3 - 4; Andrew T. Guzman, *How International Law Works: A Rational Choice Theory*, Oxford: Oxford University Press, 2008, pp. 9 - 15.

⑤ See Ronald B Mitchell, "Compliance Theory: An Overview", in James Cameron, Jacob Werksman & Peter Roderick ed., *Improving Compliance with International Environmental Law*, London: Earthscan, 1996, p. 7.

⑥ 例如,在《联合国气候变化框架公约》和《京都议定书》谈判时,英国都是积极的参加者。这是因为其国内用天然气替代煤炭发电,已使其获得大量减排空间,英国无须改变或只要较小地改变其国内行为就可完成其在气候变化条约项下的减排义务,遵约不仅对其没有困难,而且可使其获得比其他缔约方更大的竞争优势。参见吕江:《英国新能源法律与政策研究》,武汉大学出版社2012年版,第219~221页; Dieter Helm, *Energy, the State, and the Market: British Energy Policy since 1979*, Oxford: Oxford University Press, 2003, pp. 345 - 347。

之上。[①] 国际关系新自由制度主义学派认为,权力与国家利益无法彻底解释清楚国家为何遵约,故需要考虑更多因素。[②] 这其中,制度因素往往不能忽视,因为它将使国家获得更高水平的信息和降低交易成本。而与此同时,国家对条约的违反则将面临声誉等方面的损失,这些都决定了国家更愿意遵约而不是违约。[③] 而国际关系社会建构主义学派则认为,世界的集体表征是一个被建构和扩散的过程。因此,遵约不是建立在利益的理性计算基础上;相反,它是关于在任何具体政策领域,国家利益如何可能被完成的,一项社会性地生成确信和理解的应用事件。其中,共有的知识、因果关系上的共同理解将起着更为重要的作用。[④]

而从国际法的角度来看,以国家利益为分析基础的国际法理性选择理论同样没有得到大多数学者的支持和认可,这不仅来自理论上的驳斥,而且来自对国际法经验性事实的分析。[⑤] 耶鲁大学法学院蔡斯(Abram Chayes)教授认为,不应把国家遵约看作一个执行事项,而更应将其视为一个谈判过程。缔约不是

---

① 其实,从国内法的角度来看,人们遵守法律的行为也不是完全建立在利益基础之上。See Mark C. Suchman, "On Beyond Interest: Rational, Normative and Cognitive Perspectives in the Social Scientific Study of Law", *Wisconsin Law Review*, Vol. 1997, 1997, pp. 475 - 501.

② See Robert O. Keohane, "Compliance with International Commitment: Politics Within a Framework of Law", *Proceedings of the Annual Meeting American Society of International Law*, Vol. 86, 1992, pp. 176 - 180.

③ 参见[美]基欧汉:《霸权之后:世界政治经济中的合作与纷争》,苏长和、信强、何曜译,上海人民出版社2001年版,第119~133页。

④ See Peter M. Haas, "Choosing to Comply: Theorizing from International Relations and Comparative Politics", in Dinah Shelton ed., *Commitment and Compliance: The Role of Non-Binding Norms in the International Legal System*, Oxford: Oxford University Press, 2000, pp. 61 - 62.

⑤ 在经验性的事实分析上,美国凯斯西储大学法学院沙夫(Michael P. Scharf)教授曾于2004年对当时美国在世的10位国务院法律顾问进行访谈,他们一致肯定在对美国国家利益产生影响的重大事件中,其外交政策更大程度上受到国际法的限制。See Michael P. Scharf, "International Law in Crisis: A Qualitative Empirical Contribution to the Compliance Debate", *Cardozo Law Review*, Vol. 31, 2009, pp. 45 - 97; Robert O. Keohane, "Rational Choice Theory and International Law: Insights and Limitations", *Journal of Legal Studies*, Vol. 31, 2002, pp. 307 - 319.

结束,而是在新协定下的开始。[①] 而国家违约往往是由于条约语言的模糊和不确定,缔约方缺乏履约能力,以及条约随时间产生的社会、经济及政治的变化;因此,可以通过强化缔约方履约能力、增加透明度和争端解决机制的设计来促进国家间交流以解决这些违约问题。[②] 无疑,这一被学者称为"管理路径"(managerial approach)的遵约模式,尽管仍存在不足之处,[③]但从国际法实践来看,其正成为一种主流遵约理念,而被越来越多的国际领域所接受。[④]

就《巴黎协定》而言,人们普遍认为,是由于国家自主贡献减排模式被纳入到协定中,才挽救了全球应对气候变化制度安排的危机。然而,仅仅是这一模式尚不能消解缔约方对国家能否真正减排的疑虑,如欧盟和许多小岛屿国家在《巴黎协定》文本谈判时,就表现出了这种关注。[⑤] 无疑,透明度框架和全球盘点的制度安排是一种管理路径的遵约机制。它不同于争端解决机制那种强制性的遵约,而是以一种"管理的"的软路径来实现国家遵约。[⑥] 这样,从理论上讲,它既保证了发展中国家愿意接受这种遵约模式,又使减排始终处于进步中,从而达到发达国家希冀所有国家减排的意愿。此外,从实践来看,管理路径的

---

① 对此,加拿大瑞尔森大学(Ryerson University)阿尔科比(Asher Alkoby)副教授也颇有同感地指出,"通常,正式接受某一法律义务的行为的确只是标示着一个广泛立法过程的开始点"。See Asher Alkoby, "Theories of Compliance with International Law and the Challenge of Cultural Difference", *Journal of International Law & International Relations*, Vol. 4, 2008, p. 152; Abram Chayes & Antonia Handler Chayes, "Compliance without Enforcement: State Behavior under Regulatory Treaties", *Negotiation Journal*, Vol. 7, 1991, pp. 312 – 313.

② See Abram Chayes & Antonia Handler Chayes, *The New Sovereignty: Compliance with International Regulatory Agreements*, Cambridge, Massachusetts: Harvard University Press, 1995, pp. 9 – 28.

③ See George W. Donwns, David M. Rocke & Peter N. Barsoom, "Is the Good News about Compliance Good News about Cooperation?", *International Organization*, Vol. 50, No. 3, 1996, 379 – 406.

④ See Markus Burgstaller, *Theories of Compliance with International Law*, Leiden: Martinus Nijhoff Publisers, 2005, pp. 141 – 152.

⑤ See Daniel Bodansky, "The Paris Climate Change Agreement: A New Hope?", *American Journal of International Law*, Vol. 112, 2016, pp. 288 – 319.

⑥ See Kal Raustiala & Anne-Marie Slaughter, "International Law, International Relations and Compliance", in Walter Carlsnaes, Thomas Risse & Beth A. Simmons ed., *Handbook of International Relations*, London: Sage Publications, 2002, pp. 542 – 543.

遵约机制在多边环境协定中也一直有良好记录,[①]这也决定了所有缔约方愿意选择这种模式。因此,从这一角度来说,《巴黎协定》遵约机制的规定是打破当前气候变化制度困境的关键因素。

(二)《巴黎协定》遵约机制在设计上的变化:透明度框架的意义

如上所述,遵约机制与争端解决机制相比,在保证和促进缔约方履约方面具有一定优势。[②] 然而,我们也应清醒地认识到,这种优势的发挥仍在于制度设计的合理性。这正如美国国际关系学者扬(Oran R. Young)所言,"说制度是重要的并不是断言,在国际层面上,它们总是甚至通常作为决定个体或集体行为的关键因素"。[③] 毋庸置疑,除了权力与国家利益的考量之外,制度设计的合理性将直接影响到国家是否遵约。因此,有学者指出,在遵约机制的设计方面,不应只是简单地考查缔约方"为何要遵约",而是要深入分析它们"不遵约的理由是什么"。[④]

回顾整个气候变化领域遵约机制的发展可以发现,尽管在国际实践中,遵约机制在人权、劳工待遇、武器控制等领域都有所体现,[⑤]但就设计角度而言,气

---

① See Günther Handl, "Compliance Control Mechanisms and International Environmental Obligations," *Tulane Journal of International and Comparative Law*, Vol. 5, 1997, pp. 29 – 49; K. Madhava Sarma, "Compliance with the Multilateral Environmental Agreements to Protect the Ozone Layer", in Ulrich Beyerlin, Peter-Tobias Stoll & Rudiger Wolfrum ed., *Ensuring Compliance with Multilateral Environmental Agreements: A Dialogue between Practitioners and Academia*, Leiden: Martinus Nijhoff Publishers, 2006, pp. 34 – 38.

② 有关遵约机制与争端解决机制的详细区别,参见 Martii Koskenniemi, "Breach of Treaty or Non-Compliance? Reflections on the Enforcement of the Montreal Protocol", *Yearbook of International Environmental Law*, Vol. 3, No. 1, 1992, 123 – 162。

③ Oran R. Young, "The Effectiveness of International Institutions: Hard Cases and Critical Variables", in James N. Rosenau & Ernst-Otto Czempiel, *Governance without Government: Order and Change in World Politics*, Cambridge: Cambridge University Press, 1992, p. 193.

④ See Teall Crossen, "Multilateral Environmental Agreements and the Compliance Continuum", *Georgetown International Environmental Law Review*, Vol. 16, 2004, p. 477.

⑤ See J. Donnelly, "International Human Rights: A Regime Analysis", *International Organization*, Vol. 40, No. 3, 1986, pp. 599 – 642; Lars Thomann, *Steps to Compliance with International Labour Standards: The International Labour Organization (ILO) and the Abolition of Forced Labour*, Heidelberg: VS Research, 2011, pp. 65 – 183; David Fischer, *History of the International Atomic Energy Agency: The First Forty Year*, Vienna: IAEA, 1997, pp. 243 – 324.

候变化的遵约机制在很大程度上是受到早期国际环境法领域遵约机制的影响。① 其中,1987年《蒙特利尔破坏臭氧层物质管制议定书》(以下简称《蒙特利尔议定书》)有关遵约机制的规定对后来气候变化遵约机制设计理念具有重要影响。② 例如,前者在遵约机制中确立的非对抗性、非司法性的合作理念被普遍接受。③ 然而,尽管1992年的《联合国气候变化框架公约》接受了这一合作原则理念,但在"多边协商程序"的具体设计时,并没有全盘吸纳《蒙特利尔议定书》的规则,甚至有所倒退。④ 究其原因可能是多方面的,但这却无不与《联合国气候变化框架公约》前期谈判的复杂性、文本义务规定的模糊性以及《京都议定书》的出台有必然的因果联系。⑤

迄今为止,《京都议定书》可以说是多边环境协定遵约机制中设计最全面、规定最为详尽的,在一定程度上,它弥补了《联合国气候变化框架公约》在遵约

---

① 对制度主义(也有学者将称其为理性主义)和建构主义观点兼容并蓄的特征是多边环境协定遵约机制秉持的基本理念,时至今日依然如此。See Elizabeth P. Barratt-Brown, "Building a Monitoring and Compliance Regime under the Montreal Protocol", *Yale Journal of International Law*, Vol. 16, 1991, pp. 519 – 570; Jutta Brunnée, "Promoting Compliance with Multilateral Environmental Agreement", in Jutta Brunnée, Meinhard Doelle & Lavanya Rajamani ed., *Promoting Compliance in an Evolving Climate Regime*, Cambridge: Cambridge University Press, 2012, p. 45.

② 1973年《濒危野生动植物种国际贸易公约》是最早开始启动"特别程序"来处理缔约方的遵约问题,其可以说是遵约机制的萌芽。但从体系构建来看,要从《蒙特利尔议定书》开始。在多边环境协定制定历史上,其第8条第一次明确规定了"不遵约条款"。1992年其第四次缔约方会议上又正式通过了"不遵约程序"(non-compliance procedures)。

③ See Report of the First Meeting of the Ad Hoc Working Group of Legal Experts on Non-Compliance with the Montreal Protocol, U. N. Environment Programme, Annex, para. 9, U. N. Doc. UNEP/OzL. Pro. LG1/3(1989); Markus Ehrmann, "Procedures of Compliance Control in International Environmental Treaties", *Colorado Journal of International Environmental Law and Policy*, Vol. 13, 2002, p. 395.

④ 例如,在遵约机制启动方面,《联合国气候变化框架公约》排除了秘密处启动程序的权力。而且也未规定,当确定不遵约后,缔约方会议应采取的具体措施。这无疑会使"多边协商程序"的遵约效果大打折扣。

⑤ See Xueman Wang & Glenn Wiser, "The Implementation and Compliance Regimes under the Climate Change Convention and Its Kyoto Protocol", *Review of European Community & International Environmental Law*, Vol. 11, No. 2, pp. 181 – 198.

机制设计上的不足。[①] 此外,从其实施现状来看也取得了良好的收效。[②] 然而,必须指出的是,鉴于《京都议定书》的遵约机制主要是针对发达国家减排义务设计的,其在"硬性要求"和"惩戒"上都是多边环境协定中最为突出的。[③] 倘若将这种遵约安排直接运用到发展中国家身上,显然违反了"共同但有区别责任"原则的基本理念,这自 2007 年重启气候变化谈判以来,发达国家要求发展中国家执行同样的"可测量、可报告、可核实"(MRV)的减排承诺受到强烈抵制即可窥见一斑。

无疑,《巴黎协定》透明度框架的构建实现了气候变化遵约机制的一种"软着陆"。一方面,它构建起一个自上而下的监督体系。要求包括发展中国家在内的所有缔约方都要履行国家自主贡献的信息通报、履约报告和技术专家审评等强制性义务。[④] 这在一定程度上,满足了发达国家要求发展中国家减排的要求。另一方面,透明度框架又不同于"可测量、可报告、可核实"的遵约模式。实际上,后者早在《联合国气候变化框架公约》制定之初,就受到了国家主权强有力的挑战。[⑤] 这表明,既然合作、非对抗以及能力建设是遵约机制的基本理念,那么,单纯的"可测量、可报告、可核实"必然是不可行的。[⑥] 而透明度框架的优势则在于,对这种模式进行了根本性变革。第一,它强调了要为发展中国家"内

---

① See Rudiger Wolfrum & Jurgen Friedrich,"The Framework Convention on Climate Change and the Kyoto Protocol",in Ulrich Beyerlin,Peter-Tobias Stoll & Rudiger Wolfrum ed.,*Ensuring Compliance with Multilateral Environmental Agreements:A Dialogue between Practitioners and Academia*,Leiden:Martinus Nijhoff Publishers,2006,pp. 66 – 68; Jan Klabbers,"Compliance Procedures",in Daniel Bodansky,Jutta Brunnee & Ellen Hey ed.,*The Oxford Handbook of International Environmental Law*,Oxford:Oxford University Press,2007,p. 999.

② See Sebastian Oberthür & René Lefeber,"Holding Countries to Account:The Kyoto Protocol's Compliance System Revisited after Four Years of Experience",*Climate Law*,Vol. 1,2010,pp. 133 – 158.

③ See Geir Ulfstein & Jacob Werksman,"The Kyoto Compliance System:Towards Hard Enforcement",in Olav Schram Stokke,Jon Hovi & Geir Ulfstein ed.,*Implementing the Climate Regime:International Compliance*,London:Earthscan,2005,pp. 39 – 62.

④ 这些强制性义务在《联合国气候变化框架公约》和《京都议定书》中对发展中国家都是不实施的,而仅针对发达国家。

⑤ See Jacob Werksman,"Designing A Compliance System for The UN Framework Convention on Climate Change",in James Cameron,Jacob Werksman & Peter Roderick ed.,*Improving Compliance with International Environmental Law*,London:Earthscan,1996,p. 95.

⑥ See Sebastien Duyck,"MRV in the 2015 Climate Agreement:Promoting Compliance through Transparency and the Participation of NGOs",*Carbon & Climate Law Review*,Vol. 8,2014,pp. 175 – 187.

置灵活机制”，充分考虑缔约方能力的不同；第二，其支助透明度框架充分体现了为发展中国家遵约提供资金、技术转让和能力建设支助的规定；第三，其技术专家审评要求注意发展中国家的各自能力和国情。毋庸讳言，透明度框架的这些设计在一定程度上考虑到了发展中国家的遵约诉求，从而使机制能被构建起来，并最终促成《巴黎协定》的正式通过。

（三）《巴黎协定》遵约机制在演进策略上的变化：全球盘点的棘轮模式

在全球温室气体减排的进程设计方面，1997 年《京都议定书》构建起的进程安排是以“阶段”路径进行的。它的突出特点是，在一个承诺期行将结束时，再就下一个承诺期的减排量和参加方进行重新谈判。从实践来看，这种减排进程不仅没有使更多的缔约方愿意参加进来，甚至为下一期减排承诺造成许多不利因素。① 实际上，《联合国气候变化框架公约》制定之初，已有学者意识到，随着气候变化治理的深入，原有遵约机制的僵化将无法保障缔约方对未来减排义务的遵守。②

无疑，《巴黎协定》的全球盘点在演进策略上则采取了与《京都议定书》不同的方式。首先，它没有承诺期的规定。相反，仅是要求每隔 5 年进行一次减排总结。其次，它不是仅有部分缔约方参加减排，而是所有国家都参与到减排中，在减排性质上已发生了变化。最后，也是最为重要的，全球盘点构建起一个棘轮模式，它是一个长期的减排策略，而不同于《京都议定书》的阶段路径。这实际上是将“后京都”的全球温室气候减排纳入了《巴黎协定》的框架中，未来不是通过再启谈判的方式进行，而是根据前期国家自主贡献的实际情况，进行总结和采取措施，这在一定程度上，既降低了缔约成本，又使减排始终处于提升和进步中。

（四）《巴黎协定》遵约机制仍亟待改进与完善

尽管在遵约机制构建方面，《巴黎协定》成绩斐然，但必须承认的是，其仅仅是一个 2020 年后全球温室气体减排的开始。因此，未来该协定，特别是其创建的相关机制能否真正运行起来，仍有待于在如下 4 个方面的加强：

---

① 参见吕江：《气候变化立法的制度变迁史：世界与中国》，载《江苏大学学报》2014 年第 4 期。

② See Jacob Werksman, “Designing a Compliance System for the UN Framework Convention on Climate Change”, in James Cameron, Jacob Werksman & Peter Roderick ed., *Improving Compliance with International Environmental Law*, London: Earthscan, 1996, p. 96.

第一,"透明度框架与全球盘点"的可操作性方面。从《巴黎协定》的条约文本中可以看出,尽管二者在条款数方面居于前列,但在具体操作层面则需要进一步加强。为此,《巴黎协定》第 13 条第 13 款明确规定,缔约方应在第一次会议上确定适用于透明度框架的模式、程序和指南。而具体规则的拟订则交由《巴黎协定》特设工作组于 2018 年前完成。① 同样,在全球盘点方面,有关全球盘点的投入来源、信息问题及模式也都将由《巴黎协定》特设工作组和《联合国气候变化框架公约》附属科学技术咨询机构在第一次缔约方会议时提交相关报告。②

毋庸讳言,这一拟订规则的难点在于:(1)透明度的开放问题。哪些内容属于可透明度范围,哪些仍属于国家主权范围而不予公开。(2)缔约方完成的情况。如何判别缔约方是否完成或超过自己的国家自主贡献。(3)缔约方完成的效果。缔约方完成的国家自主贡献是否达到减排的真正效果。(4)缔约方的改进。缔约方应如何改进其国家自主贡献的路径和方法。(5)支持缔约方的办法。如何帮助缔约方克服实现国家自主贡献的障碍。(6)缔约方的相互学习。通过何种方法来促进缔约方相互学习,以克服减排障碍和积累进步。

第二,在资金、技术等方面的遵约设计仍处劣势。诚如上文所言,遵约机制的设计初衷是希冀通过帮助那些没有履约能力的缔约方加强履约能力,从而实现条约的全面执行。无疑,对发展中国家而言,在资金、技术方面的援助是其遵守和执行多边环境协定的关键。例如,《联合国气候变化框架公约》第 4 条第 7 款就明确指出,发展中国家缔约方能在多大程度上有效履行其在本公约下的承诺,将取决于发达国家缔约方对其在本公约下所承担的有关资金和技术转让的承诺的有效履行。然而,在被誉为多边环境协定中设计最好的《京都议定书》中,被人们诟病的却是在资金和技术的遵约设计方面。③ 尽管此次《巴黎协定》文本中对资金、技术转让等方面的遵约规定有所突破,但仍存在语焉不详、缺乏可操作性的问题。无疑,这将有待于缔约方会议进一步作出相关规定。

---

① See UNFCCC, Adoption of the Paris Agreement, Decision1/CP. 21, in FCCC/CP/2015/10/Add. 1, para. 96.

② Ibid., paras. 99 - 101.

③ See Sebastian Oberthür & René Lefeber, "Holding Countries to Account: The Kyoto Protocol's Compliance System Revisited after Four Years of Experience", *Climate Law*, Vol. 1, 2010, pp. 155 - 158.

第三，其他预防不遵约机制的构建问题。《京都议定书》遵约机制能被各方看好，在很大程度上与其构建起来的“预防不遵约的灵活机制”密切相关。[①] 这从多年来《京都议定书》的灵活机制，特别是清洁发展机制（CDM）的运行可以看出，在减排方面，后者有效地预防了缔约方的不遵约，从而使遵约机制被启动的可能性降到了最低。[②] 无疑，《巴黎协定》也希冀继续沿革这种模式，其第6条创设了一个可持续发展机制，以便利于缔约方合作来执行它们的国家自主贡献。然而，需要指出的是，这一机制的构建将会面临比《京都议定书》下更多的操作困难。这是因为在《京都议定书》下，由于发展中国家不承担减排义务，联合减排量的分配可以较好地解决；而《巴黎协定》项下，因所有国家都负有减排义务，联合的减排量属于哪一缔约方将面临一个选择问题。此外，缔约方如果利用了这一机制，并获得收益，但却没有遵约，又将如何处理。这些无疑都需要缔约方会议进一步协商确定。

第四，遵约程序的构建将成为未来遵约机制的关键。此次《巴黎协定》秉持了以往气候变化条约的一贯做法，即先出台相关气候变化的实质义务，再在未来缔约方会议中考虑遵约程序的具体设计。从这一角度来说，其第15条仅是规定了未来遵约程序遵循的原则和方向。[③] 毋庸置疑，这一程序的制定必将成为未来缔约方会议的谈判焦点，在如何能实现国家主权原则与国际合作的兼容，如何能避免《京都议定书》遵约机制的不足，以及能否将非政府组织纳入遵

---

① See Jutta Brunnee, “A Fine Balance: Facilitation and Enforcement in the Design of a Compliance Regime for the Kyoto Protocol”, *Tulane Environmental Law Journal*, Vol. 13, 2000, pp. 223 – 270.

② See Christopher Carr & Flavia Rosembuj, “Flexible Mechanisms for Climate Change Compliance: Emission Offset Purchases under the Clean Development Mechanism”, *New York University Environmental Law Journal*, Vol. 16, 2008, pp. 44 – 62.

③ 值得注意的一点是，在《巴黎协定》遵约机制委员会的组成问题上，缔约方达成了一致，即确定了12名成员，并按公平地域代表性原则进行分配。这是《联合国气候变化框架公约》的“多边协商程序”和《京都议定书》遵约机制在委员会组成上的一个进步。因为之前，发达国家是反对采取公平地域代表性原则选举委员会专家的。

约机制中都将成为关键性议题。[①] 此外,是否将委员会的职权扩大到所有方面,还是仅局限到审议领域,也需要作出相应规定,以便与缔约方会议的职能相区别。

五、中国在《巴黎协定》遵约机制下应采取的策略

作为世界上重要的力量,中国历来尊重和信守自己做出的承诺。这一点,即使是从当前西方的学术研究中也能窥见一斑。[②] 然而,这并不代表着中国要对那些具有"非法"性质的国际行为和裁决的遵守。[③] 同时,我们更应认识到,一国遵约的基础并不在于条约的强制力,更多的是对国家利益、国家声誉和国际观念的考量。[④] 因此,国际法能否取得实效更多地来自对条约本身的设计,[⑤] 来自将尊重国家主权和促进国家合作纳入一个相互沟通的进程中。无疑,遵约机制的设计正旨在反映这种共识。因此,作为气候政治的大国,中国也应积极发挥其在遵约机制设计上的重要作用,使全球应对气候变化的制度安排真正走向公正合理的一面。为此,可以考虑从如下 4 个方面入手。

---

① 国际法学者们普遍认为,非国家实体的参与将有助于缔约方遵约。但是,到目前为止,无论是《联合国气候变化框架公约》,还是《京都议定书》都明确拒绝非政府组织的参与。See Abram Chayes & Antonia Handler Chayes, "Compliance without Enforcement: State Behavior under Regulatory Treaties," *Negotiation Journal*, Vol. 7, 1991, p. 313; Sebastien Duyck, "MRV in the 2015 Climate Agreement: Promoting Compliance through Transparency and the Participation of NGOs", *Carbon & Climate Law Review*, Vol. 8, 2014, pp. 175 – 187.

② See Gerald Chan, "China's Compliance in Global Affairs: Trade, Arms Control, Environmental Protection, Human Rights", *London: World Scientific*, 2006, p. 7.

③ 参见《中华人民共和国外交部关于应菲律宾共和国请求建立的南海仲裁案仲裁庭所作裁决的声明》,载中华人民共和国外交部网: http://www.fmprc.gov.cn/web/ziliao_674904/1179_674909/t1379490.shtml,最后访问日期:2019 年 3 月 1 日。

④ See Richard H. Steibberg, "Wanted—Dead or Alive: Realism in International Law", in Jeffrey L. Dunoff & Mark A. Pollack ed., *Interdisciplinary Perspectives on International Law and International Relations: The State of the Art*, Cambridge: Cambridge University Press, 2013, pp. 146 – 172; Andrew T. Guzman, "Reputation and International Law", *Georgia Journal of International and Comparative law*, Vol. 34, 2006, pp. 379 – 391; Rachel Brewster, "Unpacking the State's Reputation", *Harvard International Law Journal*, Vol. 50, 2009, pp. 231 – 269; Ian Hurd, "Constructivism", in Christian Reus-Smit & Duncan Snidal ed., *The Oxford Handbook of International Relations*, Oxford: Oxford University Press, 2008, pp. 298 – 316.

⑤ See Anu Bradford & Omri Ben-Shahar, "Efficient Enforcement in International Law", *Chicago Journal of International Law*, Vol. 12, pp. 375 – 431.

（一）详细研究《巴黎协定》遵约机制，做好相应预案

中国在《巴黎协定》遵约机制下的情境已远不同于之前的《联合国气候变化框架公约》和《京都议定书》。因为尽管中国是后两者的缔约方，但并不承担具体的减排义务，因此，对中国启动遵约程序不仅不可行，也无法律依据。然而，随着中国跃居为全球最大温室气体排放国，对中国减排遵约的呼声越来越强烈。2009 年《哥本哈根协议》对发展中国家提出汇报其减排情况就可窥见一斑。此次，《巴黎协定》将所有国家都纳入减排行列，对中国而言，无疑将受到较大束缚。特别是遵约程序的启动，将成为发达国家，甚至某些发展中国家（如小岛屿国家）制约中国温室气体减排的一柄“利器”。

因此，中国应根据不同国家类别作出应对预案。

首先，应尽可能避免针对中国启动《巴黎协定》遵约程序。因为无论任何一缔约方在《巴黎协定》项下的义务完成情况如何，针对其启动遵约程序都将产生负面影响。这不仅会因其根据遵约程序准备如何应对带来成本问题，而且遵约程序启动本身就是对该缔约方在减排义务完成情况的怀疑，势必对其应对气候变化的国际声誉产生负面影响。因此，中国应尽可能利用其在全球气候变化治理中的大国地位，通过谈判协商甚至非正式方式，避免《巴黎协定》遵约程序的启动。

其次，对于发达国家针对中国启动遵约程序。一方面，中国应根据《巴黎协定》遵约程序的具体规定，分析其启动遵约程序的合法性，尽可能在未进入实质程序之前，关闭其针对中国遵约程序的启动。倘若进入遵约程序的实质阶段，中国则应积极准备，从各个方面确保中国在气候变化领域的核心利益不受损害或降至最低。另一方面，从长远来看，中国应设立相关内部机构或人员，密切跟踪那些在应对气候变化治理方面有重大影响的发达国家对《巴黎协定》的遵约情况，特别是在国家自主贡献方面。一旦这些国家意欲或启动针对中国的遵约程序，中国或将威胁启动或启动针对该缔约方的遵约程序，作为一种反报措施。

再次，对于发展中国家针对中国启动遵约程序。发展中国家针对中国启动遵约程序存在两种可能性，一种是受气候变化影响最大的缔约方，如小岛屿国家。尽管其针对中国单独启动《巴黎协定》遵约程序的可能性较小，但不排除其有可能会以在温室气体减排方面负有重大义务却怠于行动为借口，针对这些国家启动遵约程序。在此种情况下，从长远来看，中国应与这些国家在应对气候变化方面保持积极的合作和援助立场，使其不针对中国提起遵约程序。而一旦其启动针对中国的遵约程序，中国应联合其他缔约方采取共同策略。另一种是其自身受气候变化影响不大,但却因其他外部因素,对中国启动遵约程序的发展中国家。这种可能性同样较小,但不排除有些发展中国家与中国在应对气候变化方面存在分歧,在受到其他外部负面因素(如贸易或金融合作等方面)的刺激下会针对中国启动《巴黎协定》下的遵约程序。对此,中国应加强与这些国家的沟通,避免遵约程序进入实质阶段。但更重要的是,要防止其他国家利用针对中国遵约程序的启动,而"渔翁得利"。

最后,对于非国家实体针对中国启动遵约程序。从多边环境协定的遵约机制的实践来看,非国家实体启动遵约程序,大致有协定的秘书处、非政府组织和遵约程序专家审评组3种类别。① 而从《联合国气候变化框架公约》"多边协商程序"的规定来看,其是反对非国家实体启动遵约程序的。而《京都议定书》则采用了专家审评组的类别。从遵约程序启动的实践来看,单个国家针对国家的启动记录几乎没有,而更多的是以非国家实体启动遵约程序。因此,未来在遵约程序设计方面,鉴于中国在温室气体排放方面的现状,应谨慎考虑在遵约程序构建时纳入非国家实体启动遵约程序的可能性,以免造成不确定的遵约后果。

此外,如本书所言,遵约机制的预设理念是帮助国家履约,并不是制裁。因此,当中国在经济社会等重大国家核心利益可能由于遵约而受到潜在危害时,中国仍有理由依据遵约机制作出不遵约的行动或决定,但该行动或决定应符合国际法上的一般要求。

(二)积极参与透明度框架与全球盘点的制度构建

作为遵约机制的报告部分,透明度框架与全球盘点对报告要件的规定,直接决定着缔约方是否启动遵约程序。当前,透明度框架和全球盘点的具体模式、程序和指南尚未完全建立起来。这就要求中国应积极参与到透明度框架与全球盘点的制度构建中。对此,从中国气候治理实际出发,可以考虑从以下3个方面着力:

第一,应将各自能力和共同但有区别的责任原则彻底贯彻到透明度框架与全球盘点中。从目前《巴黎协定》在透明度框架与全球盘点的规定上来看,多次

---

① 例如,《蒙特利尔议定书》采用了秘书处的形式,而最为激进的是《在环境问题上获得信息、公众参与决策和诉诸法律公约》(《奥胡斯公约》),它允许非政府组织作为启动遵约程序的主体。关于《奥胡斯公约》遵约机制详情。See S. Kravchenko,"The Aarhus Convention and Innovations in Compliance with Multilateral Environmental Agreements", *Columbia Journal of International Environmental Law and Policy*, Vol. 18, 2007, pp. 1 – 50.

强调了对发展中国家应给予特殊考虑。例如,内置灵活机制、对最不发达国家和小岛屿发展中国家,以及技术专家审评的特殊规定。然而,更重要的是要把这些规定内化到具体操作层面。对此,中国应针对未来拟订的模式、程序和指南逐一分析其是否将共同但有区别的责任原则纳入其中。

第二,应加强对支助透明度框架的构建。如果从遵约机制的理念来看,支助透明度框架相比行动透明度框架更能体现遵约机制设计的目的和宗旨。无疑,绝大多数情况下,没有一个国家会意欲去违约,往往是因为缺乏履约能力,而造成不得不违约的事实。因此,在遵约机制设计时,应将支助透明度框架作为一个更为重要的方面。对此,不仅要明确在适应、资金、技术转让和能力建设方面,发达国家的具体支助报告,而且在技术专家审评时,应着重在分析支助所产生的效果上,作为开展国家自主贡献和行动透明度框架的前提条件,亦可作为免除其不遵约的必要条件。

第三,应把握透明度框架与全球盘点制度设计的剩余权力。根据不完全契约理论的观点,任何契约都存在不完全性,因此,只有把握住契约的剩余权力,才能在后期履约时掌握主动。① 因此,在透明度框架与全球盘点制度设计时,在程序、模式和指南的规定中,要考虑到这些规定一旦制定后,可能对中国产生的不利影响。故而,中国在制度构建时,应考虑将对规则修改的启动权放在自己手中,或尽可能避免发达国家掌握此剩余权力。②

(三)力促实现遵约机制的机制衡平

回顾《京都议定书》遵约机制的实践,可以发现在执行委员会部分,履约情况是较好的;但在便利委员会部分则没有起到应有的作用。这不仅是《京都议定书》遵约机制的问题所在,而且是所有多边环境协定所面临的问题。因此,如何加强便利机制的重要度、优先性,是未来实现《巴黎协定》遵约机制衡平的关键。为此,从内容上,应加强便利机制的设计;从程序上,则应考虑便利机制作为启动执行机制的前提条件,以防止发达国家逃避其所承担的资金、技术转让和能力建设方面的义务。同时,也应考虑是否在便利机制部分设立便利遵守基

---

① 参见吕江:《破解联合国气候变化谈判的困局——基于不完全契约理论的视角》,载《上海财经大学学报》2014 年第 4 期。

② 例如,可以考虑在决定的表决方面,采用特定 + 多数票通过,也可以根据形势的变化,采用协商一致的办法。但一定要防止出现被架空的表决方式。例如,《蒙特利尔议定书》在遵约实践,曾采用“共识 + 壹”的方式,通过了对俄罗斯联邦不遵约的执行措施。

金，以便利于支持发展中国家的履约能力。

（四）组建气候变化遵约机制专家咨询小组

从当前气候变化治理来看，未来气候变化遵约机制将具有比国家自主贡献更强的影响力；甚至可能如同国际贸易领域那样，最终形成一个围绕遵约机制展开的气候变化治理过程。但必须承认的是，到目前为止，我们在此方面的学术研究和专家，与发达国家相比还存在一定差距。因此，应尽快着手组建或培养相关应对气候变化遵约机制高级人才和高端智库建设。

六、结语

正如美国联邦最高法院大法官布兰代斯（L. D. Brandeis）的名言，"阳光是最好的防腐剂"，①无论从何种意义上来说，透明度框架和全球盘点的规定都代表着全球气候变化治理的又一次大的进步，尽管其未来的运行仍须拭目以待，但这种制度的理性安排无疑将有助于人类迎接一个气候更美好的时代。

---

① Louis D. Brandeis, *Other People's Money and How the Bankers Use It*, Frederick A. Stokes Company, 1914, p. 92.

第十八章　欧盟离岸油气安全指令中的海洋环境污染防治规则评析[①]

2013年6月通过的《离岸[②]油气安全指令》[③]是欧盟在能源开发方面的重要次级立法,其中的“海洋环境污染防治规则”(以下简称“规则”)共有61个相关条款,形成了较为完整的内容体系。中国正处于“十三五”规划的重要时期,同时也在进行着海洋新能源——“可燃冰”开发的积极探索。对欧盟“规则”的分析,有利于把握国际上这方面规则的发展趋势,对中国相关制度的完善有着借鉴意义。

一、“规则”的产生

2010年4月发生的墨西哥湾深水地平线钻机爆炸以及海底油井大量泄漏事故,促使欧盟委员会(以下简称欧委会)在同年5月开始对欧洲水域离岸油气的勘探及生产安全进行紧急评估。欧盟还对其立法能

---

① 本章系2018年国家社科基金项目“‘一带一路’能源合作中的安全预警与应急国际法律机制研究”(项目批准号:18BFX201)阶段性成果。

② “离岸”是指在《联合国海洋法公约》所指的位于成员国的领海、专属经济区或大陆架内。

③ See Directive 2013/30/EU of the European Parliament and of the Council of 12 June 2013 on safety of offshore oil and gas operations and amending Directive 2004/35/EC Text with EEA relevance. OJ L 178,28.6.2013,pp.66 – 106. 12/06/2013. 也称为《离岸油气开发安全指令》。

在多大程度上适应离岸油气开发需要进行了调查。①

(一)关于新立法的咨询

2010年10月12日欧委会在《应对离岸油气开发安全的挑战》通信②中确定了需要采取行动维护欧盟的安全和环境的5个主要领域:(1)许可证程序;(2)通过公共当局增强控制力度;(3)解决立法适用中的差距;(4)增强欧盟的灾难响应;(5)国际合作,促进全球离岸安全和应急能力。欧委会认为,需要对离岸油气开发活动采取新的具体的立法,它提出要修订《环境责任指令》,③以涵盖《海洋战略框架指令》④所定义的对所有海域环境的损害,并提议为欧洲境内的离岸勘探和生产活动制定一个全面的法律框架,以确保在整个欧洲范围内适用最先进的做法(best practice)。欧洲议会和欧委会均表示在欧盟层面采取立法行动是必要的。⑤ 最初,他们建议将此类行动限于对“采掘业指令”的修订,但欧委会的最终提案考虑制定新的条例(regulation)。⑥

2011年3月16日至5月20日,欧委会组织了关于可能改进欧洲离岸安全的在线公众咨询,⑦主要分为5个部分:授权;事故的预防;合规性核查与赔偿责任;透明度,信息共享和最先进的做法;应急响应与国际合作。此次咨询的结果认为,在离岸油气开发中海洋环境污染的主要问题:一是欧盟水域发生离岸油气事故的风险很大,现行零散的立法及繁杂的监管和行业惯例并不能为其降低

---

① See Commission Staff Working Paper Impact Assessment. SEC/2010/1193 final. 27/10/2011.

② See Communication from the Commission to the European Parliament and the Council Facing the challenge of the safety of offshore oil and gas activities. COM/2010/0560 final, 12/10/2010.

③ See Directive 2004/35/CE of the European Parliament and of the Council of 21 April 2004 on environmental liability with regard to the prevention and remedying of environmental damage. OJ L 143, 30.4.2004, pp. 56 – 75. 21/04/2004.

④ See Directive 2008/56/EC of the European Parliament and of the Council of 17 June 2008, establishing a framework for community action in the field of marine environmental policy (Marine Strategy Framework Directive). OJ L 164, 25.6.2008, pp. 19 – 40. 17/06/2008.

⑤ See Commission Staff Working Document Accompanying Document to the Communication from the Commission to the European Parliament and the Council, Facing the challenge of the safety of offshore oil and gas activities {COM(2010)560 final}, SEC/2010/1193 final, 12/10/2010.

⑥ See Proposal for a Regulation of the European Parliament and of the Council on safety of offshore oil and gas prospection, exploration and production activities, COM/2011/0688 final – 2011/0309(COD). 27/10/2011.

⑦ 欧委会收到来自利益攸关方各部门共64份答复:成员国当局、业界、非政府组织、保险公司和公民。除石油和天然气行业外,来自其他相关部门(如航运、船级社)的公司和行业协会也提交了答复。

风险起到积极的作用;二是现行的监管框架及运行安排并不能为欧盟水域发生的事故提供最有效的应急响应;三是油污清理责任及常规的损害赔偿责任尚不完全明晰。故而应加强离岸重大事故防范和应对的措施。①

(二)欧委会的最初提案

2011年10月欧委会出台《关于离岸油气勘探,开采和生产活动安全条例的提案》②(以下简称“提案”),2012年2月欧洲经济和社会委员会接受了欧委会关于提案的倡议。③ 欧委会认为条例是最恰当的立法工具,与指令(directive)相比,条例能在欧盟层面上直接且高效地实施。④ “提案”将海洋环境问题纳入重大危险报告,有利于减少对环境的负面影响;它力图提高透明度和信息共享度,使得环境损害防治措施的质量和应急响应的有效性得到进一步的提高。欧委会在其2011/0309(COD)⑤文件中对离岸油气开发中海洋环境污染防治的规定主要有:充分厘清环境责任的范围,更新“水域”的定义,同时也包括在成员国管辖下的海域,开发商⑥依照污染者付费原则承担废物管理成本;⑦确定风险管理的一般原则,其中,被许可人应对环境损害负防治和补救的责任;离岸油气开

① See Commission Staff Working Paper Impact Assessment, Annex I. SEC/2011/1292 final, 27/10/2011.

② See Proposal for a Regulation of the European Parliament and of the Council on safety of offshore oil and gas prospection, exploration and production activities. COM/2011/0688 final - 2011/0309(COD). 27/10/2011.

③ See Opinion of the European Economic and Social Committee on the“Proposal for a Regulation of the European Parliament and of the Council on safety of offshore oil and gas prospection, exploration and production activities”COM(2011)688 final—2011/0309(COD). OJ C 143, 22. 5. 2012, pp. 107 - 109. 22/02/2012.

④ See Commission Staff Working Paper Executive Summary of the Impact Assessment. SEC/2011/1294 final, 27/10/2011.

⑤ See Proposal for a Regulation of the European Parliament and of the Council on safety of offshore oil and gas prospection, exploration and production activities. COM/2011/0688 final - 2011/0309(COD). 27/10/2011.

⑥ “开发商”是指被许可人或者许可证颁发机关指定进行离岸油气开发的实体,包括计划和执行油井开发,或管理和控制生产装置的功能。

⑦ 由于“环境责任指令(ELD)”(2004/35/EC)是在“海洋战略框架指令(MSFD)”(2008/56/EC)之前提出的,因此它在水域损害方面的适用范围仅限于距离海岸20公里的领海内的水域。本提案旨在更新由MSFD建立的“水域”的定义,同时也包括在成员国管辖下的海域。建立环境赔偿责任依赖于欧洲法院的判例——其规定海洋溢油成为MSFD范围内的废物。因此,开发商被视为废物的生产者或所有者,并将按照污染者付费原则承担废物管理成本。责任扩大到母公司,不能排除分包商的责任。

发的风险评估，包括离岸装置的运行条件、重大危险报告、内部应急预案、①油井开发②的通告及独立第三方核查的规定；确立重大危险控制的最佳实践，确保重大事故预防监管框架的遵守；透明度及信息共享；协调与合作；应急准备及响应等。

（三）"规则"的最终形成

"提案"遭到包括英国在内的石油生产国③的反对。因为根据欧盟法，条例无须转化成国内法即具有直接的法律效力。成员国认为这种干预过强，它们希望仅停留在指令的层级，以便各国能采取更灵活的措施予以实施。④ 英国强烈反对直接适用拟议的"条例"，要求确保英国能够维持现行制度，并尽可能减少油气行业的行政负担（如与修改业务程序有关的负担）。欧洲议会在考虑了英国等国的建议后，最终决定以"指令"的形式起草立法文件。⑤

2013 年 6 月 12 日欧洲议会和欧盟理事会正式通过了《离岸油气安全指令》（Directive 2013/30/EU）并于 2013 年 7 月 18 日生效，要求成员国在 2015 年 7 月 19 日之前执行"规则"。但是，它也存在一些过渡性条款：对于已规划好的生产性装置，以及开发商计划或执行的油井开发，过渡期延长至 2016 年 7 月 19 日；对于现有的装置，过渡期可以推迟到 2018 年 7 月 19 日。欧委会应当在 2019 年 7 月 19 日前适当考虑主管当局的努力和经验，评估"规则"实施的经验。⑥

二、"规则"的主要内容

"规则"详细规定了海洋环境污染责任的适用范围、责任构成、责任承担方

---

① "内部应急预案"是指开发商或业主根据本指令的要求制定的关于防止离岸油气开发重大事故的恶化并遏制其后果的措施。

② "油井开发"是指有关油井的任何操作，它可能导致具有重大事故潜在性材料的意外释放。

③ 挪威也强烈反对这一提案。虽然它不是欧盟成员国，但由于欧委会认为该条例对欧洲经济区具有重要意义，因此它通过欧盟经济区成员国而受到该条例的影响。

④ See Paterson J. Health, Safety and Environmental Regulation on the United Kingdom Continental Shelf in the Aftermath of the Macondo Disaster. LSU Journal of Energy Law & Resources, No. 4, 2015, p. 259.

⑤ Apostolides A., The New EU Offshore Safety Directive: A Critical Review and Discussion in View of Current Practices and Theories, 2015.

⑥ See Directive 2013/30/EU of the European Parliament and of the Council of 12 June 2013 on safety of offshore oil and gas operations and amending Directive 2004/35/EC Text with EEA relevance. OJ L 178, 28. 6. 2013, pp. 66 – 106. 12/06/2013.

式及责任限制问题。

（一）"规则"的适用范围

"规则"适用于欧盟境内所有海域，即欧盟海域的任一离岸油气钻井都将接受监管。监管对象由仅限于沿岸的离岸项目，扩大为距离海岸线370公里之遥的海域，并将"水损害"定义的范围扩展到涵盖"海洋战略框架指令"的"海洋水域"。① "规则"不仅适用于未来的离岸油气装置和开发，还适用于现有装置的过渡性安排，它既适用于固定式装置，也适用于移动式装置，以及从设计到退役和永久放弃的勘探和生产活动的生命周期。

（二）"规则"的责任构成

"规则"的责任构成主要包括责任主体、海洋环境损害、环境损害行为、归责原则、因果关系与举证责任等几个方面。

1. 相关主体。（1）责任方——被许可人/油气开发商。被许可人或油气开发商应始终是对开发安全负主要责任的实体，并应在任何时候都有能力在这方面采取行动，且不应将其在这方面的责任移转给他们所承包的第三方。② 此外，主管当局对开发商或业主提交的重大危险报告进行验收前，不得在成员国的近海水域对装置进行运作，主管当局验收重大危险报告不应意味着重大危险控制责任由开发商或业主移转到主管当局。③

（2）索赔者——公共当局（public authorities）。公共当局的职责是对作为责任方的经营者进行识别、建立因果关系、制定和批准补救计划，以及采取必要的预防措施或补救措施等，向责任方提出索赔，确保污染者补救他们所造成的生态损害。

（3）监管者——主管当局（competent authority）。"规则"建立了欧盟范围内统一的监管体系。由主管当局负责评估和验收重大危险报告、设计通告、油井开发通告，以及制订年度计划。

（4）应急响应协助方——欧洲海事安全局。该局应根据第1406/2002（EC）

---

① See Directive 2008/56/EC of the European Parliament and of the Council of 17 June 2008, establishing a framework for community action in the field of marine environmental policy (Marine Strategy Framework Directive). OJ L 164, 25.6.2008, pp. 19-40. 17/06/2008.

② 又称"承包商"，是指代表开发商或业主履行具体任务的任何实体。

③ See Directive 2013/30/EU of the European Parliament and of the Council of 12 June 2013 on safety of offshore oil and gas operations and amending Directive 2004/35/EC Text with EEA relevance. OJ L 178, 28.6.2013, pp. 66-106. 12/06/2013.

号条例①向成员国和欧委会提供技术和科学援助,包括协助它们对油气泄漏的范围进行监测、协助编制和执行外部应急预案、重点审查跨界和联合应急机制。

2. 海洋环境损害。"规则"对《环境责任指令》(Directive 2004/35/CE)关于环境损害的概念②进行了修改,涵盖了对所有海体的环境破坏:与离岸油气开发有关的可能对海洋和沿海环境造成毁灭性或不可逆转的后果,或对沿海经济造成严重负面影响的环境损害。③ "规则"还规定:海洋环境"重大事故"是指关系到油气装置或连接性基础设施,涉及爆炸、火灾、油井失控或释放石油、天然气或与危险物质相关的,或者有导致人员死亡或重伤可能的事件。

该损害责任是以公众的方式为基础的,即受影响的一方不是一个具体的自然人或法人,而是以对社会整体的影响来加以评估。因为海洋资源作为公共自然资源的一种,受到任何损害的影响都具有公共性和普遍性的特征。

(1)环境损害行为。"规则"依据"开发活动"(operation activities)的概念确定损害的行为。将损害责任指向被许可人,确保由被许可人对其"开发活动"而产生的风险控制承担主要的责任。

(2)归责原则。关于离岸事故责任及其后果,"规则"的"环境损害责任"条款明确规定被许可人对由其执行的,或者代表被许可人/开发商利益执行的离岸油气开发造成的环境损害的预防及修复承担经济责任。这使被许可人对其开发而造成的任何环境损害承担严格责任(strict liability)。

(3)因果关系与举证责任。如前文所述,"规则"要求公共当局作为损害赔偿的"索赔者",应当对作为责任方的经营者进行确认,确立因果关系,制定和批准补救计划,并采取必要的预防措施或补救措施等。"规则"最终确立的是"谁主张,谁举证"的举证责任,而并未将"举证责任倒置"的原则写入其条款中。

(三)"规则"对责任承担方式的规定

"规则"的责任承担方式主要分为事前防范、事中处理和事后损害赔偿3个

---

① See Regulation(EC) No 1406/2002 of the European Parliament and of the Council of 27 June 2002 establishing a European Maritime Safety Agency(Text with EEA relevance). OJ L 208,5.8.2002, pp.1 -9.27/06/2002.

② 《环境责任指令》(Directive 2004/35/CE)对环境损害的定义:对受保护的物种和自然栖息地的水损害、土壤损害和生态损害。

③ See Directive 2004/35/CE of the European Parliament and of the Council of 21 April 2004 on environmental liability with regard to the prevention and remedying of environmental damage. OJ L 143, 30.4.2004, pp.56 -75.21/04/2004.

阶段,以事前防范为重点。

1. 事前防范。环境损害的事前防范在环境污染防治中起着举足轻重的作用,也体现了“规则”之“预防性原则”的核心内涵。“规则”要求开发商确保在系统风险管理的基础上进行离岸油气开发,从而能够将重大事故对人员、环境和海上实施的剩余风险控制在可接受的范围内。这包括油气开发许可证的获得、使用金融担保工具(financial security instruments)、应急响应预案等方面的规定。

2. 事故处理。“规则”对事故发生时或即将发生时,各责任方的职责进行了详细的规定。

(1)开发商或业主。如重大事故发生或即将发生,开发商或业主应立即通知成员国,以便其采取适当的应对措施。在通知中应提供有关实际或即将发生的重大事故的地点、规模和性质、自身反应,包括提供关于跨境情境中最恶劣可能性的具体信息。

(2)主管当局。可协助开发商或业主采取一切适当措施防止事故的恶化并遏制其后果,包括提供额外的资源。

(3)成员国。在其管辖范围内发生重大事故,或有即将来临的威胁(该威胁具有或能够产生跨界效应)时,成员国应立即向欧委会和可能受到该情况影响的成员国或第三国通报,并应为有效的应急响应提供相关信息。

3. 损害赔偿。“规则”对确定责任后,责任方承担损害赔偿责任作出规定。

(1)重大事故后的调查。《离岸油气安全指令》第26条规定,成员国应当对在其管辖范围内发生的重大事故进行彻底调查,应在调查结束时或酌情在法律程序结束时向欧委会提交关于该调查结果的摘要。成员国应公布该调查结果的非机密版本,并确保主管当局执行其职权范围内的调查建议。①

(2)金融担保工具的偿付。尽管目前欧盟还缺乏金融担保工具用来弥补极为罕见、代价惨重的离岸事故造成的所有损失及赔偿,但已有多种金融担保产品可用于对冲油气公司的经营风险,包括自我保险、第三方保险、OPOL(Offshore Pollution Liability Association Ltd.,离岸污染责任协会有限公司)机制、风险转移机制等。

① See Directive 2013/30/EU of the European Parliament and of the Council of 12 June 2013 on safety of offshore oil and gas operations and amending Directive 2004/35/EC Text with EEA relevance. OJ L 178,28.6.2013,pp.66 - 106. 12/06/2013.

(3)处理索赔。《离岸油气安全指令》第4条第(3)款规定成员国有义务制定程序处理索赔,包括关于跨境事件赔偿金的支付程序。尽管在责任制度方面,离岸事故的受害者获得司法救助的方式因不同国家而存在差异,目前欧盟许多成员国已经通过或正在讨论新的立法,以便根据民事诉讼程序简化索赔者的申诉。较为典型的例子有:比利时、法国、意大利、葡萄牙、荷兰和英国的集体行动(共同起诉)规则。[①] 此外,欧委会于2013年通过了一项不具有约束力的意见书(recommendation),它涉及环境保护领域的集体救济。[②]

(四)"规则"的责任限制问题

进行责任限制助于原则性地了解在事故发生的情况下能够在多大程度上实现环境损害责任的承担。尽管"规则"明确了严格责任的适用,但是在实践中进行责任限制仍然十分必要。

欧委会在关于"规则"的相关工作报告中明确责任可以通过几种方式得以限制。[③] 除了过失规则[④](negligence rule),排除性规则[⑤](exclusionary rule)和直接性条款[⑥](directness provisions)外,责任也可能在经济上受到限制。一方面,石油泄漏赔偿的诉讼可能很复杂,需要在赔偿受害者和防止非法索赔之间找到切实的平衡点。因此,确定明确的责任参数对于防止责任的过度承担(又

---

① See Commission Staff Working Document Liability, Compensation and Financial Security for Offshore Accidents in the European Economic Area Accompanying the document Report from the Commission to the European Parliament and the Council on liability, compensation and financial security for offshore oil and gas operations pursuant to Article 39 of Directive 2013/30/EU. SWD/2015/0167 final. 14/09/2015.

② See Commission Recommendation of 11 June 2013 on common principles for injunctive and compensatory collective redress mechanisms in the Member States concerning violations of rights granted under Union Law. OJ L 201, 26.7.2013, p. 60 – 65. 11/06/2013.

③ See Commission Staff Working Document Liability, Compensation and Financial Security for Offshore Accidents in the European Economic Area Accompanying the document Report from the Commission to the European Parliament and the Council on liability, compensation and financial security for offshore oil and gas operations pursuant to Article 39 of Directive 2013/30/EU. SWD/2015/0167 final.

④ 过失规则,即索赔方必须证明责任方的过失,同时,法院应裁定责任方是否违反了注意义务。

⑤ 排除性规则,即根据所遭受损失的"直接性"来限制经济损失索赔,在没有人身伤害或财产损失的情况下完全排除该损失。

⑥ 直接性条款,即规定经济损失索赔与事故的直接相关性,以便确定索赔。

称为“闸门问题”①,the“Floodgates”Issue)至关重要,有利于排除具有间接性的和投机性的索赔主张。另一方面,如果能为企业带来重大利益且不会造成环境事故成本的增加,责任限制也可能是有益的。离岸油气是一个高附加值的行业,它对就业、税收、能源安全和贸易平衡等均有重要的作用,每一个方面都可以被视为外部效益。“确定性”的经济责任限制将降低许多离岸公司的经营成本。

三、“规则”的主要特点

“规则”不仅是欧盟能源立法的组成部分,也是欧盟一体化在环境法律与政策领域的重要体现。“规则”秉承了与此前立法(如2004/35/CE的环境责任指令和2008/56/EC的海洋战略框架指令)和欧盟其他领域立法相统一的基本属性,又呈现出其自身的特色。

(一)立法注重各成员国主权利益的协调

在“规则”的制定过程中,欧盟十分重视各成员国的主权利益,力图协调不同国家的经济发展水平、地理特征以及对环境保护的态度。虽然欧盟的本意是以“条例”形式对该离岸环境保护制度进行设计,但是由于遭到欧盟成员国(如英国)、欧洲经济区国家(如挪威)、离岸工业界等各方的反对,欧盟最后放弃了这一形式,转而以约束力较低、较为温和的“指令”建立起海洋环境污染的责任框架,让成员国在采取何种具体措施实现“规则”目标方面有更大的选择余地。

“规则”的条款对不同类型成员国的实施义务作了有区别的要求,不采取“一刀切”的措施,以防导致不合理的交叉补贴以及潜在的道德风险。② 例如,内陆成员国既不从事离岸油气开发的许可和重大事故的防治工作,也不会受到其他成员国近海水域的该类事故的影响。因此,豁免了它们转化“规则”大部分条款的义务。

(二)加强与相关技术规范的结合

因与离岸油气开发工业相关,“规则”有机地结合了行业相关技术规范而对法

---

① 闸门问题:如果承认经济损失的无限责任,责任的闸门将是开放的,不能阻止不合理的间接索赔。因此,有必要设定合理的限度(责任参数),以避免过度的责任赔偿。

② See Report from the Commission to the European Parliament and the Council on liability, compensation and financial security for offshore oil and gas operations pursuant to Article 39 of Directive 2013/30/EU. COM/2015/0422 final. 14/09/2015.

律条文进行设计。“规则”被许可人/开发商、成员国、欧盟3个不同层面提出了技术规范要求。除此之外，为适应技术的进步，欧委会有权修订《离岸油气安全指令》附件一、二、六和附件七所列的具体规范，从而列入因技术的进步而可能需要补充的信息。

正如马歇尔基金会高级顾问迈克尔·利（Michael Leigh）所说，作为代表离岸安全技术发展水平的《离岸油气安全指令》，可以作为成员国国内立法和适用于勘探和生产许可证规则的模板，即让在不止一个国家的专属经济区内经营的公司只需要符合一套技术安全标准。①

（三）推动完善海洋环境污染责任体系

“规则”用了大量条款对海洋环境污染责任作出规定，指出需要具体的立法（离岸制度）来解决与离岸油气行业相关的主要危险，特别是在过程安全、碳氢化合物安全、结构完整性、防火和爆炸、疏散、逃逸和救援，以及遏制其在重大事故后对环境的影响。该离岸制度应当既适用于固定式装置，也适用于移动式装置，以及从设计到退役和永久放弃的勘探和生产的生命周期。新的离岸制度修改了2004/35/EC指令中水损害的定义，以确保该指令规定的被许可人的责任适用于2008/56/EC指令中定义的成员国水域。

“规则”要求欧委会应当：(1)在2014年12月31日前提交关于金融担保工具可用性的报告，以及关于处理赔偿请求的报告，并酌情附有提案。(2)同时，应提交关于刑法保护环境行为②适当性的调查报告，并在成员国提供适当信息的情况下酌情附有立法提案。(3)在2015年7月19日前提交关于离岸油气开发造成的损害的欧盟责任制度有效性的报告，该报告应包括对扩大责任条款的适当性评估，并酌情附有提案。此外，在评估成员国责任制度的有效性时，欧委会应考虑到两个原则：赔偿责任规则促进司法公正的程度以及它们维护污染者付费原则的程度。(4)不晚于2019年7月19日，适当考虑主管当局的努力和经验，评估实施该指令的经验。这必将推动海洋环境污染责任体系的完善。

（四）“规则”的不足之处

“规则”以“指令”的形式仅确立了所要实现的具体环境目标，成员国防治

---

① See Leigh M., “Energy-A Geopolitical Game Changer?”, *The International Spectator*, 2014, 49(2): 1–10.

② See Directive 2008/99/EC of the European Parliament and of the Council of 19 November 2008 on the protection of the environment through criminal law (Text with EEA relevance). OJ L 328, 6.12.2008, pp. 28–37. 19/11/2008.

措施的选择具有相当大的“自由裁量权”。①《离岸油气安全指令》第 41 条第 1 款规定“成员国应在 2015 年 7 月 19 日前实施遵守本指令所必需的法律、条例和行政规定,并向欧委会通报……”。根据欧委会关于《欧盟法律适用监测》2016 年年度报告的工作文件,②截至 2017 年年初,仍有 9 个成员尚未转化或尚未完全转化“规则”,这些国家分别是保加利亚、德国、希腊、西班牙、荷兰、波兰、葡萄牙、罗马尼亚和英国。欧委会在2016 年提起了30 个新的侵权案件,其中包括因这些国家未履行转化“规则”的义务而提起的案件,并启动了 1 例对“规则”迟延转化案件的程序。从成员国目前的实施情况来看,“规则”尚未发挥其应有的作用。

其一,“规则”的框架性特征影响了成员国的转化。“规则”条款的许多规定过于宽泛,框架性特征明显,致使成员国在转化的过程中可能面临着诸多的、长时间的立法选择和博弈,从而使“规则”的转化进度变得迟缓。如《离岸油气安全指令》第 4 条第(3)款要求成员国“制定确保迅速和适当处理赔偿请求的程序,包括关于跨境时间赔偿金的支付程序”,却没有规定这些程序可能会是什么;以及该条款还要求成员国“促进部署可持续的金融手段和其他安排”,又未详细指明如何实现这一点。尽管保加利亚、波兰、西班牙、英国和荷兰等成员国已对“规则”的转化作出了行动,但是其转化后的国内立法仍存在许多空白,“规则”的框架性特征,是造成这一结果的重要原因。

其二,“规则”复杂的规定不但带来大量的文书工作,还可能给成员国的离岸油气行业带来行政负担。③ 例如,英国拥有世界级离岸油气监管体系的认为,它认为本国的离岸安全制度已要求开发商和业主提交安全案例,包括许多由重大危险报告所要求的信息。然而“规则”中的“油污应急计划”(Oil Pollution Emergency Plan,OPEP)、“环境管理体系”(Environmental Management System,EMS)和“环境影响评估”(Environmental Impact Assessment,EIA)流程仍要求报告用于评估和验收的环境信息,这会给行业和监管机构带来不必要的行政负

---

① 参见[西]西蒙:《欧盟法律体系》,王玉芳、李滨、赵海峰译,北京大学出版社 2007 年版。

② See Commission Staff Working Document Part I: Policy areas Accompanying the document Monitoring the application of European Union law 2016 Annual Report. SWD/2017/0259 final. 06/07/2017.

③ See Henning Jessen. “Future Risks/Future Requirements”: Directive 2013/30/EU-An Efficient European Reaction to the Montara and Macondo Incidents? available at http://www. brodies. com/binformed/legal-updates/offshore-oil-and-gas-safety-directive-now-in-force. 15/08/2017.

担。因此,英国力争维持其原有的监管体系,确保有效和适当的安全及环境标准,并最大限度地减少"规则"对英国油气企业的影响。①

其三,成员国实施"规则"的成本问题。英国能源与气候变化部(Department of Energy and Climate Change,DECC)和健康与安全部(Health and Safety Executive,HSE)《关于执行离岸油气开发安全的2013/30/EU 指令的咨询》②文件对实施《离岸油气安全指令》新要求的成本进行了预估。它估计,即便是首选的实施方案,也将给社会增加7450万英镑至2.2亿英镑的10年现值成本。所有的这些费用将由离岸工业界承担,这为业务提供了相当于2009年价格为1270万英镑的等效年度净营业成本。由此可以看出,无论对成员国的离岸工业还是对于执行部门,"规则"的实施都将耗费巨大的成本,这也是"规则"实施的又一障碍。

欧委会鼓励成员国积极地在欧洲离岸当局组织的框架内分享有关金融担保工具、责任、赔偿和刑事处罚的经验,并将在2019年7月19日前编写关于《离岸油气安全指令》的第一份执行情况报告,评估"规则"实施的经验,并进一步探讨关于"规则"的条款以及具体落实中的问题。③ 届时,欧委会可能重新讨论导致离岸重大事故的违法行为是否纳入欧盟层面的刑事责任立法中来,并可以安排成员国分享在其经济活动中的刑事处罚和风险管理经验。

四、欧盟海洋环境污染防治规则对中国的启示

欧盟"规则"在一定程度上反映了国际上该类规则的发展趋势,对"规则"的研究,不仅具有国际法意义,而且对于认清我国海洋能源开发与环境保护④所处的背景及面临的挑战、认识国际上相关制度设计和落实的经验与挫折、理顺

---

① See Consultation on the implementation of Directive 2013/30/EU on the safety of off shore oil and gas operations and amending Directive 2004/35/EC, and on the review of offshore Approved Codes of Practice and the updating of onshore UK oil and gas safety legislation to cover emerging energy technologies, available at https://www.gov.uk/16/09/2017.

② Ibid.

③ See Report from the Commission to the European Parliament and the Council on liability, compensation and financial security for offshore oil and gas operations pursuant to Article 39 of Directive 2013/30/EU. COM/2015/0422 final. 14/09/2015.

④ 本章所述的"我国海洋能源开发与环境保护"主要是指"可燃冰"勘采及其可能带来的环境保护问题。笔者基于我国该新能源开发的背景,对中国相关的法律制度提出建议。

当前相关制度体系的完善思路,也有重要的借鉴作用。①

(一)确立能源效益与环境效益相统一的立法理念

欧盟"规则"具有前瞻性,对离岸油气开发中海洋环境污染的适用范围、责任构成等问题进行了界定,确立了以"事前防范"为中心、辅之以"事故处理"和"事后损害赔偿"措施,使海洋环境问题得到较为有效的预防和治理效果。

2017年11月16日原国务院国土资源部正式将"可燃冰"公布为新发现矿种,②而海域"可燃冰"开发中潜在的环境风险远远超过海洋石油和天然气等传统能源开采所带来的环境问题。我国现行《海洋环境保护法》对海洋环境损害法律责任的规定与经济社会发展的现状不相适应。与此同时,我国海洋环境标准始终落后于整个环境法制实践的步伐,未能对海洋能源开发的环境保护作长远和科学的预测。

对海洋能源的利用将带来巨大的能源效益,然而若不对环境问题加以重视,其可能造成的后果——海底地质变化、海洋生物死亡、温室效应加剧③等,将带来毁灭性的灾害。中国作为主权国家,不存在欧盟作为"超国家"组织所受到的主权因素的制约,应坚决抵制"重开发、轻保护"的观念,摒弃"以经济利益为中心"的观念,确立能源效益与环境效益相统一的立法理念。

(二)遵循国际合作原则,重视国际义务的承担

海洋能源开发的环境问题具有国际性,以欧盟为代表的海洋能源、环境立法一体化的国际法发展趋势,也体现了国际合作原则。海洋能源的开发,尤其是"可燃冰"开发,具有跨界环境影响,相关的技术手段和法律规范还有待进一步的完善,因此进行国际合作,借鉴相关经验,实为必要。

欧盟的"规则"设定结合行业技术规范,设定技术参数对其离岸工业进行规制,对离岸油气被许可人、成员国和欧盟层面均作了相应的要求。中国应加强对国际上,尤其是欧盟国家和地区海洋环境标准的跟踪与研究,立足中国海洋能源开发的现状,会同有关部门合理设定我国海洋能源开发的环境指标,推动资源开发技术升级,研究开发的技术规范、制定技术标准,形成防止跨界损害的

---

① 参见程荃:《欧盟第三次能源改革方案及其对中国的启示》,载《暨南学报》(哲学社会科学版)2011年第5期。

② 载中华人民共和国国土资源部网:http://www.mlr.gov.cn/wszb/2017/trqshw/zhibozhaiyao/201711/t20171116_1673450.htm,最后访问日期:2019年3月1日。

③ 郝宇、王冷鸥:《可燃冰:非常规天然气的翘楚》,载《中国石油报》2017年12月28日,第4版。

重要技术规则基础。

（三）加强海洋环境立法前的研究与论证

我国《环境保护法》和《海洋环境保护法》都为公众参与提供了法律依据，但是均未对公众参与的时间、方式、程序和救济途径进行说明。目前，我国与海洋环境制度相关的公众参与处于初级和中级参与层次，①与高级参与阶段——与海洋环境有关的法律决策的参与，还有一定的距离。

欧盟制定“规则”前与各成员国、各利益相关方进行了近4年的反复探索，尊重成员国意见的表达，充分考虑各方诉求则是“规则”形成的前提。② 中国在制定相关法律规范时，可借鉴欧盟的这一方法。

（四）形成海洋能源开发的环境责任体系

我国相关立法对海洋能源开发生态损害的概念、损害责任的构成（包括责任主体、索赔主体、监管者、损害的标准、实施的环境损害行为、归责原则、因果关系和举证责任）等没有明确的规定和说明。③ 例如，我国《海洋环境保护法》第90条规定由“行使海洋环境监督权的部门”对责任方进行索赔，但是符合该要求的部门并不是唯一的，这可能导致该等规定在现实中难以得到执行。我国在国家层面未出台有关海洋环境损害补偿和赔偿方面的法律法规，我国《海洋环境保护法》也仅对此作了原则性和框架性的规定，④而且只是针对船舶油污的损害赔偿，并未对海洋能源开发造成的环境污染的损害赔偿作相关的规定。因此，我国在海洋能源开发的环境损害发生后的索赔范围不明确，评估标准模糊，更谈不上改进的措施。⑤

相比之下，欧盟的“规则”建立了较为完整的海洋环境责任体系，并注重对该责任体系的完善。欧盟从长远的角度力求建立和完善其能源开发的海洋环境责任体系的这一举措，对我国建立和完善该责任体系提供了新的思路。可以

---

① 初级参与主要体现在海洋环境影响评价中；中级参与指对政府行为决策的参与，如相关规划和政策等；高级决策参与指针对相关法律决策的参与。参见徐文君、胡增祥：《论我国海洋环境保护中的公众参与》，载《中国海洋法学评论》2005年第1期。

② 参见程荃：《欧盟新能源法律与政策研究》，武汉大学出版社2012年版，第97页。

③ 参见肖子琪：《论海上钻井平台油污损害赔偿责任主体》，大连海事大学2016年硕士学位论文，第23～25页。

④ 《中华人民共和国海洋环境保护法》第66条规定，国家完善和实施船舶油污损害民事赔偿责任制度；船舶油污损害赔偿责任由船东和货主共同承担，建立船舶油污保险机制和损害赔偿基金制度。

⑤ 参见翟雅宁：《我国海上油污防治法律问题研究》，烟台大学2012年硕士学位论文。

从明确海洋环境损害的责任构成,建立离岸油气开发的海洋环境污染赔偿与补偿制度、海洋环境损害强制责任保险制度几方面来逐步形成我国海洋能源开发的环境责任体系。

(五)完善海洋环境污染事故发生的应急处置机制

欧盟建立了包括内外部应急响应预案的自成体系的应急机制,这是欧盟有效应对其离岸环境风险的重要保障。目前,我国从中央到地方政府都制定了相应的油污应急方案,但各个部门、行业、公司在海上油污应急事务上联系松散,作业程序各自为政,致使在海洋能源开发出现环境事故时,各行政部门间、部门与开发主体间无法形成对事故处理的有效合力。此外,我国海洋环境事故报告制度尚不明确。我国《海洋环境保护法》第17条第1款只是进行了原则性的规定,比如,规定海洋环境事故的"通报",但未明确通报的方式、时间及内容,使该条款缺乏现实可操作性。2011年我国渤海发生的"康菲溢油事故"①中暴露了该制度的缺陷——事故发生后,康菲公司并未立即采取应对措施,也未履行法定的报告义务。②

我国应建立地方层面的内部应急预案,该机制应包括对污染物响应效能的分析,对环境事故发生后如何启动应急响应机制、相关部门的牵头指挥职能及各相关部门的义务、如何畅通应急处置与公众的信息沟通渠道、如何组织污染物的处理等,进行详细的规定,③并定期评估和测试应急资源的充分可用性。此外,还应建立国家层面的海洋环境污染应急反应处理机制。规定一旦发生重大环境事故,国家海洋环境污染应急处理指挥中心立即启动。对相关部门的职责、响应步骤、操作细则、现场处置等进行详细规定。

---

① 2011年6月,渤海中部的蓬莱油田发生溢油事件。油污沉积物污染达1600平方千米,影响范围广,涉及辽宁、河北、天津、山东三省一市。

② 参见王宇平:《从康菲溢油事故看我国〈海洋环境保护法〉的完善》,中国海洋大学2013年硕士学位论文,第23~26页。

③ 参见高翔:《论国际海洋石油开发环境污染法律救济机制的构建》,载《中国海商法研究》2014年第2期。

后　记

随着中国和平发展进程的加快、“一带一路”倡议的提出以及国家综合实力的日益增强,中国国家权益涉及的范围越来越广。例如,海外中国公民安全的法律保障问题、国际海洋法律秩序的变革与中国海洋权益的维护问题,以及应对气候变化与中国能源安全和能源革命问题等,日益凸显。因此,深入研究上述问题,既有助于深化国际法的理论研究,也有利于进一步提升中国在国际法律秩序发展和完善过程中的话语权,有益于更好地维护和保障的中国国家权益。

鉴于此,2017 年我联合国内外 10 多家高等院校、科研机构和实务部门的专家,申报了 2017 年度教育部人文社会科学重点研究基地重大项目“维护中国国家权益的国际法问题研究”,并成功获批立项。本书系该项目的阶段性研究成果之一。

本书由具体分工如下(以撰写的章节先后为序):

邓妮雅(大连海事大学讲师,法学博士):第一章;

金永明(上海社会科学院法学研究所研究员,法学博士,中国海洋发展研究会法治专业委员会副主任、秘书长):第二章;

江河(法学博士,中南财经政法大学教授、博士研究生导师):第三章;

冯梁(南京大学中国南海研究协同创新中心副主任,海军指挥学院教授,历史学博士):第四章;

杨泽伟（武汉大学“珞珈杰出学者”，法学博士，二级教授，武汉大学国际法研究所博士研究生导师、2011年“国家领土主权与海洋权益协同创新中心海洋权益的保障与拓展研究创新团队”负责人）：负责本课题的设计、论证以及本书的策划、统稿工作，并撰写第五章、后记；

孙传香（湖南人文科技学院副教授，法学博士）：第六章；

周江（法学博士，西南政法大学教授、博士研究生导师）：第七章；

董世杰（厦门大学南海研究院助理教授，法学博士）：第八章；

赵向华（武汉大学访问学者，日本京都大学博士）：第九章；

郭冉（上海海事大学法学院教授，法学博士）：第十章；

黄伟（武汉大学中国边界与海洋研究院副教授，法学博士）：第十一章；

何海榕（海南大学法学院讲师，法学博士）；第十二章；

谭民（昆明理工大学副教授，法学博士）：第十三章；

杨珍华（江西赣南师范大学副教授，法学博士）：第十四章；

曾皓（湖南师范大学副教授，法学博士）：第十五章；

张长龙（广东金融学院教授，法学院院长，法学博士）：第十六章；

吕江（西北政法大学副教授，法学博士）：第十七章；

程荃（暨南大学副教授，法学博士）：第十八章。

杨泽伟

2019年4月6日

武汉大学珞珈山

图书在版编目(CIP)数据

中国国家权益维护的国际法问题研究／杨泽伟主编
．--北京：法律出版社，2019
(国际法文库／黄进主编)
ISBN 978-7-5197-3597-5

Ⅰ．①中… Ⅱ．①杨… Ⅲ．①国家利益-保护-国际法-研究 Ⅳ．①D992

中国版本图书馆 CIP 数据核字(2019)第122166号

中国国家权益维护的国际法问题研究
ZHONGGUO GUOJIA QUANYI WEIHU DE GUOJIFA WENTI YANJIU

杨泽伟 主编

策划编辑 沈小英
责任编辑 刘晓萌
装帧设计 李　瞻

出版 法律出版社
总发行 中国法律图书有限公司
经销 新华书店
印刷 北京虎彩文化传播有限公司
责任校对 李景美
责任印制 吕亚莉

编辑统筹 法治与经济出版分社
开本 710毫米×1000毫米 1/16
印张 19.5
字数 349千
版本 2019年7月第1版
印次 2019年7月第1次印刷

法律出版社／北京市丰台区莲花池西里7号(100073)
网址／www.lawpress.com.cn
投稿邮箱／info@lawpress.com.cn
举报维权邮箱／jbwq@lawpress.com.cn
销售热线／400-660-8393
咨询电话／010-63939796

中国法律图书有限公司／北京市丰台区莲花池西里7号(100073)
全国各地中法图分、子公司销售电话：
统一销售客服／400-660-8393/6393
第一法律书店／010-83938432/8433　西安分公司／029-85330678　重庆分公司／023-67453036
上海分公司／021-62071639/1636　深圳分公司／0755-83072995

书号：ISBN 978-7-5197-3597-5　**定价**：88.00元
(如有缺页或倒装，中国法律图书有限公司负责退换)